JN279689

企業財務入門

花枝英樹【著】

東京　白桃書房　神田

□はしがき

　本書は企業財務全般を網羅する入門書である。筆者が一橋大学で担当している，大学院商学研究科MBAコースの『企業財務』と，商学部の『財務管理論』用に準備してきた原稿をもとにしている。企業財務を学びたい学生だけでなく，企業等で働いている人達が財務の基本的な考え方を理解するのに役立つように書かれている。

　本書の特徴としては，以下のような点があげられる。

① 　最初に，理論と制度・仕組みの説明のバランスを心がけた。ただ単に財務に関わる制度や仕組みの説明に終始するのではなく，財務理論を踏まえて投資政策や財務政策について議論している。ただし，できるだけ数値例を用い，議論が抽象的で難しくならないように配慮した。

　　しかし，理論の説明だけでは財務の話を十分に理解できたとはいえない。実際の財務の決定はさまざまな制度や仕組みのもとで行われるからである。この点に関しては，わが国では1990年代以降最近にいたるまで企業財務に関係した多くの制度や仕組みの大改革が行われた。これらの改革のポイントを分かりやすく説明することにも配慮した。

② 　各章にコラム欄を作り，その章に関わる最近のわが国企業の事例をケース的に紹介し，読者が興味をもてるように心がけた。

③ 　コーポレートファイナンスの訳書などにはない，わが国のデータを図・表の形で掲載し，日本の現状や推移を理解できるように配慮した。

④ 　スタンダードな構成を心がけた。金融・資本市場でどのように株式や債券の価格が決まるのかといった市場の話を最初の3章分で説明し，それを踏まえて企業の実物投資決定や財務政策決定の話が説明されている。その他にわが国で話題になっている，ベンチャー・ファイナンスと新規株式公開，M&Aと企業再編，企業再生と倒産処理といったテーマを第13章から第15章にかけて説明している。また，コーポレート・ガバナンスの話題も最終章（17章）で取り上げている。

⑤ 　各章の理解を確認する意味で計算問題を載せてある。チャレンジしてい

ただきたい。

⑥　なお，見出しに＊印がついている箇所は多少上級の内容なので，初心者は読み飛ばしてもかまわない。内容の理解度に応じて取捨選択していただきたい。

　読者として内容を分かりやすくする改善点の指摘や，一部の図表の作成について，吉川卓也（中村学園大学），佐々木隆文（日興ファイナンシャル・インテリジェンス）鈴木健嗣（東京理科大学）君の協力を得た。授業やゼミナールで草稿を用いた際に，多くの受講生やゼミナール生諸君からも改良に役立つさまざまなコメントを貰った。また，新田忠誓教授（一橋大学）には出版社への仲介の労をとっていただいた。これらの方々にあらためてお礼申し上げたい。

　初稿の校正終了間際の筆者の思わぬ入院によって，校正完了原稿の受け渡しが大幅に遅れ，原稿をお渡しするために白桃書房の大矢栄一郎社長には，わざわざ病院までご足労をおかけしてしまった。何とか予定の期日に出版が間に合うはこびになったのは，同社長のご尽力のたまものである。感謝申し上げたい。

　最後に，できれば本書をより良いものに改訂していきたいと考えているので，読者の皆さんの忌憚のないご意見を下記のeメールアドレスにお寄せいただければ幸いである。

2005年盛夏

花枝英樹
h.hanaeda@srv.cc.hit-u.ac.jp

目次

はしがき

第1章 企業財務の目的と役割 ……………………………………… 1
- **1** はじめに …………………………………………………………… 1
- **2** 企業財務とは ……………………………………………………… 2
- **3** 企業財務の目的 …………………………………………………… 5
- **4** 金融・資本市場の機能 …………………………………………… 7
- **5** 投資政策と財務政策の違い ……………………………………… 8
- **6** 企業財務とコーポレート・ガバナンス ………………………… 9

第Ⅰ部 金融・資本市場

第2章 貨幣の時間的価値 …………………………………………… 14
- **1** はじめに ………………………………………………………… 14
- **2** 貨幣の将来価値 ………………………………………………… 14
- **3** 貨幣の現在価値 ………………………………………………… 17
- **4** 多期間に渡るキャッシュフローの現在価値 ………………… 19
- **5** インフレ・デフレと貨幣の実質価値 ………………………… 23

第3章 債券と株式の評価 …………………………………………… 26
- **1** はじめに ………………………………………………………… 26
- **2** 債券の各種利回り ……………………………………………… 26
- **3** 債券価格の変動性 ……………………………………………… 29
- **4** 利回りの期間構造 ……………………………………………… 31
- **5** 株式の投資収益率 ……………………………………………… 34
- **6** 株価の決定 ……………………………………………………… 36
- **7** 配当割引モデル ………………………………………………… 38
- **8** 企業成長と株価 ………………………………………………… 40

第4章　株式のリターンとリスク ·· 46
　　1▶ はじめに ··· 46
　　2▶ 個別株式の投資収益率 ··· 47
　　3▶ 2つの株式からなるポートフォリオ ························· 49
　　4▶ 投資家の最適ポートフォリオ選択 ··························· 54
　　5▶ 市場均衡 ··· 56
　　6▶ 均衡におけるリターンとリスク ······························ 61

第Ⅱ部　実物投資評価

第5章　投資決定 ·· 68
　　1▶ 実物投資の意思決定 ·· 68
　　2▶ 正味現在価値法 ··· 70
　　3▶ 内部利益率法 ·· 73
　　4▶ 回収期間法 ··· 79
　　5▶ 正味現在価値法の具体例 ······································ 80
　　6▶ 設備の更新時期の決定 ··· 88

第6章　資本コスト ··· 92
　　1▶ はじめに ··· 92
　　2▶ 株主資本コスト ··· 93
　　3▶ 株式ベータの決定要因 ··· 97
　　4▶ 負債の資本コスト ·· 103
　　5▶ 平均資本コスト ··· 105

第Ⅲ部　企業の財務政策

第7章　資本構成 ·· 110
　　1▶ 資本構成の決定 ··· 110
　　2▶ わが国企業の資本構成の推移 ································· 111
　　3▶ モジリアーニ・ミラー（M・M）命題 ······················ 112
　　4▶ 不完全市場と資本構成問題 ···································· 120

- **5 ▶ エージェンシー問題と企業の資金調達** ……… 126
- **6 ▶ 資本構成に対する2つの考え方** ……… 133

第8章　配当政策と自社株買い ……… 140
- **1 ▶ はじめに** ……… 140
- **2 ▶ わが国企業の配当政策** ……… 140
- **3 ▶ 配当政策に関するモジリアーニ・ミラー理論** ……… 143
- **4 ▶ 税制の影響** ……… 145
- **5 ▶ 配当にかかわるエージェンシー問題** ……… 147
- **6 ▶ 配当を抑えた方が望ましい要因** ……… 147
- **7 ▶ 配当を高めた方が望ましい要因** ……… 152
- **8 ▶ 最適配当政策** ……… 153
- **9 ▶ 浸透する自社株買い** ……… 155
- **10 ▶ 自社株買いの基本的性格** ……… 156
- **11 ▶ 自社株買いの効果** ……… 161

第Ⅳ部　企業価値評価と経営者報酬

第9章　企業価値評価 ……… 166
- **1 ▶ はじめに** ……… 166
- **2 ▶ 割引キャッシュフロー法** ……… 166
- **3 ▶ 修正現在価値法** ……… 174
- **4 ▶ 経済付加価値と市場付加価値** ……… 179

第10章　業績評価と経営者報酬 ……… 187
- **1 ▶ はじめに** ……… 187
- **2 ▶ 資本利益率－収益性分析** ……… 187
- **3 ▶ 損益分岐点** ……… 193
- **4 ▶ 付加価値指標－生産性分析** ……… 195
- **5 ▶ 従来の業績尺度の注意点** ……… 197
- **6 ▶ 経済付加価値（EVA）** ……… 199
- **7 ▶ 成長性指標** ……… 200

- **8 ▶ 経営者報酬** 202
- **9 ▶ ストック・オプション** 207

第V部　デリバティブとその応用

第11章　オプション 212
- **1 ▶ オプションとは** 212
- **2 ▶ オプションと他の証券の組み合わせ** 214
- **3 ▶ オプション価格の決定要因** 217
- **4 ▶ オプション価格モデル－2項モデル** 221
- **5 ▶ 転換社債・ワラント債** 230

第12章　財務リスク管理 234
- **1 ▶ はじめに** 234
- **2 ▶ 先物の仕組み** 235
- **3 ▶ スワップの仕組み** 239
- **4 ▶ デリバティブを用いたリスク・ヘッジ例** 243
- **5 ▶ 財務リスク管理の基本的考え方** 250

第VI部　起業と企業変革

第13章　ベンチャー・ファイナンスと新規株式公開 258
- **1 ▶ はじめに** 258
- **2 ▶ 会社の形態** 258
- **3 ▶ 中小企業金融** 262
- **4 ▶ ベンチャーキャピタル** 263
- **5 ▶ ベンチャーファイナンスの特徴** 266
- **6 ▶ 株式公開** 269
- **7 ▶ 新規株式公開の仕組み** 271
- **8 ▶ 株式公開の費用** 276

第14章　M&Aと企業再編 ……………………………………… 280
1 ▶ 急増するM&A・企業再編 …………………………………… 280
2 ▶ 統合の形態 ……………………………………………………… 281
3 ▶ M&Aの動機・経済的効果 …………………………………… 285
4 ▶ M&Aの評価 …………………………………………………… 290
5 ▶ M&Aの会計 …………………………………………………… 294
6 ▶ 敵対的買収の功罪 ……………………………………………… 295
7 ▶ 事業分離の方法 ………………………………………………… 297
8 ▶ 様々な事業部門を抱えることの問題点 ……………………… 303

第15章　企業再生と倒産処理 ………………………………… 306
1 ▶ はじめに ………………………………………………………… 306
2 ▶ 倒産のタイプ …………………………………………………… 307
3 ▶ 清算型処理 ……………………………………………………… 309
4 ▶ 再建型処理 ……………………………………………………… 311
5 ▶ 多様化する企業再建手法 ……………………………………… 313
6 ▶ 清算か再建か？ ………………………………………………… 319
7 ▶ 安全性分析 ……………………………………………………… 322
8 ▶ 格付け …………………………………………………………… 323

第Ⅶ部　その他

第16章　運転資本管理 ………………………………………… 328
1 ▶ はじめに ………………………………………………………… 328
2 ▶ 資金管理 ………………………………………………………… 328
3 ▶ 流動資産の規模の決定 ………………………………………… 331
4 ▶ 流動資産と流動負債の対応関係 ……………………………… 335
5 ▶ 銀行借り入れ …………………………………………………… 338
6 ▶ 資産担保証券 …………………………………………………… 342
7 ▶ その他の負債調達手段 ………………………………………… 345

第17章　コーポレート・ガバナンス ……………………………………… 347
　1▶関心の高まり ……………………………………………………… 347
　2▶誰のためのガバナンスか ………………………………………… 348
　3▶コーポレート・ガバナンスの手段 ……………………………… 351
　4▶取締役会の役割 …………………………………………………… 352
　5▶株主総会と株主代表訴訟制度 …………………………………… 356
　6▶株式所有構造の変化 ……………………………………………… 357
　7▶敵対的買収の防衛策 ……………………………………………… 364
　8▶市場競争圧力による規律付け …………………………………… 366

より進んだ学習のために ……………………………………………………… 370
索　　引 ………………………………………………………………………… 372

第1章

企業財務の目的と役割

1 ▶ はじめに

　1990年代の日本経済の低迷を踏まえ，経済の再生と企業活動の活性化を促進するために，様々な制度改革や規制緩和，仕組みの見直しが行われてきた。企業財務に関連したものだけでも，商法や倒産関連法の改正や新会計基準導入による会計制度改革などが90年代と2000年代初頭にかけて行われた。

　また，株式の相互持ち合いの低下と，外国人投資家や個人投資家の増加傾向という株式所有構造の変化，あるいは，企業と銀行間の関係変化に象徴されるように，近年，企業財務を取り囲む環境が大きく変貌しつつある。もっと大きな視点から見れば，グローバル規模での競争も激化している。

　このような時代の変化に対応して，企業としても企業財務の正しい理解のもとに，財務意思決定をしなければならない時代になってきたといえる。

　以上の点を踏まえ，本書では企業財務に関する様々な問題に対する基本的な考え方を，新しい制度や仕組みの解説も交えてわかりやすく説明する。個別のテーマについては先の各章で取り上げるが，それに先立つ本章では序章的な意味で，全体にかかわる次のような点について導入的に説明したい。

　(1)企業財務の意思決定問題にはどのようなものがあるのか。(2)企業財務の目的は何か。(3)企業財務と密接に関連する金融・資本市場の役割・機能とは何か。(4)実物投資政策と財務政策の違いは何か。(5)企業財務とコーポレート・ガバナンスはどのように関係するのか。

　なお，以下のカッコ内は本書で取り扱う章を示す。

2▶企業財務とは

(1) 財務意思決定

　企業は激しく変化する経済・経営環境の中でビジネスを行っていく上で，様々な意思決定をしなければならない。その中でも特に，広くカネにかかわる財務意思決定を行うのが企業財務の役割である。財務上の重要な決定には，①実物投資決定，②資金調達決定，③利益分配決定が含まれる。

①実物投資決定

　企業は事業活動のために様々な資産を必要とする。例えば，土地，建物，機械などが製品の生産，サービスの提供のために，また，原材料在庫，製品在庫も生産や販売活動を円滑に行うために必要である。さらに，日々の支払いに充てるための現金・預金も持たなくてはならない。

　そして，企業が企業規模の拡大を図り，成長していくためには，生産設備を含めた資産の規模を拡大しなければならず，新たな投資が必要になってくる。特に，**設備投資・研究開発投資**や，新たな事業分野への投資は，その決定の善し悪しが企業の長期に渡る業績や成長力に大きな影響を及ぼす。どのような基準に基づいてこのような投資の規模なり投資資金配分を決めるかが，まず最初の財務の重要な決定問題となる（第5章，第6章）。

　また，企業再編の一環として，他企業を合併，買収する**M&A**も広くいえば投資の決定問題のひとつである。さらに，不採算事業や不採算部門を売却し，撤退するかどうかといった決定も，マイナスの投資という意味で投資決定問題ということができる（第14章）。

②資金調達決定

　様々な資産を手に入れるためには資金が必要になるが，企業は何らかの形でこの資金を調達しなくてはならない。特に，生産規模拡大のために新たな生産工場を建設するといった設備投資・研究開発投資やM&Aでは，莫大な資金が必要になる。資金調達手段には様々なものがあるので，どのような組合せで必要資金を調達するかを決めるのが，次の財務の大きな問題になる。

　資金調達の方法には，大きく分けて銀行借り入れ・社債などの**負債**（他人資本）による調達と，**株主資本**（自己資本）による調達がある。株主資本は，企業が株式を発行し，株主（出資者）から提供された資本と，純利益のうち配当されないで内部留保の形で企業内に留まる資本を合計したものである。

■図1-1　企業の財務活動

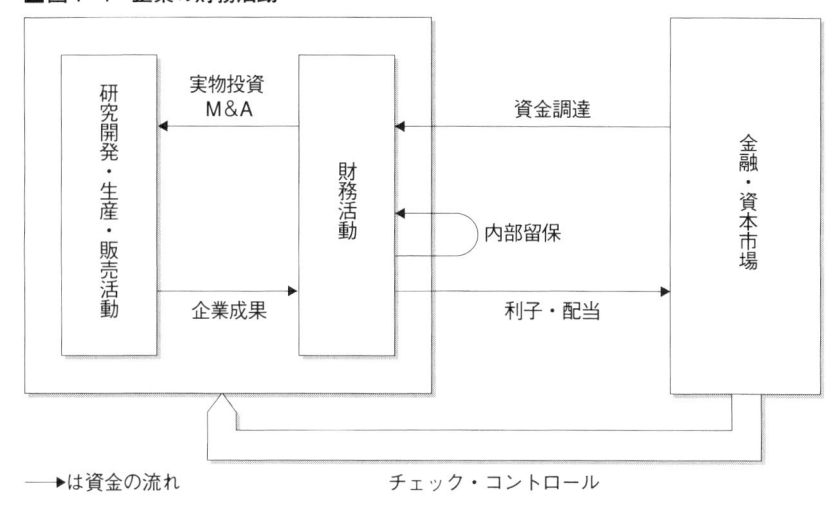

```
研究開発・生産・販売活動 ←―実物投資M&A―― 財務活動 ←――資金調達―― 金融・資本市場
                                      ←――内部留保――
                 ――企業成果――→            ――利子・配当――→
```

――→は資金の流れ　　　チェック・コントロール

　負債と株主資本の基本的違いは，負債が企業の業績とはかかわりなく，確定利子を支払わなくてはならないのに対して，株主資本は**残余請求権**であることにある。残余請求権とは，企業が財・サービスの販売から得た金額から，その生産のために使われた様々な生産要素に対して支払った対価（負債の支払利子も含む）を差し引いて残った残余利益（純利益）を受け取れる権利である。

　もう1つの負債と株主資本の大きな違いは，株主資本の提供者である株主には，会社の経営に参与する権利が法律上認められていることである。具体的には，株主総会で，会社利益の分配（配当）を決めたり，取締役を選んだり，その他会社の重大事項の賛成・反対の投票に参加できる権利である。

　負債と株主資本の割合を**資本構成**と呼ぶ。資本構成の決定は企業の財務構造の骨格を決めるという意味で，資金調達決定の中で最も重要な意思決定になる（第7章）。

③利益分配決定

　残余利益としての純利益は，株主資本という形で資金提供をした株主に帰属する。ただ，通常，企業は上がった純利益を全額，株主に配当として分配してしまわないで，将来の資金需要に備えてその一部を内部留保する。利益のうちどのくらいの割合を配当として株主に分配するかを決める**配当政策**も，

財務にかかわる重要な決定問題となる。

　例えば，マイクロソフト社は，利益の急増にもかかわらず1975年の創業以来無配を続けてきたが，2003年に初めて配当を実施し，配当方針の転換が話題になった。

　利益分配の方法としては，現金配当だけでなく**自社株買い**による方法もある。アメリカでは以前から盛んに行われてきたが，わが国では原則禁止されていたのが1994年に解禁になり，実施する企業が増えている。例えば，トヨタ自動車は，1996年から2004年6月までに累計1兆8千億円もの自社株買いを行っている。このように，わが国でも自社株買い決定は株主に対する利益分配政策の一環として重要性を増している（第8章）。

(2) 財務意思決定の広がり

　従来，企業財務といえば上で述べたような，投資決定，資金調達に絡んだ資本構成の決定問題と，利益分配に絡んだ配当政策の決定問題が中心であった。しかし，最近は経営者が財務と絡んで解決しなければならない経営問題が拡大している。一例としては，企業年金の問題がある。退職給付にかかわる新たな会計基準によって年金債務がバランスシートに計上され，企業年金の積み立て不足が表面化し問題になった。

　また，企業が選択可能な財務上の選択肢も拡大している。それにはいくつかの理由があるが，大きな理由は長引く経済の低迷を打開するための一環として，企業活動を活発化するための様々な制度改革，規制撤廃が進行したことがあげられる。

　例えば，1994年に自己株取得が，1997年には**ストックオプション**（株式購入権）が解禁になった（第10章）。そのほか，M&A・事業再編に絡んだ「株式交換及び移転制度」，「会社分割」を中心とする商法改正などが行われた。また，民事再生法を中心とした企業再建のための倒産処理法制の整備も進んだ（第15章）。

　さらに，金融技術革新の浸透によって，デリバティブを用いた**財務リスク管理**（第11章，第12章）や**資産証券化**（第16章）などの企業による活用も進みつつある。また，オプションの考え方を実物投資に応用した実物オプション（リアルオプション）も，戦略的投資決定で使われはじめている。

　このように，決定を迫られる企業財務の問題，企業が取りうる財務上の選

択肢，手法も拡大している。本書でもこれらの時代の変化に合わせて，従来から取り上げられてきた財務政策について検討するだけでなく，1990年代以降わが国でもその重要性が高まってきた諸問題を取り上げ，検討する。

3 ▶ 企業財務の目的

(1) 長期的な企業価値の最大化

　企業財務の目的は長期的な企業価値の最大化にある。財務でいう**企業価値**とは，株主資本の価値と負債の価値の合計のことである。詳しくは，第2章以降（特に第9章）で述べるが，株主資本と負債の形で調達した資金が，将来どれだけの成果を生み出すかを現在の価値で評価したものである。そして，企業経営者は，資金提供者から得た資金を使って，企業価値を高めるような経営を行わなくてはならない。

　このようにいうと，**企業を取り巻く利害関係者**（ステークホルダー）はなにも資金提供者だけでなく，従業員や消費者などもおり，このような利害関係者の利益なり厚生を高めるような経営を行うのが企業の役割であるという反論が容易に予想される。

　確かに，従業員や消費者の利益に合致するような経営を行うことは重要なことであり，財務の目的も従業員や消費者を犠牲にした上で企業価値を高めることを主張しているわけではない。

　例えば，給料を切り下げ，従業員を不当に搾取して一時的に高い利益を達成したとしても，従業員の士気（モラール）が低下したり，優秀な人材が集まらなくなるため，将来的には業績も悪くなり企業の成長は望めない。そのような状況では企業価値も高まらず，資金提供者にとっても利益にはならない。

　従業員のインセンティブを高めるような高い報酬を支払ったり，消費者に受入れられる高品質の製品を作ることによってはじめて，企業は長期的に企業価値を高めることができる。

　逆に，金融・資本市場で高い評価を得て企業価値が高まることなしに，従業員に高い報酬を長期に渡って保証したり，企業を維持・発展させて，消費者に自社の製品やサービスを提供し続けることはできない。

(2)株主価値の最大化

企業財務の目的は,株主価値の最大化であるといわれることもある。その意味するところを考えてみよう。

企業がヒト,モノ,カネといった経営資源を使ってビジネスを行い,物やサービスを販売して得た収入(売上高)が,**経営資源の提供者**にどのような形で分配されるかを示したのが**図1-2**である。生産のために必要な原材料の購入に対しては,供給業者に代金が支払われる。購入企業側から見れば,原材料費として支出された金額である。同様に,販売促進のために支出された費用も販売業者に支払われる。

■図1-2　経営資源提供者への分配

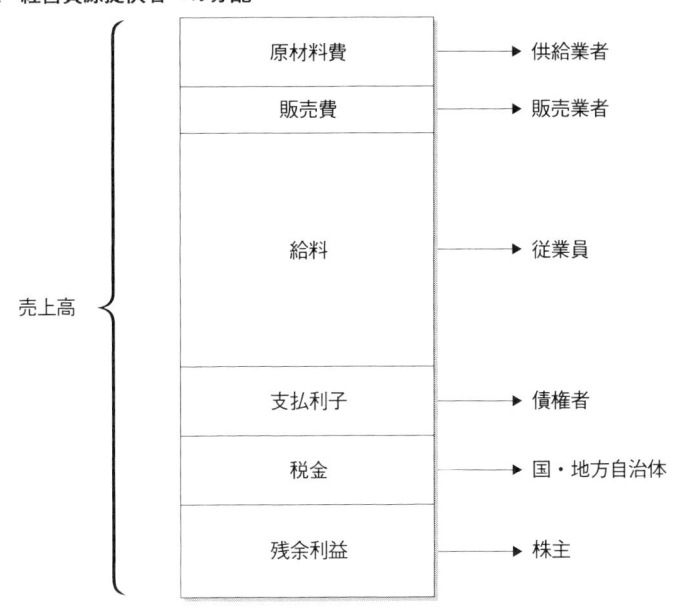

売上高	分配項目	提供者
	原材料費	→ 供給業者
	販売費	→ 販売業者
	給料	→ 従業員
	支払利子	→ 債権者
	税金	→ 国・地方自治体
	残余利益	→ 株主

次に,企業で働く従業員に対しては,労働サービス提供の対価として給料が支払われる。企業側から見れば人件費であるが,この中にはボーナス,福利厚生費や企業年金の給付額なども含まれる。また,銀行からの借り入れや社債投資家に対する支払い利子も,債権者としての資金提供に対する対価として支払わなくてはならない。

売上高から以上の支払いを差し引いて残った金額に対して,法人税などの税金が課せられる。税金を差し引いた残余が,会計上,純利益と呼ばれる。

純利益は，株主資本という形で資金提供した株主に帰属する（ただし，純利益のうち一部は，役員報酬として経営者に支払われる）。

売上高から原材料費，販売費を引いた金額を**付加価値**という。原材料のように他社の生産による価値を差し引いて，その企業が新たに生み出した価値という意味である。

ここで，原材料供給業者，販売業者，従業員，債権者に支払われる対価は，基本的には市場メカニズムを通じて決まる価格をもとに，前もって約束された金額が支払われる。例えば，残業手当などは仕事の繁閑状況で変わることがあるかもしれないが，基本的には給料が月ごとに大きく変動するということはない。

それに対して，株主に支払う対価は，上で述べた前もって約束された固定的要素が強い支払いがすんだ後の**残余利益**である。株主がどれだけの分配を受け取るかは，会計年度が終わり，帳簿を締めた後でなければわからない性格のものである。

そして，付加価値や企業価値は，ある程度固定的な部分と残余利益部分を合計したものである。そのため，残余利益として株主に帰属する分配額を多く上げた企業が付加価値や企業価値も高くなり，高い**価値創造**を行ったと見なすことができる。その意味で，株主価値の最大化は，企業価値最大化や付加価値の最大化と矛盾しない目標となる。

もちろん，このことが成り立つためには，従業員に対して正当な報酬が支払われているということが大前提となることはいうまでもない。

また，ここでいう株主価値の最大化は，一時的，短期的な株価の上昇を意味しているわけではない。企業が他の利害関係者の利益を損ねるような形で一時的な株価の上昇を狙っても，長期的には企業の発展はみられず，長い目でみた株主価値の増大には結びつかないからである。あくまでも，長期的な株価の最大化である。

4 ▶ 金融・資本市場の機能

企業は金融・資本市場を通じて資金調達を行う。ここで重要なのは，金融・資本市場がただ単に企業に資金提供する場であるだけでなく，**企業を評価・チェックする場**でもあるということである。

例えば，銀行が企業に融資するときには，事前審査を通じて貸し出す金が確実に返済されるかどうかをチェックするし，貸し出し中も様々な監視を行う。また，企業が社債を発行する際には，独立の格付け機関がその社債の安全度を格付けという形で公表する。発行後も安全度に変化が起これば，格付けの変更を行う。また，企業自体の格付けも行われている。

さらに，株式市場では，企業の株式の価格である株価が決まり，その変動がニュースなどでも話題にされる。企業の将来性，業績の見通し，経営のやり方の巧拙などが，株価という単一の数値に集約されるわけである（第3章）。

このように，金融機関による審査，社債の格付け，株価といった形で，金融・資本市場は，企業を評価，チェックする役割を担っている。金融・資本市場での評価が下がれば資金調達が困難になり，企業経営が難しくなるだけにとどまらず，非効率的な経営を行っているために株価が低迷しているようなときには，株式の買占めによる買収などの危険性も出てくる。金融・資本市場は，企業経営者を律する，企業コントロールの役割を担っているのである。

5 ▶ 投資政策と財務政策の違い

企業財務の目的は企業価値を高めることであると述べたが，その企業価値は株価や社債価格などを通して金融・資本市場で決まり，評価される。そのため，個々の投資政策や財務政策を打ち立てる場合，経営者や財務担当者はそれらの政策が市場でどのように評価されるかを絶えず考慮に入れながら決定を行わなくてはならない。

ここで，投資政策などの実物面での政策と，資金調達などのファイナンス面での政策との基本的な違いを理解しておくことが重要である。よりよい経営戦略に基づいた投資政策を実行し，それが成功すれば企業は市場の平均的なリターンを上回る高い利益を上げることが可能である。

しかし，金融・資本市場が完全ではないにしても，効率的に機能しているとすれば，資金調達などの財務政策そのものによって高い利益を上げたり，資金調達コストを大幅に削減することはできない。例えば，資金調達に関していえば，投資家が要求する「リスクに見合ったリターン」を支払わなくてはならないからである（第4章）。

しかし，このことは，ファイナンス面の政策が重要でないということを意味するわけではない。財務政策が失敗すれば，企業は大きな損失を被ることもありうる。それは，財務リスク管理の失敗によって多額の損失を発生させた企業に対する報道からも明らかであろう。このように，企業がとる財務政策というものは，非対称的であることをよく理解しておくことが重要である。

ところで，企業財務理論のスタートは，すでに40年以上前に発表されたモジリアーニ・ミラーの理論に遡ることができる。彼らは，資本構成や配当政策を変えるといった単なる財務上の操作だけでは企業価値を高めることはできず，企業が企業価値や株価を高めたいのであれば，資本コスト以上の期待収益率を上げられる有利な投資機会を企業内部に見出し，それを実行する以外にないということを主張した。彼らの貢献をあえていえば，企業の財務活動よりも実物面での活動の重要性を指摘した点にある。

確かに，完全ではないにしろある程度機能している現代の金融・資本市場の下では，ただ単なる財務上の操作によって高い利益を上げたり，資金調達コストを大きく低下させることはできない。もしも，企業が企業価値を高めたいのであれば，適切な経営戦略に基づいた研究開発投資・事業投資や，不必要な事業部門・資産を切り捨てるなどのリストラ（事業再編）といった実物的側面から企業価値を高めるのが基本といえる。

それでは，財務政策などに経営者が思い煩うのは無駄なことなのだろうか。筆者はそのようには考えない。翻って，モジリアーニ・ミラーの理論の背後にある基本的な前提は，企業の実物的側面を所与とした場合の財務政策の影響である。もしも，財務政策の違いが投資政策を含めた実物的側面にかかわる企業行動に影響を及ぼし，それが最終的に企業価値の大小に影響を及ぼすならば，財務政策は企業にとって重要な意思決定になる（第7章，第8章）。

6 ▶ 企業財務とコーポレート・ガバナンス

(1) 経営者の規律付け

企業財務は**企業統治**（コーポレート・ガバナンス）の問題とも密接に関係している。現代の企業，特にある程度以上の規模の企業では，出資者が自ら

経営者となり，直接，事業活動に携わるケースは少ない。いわゆる，**所有と経営の分離**が見られる。その場合，経営を任されたトップ経営者の暴走をチェック・コントロールする有効なメカニズムが機能していることが，企業の存続・発展にぜひとも必要になってくる。

　経営者に対する規律付けに対して，負債や株式は大きな役割を果たす。負債調達を行った場合には，企業の業績に関係なく前もって約束した利子を支払わなくてはならない。経営者が非効率的な経営や誤った経営判断を行った場合には，売り上げが低迷したりコストがかさみ，負債の利子や元本を返済できない財務危機に遭遇する危険性が高くなる。最悪の場合には，倒産に追い込まれてしまう。このような状況では経営者の交代が余儀なくされるので，現経営者としてはこのような事態を防ぐために日頃から効率的な経営や的確な経営判断を行う誘因を持つ。

　また，株式を保有する株主も法律上の建前では，株主総会での議決権行使を通じて，経営者の任命・罷免や経営上の重要な決定事項に参画し，経営者のチェック，コントロールを行える立場にいる。

　このように一般論としては，債権者や株主のチェックが有効に働けば，コーポレート・ガバナンスが機能し，経営者を規律付けることが可能となる。しかし，1990年代初めのいわゆる「バブルの崩壊」以降最近にいたるまで，コーポレート・ガバナンスの議論がわが国で盛んなのは，従来のガバナンスの仕組みの問題点は指摘されているが，改革がなかなか進んでいないことが理由であると考えられる。

(2) コーポレート・ガバナンス改革の動き

　従来は，**メインバンク・システム**という言葉に集約されるように，銀行が取引先企業に対して資金の安定供給を行うと同時に，取引先企業の株式の大量保有を通じて主要株主となり，経営が行き詰まったときなどいざという場合に貸し出し先企業の経営に介入するという形で，企業をチェック・コントロールしてきたといわれる。

　しかし，1990年代以降の経済・経営環境の大きな変化の中で，メインバンク・システムは変容した。それは，債権者・主要株主としての銀行側の事情によるところが大きい。

　バブルが崩壊した1990年以降，銀行自身の経営が悪化し，資産効率改善の

ために，株価下落によって不採算資産になった株保有を圧縮する以外に道がなくなり，大量の保有株式の売却が行われ，**株式持ち合いの解消**の動きが強まった。また，銀行の不良債権処理の必要性から，銀行の貸し出しも抑えられ，企業と銀行の関係が大きく変わってきた。その結果，銀行がかつてのような影響力を貸し出し先企業に対して及ぼすことは弱まっている。

その代わりに，年金基金を中心とした**機関投資家**が「行動する株主」として，業績不振企業に経営改革を強く迫る動きが起こりつつある。例えば，厚生年金基金連合会では，独自の議決権行使基準を公表し，会社側の議案に反対票を投じる行動に出たことが報道されている。

企業をチェック・コントロールする主体の変化は，この10年あまりの間のわが国企業の株式所有構造の変化からもうかがうことができる。

第17章で詳しく述べるように，全国上場企業の普通株式の所有者別持株比率を見ると，金融機関（生命保険・損害保険を含む。投資信託・年金信託を除く）の株式保有比率はこの10年間で大きく低下した。特に，旧長銀・都銀・地銀の株式保有比率は半分に低下している。

逆に，投資信託・年金信託といった純粋な機関投資家の保有比率は増加している。さらに顕著なのは，外国人の株式保有比率の急増である。このように，わが国では1990年代，特に90年代後半以降，株式所有構造に大きな変化が起こった。この変化は，今後のわが国企業のコーポレート・ガバナンスに大きな影響を及ぼすことが予想される。

さらに，近年，コーポレート・ガバナンスに関する，企業内部からの改革の動きもみられる。特に重要なのは，会社の**最高意思決定機関**である**取締役会の改革**の動きである。基本的な流れとしては，これまであいまいだった経営監視と業務執行を分離する動きである。具体的には，経営戦略を立案・監督する取締役と，各事業部門の執行責任者である執行役員を明確に分離するために，執行役員制を導入する企業が増えている。

また，2003年4月施行の改正商法で，米国型企業統治の選択的導入が可能となった。監査役制度を廃止し，代わりに**社外取締役**を導入し，取締役会の中に社外取締役が過半数を占める委員会を設置し，取締役候補を決めたり，取締役や執行役の報酬を決める経営形態である。

いずれにしろ，企業価値を高めるような経営をめざすための，ガバナンス改革の模索が進行中であるといってよい。

第I部

金融・資本市場

第2章
貨幣の時間的価値

1 ▶ はじめに

　企業財務の問題では，しばしば時点の異なる金額を比べる必要がでてくる。例えば，企業の設備投資を考えよう。現在，ある金額を支出して，将来，その投資から利益を上げられるとして，現在の投資支出と将来得られる金額を比較して，その大小で投資を行うかどうかが決定される。

　また，株式や債券といった証券の評価をする場合にも，株式や債券から将来得られる金額をもとに現在の価値が計算される。

　このような場合，単純に時点の異なる金額を足したり引いたりしては，誤った決定や評価をしてしまう。貨幣の時間的価値を正しく考慮に入れなければならないからである。

　そのため，時点の異なる金額を如何に評価するかは，企業財務や広くファイナンスを学習する場合，まず最初に理解しなければならない重要な点になる。

2 ▶ 貨幣の将来価値

　今，100万円を1年間銀行預金するとする。預金金利が6％なら，1年後に受け取る金額は，元本100万円と預金利子6万円（＝100万円×0.06）を合計した106万円（＝100×(1＋0.06)）になる。この106万円を，現在100万円の**1年後の将来価値**（future value）という。

　同じ100万円を2年間預金した場合には，預金金利を年率6％とすれば，2年後の受取金額は次のように計算される。1年後の元利合計106万円がさ

らに，もう1年間6％の利子で預けられるので，2年後の元利合計は112.36万円となる。

$$2年後の元利合計 = 106 + 106 \times 0.06$$
$$= 100 \times (1+0.06)^2$$
$$= 112.36万円$$

一般的に，利子率（年率）が r のとき，元本 P 円の n 年後の将来価値 F は次式で計算される。

$$F = P \times (1+r)^n \tag{1}$$

(1) 単利と複利

上の例で，2年間預金する場合，1年後に得られる利子6万円に対して，さらにもう1年分の利子がついた。このように，利子が利子を生む形で受取金額を計算するのを**複利**（compound interest）と呼ぶ。詳しく書くと，次のようになる。

$$複利による2年後の元利合計 = 100 + 6 + 100 \times 0.06 + 6 \times 0.06$$
$$= 106 \times (1+0.06)$$
$$= 100 \times (1+0.06)^2$$

上式の最初の式の第1項目は元本を，第2項目は元本に対する1年目の利子を表している。そして，第3項目は元本に対する2年目の利子を，第4項目は1年後の利子に対する利子である。このように，複利計算では，元本だけでなく，利子にも利子がついて計算される。

これに対して，元本のみに利子がつく計算を**単利**（simple interest）と呼ぶ。同じ例で単利による2年後の受取金額は，次のようになる。

$$単利による2年後の元利合計 = 100 + 6 + 100 \times 0.06$$
$$= 100 \times (1 + 2 \times 0.06)$$

上式の最初の式の第1項目は元本を，第2項目は元本に対する1年目の利子を，第3項目は元本に対する2年目の利子を表している。一般的には，利子率（年率）が r のとき，元本 P 円の n 年後の将来価値 F を単利で計算すると次式のようになる。

$$単利による将来価値 F = P \times (1 + n \cdot r) \tag{2}$$

複利と単利による将来価値の違いは，期間が短い場合にはそれほど大きくないが，期間が長くなるにつれて大きな違いをもたらす。また，期間が短く

■図2-1 複利と単利による将来価値

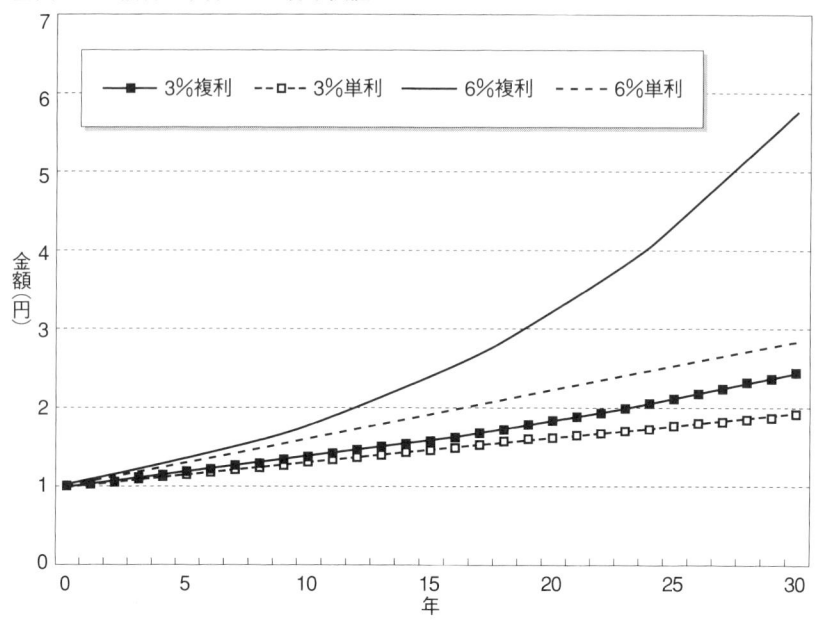

ても利子率が高いときには，違いが大きくなる。図2-1には，横軸に期間（年）をとり，元本1円の複利計算と単利計算での受取額の違いが示されている。

(2) 複利の回数

複利計算で注意しなくてならないのは，年率表示の利子率が同じであっても，年何回の複利計算が行われるかによって将来価値が違ってくることである。

例えば，上の例で，年率6％の利子率でも，年2回の複利計算（半年複利）が行われるときには，半年後の元利合計は

$$100 \times \left(1 + \frac{0.06}{2}\right) = 103$$

となり，1年後の元利合計は次のようになる。

$$100 \times \left(1 + \frac{0.06}{2}\right)^2 = 106.09$$

つまり，半年毎に3％の利子が，元本と途中の利子につくことになる。そのため，年1回の複利計算のときより，1年後の受取金額は多くなる。

逆に，年1回複利のときと同じ元利合計をもたらす，半年複利の場合の利子率（年率）は，次式を満たすrで，5.9126％と計算される。複利の回数が多い分，年当りの利子率は6％より小さくてよくなる。

$$100 \times (1+0.06) = 100 \times \left(1+\frac{r}{2}\right)^2$$

一般的に，年k回の複利計算が行われる場合，利子率（年率）がrのときの，元本P円のn年後の将来価値Fは次式で計算される。

$$F = P\left(1+\frac{r}{k}\right)^{k \cdot n} \tag{3}$$

例えば，年2回の複利計算で，利子率（年率）が6％のとき，元本100万円の2年後の将来価値は，112.551万円である。

$$100 \times \left(1+\frac{0.06}{2}\right)^{2 \times 2} = 112.551$$

kが2であれば半年複利，4であれば四半期複利，12になれば月複利と呼ばれる。ここで，kの値を増やして無限大にすれば，時々刻々複利の計算を行うことになるが，これを**連続複利**という。その場合の将来価値は次式で計算される。ここで，eは自然対数の底で，2.718282…という値である。

連続複利による将来価値 $F = P \cdot e^{rn}$ $\tag{4}$

連続複利で計算した場合，利子率（年率）が6％のとき，現在の100万円は2年後に112.75万円になる。

$$100 \times e^{0.06 \times 2} = 112.75$$

3 ▶ 貨幣の現在価値

上の例で利子率が6％のとき，現在の100万円が1年後には106万円になった（ただし，年1回複利）。このとき，1年後の106万円の**現在価値**（present value）は，100万円であるという。将来価値を求めるときとは逆に，将来価値106万円を1＋0.06で割ってやればよい。このときの0.06を**割引率**（discount rate）と呼ぶ。

一般的に，利子率（年率）が r のとき，n 年後の金額 F の現在価値 PV は(5)式で計算される。ただし，年1回複利とする。

$$PV = \frac{F}{(1+r)^n} \tag{5}$$

年 k 回複利のときには，次式のようになる。

$$PV = \frac{F}{\left(1+\dfrac{r}{k}\right)^{k\cdot n}} \tag{6}$$

また，連続複利のときの現在価値は，次式で表される。

$$PV = \frac{F}{e^{r\cdot n}} = F \cdot e^{-r\cdot n} \tag{7}$$

例えば，1年後の100万円，2年後の100万円の現在価値は，次のようになる。ただし，年1回複利とする。

$$1\text{年後の100万円の現在価値} = \frac{100}{1+0.06} = 94.34\text{万円}$$

$$2\text{年後の100万円の現在価値} = \frac{100}{(1+0.06)^2} = 89\text{万円}$$

このように，同じ100万円でも，いつの時点の100万円かによって現在価値は違う。より先であるほど現在価値が低くなる。

逆に，早めにもらう方が価値は高くなる。このことは，今100万円受け取り，銀行預金などすれば，1年後には100万円以上の金額を手に入れられることからも理解できよう。

ここで，将来確実に得られる金額の現在価値を求めるときには，上の例のように確実に約束されている利子率を割引率に用いて現在価値を計算する。銀行預金の利子率のように確実に得られる利子率を安全利子率と呼ぶ。

それに対して，将来の金額が不確実な場合には，安全利子率を割引率に用いるのではなく，より高い割引率を用いなくてはならない。

例えば，株式投資から得られる将来の配当の現在価値を計算する場合には，平均的に予想される将来配当を安全利子率に数パーセント上乗せした値を割引率に用いて現在価値を求める。これについては，第3章で説明する。本章では，将来の金額が確実な場合だけを考える。

4 ▶ 多期間に渡るキャッシュフローの現在価値

1時点だけでなく多期間に渡ってキャッシュフロー（現金の流出入，現金収支）が発生する場合の現在価値は，各期のキャッシュフローの現在価値を求めて，それを合計してやればよい。現在時点での価値に置き換わっているので，それらを足したり引いたりできるからである。

一般式で表せば(8)式のようになる。ただし，C_tはt期のキャッシュフローである。毎期の割引率は同じrとする。

$$PV = \frac{C_1}{1+r} + \frac{C_2}{(1+r)^2} + \frac{C_3}{(1+r)^3} + \cdots \tag{8}$$

■図2-2　多期間のキャッシュフローの現在価値

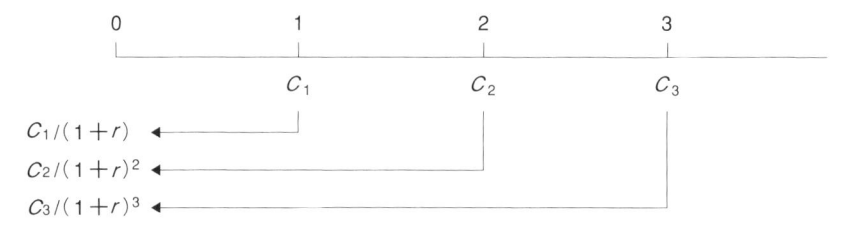

(1) 永久年金

将来のキャッシュフローが特殊なパターンをしているときには，その現在価値合計を簡単な式で表すことができる。最初に，コンソル（永久国債）なり**永久年金**（perpetuity）と呼ばれるものがある。これは，未来永久に一定のキャッシュフローCを受け取れるものである。割引率を一定のrとすれば，(9)式のように表される。[1]

$$\text{永久年金の現在価値} = \frac{C}{1+r} + \frac{C}{(1+r)^2} + \cdots$$
$$= \frac{C}{r} \tag{9}$$

また，キャッシュフローが毎期g％で増加していく永久年金の現在価値は，(10)式のように表される。ただし，$r > g$である。

一定率で増加する永久年金の現在価値

$$= \frac{C}{1+r} + \frac{C(1+g)}{(1+r)^2} + \frac{C(1+g)^2}{(1+r)^3} + \cdots$$

$$= \frac{C}{r-g} \qquad (10)$$

例えば，キャッシュフローが毎年1万円の永久年金の現在価値合計は，利子率を4％とすれば(9)式より25万円である。

$$\frac{1万円}{0.04} = 25万円$$

それに対して，1年後に1万円で，その後3％ずつ増加する永久年金の現在価値合計は，(10)式より100万円と計算される。

$$\frac{1万円}{0.04-0.03} = 100万円$$

(2) 年金

n期間に渡って毎期Cのキャッシュフローが発生する場合の**年金**（annuity）の現在価値合計は，(11)式のようになる。(11)式の括弧の中の値は**年金現価係数**（annuity factor）と呼ばれ，n年間に渡って毎年1円を受け取る年金の現在価値合計を表している。[2]

$$年金の現在価値 = \frac{C}{1+r} + \frac{C}{(1+r)^2} + \cdots + \frac{C}{(1+r)^n}$$

$$= \left(\frac{1}{r} - \frac{1}{r(1+r)^n}\right)C \qquad (11)$$

例えば，10年間に渡って毎年一定額100万円が得られる年金の現在価値合計は，利子率を3％とすれば約853万円となる。年金現価係数の値は8.53である。

$$\frac{100}{1+0.03} + \frac{100}{(1+0.03)^2} + \cdots + \frac{100}{(1+0.03)^{10}}$$

$$= \left(\frac{1}{0.03} - \frac{1}{0.03(1+0.03)^{10}}\right) \times 100$$

$$= 8.53 \times 100$$

$$= 853万円$$

(3) 住宅ローン貸し付けの例

ここで，応用問題として住宅ローンの貸し付けを考えてみよう。3,000万円の住宅ローンで，貸し付け期間は30年，利子率は6％（年率）とする。返済方法は，1か月後から返済がスタートし，毎月一定額を360か月に渡って返済するとする。

元本を一括して満期に返済するのではなく，元本の一部も毎月少しずつ返済され，その金額と利子を合せた金額が毎月同額となるような返済方法である。このような返済方法を**元利均等返済**，あるいは，年賦償還貸し付け（amortizing loan）という。

問題は，毎月の返済額Cをいくらにしたらよいかということである。毎月の返済額Cの現在価値合計が丁度，3,000万円になるようなCの値を求めればよい。式で表すと，次式を満たすCの値が求める金額である。$C=17.9865$万円となり，約18万円が毎月の返済額になる。

$$3{,}000\text{万円} = \frac{C}{1+\frac{0.06}{12}} + \frac{C}{\left(1+\frac{0.06}{12}\right)^2} + \cdots + \frac{C}{\left(1+\frac{0.06}{12}\right)^{360}}$$

$$= \left(\frac{1}{\frac{0.06}{12}} - \frac{1}{\frac{0.06}{12} \times \left(1+\frac{0.06}{12}\right)^{360}}\right) \times C$$

$$= 166.7916 \times C$$

■図2-3　住宅ローン貸付

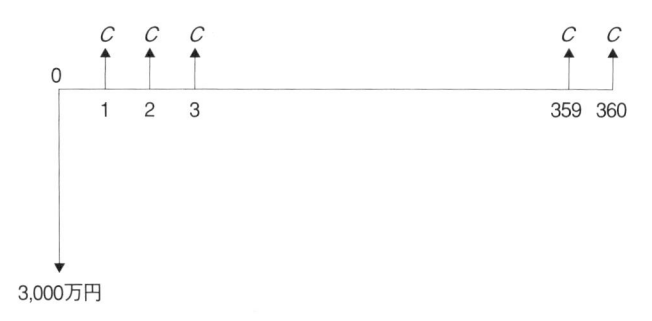

急増する企業年金債務 — 割引率変更の影響

　割引率が実際の企業経営にも大きな影響を及ぼす例として，企業年金の話題を紹介しよう。割引率の低下によって日本企業の年金債務が増大し，経営上の問題になったという話である。

　労働の対価としてすでに発生した，企業が将来支払う企業年金・退職金の現在価値合計を企業会計上，退職給付債務（年金債務）と呼ぶ。退職給付債務からすでに積み立ててある年金資産を差し引いた金額が，退職給付引当金である。この退職給付引当金を貸借対照表の負債の部に計上することが，2001年3月期から義務づけられた。

　会計上の退職給付債務を算出するのに用いる利率が割引率である。割引率は，長期国債などの安全性の高い長期債の利回りなどを基礎に決められる。しかし，低金利や株安など運用環境の悪化のため，2000年代初め頃，割引率を引き下げる企業が相次いだ（表参照）。

社名	従来(%)	見直し後(%)	年金債務の増加額(億円)
日立製作所	3.7	3%前半	2500
三菱電機	3.5	3.0	500
高島屋	3.5	2.7	300
三菱ガス化学	3.5	2.5	33
東京エレクトロン	3.0	2.5	80
エーザイ	3.0	2.5	100
コマツ	2.8	2.3	40
TDK	2.5	2.0	190
ソニー	2.4	2%前後	未確定
ファナック	2.3	1.5%前後	未確定

出所：『日本経済新聞』，2003年4月20日朝刊

　割引率が低下すれば現在価値は増加し，退職給付債務が膨らむことになる。一般的に，割引率を1％引き下げると退職給付債務は15％から20％ほど増えるといわれている。

　この結果，将来の年金支払額を確保するために現在の積立額では足りず，新たに巨額の積み立てを行う必要が生じ，わが国企業にとって企業収益の圧迫要因になり，経営上，大きな問題になっている。表には，従来の割引率と見直し後の割引率，年金債務の増加額が示されている。

5▶インフレ・デフレと貨幣の実質価値

(1)インフレの影響

今までの説明ででてきた貨幣金額は実際に受け取る，あるいは，支払う金額であり，**名目価値**（nominal value）を表している。しかし，インフレーションがあると，実質的な貨幣価値は名目価値より低下してしまう。

例えば，1年後に102万円を受け取るとしよう。そして，今から1年間に2％のインフレが生じたとする。今まで100万円で買えたものが1年後では102万円支払わなくては買えなくなる。つまり，102万円の名目価値は102万円であるが，**実質価値**（real value）は100万円になってしまう。

$$\text{実質価値} = \frac{\text{名目価値}}{1+\text{インフレ率}} \tag{12}$$

ここで，銀行預金を考える。例えば，年間利子率が6％であれば，元本100万円を1年間預金すると，1年後には106万円の受取額になる。しかし，この1年間に2％のインフレーションが起こると貨幣価値が下落し，106万円支払っても106万円/(1+0.02)＝103.92万円分の物しか買えなくなる。つまり，名目価値106万円の実質価値は103.92万円にしかならない。

100万円を預金して実質的には103.92万円しか受け取れなかったので，実質的な利子額は3.92万円である。利子率で考えると，**名目利子率**（nominal interest rate）が6％であっても，**実質利子率**（real interest rate）は3.92％にしかならない。この例からもわかるように，名目利子率と実質利子率との関係は(13)式で表される。

$$\frac{1+\text{名目利子率}}{1+\text{インフレ率}} = 1+\text{実質利子率} \tag{13}$$

(13)式は近似的に(14)式のように表され，名目利子率からインフレ率を引いた値が実質利子率になる。[3)]

$$\text{実質利子率} ≒ \text{名目利子率} - \text{インフレ率} \tag{14}$$

上の例では，名目利子率が6％，インフレ率が2％だったので，実質利子率は6－2＝4％と近似される。

(2)デフレの影響

1990年代後半から2000年代初頭にかけて日本経済は，インフレではなくデ

フレーションと呼ばれる全般的な物価水準の下落に見舞われた。例えば，2％のデフレが起こった場合には，今まで102万円ださなければ買えなかったものが100万円で買えるようになる。つまり，名目価値は100万円でも，実質価値は102万円に上昇する。

同様に，デフレ下では，名目利子率に変化はなくても，実質利子率はデフレ率分だけ上昇する。近似的には名目利子率と実質利子率との間には，(15)式の関係が成り立つ。例えば，名目利子率が2％でもデフレ率が1％なら，実質利子率は3％になる。

$$\text{実質利子率} \fallingdotseq \text{名目利子率} + \text{デフレ率} \qquad (15)$$

金を借りる側，例えば企業から見れば，インフレのときには名目金利に比べて，実質的な金利負担は低下する。これを債務者利得と呼んでいる。しかし，デフレのときには，たとえ名目金利が低くても実質金利はデフレ率分だけ上昇するので，実質的な金利負担は増加してしまう。

最後に注意しなくてはならないのは，インフレやデフレがある場合に，将来の金額の現在価値を求めるのに用いる割引率である。将来の名目金額を割り引くときには名目利子率を使う。実質利子率を用いてはならない。

逆に，将来の実質金額を割り引くときには実質利子率を用いる。このように，整合性のある対応関係を保つ必要がある。

問題2.1

(1) 1年後から毎年，5円の利子が得られるコンソル（永久国債）の現在価値を求めよ。割引率は3％とする。

(2) 1年後に5円が得られ，その後1％の率でキャッシュフローが増加していく永久年金の現在価値を求めよ。割引率は3％とする。

(3) 15年間に渡って毎年100万円が得られる年金の現在価値合計を求めよ。割引率は3％とする。

問題2.2

あなたがこれから先，働いて得る（期待）所得の現在価値合計を計算しなさい。

[注]

1) 求めたい永久年金の現在価値合計を PV とする。

$$PV = \frac{C}{1+r} + \frac{C}{(1+r)^2} + \frac{C}{(1+r)^3} + \cdots$$

上式の両辺に $1/(1+r)$ を掛けると，次式が得られる。

$$PV \times \frac{1}{1+r} = \frac{C}{(1+r)^2} + \frac{C}{(1+r)^3} + \frac{C}{(1+r)^4} + \cdots$$

最初の式から2番目の式を差し引くと，次式が得られる。

$$PV\left(1 - \frac{1}{1+r}\right) = \frac{C}{1+r}$$

これより，$PV = \dfrac{C}{r}$ となる。

2)
$$A = \frac{C}{1+r} + \frac{C}{(1+r)^2} + \cdots + \frac{C}{(1+r)^n} + \cdots$$

$$B = \frac{C}{(1+r)^{n+1}} + \frac{C}{(1+r)^{n+2}} + \cdots$$

とおけば，

年金の現在価値 $= A - B$

$$= \frac{C}{r} - \frac{1}{(1+r)^n} \times \frac{C}{r}$$

$$= \left(\frac{1}{r} - \frac{1}{r(1+r)^n}\right)C$$

3) (13)式を変形すると，次式のようになる。

実質利子率＝名目利子率－インフレ率－実質利子率×インフレ率

この式の右辺の第3項は非常に小さい値になるので取り除くと，(14)式が得られる。

第3章
債券と株式の評価

1 ▶ はじめに

　金融・資本市場で債券価格や株価がどのような要因によって基本的に決定されるのかを理解しておくことは，後の章で述べる企業財務の問題を考えるに際してぜひとも必要になってくる。

　それは，投資・財務政策の違いが株価などに大きな影響を及ぼすからである。財務担当者は，自分達がとる投資・財務政策が市場でどのように評価されるかを考慮に入れて最適な政策を選択しなくてはならない。そのためにもまず，金融・資本市場での証券価格の決定ロジックを正しく理解しておく必要がある。

　最初に，債券について説明し，その後で，株式の評価について述べる。債券では，いろいろな利回りが用いられる。それらの利回りについて説明した後で，債券価格の変動リスクについて述べる。また，短期金利と長期金利の関係についても説明する。株式では株価決定の基本的考え方を述べた後で，配当割引モデルについて詳しく説明する。

2 ▶ 債券の各種利回り

(1) スポット・レート

　以下では，国債などの債務不履行（デフォルト）危険のない安全債券を考える。債券には，途中に利子支払いがなく，満期になると一定額の額面金額（償還金額）が受け取れる**割引債**（discount bond）と呼ばれるものがある。

1年後に額面金額F円を受け取れる割引債の現在価格Pは，割引率として1年間の利子率（年率）r_1を用いてFの現在価値を計算することによって求められる。

$$P = \frac{F}{1+r_1} \tag{1}$$

一般的に，満期t年の割引債の現在価格Pは，割引率としてt年間の利子率（年率）r_tを用いて次のように計算される。

$$P = \frac{F}{(1+r_t)^t} \tag{2}$$

逆に，割引債の現在価格Pが与えられれば，(1)式なり(2)式を満たすr_1，r_tを求めることができる。例えば，満期3年の割引債の現在価格が，額面100円に対して91.51円とすると，次式を満たすr_3は0.03となる。

$$91.51 = \frac{100}{(1+r_3)^3}$$

r_tは**スポット・レート**（spot rate）と呼ばれている。スポット・レートは，割引債タイプの債券に投資家が要求する投資収益率でもある。なぜなら，上の例でいえば，91.51円で3年物割引債に投資し，3年後に100円が得られるので，3年間の投資収益率（年率）は次式で求められるからである。

$$91.51\ (1+r_3)^3 = 100$$

債券には割引債の他に，満期まで一定期間ごとに定期的にクーポン（券面利子）が支払われる**利付債**（coupon bond）がある。満期までN年，クーポンがC円で年1回支払われる利付債の現在価格Pは，次のように表される。

$$P = \frac{C}{1+r_1} + \frac{C}{(1+r_2)^2} + \cdots\cdots + \frac{C+F}{(1+r_N)^N} \tag{3}$$

つまり，利付債は，額面C円の1年物からN年物までの割引債と，額面F

■図3-1 利付債の受取金額

円の N 年物の割引債とを組合わせたものとみなすことができるので、それぞれの割引債の現在価値の合計で利付債の現在価格が求まる。

わが国では、債券の価格表示は額面100円に対して何円という形で表示される。クーポンも額面金額に対して何パーセントのクーポンが支払われるかで表示する。これを**クーポン・レート**（coupon rate）と呼ぶ。例えば、クーポン・レートが 4 ％であれば、額面100円に対して年 4 円のクーポンが支払われる。

(2)最終利回り

利付債の現在価格 P が与えられたとき、(4)式を満たす r を**最終利回り**（yield to maturity）と呼ぶ。

$$P = \frac{C}{1+r} + \frac{C}{(1+r)^2} + \cdots\cdots + \frac{C+F}{(1+r)^N} \tag{4}$$

最終利回り r は、スポット・レート r_1, r_2, …, r_N の一種の平均値と考えられる。割引債では、最終利回りとスポット・レートは同じ値になる。つまり、期間の異なるスポット・レートは、対応する満期の割引債の最終利回りでもある。

現在のスポット・レートが、それぞれ次のようだとする。$r_1=0.02$, $r_2=0.03$, $r_3=0.04$, $r_4=0.05$, $r_5=0.06$。このとき、満期 5 年、クーポン・レートが 2 ％の債券の現在価格は、(3)式を用いて83.464円となる。

$$\frac{2}{1+0.02} + \frac{2}{(1+0.03)^2} + \frac{2}{(1+0.04)^3} + \frac{2}{(1+0.05)^4} + \frac{2+100}{(1+0.06)^5}$$
$$= 83.464$$

この債券の最終利回りは、次式を満たす r の値0.0592で、5.92％となる。

$$83.464 = \frac{2}{1+r} + \frac{2}{(1+r)^2} + \frac{2}{(1+r)^3} + \frac{2}{(1+r)^4} + \frac{2+100}{(1+r)^5}$$

5 年物のスポット・レート $r_5=0.06$ より、5 年債の最終利回り $r=0.0592$ の方が小さい。一般的に、この例のようにスポット・レートが上昇（$r_1 < r_2 < \cdots < r_5$）しているときには、最終利回りは同一期間のスポット・レートより小さくなる。

3 ▶ 債券価格の変動性

(1) デュレーション

　普通の債券であれば，最終利回りと債券価格の関係は，**図3-2**に示されるように原点に向って凸となる。最終利回りと債券価格は逆の関係にあり，最終利回りが上昇（下落）すれば債券価格は下落（上昇）する。

■図3-2　債券価格と最終利回りの関係

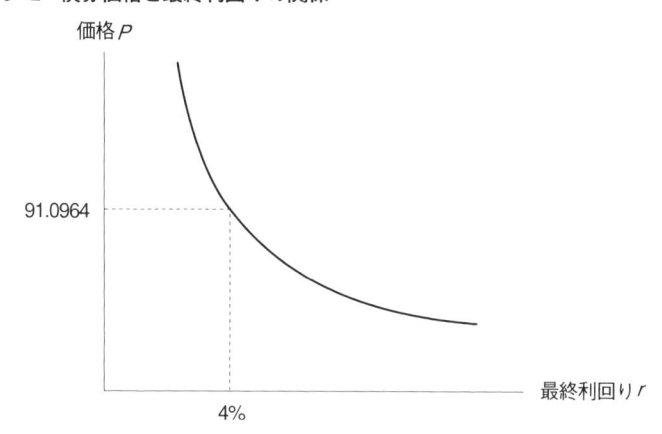

　ところで，同じ幅の最終利回りの変化があっても，満期やクーポンの異なる債券では価格変動の影響は異なる。そこで，微少な最終利回りの変化に対して，債券価格の変動性を計る尺度として**デュレーション**（duration）がよく用いられる。デュレーションは(5)式の右辺で定義される。

$$D = \frac{\frac{C}{1+r}}{P} \times 1 + \frac{\frac{C}{(1+r)^2}}{P} \times 2 + \cdots + \frac{\frac{C+F}{(1+r)^N}}{P} \times N \quad (5)$$

　式からわかるように，デュレーションは期間を表す概念で，クーポンが支払われる各年（1，2，・・・，N）の一種の加重平均である。ここでは，債券価格に占める各年のクーポン，あるいは償還額の現在価値が加重平均のウエイトになっている。

　例えば，クーポン2％，満期5年，最終利回り4％，価格91.0964円の債券のデュレーションは，(5)式より次のように計算される。

$$D = \frac{\frac{2}{1+0.04}}{91.0964} \times 1 + \frac{\frac{2}{(1+0.04)^2}}{91.0964} \times 2 + \cdots + \frac{\frac{2+100}{(1+0.04)^5}}{91.0964} \times 5$$
$$= 4.797 \text{年}$$

(2)デュレーションと債券価格の変動性

いま瞬間的に，最終利回りがわずかに dr だけ変化したとしよう。そのときの債券価格の変化額を dP とする。価格変化率は dP/P である。デュレーションの定義式を用いると(6)式のような関係が得られる。

$$\frac{dP}{P} = -\frac{D}{1+r} \times dr \qquad (6)$$

ここで，$D/(1+r)$を**修正デュレーション**（modified duration）と呼ぶことにすれば，(6)式は(7)式のように書き直すことができる。

$$\frac{dP}{P} = -\text{修正デュレーション} \times dr \qquad (7)$$

例えば，上の数値例の債券の最終利回りが今，瞬間的に4％から5％に1％上昇（$dr=0.01$）したときの，価格変化率は(6)式を用いて計算すると−4.612％である。

$$\frac{dP}{P} = -\frac{4.797}{1+0.04} \times 0.01 = -4.612 \times 0.01 = -0.04612$$

この債券の価格は91.0964円から87.0116円に低下するので，実際の価格変化率は（87.0116−91.0964）/91.0964＝−0.04484であるが，(6)式を用いて求めた値はこれに近い。このように，利回り変化が小さい場合には，(6)式の右辺を用いて価格変化率を求めてもよい近似値が得られる。

同じ幅の最終利回り変化でも，債券価格の変化はクーポン，満期，変化前の最終利回りが違うと影響度が異なってくる。クーポン，満期，最終利回りの違いを総合的に集約して，様々な債券の価格変化率に及ぼす影響を計る尺度が修正デュレーションである。

同一の利回り変化であれば，修正デュレーションの値の大きい債券の方が価格変化率は大きい。このことから，デュレーションを債券の価格変動性あるいは**債券価格リスク**を示す尺度として用いることができることが理解できよう。

4 ▶ 利回りの期間構造[*]

(1) 過去の金利の動き

図3-3には1980年から2004年に渡る24年間の金利の推移が示されている。短期金利として90日から180日未満のＣＤ（譲渡性預金）金利を，長期金利として10年物国債の利回りをとっている[2]。

1979年，80年は第二次石油危機（1978年）直後でインフレ率も高かったこともあって，金利は高水準にあった。特に，短期金利は1980年中は10％を越える水準が続いた。しかし，その後，インフレの解消と共に金利も低下を続け，1986年から88年にかけては円高・金余りを背景に長期金利が5％台という，その当時としては比較的低金利の時期が続いた。いわゆる「バブル崩壊」直後の1990年には長短金利が8％台に達したこともあったが，その後，景気の低迷と共に金利も低下を続け，1998年には長期金利でも1％を切る状態が起こった。その後，2000年代に入っても超低金利の時代が続いている。

■図3-3　長短金利の推移

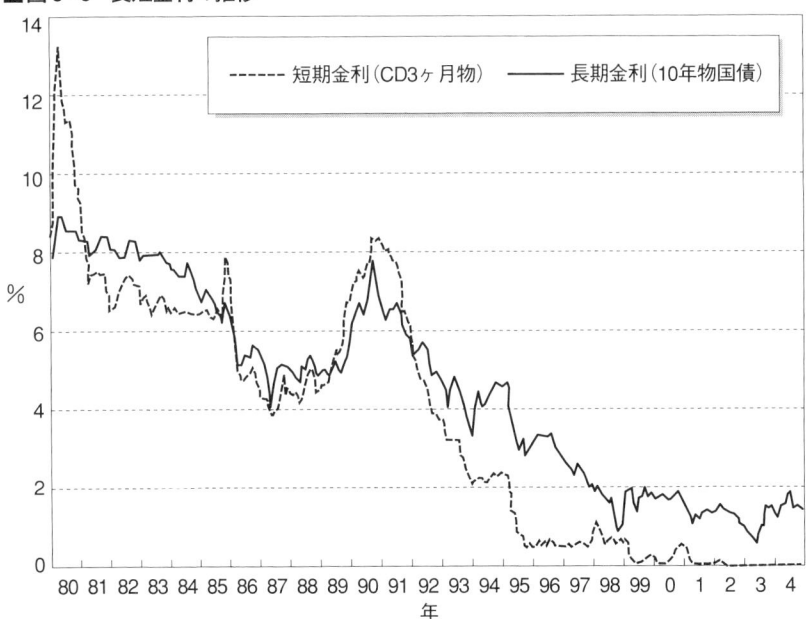

出所：『日本銀行』：http://www.boj.or.jp/

このように，全般的な金利水準は高金利になったり，逆に，低金利になったり変動を繰り返すことがわかる。

(2)満期による利回りの違い

次に，ある特定の時点を取り出して，その時点での満期別の利回りをみてみると，通常は長期利回りの方が短期利回りより高いのが普通だが，例えば，1980年，85年，91年のときのように，短期利回りの方が長期利回りより高くなってしまうことも起こる。

図3-4のように，横軸に満期（残存期間）を，縦軸にスポット・レートをとり，スポット・レートと満期の関係を図示したものを**利回り曲線**と呼ぶ。債券の利回り曲線のかたちは，その時々の経済状況によって右上がり（曲線c），水平（曲線b），あるいは右下がり（曲線a）になる。[3]

それでは，なぜ，利回り曲線はこのように形状を変えるのだろうか。それを説明する理論は**利子率の期間構造理論**（theory of term structure of interest rates）と呼ばれている。これにはいくつかの理論があるが，最も代表的なのが**純粋期待仮説**である。

■図3-4　債券の利回り曲線

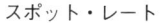

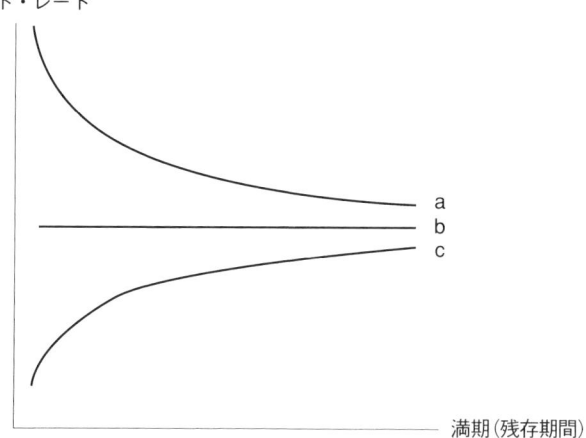

(3)純粋期待仮説

この考え方を説明するために，最初にスポット・レートと**フォワード・レ**

■図3-5 スポット・レートとフォワード・レート

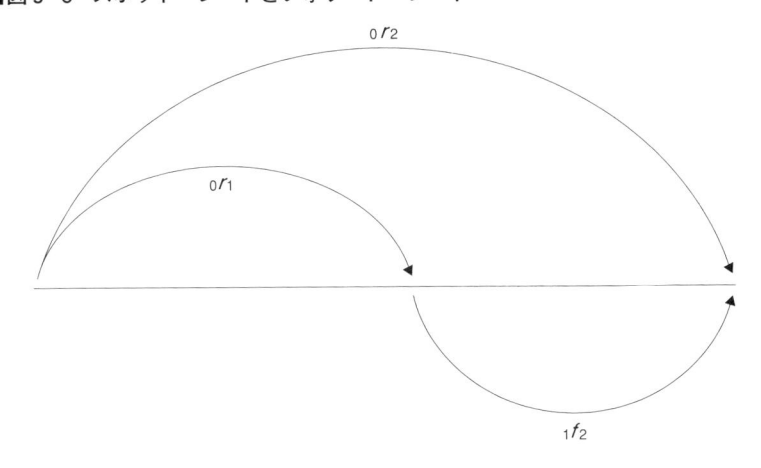

―ト（forward rate）について述べる。第2節で述べたように，スポット・レートとは途中にクーポン支払がない割引債の最終利回りのことである。記号 $_0r_t$ を0時点（現在）から t 時点までのスポット・レートとすれば，異なる満期に対応して多数のスポット・レートが得られる。

そして，現在から1年間のスポット・レート $_0r_1$ と2年間のスポット・レート $_0r_2$ が与えられると，1年後から2年後の1年間のフォワード・レートは(8)式を満たす $_1f_2$ の値になる。

$$(1+{_0r_2})^2 = (1+{_0r_1})(1+{_1f_2}) \tag{8}$$

このように，現在のスポット・レートが市場で決まっているときに，フォワード・レートはそれから一義的に求められる計算レートである。

例えば，1年物割引債と2年物割引債の現在のレートがそれぞれ，$_0r_1=6.4\%$，$_0r_2=6.45\%$ であると(8)式を用いて，

$$(1+0.0645)^2 = (1+0.064)(1+{_1f_2})$$

より，1年後の1年間のフォワード・レートは $_1f_2=6.5\%$ と計算される。

純粋期待仮説は，フォワード・レートが将来のスポット・レートの期待値に等しくなるように現在のスポット・レートが決定されることを主張するものである。

すなわち，1年後の1年間のスポット・レート $_1r_2$ の期待値（予想値）を $E(_1r_2)$ とすれば，次式が成り立つ。

$$_1f_2 = E(_1r_2) \tag{9}$$

純粋期待仮説が正しいとするなら，(8)式に(9)式を代入して(10)式が得られる。

$$(1+_0r_2)^2 = (1+_0r_1)(1+E(_1r_2)) \tag{10}$$

数値例をあてはめれば，次のようになる。

$$(1+0.0645)^2 = (1+0.064)(1+0.065)$$

上式の左辺は，今2年物割引債に投資したときの2年後の受取金額である。それに対して，右辺は今1年物割引債に投資し，1年後の満期時にさらに1年物の割引債に再投資する戦略からの期待受取金額を表している。どちらの投資戦略からも同じ受取金額が期待される。

(4) 純粋期待仮説による利回り曲線の形状に関する説明

もし，$_0r_1 < E(_1r_2)$ なら，(10)式の両辺を比較して$_0r_1 < _0r_2$となる。すなわち，投資家が将来，短期金利は上昇すると予想しているならば，現在の長期金利は現在の短期金利より高くなる。つまり，利回り曲線は図3-4のcのように右上がりの曲線になる。

これに対して，もしも，$_0r_1 > E(_1r_2)$ ならば$_0r_1 > _0r_2$である。すなわち，投資家が将来，短期金利は下落すると予想するなら，現在の長期金利は現在の短期金利より低くなる。この現象は「長短金利の逆転」と呼ばれている。これは図3-4の利回り曲線aに対応している。

もしも，投資家が短期金利の水準が将来も現在と同じで変わらないと予想するなら$_0r_1 = E(_1r_2)$で$_0r_1 = _0r_2$となり，利回り曲線はbのように水平になる。

このように，純粋期待仮説では，利回り曲線の形状は投資家が将来の金利をどのように予想するかによって決まると考える。すなわち，(10)式で表されるように，現在の長期利回り$_0r_2$は，現在の短期利回り$_0r_1$と将来の短期利回りの予想値（期待値）$E(_1r_2)$から決定される。

5 ▶ 株式の投資収益率

(1) 期待投資収益率

株式に投資した投資家は，2つの形でその投資から利益を得ることを期待する。配当と株価の値上り益（**キャピタルゲイン**）からである。

今，現在の株価（1株当り）をP_0，1年後の予想株価をP_1，1年後の予想配当額（1株当り）をD_1とすれば，投資期間が1年として，この株式から投資家が予想する期待投資収益率（年率）rは(11)式で表すことができる。

$$r = \frac{D_1 + P_1 - P_0}{P_0} \tag{11}$$

(11)式の右辺の分子$P_1 - P_0$はその値がプラスなら株価の値上り益を，マイナスなら値下り損失（キャピタル・ロス）を表すが，それと配当D_1を合計した予想利益を分母の投資額で割ったものが**期待投資収益率**（expected rate of return）になる。

例えば，ある株式の1年後の株価は平均的に1,100円，配当額は20円と予想されている。現在の株価が1,000円であるとすると，1年間の期待投資収益率は次式より12%となる。

$$\frac{20 + 1,100 - 1,000}{1,000} = 0.12$$

(2) リスク・プレミアムと要求投資収益率

上では現在株価がある値のとき，その株式からの期待投資収益率をどのように計算するかを述べた。それでは，現在株価は株式市場でどのように決定されるのだろうか。

先の数値例で，もし，現在株価が1,080円とすると，期待投資収益率は3.7%にしかならない。現在の1年物定期預金の利子率も同じ3.7%しているとすると，ほとんどの投資家はこの株式を購入しようとはしないだろう。

なぜなら，銀行に預金した方が確実に3.7%の利回りが得られるのに，この株式に投資すれば平均的には同じ3.7%の収益率が得られるが，それは確実ではない。1年後の株価が1,100円以上に上昇して，実際の投資収益率が期待投資収益率より高くなることも起こりうるが，逆に，現在株価より低くなってしまい，キャピタル・ロスを被る危険性もある。

このような危険性を考慮に入れて，投資家は銀行預金を選好するだろう。すでに，この株式を保有している投資家は，この株式を売却して銀行預金に乗換えるかもしれない。

このように，投資家は株式投資から安全利子率より高い投資収益率が平均的に得られることを要求する。すなわち，株式に対する投資家の**要求投資収**

益率（required rate of return）は，安全利子率に**リスク・プレミアム**（危険負担料）を加えたものになる。

現在株価が高く，要求投資収益率よりも期待投資収益率が低いと，市場ではこの株式に対する需要が減少するので現在株価は低下する。(11)式より，右辺のP_0が低下すれば期待投資収益率rは上昇する。

逆に，現在株価が低く，要求投資収益率より期待投資収益率が高いと，リスクに見合った以上にその株式から平均的に高い投資収益率が得られると期待されるので，その株式を購入しようとする投資家が現れるであろう。その結果，株価は上昇し，逆に，期待投資収益率は低下する。

そして，株式市場では(12)式で示されるように，株式からの期待投資収益率が投資家の要求する投資収益率に等しくなるときに，他の条件に変化がない限り株価はそれ以上動かない。そのような状態を均衡状態という。[4]

$$\text{要求投資収益率} = \text{安全利子率} + \text{リスク・プレミアム} = \text{期待投資収益率} \qquad (12)$$

6 ▶ 株価の決定

(1) 株価決定のロジック

均衡をもたらすような株価を均衡株価という。均衡株価は，(11)式でrが要求投資収益率（＝期待投資収益率）のとき，P_0について解いた(13)式で求められる。(13)式で求まる株価は株式の理論価格でもある。

$$P_0 = \frac{D_1 + P_1}{1 + r} \qquad (13)$$

上で用いた数値例で，株式市場での投資家一般のこの株式に対する要求投資収益率が12%であるとしよう。このとき，リスク・プレミアムは8.3%（＝12－3.7）である。(13)式より現在株価P_0は1,000円に決定される。そして，期待投資収益率と要求投資収益率が同じになる。

$$P_0 = \frac{20 + 1,100}{1 + 0.12} = 1,000$$

(13)式より，現在株価P_0は，将来の予想株価P_1と配当D_1の合計額を，割引率としてr（期待投資収益率＝要求投資収益率）を用いて現在価値に割引いた値になる。このように，株価はその株式を手に入れた投資家が将来，配当

と株価の値上りからどれだけの利益を得ることができると予想しているか，及び，投資家の要求する収益率によって決まる。

そして，将来，企業業績が向上し，配当の増加や株価の値上りが期待される株式は，(13)式の右辺の分子の値が大きくなり，現在の1株当り株価P_0も上昇する。また，一般金利水準が上昇すれば，あるいは上昇が予想されるときには，(12)式の安全利子率が大きくなるので，要求投資収益率が上昇する。その結果，(13)式の分母のrが大きくなり，他の要因に変化がなければ現在株価は低下する。

このことは，金利が上昇すれば債券や預金で資金を運用する方が有利になるので，株式投資に対する需要が減少し，株価が下落することからも明らかだろう。逆に，金利の下落は株式の要求投資収益率の低下をもたらすので，株価の上昇要因になる。

ただ注意しなくてはならないのは，金利と株価の関係はこのように単純ではない。例えば，金利が上昇するような局面は，経済全体が好況で資金需要が旺盛なときによく見られる。そのようなときには，企業の業績やその見通しもよく，(13)式の右辺の分子の値も大きく，金利が上昇したからといって株価は低下せず，むしろ上昇することもあり得る。株価決定の他の要因も変化するような場合には，単純に金利と株価の関係を云々することはできないのである。

(2) 株価とバブル

(13)式のように，配当あるいはそのもとになる利益の予想といった実体的な根拠に基づいて形成される株価を，ファンダメンタルズ・バリューという。そして，株価がファンダメンタルズ・バリューから乖離する場合，**バブル**が発生しているという。

一般には，株価の急激な上昇があるときにバブルと呼ばれ，その後，急激な下落が発生すると「バブルの崩壊」などと呼ばれる。しかし，注意すべき点は，将来の**ファンダメンタルズ**に関する予想が変化したために生じた株価の大幅な上昇はバブルではない，ということである。バブルはあくまでも，ファンダメンタルズに無関係な要因による株価上昇部分を指す。ただ単に，株価の高騰がバブル，株価の急落がバブルの崩壊ではない。

わが国では1980年代後半に株価が高騰し，その後，90年代に入ってから急

落した。この時期は，バブルとバブルの崩壊過程の時期と一般にはいわれている。しかし，1980年代後半の株価急騰をすべてバブルと呼ぶのは疑問の余地がある。1985年から始まった金融緩和政策による利子率の低下や，この時期の景気の急回復といった投資家のファンダメンタルズに関する予想を大きく変化させた要因も，株価の高騰の原因の一つであった可能性が高い。

7 ▶ 配当割引モデル

(1) 配当割引モデルとは

(13)式の右辺の分子の P_1 は，投資家が現在予想する1年後の株価である。投資家が現在予想する P_1 の値は，(13)式と同じロジックで，現在から2年後の配当 D_2 と2年後の予想株価 P_2 とによって決まる。ただし，割引率 r は同じとする。

$$P_1 = \frac{D_2 + P_2}{1+r}$$

上式を(13)式に代入すれば，次式が得られる。

$$P_0 = \frac{D_1}{1+r} + \frac{D_2 + P_2}{(1+r)^2}$$

同じことを繰り返していくと，最終的に(13)式は(14)式のように表される。ただし，D_t は現在予想される t 年後の配当である。つまり，現在株価は，将来に渡る予想配当の現在価値合計になる。(14)式は株価が将来の配当の流列を現在価値に割引いたものであることを示しているので，**配当割引モデル**（dividend discount model）と呼ばれる。[5]

$$P_0 = \frac{D_1}{1+r} + \frac{D_2}{(1+r)^2} + \frac{D_3}{(1+r)^3} + \cdots \tag{14}$$

ここで，配当の成長がないゼロ成長企業の株価は，次のようになる。

$$P_0 = \frac{D_1}{1+r} + \frac{D_1}{(1+r)^2} + \frac{D_1}{(1+r)^3} + \cdots$$

$$= \frac{D_1}{r} \tag{15}$$

配当が一定率 g %で増加していくような成長企業の株価は，次のように表される。ただし，$r > g$ とする。

$$P_0 = \frac{D_1}{1+r} + \frac{D_1(1+g)}{(1+r)^2} + \frac{D_1(1+g)^2}{(1+r)^3} + \cdots$$

$$= \frac{D_1}{r-g} \tag{16}$$

(16)式は**一定配当成長モデル**と呼ばれる。例えば，次期の1株当り配当が10円で，その後10％の率で増加していくことが予想される場合，将来の配当は $D_2 = 10 \times (1+0.1) = 11$円，$D_3 = 10 \times (1+0.1)^2 = 12.1$円のようになる。期待投資収益率を12％とすれば現在株価は500円となる。

$$P_0 = \frac{10}{1+0.12} + \frac{11}{(1+0.12)^2} + \frac{12.1}{(1+0.12)^3} + \cdots$$

$$= \frac{10}{0.12-0.1} = 500$$

(2) 配当利回りと配当成長率

(16)式を期待投資収益率 r を求める式に書き換えると，(17)式のようになる。

$$r = \frac{D_1}{P_0} + g \tag{17}$$

(17)式の右辺の第1項を**配当利回り**（dividend yield）と呼ぶ。上の一定配当成長モデルの例では，配当利回りは10/500＝0.02となり，2％である。株価が現在500円している株式に投資すると，1年後には10円の配当が得られるので，直近の配当だけを考えた場合には投資利回りは2％にしかならない。

しかし，将来に渡って10％の配当の増加が見込まれるので，配当利回り2％と配当成長率 $g=10$％を加えれば12％となり，投資家が要求する12％の期待投資収益率が得られることになる。

もしも，直近の配当は同じ10円だが，将来的に配当の成長が望めないゼロ成長企業でも，同じ期待投資収益率が得られるためには，現在株価は(15)式より10/0.12≒83.33円でなくてはならない。この企業の配当利回りは，10/83.33＝0.12となる。

つまり，投資家の期待投資収益率が同じ場合，成長が見込めない企業と成長企業を比較すると，直近の配当利回りは，成長企業では低くてもよくなる。それは，期待投資収益率の一部が将来の配当の増加でカバーされると期待できるからである。

あるいは、次のように考えることもできる。成長企業の1年後の株価は、11/(0.12−0.1)＝550円になると期待され、今から1年間の（予想）株価値上り率は、(550−500)/500＝0.1なので10％となり、2％の配当利回りでも株価値上り率を考慮に入れれば12％の期待投資収益率になる。

8 ▶ 企業成長と株価

(1) 内部金融モデル

　配当割引モデルにおける将来の配当の成長が、何によって決まるのかを具体的に示すために、次のような企業を考えてみよう。

　今、負債がなく株主資本のみで、投資資金はすべて内部留保資金で賄う企業を想定する。現有資産から将来に渡って、毎年、20円の1株当り純利益を上げられるとする。配当性向（＝配当/純利益）を50％とすれば、1年後の純利益20円に対して1株当り10円の配当を支払った残りの10円が内部留保され、20％の収益率（株主資本利益率）の投資に使われると仮定する。

　2年後の1株当り純利益は現有資産からの純利益20円と、1年後の新投資からの純利益増2円（＝10×0.2）を加えて22円となる。2年後の配当性向も50％なら、2年後の配当は11円になる。純利益、配当、総資産の増加率はすべて10％（＝株主資本利益率×内部留保率＝0.2×0.5）となる。

　2年後以降も同じ50％の配当性向で、内部留保された資金は収益率20％の企業内部の投資機会に使われるとすると、将来に渡って純利益、配当、総資産は10％の率で増加していく。このモデルは、負債や増資などの外部資金調達に頼らず、内部留保のみで資金調達が行われると想定しているので**内部金融モデル**、あるいは内部成長モデルと呼ばれる。

■図3-6　内部金融モデル

	1年後	2年後	3年後
純利益	20	20	20
		2	2
			2.2
内部留保	10	11	12.1
配当	10	11	12.1

内部金融モデルでは，(16)式の g をより具体的に，（1－配当性向）×再投資収益率と表すことができる。

(2) 成長企業とゼロ成長企業の株価

この企業は，上の一定配当成長モデルの数値例でみた，配当の成長率が10％の企業に対応している。投資家の期待投資収益率を12％とすれば，現在株価は500円と計算された。もしも，純利益がすべて配当され企業成長がないとすると，この企業の株価は

$$20/0.12 ≒ 166.67 円$$

にしかならない。すなわち，現在の資産から将来獲得される利益を現在価値で評価した値が166.67円である。

利益や配当が10％で増加する場合の現在株価500円と，この166.67円との差額333.33円は，将来に渡る利益や配当の増加を現在価値で評価した金額である。このように，成長企業の株価には，現有資産から産み出される利益と，将来獲得すると期待される新規資産からの利益の両方が織り込まれている。

しかし，注意しなくてはならないのは，ただ単に利益を増大させれば株価が高まるというわけではない。例えば，上の例で，企業内部の投資機会が12％の収益率しか上げないとすると，利益や配当の増加率は6％（＝(1－0.5)×0.12）にしかならず，現在株価は

$$10/(0.12－0.06) ≒ 166.67 円$$

になる。この株価は，成長ゼロの場合の株価と同じである。

利益や配当が増加するのに，株価がゼロ成長のときと同じにしか評価されないのは，内部留保された資金が投資家の期待投資収益率12％と同じ収益率しか上げない投資に使われるからである。このように，投資家の期待投資収益率を上回る収益率をもたらす事業機会を見出し，それに投資することによって初めて株価を高めることができる。

ところで，一時のマイクロソフトのように，創業以来何年にも渡って配当がゼロの企業がある。株価は配当をベースに決まるとする配当割引モデルに従えば，株価は低い値に留まるのではと思われるが，実際には株価は上昇を続けた。

それは，利益を配当の形で株主に分配しないで内部留保し，その資金を高

い利益が上げられる事業機会に振り向けることを，投資家が評価したからである。成長機会に内部資金を再投資することによって，将来の利益が増加し，それを織り込んで将来株価の上昇が見込まれるために，差し当たっての配当がゼロでも投資家はこのような株式に投資するのである。

(3) 株価収益率

現在株価を直近の1株当り利益で割った値を**株価収益率**（price earnings ratio, PER）という。1株利益の何倍に株価が評価されているかを表す。

$$株価収益率 = \frac{株価}{1株利益} \tag{18}$$

上の例で，株価が500円で1年後の利益が20円の成長企業の株価収益率は500/20＝25である。一方，株価が166.67円で1年後の利益が20円のゼロ成長企業の株価収益率は166.67/20＝8.33である。

直近の1株利益が同じでも，有利な事業機会に恵まれていると期待される企業の方が，株価収益率は高くなる。一般的に，株価収益率が高い企業は，成長力がある企業と株式市場で見なされていることを示している。

ただ，株価が正常価格よりも高く，過大に評価されているときにも株価収益率は高くなり得る。逆に，過小評価されている株式では，株価収益率が低くなってしまうことも起こる。成長力が同じような他の企業と比べて，株価収益率が高すぎたり低すぎたりする場合に，その株価は割高なり割安と判断される。このように，投資判断の目安，あるいは評価尺度として株価収益率が使われることもある。

(4) 多段階配当割引モデル

今まで述べてきた配当割引モデルでは，将来に渡って一定の配当成長率 g を用いた。しかし，実際に個々の株式の理論株価を求めるときには，企業の成長段階に応じて配当成長率が変わることを考慮に入れて，配当成長率を数段階に分けることが行われる。

例えば，1年後の1株当たり配当は10円で，それから先，3年間は高成長が期待できるので配当成長率は10％という高い増加が期待できるが，その後は安定期に入り，配当成長率は7％に低下すると予想されるとしよう。投資家の期待投資収益率は12％とする。

今から4年後までの配当は次のように増加する。$D_1=10$，$D_2=10(1+0.1)=11$，$D_3=10(1+0.1)^2=12.1$，$D_4=10(1+0.1)^3=13.31$。

5年後以降は7％で配当が増加するので，4年後の配当支払い直後の株価P_4は，次式より284.834と予想される。

$$P_4=\frac{13.31(1+0.07)}{1+0.12}+\frac{13.31(1+0.07)^2}{(1+0.12)^2}+\cdots$$

$$=\frac{13.31(1+0.07)}{0.12-0.07}=284.834$$

5年後以降の配当は4年末（5年期首）の株価P_4にすべて織り込まれているので，これらの値を用いると現在株価は次のように計算され，215.79となる。

$$P_0=\frac{10}{1+0.12}+\frac{11}{(1+0.12)^2}+\frac{12.1}{(1+0.12)^3}+\frac{13.31}{(1+0.12)^4}+\frac{284.834}{(1+0.12)^4}$$

$$=215.79$$

株式投資単位の引き下げ

株式は必ずしも1株から売買できるわけでなく，最低の売買単位数がある。最低売買単位数は，原則，**1単元**の株式の数に決められる。1単元の株式に対して，1議決権が与えられる。わが国では，1単元が1,000株の企業が多い。

わが国企業の株価には何千円もしている株式がある。例えば，株価が3,000円で1単元が1,000株の場合，この株式に投資するために投資家は最低でも3,000円×1,000株＝300万円が必要になる。

最低投資金額を**株式の投資単位**と呼ぶ。株式の投資単位が高すぎると，個人投資家が株式投資しづらくなり，流動性が低下する可能性がある。株主数を増加させ，株式の流動性を向上させるためには，株式投資単位の引き下げが必要になってくる。投資単位の引き下げ手段としては，(1)**売買単位の引き下げ**と，(2)**株式分割**がある。

売買単位の引き下げとは，今まで1単元が例えば1,000株だったものを100株に引き下げることで，「くくり直し」ともいう。

一方，株式分割（stock splits）とは，1株を2株や10株に細分化す

ることで，株主に対してその保有する株式数に応じて新株式が無償で交付される。例えば，分割比率が1対2の場合，1株が2株に細分化され，1,000株保有している株主に1,000株が無償で交付される。株式分割によって発行済株式数は増加する。

株式時価総額に変わりがないとすれば，株式分割によって株式数が増加するので，株価はそれに見合って低下する。例えば，株価が3,000円している場合，分割比率が1対2であれば，分割後には株価は半分の1,500円に低下する。売買単位に変わりがなくても，株式分割によって株価が低下するので株式投資単位を引き下げることができる。

2001年秋の商法改正で，1単元の株式数を企業が自由に決めることができるようになったことや，1株当たりの純資産額規制が撤廃されて株式分割がやりやすくなった。

わが国では，無償交付と呼ばれた小幅な株式分割は従来から行われてきたが，大幅な株式分割はあまり行われてこなかった。従来は，額面金額に比べて株価水準を比較し，株価の絶対水準が高い「高株価企業」ほど優良企業と見なされる傾向があった。それが，株価水準を低下させる大幅な株式分割が行われなかった理由のひとつと考えられる。

株式投資単位を引き下げると，零細な個人株主の増加などによって株主構成が変化し，「特殊株主」が出現したり，買収が容易になるなど，企業にとってマイナスの影響もある。しかし，企業にとっては，株式投資単位を引き下げることによって株主層を拡大させ，株式の流動性を高めることができるという大きなプラスの効果もある。

これらのバランスをとりながら，売買単位の引き下げや株式分割を柔軟に行うことが，これからの日本企業の資本政策に求められているといってよいだろう。ただ，100分割といった極端に大幅な株式分割は問題が多いので注意が必要である。

問題3.1

クーポン・レートが3％，残存期間が2年の利付債の現在価格が額面100円あたり102円のとき，この債券の最終利回りを求めよ。

問題3.2

MBA株式会社は衰退産業でビジネスを行っている。売上高，利益，配当とも年10％の率で減少していくと予想される。投資家の要求投資収益率は15％

で，1年後の1株当たり予想配当を3円とする。
(1) 現在の株価を求めよ。ただし，今年の配当が支払われた直後とする。
(2) 1年後の予想株価を求めよ。
(3) 今から1年間のこの株式の期待投資収益率はいくらになるか。
(4) この会社は衰退企業なので魅力がなく，この会社への株式投資は見合わせた方がよいといえるかどうか述べなさい。

問題3.3

MBB株式会社は，年6％の率で成長していくことが予想されている。来年の1株当たり配当は5円と予想される。投資家の期待投資収益率は10％とする。来年の利益は1株当たり8円と予想される。ただし，投資資金は内部留保から賄われるとする。また，現有資産，将来獲得する資産からは，毎年一定の収益が生み出されると仮定する。配当性向は一定とする。
(1) 現在の株価はいくらになるか。
(2) 現在株価のうち，現有資産からもたらされる利益に基づく部分はどのくらいか。
(3) また，この企業の将来の投資機会からもたらされる利益に基づく部分はどのくらいか。

[注]
1) 債務不履行リスクがある社債については第15章で説明する。
2) CDとは譲渡性定期預金のことで，金利は銀行と預金者の間で自由に決定される。CD保有者は満期前にCDを他人に譲渡できる。代表的な短期金利である。
3) 満期の異なる債券ではクーポンも異なるのが通常である。最終利回りを用いると，クーポンの違いによって最終利回りが影響を受けてしまう。そのため，満期の違いが利回りに及ぼす影響をみるためにスポット・レートを用いる。
4) 個々の株式の期待投資収益率がどのように決まるかについては第4章で述べる。
5) 株式評価の方法には，企業が上げるキャッシュフローを重視し，将来キャッシュフローをベースに株式価値を求める割引キャッシュフロー法と呼ばれる方法もある。詳細は第9章を参照。

第4章

株式のリターンとリスク

1 ▶ はじめに

　第3章で株式の期待投資収益率は，安全利子率にリスク・プレミアムを付け加えたものになることを述べた。しかし，リスク・プレミアムが具体的にどのように決まるかについては述べなかった。本章ではこの点を詳しく調べ，株式のリターンとリスクの関係を明らかにする。

　ところで，機関投資家を中心とした投資家は，あるひとつの株式を単独で保有するのでなく分散投資し，多数の株式を組み合わせたポートフォリオとして運用するのが通常である。そのため，多くの投資家が分散投資することを前提にした上で，個別株式のリターンとリスクの関係を調べる必要がある。このようなことから，本章の多くの部分は**ポートフォリオ分析**にあてられる。

　本章で明らかにする株式の期待投資収益率の決定メカニズムをよく理解することは，2つの点で重要である。

　第一は，株価の決定要因がよりよく理解できるようになる。前章で述べたように株式の期待投資収益率と株価は裏腹の関係にあり，期待投資収益率が決まればそれに対応して現在株価が決まるからである。

　2番目の重要性は，株式の期待投資収益率は株主資本のコストでもあるという点にある。企業財務の重要な概念として，実物投資決定や企業価値評価に際して用いられる（平均）資本コストがある。株主資本コストは，この（平均）資本コストの構成要素のひとつである。株式の期待投資収益率の決定メカニズムがよく理解できれば，資本コストもよく理解できるということになる。

2 ▶ 個別株式の投資収益率

株式投資にとってはこれから先の投資収益率が問題になる。しかし，将来の投資収益率は不確実であり，取りうる値にはいくつもの可能性がある。そこで，株式投資分析では，それらを集約した期待投資収益率と投資収益率の標準偏差という指標がよく使われる。

表4-1には，これから先1年間の経済の状況に応じて，2つの株式の投資収益率がどのように予想されるかが示されている。ここでは簡単にするために，将来起こる経済状態は，好況，普通，不況の3つのいずれかだとする。

A株式の投資収益率は経済状態が良くなるほど高くなると予想されるのに対して，B株式ではそのような関係は見られない。不況になる確率は25％，普通が50％，好況が25％と予想されるとする。

■表4-1　2つの株式の投資収益率

経済状態	A株式の投資収益率	B株式の投資収益率
好況(25%)	20%	−10%
普通(50%)	10%	30%
不況(25%)	−4%	4%
期待投資収益率	9%	13.5%
分散	73	296.75
標準偏差	8.54%	17.23%
共分散	−25.5	
相関係数	−0.17	

(1)期待投資収益率

平均的にどのくらいの収益率が得られるかを示すのが**期待投資収益率**である。一般的に，第i株式の期待投資収益率$\overline{R}_i$は(1)式より計算される。ただし，P_jは状態jが起こる確率を，R_{ij}は状態jでの第i株式の投資収益率を表す。状態jは，1からnまでn通りのいずれかが起こる。

$$期待投資収益率 = \overline{R}_i = E(R_i) = \sum_{j=1}^{n} P_j R_{ij} \tag{1}$$

A株式，B株式の期待投資収益率はそれぞれ次のように計算され，平均的にはB株式の方が高い収益率が期待される。

$$\overline{R}_A = 0.25 \times 20 + 0.5 \times 10 + 0.25 \times (-4) = 9\%$$
$$\overline{R}_B = 0.25 \times (-10) + 0.5 \times 30 + 0.25 \times 4 = 13.5\%$$

(2) 投資収益率の分散,標準偏差

次に,投資収益率の変動の大きさ,あるいは,バラツキの程度を表す指標として標準偏差が使われる。標準偏差を求めるためには,まず,(2)式で定義される投資収益率の分散を計算する必要がある。分散は,各状態での投資収益率と期待投資収益率との差(偏差)の2乗の期待値である。分散の平方根をとったのが標準偏差である。[1]

$$\text{分散} = Var(R_i) = \sigma_i^2 = \sum_{j=1}^{n} P_j (R_{ij} - \overline{R}_i)^2 \qquad (2)$$

$$\text{標準偏差} = \sigma_i = \sqrt{Var(R_i)} \qquad (3)$$

両株式の投資収益率の分散と標準偏差を計算すると,次のようになる。B株式の標準偏差はA株式の標準偏差の2倍あり,A株式に比べてB株式の投資収益率の変動なりバラツキの方がかなり大きいことがわかる。

$$\sigma_A^2 = 0.25 \times (20-9)^2 + 0.5 \times (10-9)^2 + 0.25 \times (-4-9)^2 = 73$$
$$\sigma_A = \sqrt{73} = 8.54\%$$
$$\sigma_B^2 = 0.25 \times (-10-13.5)^2 + 0.5 \times (30-13.5)^2 + 0.25 \times (4-13.5)^2 = 296.75$$
$$\sigma_B = \sqrt{296.75} = 17.23\%$$

(3) 投資収益率の共分散,相関係数

2つの株式の投資収益率の相互の動きの関連を示す指標として,**共分散**と**相関係数**がある。共分散は(4)式で定義され,それぞれの株式の各状態における投資収益率と期待投資収益率の差(偏差)の積の期待値になっている。相関係数は(5)式で定義され,共分散を両株式の投資収益率の標準偏差の積で割ったものである。

$$\text{共分散} = \sigma_{AB} = Cov(R_A, R_B) = \sum_{j=1}^{n} P_j (R_{Aj} - \overline{R}_A)(R_{Bj} - \overline{R}_B) \qquad (4)$$

$$\text{相関係数} = \rho_{AB} = \frac{\sigma_{AB}}{\sigma_A \sigma_B} = \frac{Cov(R_A, R_B)}{\sigma_A \sigma_B} \qquad (5)$$

$$\sigma_{AB} = 0.25 \times (20-9) \times (-10-13.5) + 0.5 \times (10-9) \times (30-13.5)$$
$$+ 0.25 \times (-4-9) \times (4-13.5) = -25.5$$

$$\rho_{AB} = \frac{-25.5}{8.54 \times 17.23} = -0.17$$

例の数値を代入して計算すると、共分散は−25.5、相関係数は−0.17になる。共分散や相関係数がマイナスということは、2つの株式の投資収益率が逆の動きをすることを示している。これを**負の相関**があるという。

表4−1から明らかなように、不況のときにはA株式の投資収益率はマイナスなのに、B株式の投資収益率はプラスの値になる。このように、一方の投資収益率が低いときには、もう一方の投資収益率が高いというように逆の動きをするので負の相関が見られるわけである。

これを期待投資収益率からの偏差でいうと、負の相関関係がある場合、一方の偏差がマイナスのとき他方の偏差がプラスになり、偏差の積はマイナスになる。偏差の積がマイナスになる機会が多いときには、偏差の積の期待値もマイナスになり、共分散の値がマイナスとなる。

例えば、好況のときのA株式の投資収益率の偏差は11（＝20−9）、B株式の投資収益率の偏差は−23.5（＝−10−13.5）である。偏差の積は−258.5となる。経済状態が不況のときの偏差の積は123.5、普通のときの偏差の積は16.5で、これら偏差の積の期待値である共分散は−25.5となる。

一方の投資収益率が高いときに、もう一方の投資収益率も高く、一方の投資収益率が低いときには、もう一方の投資収益率も低くなるというように、両者が同じような動きをする場合は**正の相関**があるという。正の相関関係がある場合は、共分散と相関係数はプラスの値になる。2つの株式の投資収益率の間にまったく何の関係も見られない場合を**独立**という。完全に独立の場合には、共分散、相関係数ともゼロになる。

なお、相関係数 ρ_{AB} は−1から＋1の間の値をとる。正の相関が完全で、両者がまったく同じ動きをする場合には $\rho_{AB}=1$ となる。一方、負の相関が完全で、両者がまったく逆の動きをする場合には $\rho_{AB}=-1$ となる。例では、$\rho_{AB}=-0.17$ なので、負の相関関係が見受けられることがわかる。

3 ▶ 2つの株式からなるポートフォリオ

次に、個々の株式を組み合わせて投資するポートフォリオの投資収益率を調べよう。最初に、2つの株式からなるポートフォリオの場合を考える。

(1)ポートフォリオの期待投資収益率

投資資金のうちA株式に投資された割合をX_A，B株式に投資された割合をX_Bとすれば，状態jにおけるポートフォリオの投資収益率R_{pj}は(6)式で表される。状態jにおけるそれぞれの株式の投資収益率に投資比率を掛けて，合計したものである。X_A，X_Bは投資比率なので合計すれば1になる。

$$\text{ポートフォリオの投資収益率} = R_{pj} = X_A \times R_{Aj} + X_B \times R_{Bj} \quad (6)$$

$$X_A + X_B = 1 \quad (7)$$

このポートフォリオの期待投資収益率は，(8)式のように表すことができる。ポートフォリオの期待投資収益率は，個々の株式の期待投資収益率をそれぞれの投資比率で加重平均したものである。

$$\overline{R}_P = X_A \times \overline{R}_A + X_B \times \overline{R}_B \quad (8)$$

例えば，投資資金が1億円あるとし，6千万円をA株式に，残りの4千万円をB株式に投資するポートフォリオの期待投資収益率は，次のように計算される。

$$\overline{R}_P = 0.6 \times 9\% + 0.4 \times 13.5\% = 10.8\%$$

X_A，X_Bは投資比率なので，合計した値は常に1になる。現物買いだけのときはX_A，X_Bの値は0と1の間であるが，**カラ売り**（空売り）が行われるときにはそれ以外の値も取りうる。それは，一方の株式をカラ売りし，得た金額をさらにもう一方の株式の現物買いに充てる場合である。[2]

例えば，今の例では手持ち資金は1億円であるが，B株式を今カラ売りし2千万円の金額を得たとする。そして，1億円にこの2千万円を加えた，1億2千万円をA株式の購入に充てたとする。この場合には，投資比率はそれぞれ次のように計算される。$X_A = $ 1億2千万円/1億円$=1.2$。$X_B = -$2千万円/1億円$= -0.2$。このように，カラ売りが行われるときには，Xの値は1より大きくなったり，マイナスにもなりうる。ただし，X_AとX_Bを合計した値は常に1になる。

(2)ポートフォリオの投資収益率の分散，標準偏差

次に，ポートフォリオの投資収益率の分散は(9)式で定義される。標準偏差σ_Pは，個別株式の場合と同様，分散の平方根である。

$$\begin{aligned} Var(R_P) = \sigma_P^2 &= X_A^2 \times \sigma_A^2 + 2X_A X_B \sigma_{AB} + X_B^2 \times \sigma_B^2 \\ &= X_A^2 \times \sigma_A^2 + 2X_A X_B \rho_{AB} \sigma_A \sigma_B + X_B^2 \times \sigma_B^2 \end{aligned} \quad (9)$$

$$\sigma_P = \sqrt{Var(R_P)} \tag{10}$$

例の数値を使ってポートフォリオ投資収益率の分散と標準偏差を計算すると，次のようになる。ただし，$X_A=0.6$，$X_B=0.4$である。

$$Var(R_P) = \sigma_P^2 = (0.6)^2 \times 73 + 2 \times 0.6 \times 0.4 \times (-25.5) + (0.4)^2 \times 296.75$$
$$= 61.52$$
$$\sigma_P = \sqrt{61.52} = 7.84\%$$

ここで，投資比率をウエイトにした個別株式の投資収益率の標準偏差の加重平均を考えてみると，(11)式のようになる。これは，(9)式で相関係数 ρ_{AB} が1のときの，ポートフォリオ投資収益率の標準偏差でもある。数値例では，A，B株式の標準偏差の加重平均は12.02％である。この値は，上で求めたポートフォリオの投資収益率の標準偏差7.84％よりかなり高いことがわかる。

$$個別株の標準偏差の加重平均 = X_A \times \sigma_A + X_B \times \sigma_B \tag{11}$$
$$= 0.6 \times 8.54 + 0.4 \times 17.23$$
$$= 12.02\%$$

このように，ポートフォリオの期待投資収益率を求めたときと同じように，単純に個別株式の標準偏差の加重平均としてポートフォリオの投資収益率の標準偏差を計算してしまうと，間違った結果が得られてしまう。

相関係数 ρ_{AB} が1より小さいときには，ポートフォリオの投資収益率の標準偏差は，個別株式の標準偏差の加重平均より常に小さくなる。これを**ポートフォリオの分散化効果**(diversification effect) と呼ぶ。そして，ρ_{AB} なり σ_{AB} の値が小さくなるにつれ，ポートフォリオの投資収益率の標準偏差はより低下し，分散化効果はより強くなる。

われわれの例でいえば，もし，A株式だけに投資したとすると，不況のときにA株式の投資収益率は－4％になってしまう。しかし，ポートフォリオの中にB株式も組み込まれていれば，不況のときB株式の投資収益率は4％であり，A株式からの損失がカバーされることになり，ポートフォリオ全体の投資収益率の変動も小さくなる。この例では，共分散や相関係数がマイナスなので分散化効果が強く働いた。しかし，共分散や相関係数がプラスでも相関係数が1でない限り分散化効果は働く。

(3) ポートフォリオのリターンとリスク

図4-1にA株式とB株式の2銘柄からなるポートフォリオのリターンとリスクの関係が示されている。横軸はポートフォリオの投資収益率の標準偏差、縦軸はポートフォリオの期待投資収益率である。A点、B点はそれぞれ、A株式とB株式の期待投資収益率と標準偏差の組を表す。B株式の方がA株式に比べて期待投資収益率が高いが、同時に標準偏差も高い。

われわれが上で計算した、A株式への投資比率60％、B株式への投資比率40％のポートフォリオの期待投資収益率と標準偏差を示す点は、■印で表されている。

投資比率を変えたときのポートフォリオのリターンとリスクの組は、■印の点が乗っている放物線上の一点になる。A株式への投資比率を高めていくと、A点に近い曲線上の点になる。逆に、B株式への投資比率を高めていくと、B点に近い曲線上の点になる。[3)]

この放物線上で最も標準偏差が小さいのは、□印で示されている点である。このポートフォリオを**最小分散ポートフォリオ**と呼ぶ。この例では、A

■図4-1　ポートフォリオのリターンとリスク

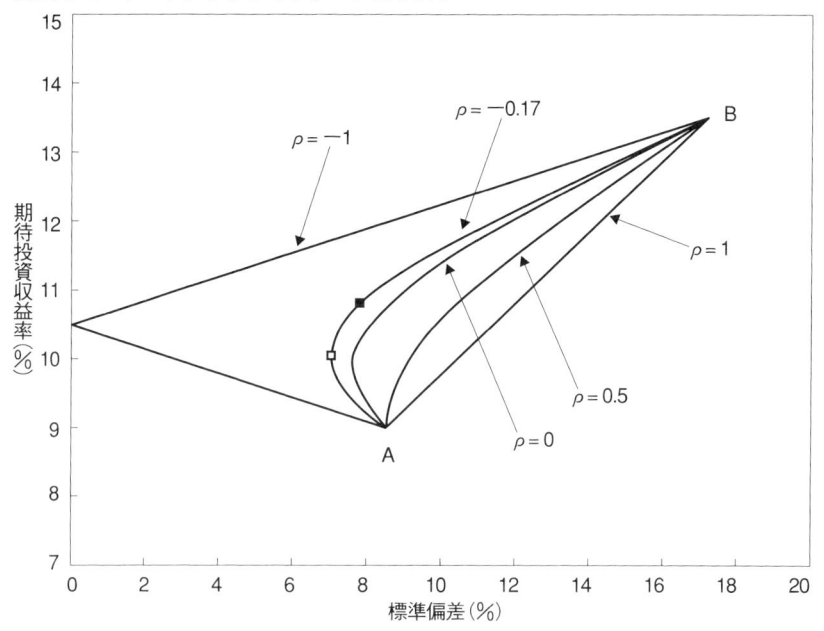

株式への投資比率を77%，B株式への投資比率を23%にしたときに最小分散ポートフォリオが得られる。このとき，ポートフォリオの期待投資収益率は10.04%，標準偏差は7.067%である。

100%A株だけに投資する場合に比べて，B株式を2割ぐらい組み込んだポートフォリオをつくることによって，期待投資収益率は高くなる一方で標準偏差を低下させることができた。

B株式そのものは非常に標準偏差が高くリスキーなのに，なぜB株式を組み込んだポートフォリオの標準偏差が小さくなるかといえば，それは相関係数がマイナスだからである。A株式の投資収益率がマイナスのときに，B株式の投資収益率がプラスになり，一種のヘッジの役割を果たすからである。

しかし，最小分散ポートフォリオの点を超えてB株式の投資比率を高めていくと，B株式のウエイトが高くなるのでポートフォリオの期待投資収益率は高まるが，同時に標準偏差も増大してしまう。

投資比率を変えることによって放物線上のどの点も選択可能なので，**達成可能集合**（feasible set）と呼ばれる。しかし，通常の投資家であれば，□印とA点の間の部分は選択しないだろう。なぜなら，この部分では，最小分散ポートフォリオに比べて標準偏差は高くなるのに，期待投資収益率は低下してしまうからである。そのため，投資家の選択の対象になるのは，□印とB点の間の部分になる。この領域を**有効フロンティア**（efficient frontier）と呼んでいる。

図4-1の別の放物線は相関係数の値を変えたときの，ポートフォリオのリターンとリスクの関係を表している。ただし，2つの株式の期待投資収益率と標準偏差は，相関係数が－0.17の場合と同じである。例えば，相関係数がゼロのときには，双曲線が少し右にシフトしているのがわかる。相関係数が0.5になると，さらに右にシフトする。そして，相関係数が1になるとA点とB点を結んだ直線になる。

逆に，完全な負の相関の場合，つまり，相関係数が－1のときには，図4-1に示されるように2つの直線になることがわかる。特に，A株式への投資比率を67%，B株式への投資比率を33%にしたとき，ポートフォリオの投資収益率の標準偏差はゼロで，期待投資収益率は10.49%となる。このように，相関係数が－1のときには，ポートフォリオを上手に組むことによって安全資産をつくり出すことができる。分散効果が最大限に達成できるわけである。

4 ▶ 投資家の最適ポートフォリオ選択

(1) 多数の株式からなるポートフォリオ

　今までは，2つの株式のポートフォリオを考えてきたが，多数の株式からなるポートフォリオに議論を容易に拡張することができる。

　組み入れる銘柄や投資比率を様々に替えることによって，無数のポートフォリオをつくり出すことができる。そして，これら多数の株式からなるポートフォリオの達成可能集合は，図4-2の網掛けがされた領域になる。

　2つの株式だけのポートフォリオの場合には，領域の縁にあたる曲線上だけだったが，多数の株式のポートフォリオでは，領域の内部も選択可能となる。しかし，有効フロンティアは曲線ZPYで表される部分だけになる。

■図4-2　安全資産と多数の株式からなるポートフォリオ

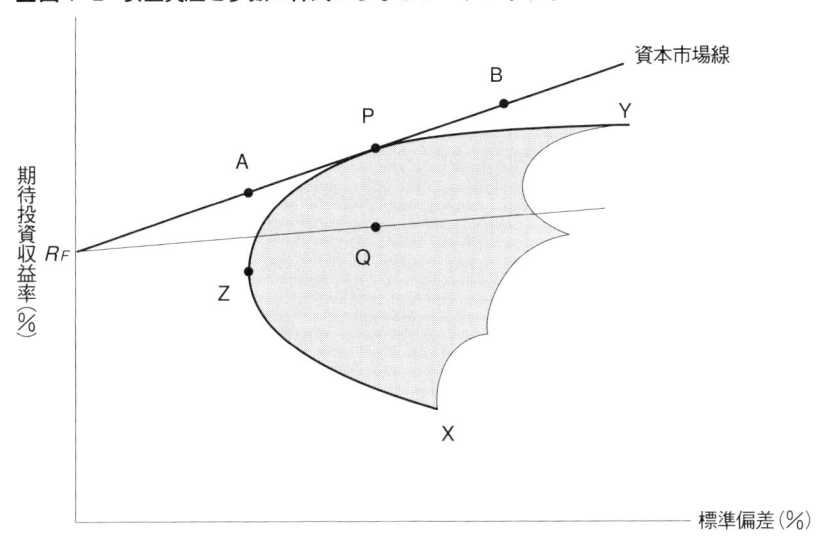

(2) 多数の株式と安全資産のポートフォリオ

　次に，多数の株式と安全資産を組み合わせたポートフォリオを考えよう。図4-2のQ点は，株式だけからなるポートフォリオの達成可能集合内の点である。このポートフォリオと安全資産を組み合わせたポートフォリオは，R_FとQを通る直線上になる。株式だけのポートフォリオとして別の点を選

ば，そのポートフォリオと安全資産を組み合わせた新たなポートフォリオをつくり出すことが可能である。このように，曲線ZPY上あるいはその内部の点と，R_Fを結んだ直線を無数につくることができる。

ここで，直線R_F・Q上の点と，直線R_F・P上の点を比較してみる。ただし，点PはR_Fと曲線ZPYの接線の接点である。同じ標準偏差であれば，直線R_F・P上の点の方が期待投資収益率は必ず高くなっている。このことから，直線R_F・Q上のポートフォリオは選択の対象から外されることがわかる。同じ類推で，直線R_F・P上の点以外は選択の対象にはならない。

このようにして，直線R_F・P上の点が有効フロンティアになることが理解できる。直線R_F・Pを**資本市場線**（capital market line）と呼んでいる。投資対象が株式のみの場合，有効フロンティアは曲線ZPYだが，安全資産も組み合わせることができる場合には，資本市場線が有効フロンティアになる。

次に，資本市場線上のどの点が選ばれるかは，投資家のリスクに対する態度に依存する。あまりリスクを好まない投資家であれば，A点のように投資資金の一部を安全資産に投資し，ポートフォリオ全体のリスクを低下させるであろう。

逆に，リスクを多少とっても平均的な収益率を高めたい投資家なら，Bのような点を選ぶだろう。この場合には，借り入れた金額に自己資金を加えた額を株式ポートフォリオPに投資することによって，ポートフォリオ全体のリスクは増大するが期待投資収益率を高めることができる。

(3)最適ポートフォリオ選択プロセス

ここで，投資家の最適ポートフォリオ選択のプロセスをまとめておこう。
①まず最初に，個別株式の期待投資収益率と標準偏差及び株式間の収益率の共分散を予測する。
②それをもとに，株式だけからなるポートフォリオの有効フロンティア曲線（ZPY）を求める。
③次に，この曲線と安全資産の収益率R_Fとの接線と，接点Pを求める。
④最後に，P点で表される株式ポートフォリオと安全資産の最適組合せを，投資家のリスク回避度に応じて選ぶ。

ここで重要なのは，同一のZPY曲線なら，株式ポートフォリオの選択は，投資家のリスク回避度に依存せずP点に決まるということである。それに対

して，安全資産と株式ポートフォリオPをどのように組み合わせるかは，投資家のリスク回避度の程度によって異なってくる。

このように，危険資産（株式）ポートフォリオの選択問題と，危険資産（株式）ポートフォリオと安全資産の組合せの問題は，分けて考えることができる。これを**分離定理**（separation theorem）という。

5 ▶ 市場均衡

今までは，ひとりの投資家の資産選択行動を述べてきたが，次にこのような投資家が多数存在する株式市場における，個々の株式のリターンとリスクの関係を調べてみよう。

(1)同質的期待

もしも，すべての投資家が，個別株式の期待投資収益率，標準偏差及び株式間の収益率の共分散について同じ予測をするとすれば，それをもとにつくられる株式だけからなるポートフォリオの有効フロンティア曲線ZPYも同じになる。そのため，この曲線と安全資産の収益率R_Fとの接線と，接点Pもすべての投資家にとって同じになる。このような状況を**同質的期待**（homogeneous expectation）という。

この仮定は，現実の株式市場では厳密には当てはまらないであろう。しかし，機関投資家を中心に過去の情報も含めて利用可能な情報をすべて使って予測を行っている状況では，投資家間で大きな情報格差はない。そのため，投資家によって大きく予測が異なることは考えられず，同質的期待の仮定は一次近似としては妥当する。

このような同質的期待の下では，すべての投資家はP点で示される株式ポートフォリオを選択することになる。そして，投資家に保有されない株式はないことから，Pの中にはすべての株式が含まれている。その結果，ポートフォリオPは，市場全体の株式が各々の株式の時価総額に比例して組み込まれたポートフォリオになっている。このようなポートフォリオを**市場ポートフォリオ**（market portfolio），あるいはマーケット・ポートフォリオという。

(2) 2つのリスク要因

　機関投資家を中心にした投資家が分散投資を行い，市場ポートフォリオを選択するような状況では，個々の株式の投資収益率の標準偏差が，その株式のリスクを表すわけではなくなる。個々の株式の標準偏差の一部は，分散投資によって消去されてしまうからである。

　ところで，個々の株式の将来の投資収益率は，大きく分けて2つの要因によって影響を受けると考えられる。第一は，その企業の株価にだけ影響を及ぼす個別要因である。例えば，その企業が新製品を開発したという情報は，主にその企業の株価にだけ好ましい影響を与えるだろう。

　これに対して，ほとんどすべての株価に影響を及ぼすような情報によっても，投資収益率は影響を受ける。例えば，ニューヨーク株式市場が大暴落したという情報は，日本の株式市場のほとんどすべての株価にマイナスの影響を与えるだろう。このほか，日本経済全体のマクロ情報などもこれに属する。

　個々の株式のこれから先一定期間の投資収益率は，前もって正確に予測できないという意味で不確実であり，リスクを伴う。それは，今述べた投資収益率に影響を与える2つの要因それぞれを前もって正確には予測できないことから起こる。

　しかし，分散化効果でも述べたように，分散投資によって多数の株式をポートフォリオとして保有することによって，個別要因から生ずる株価変動のリスクは消去することが可能となる。このリスク部分を**非組織的リスク**（unsystematic risk），あるいは**個別リスク**（unique risk）と呼んでいる。

　ある企業は，株価にマイナスの影響を及ぼす個別要因によって，思わぬ低い投資収益率しかあげられないとしよう。この株式だけを保有したとすると，非組織的リスクにさらされる。しかし，別の株式は，株価にプラスの影響を及ぼす個別要因によって予想より高い投資収益率が得られるかもしれない。両株式を含むような分散投資を行えば，プラス，マイナスの個別要因による影響が相殺されて，安定した投資収益率を確保することが可能となる。

　これに対して，すべての株式に影響を及ぼすような要因から生ずる株価変動のリスクを**組織的リスク**（systematic risk），あるいは**市場リスク**（market risk）と呼ぶ。この組織的リスクは，いくら分散投資を行っても消去することができない。すべての株式が連動してシステマティックに動く収益率部分に対応するリスクという意味で，組織的リスクと呼ばれるわけである。

そこで，個々の株式のリスクを考える場合，いくら非組織的リスクが高くても，分散投資によってそのリスクを回避することができるので，投資家はその株式を保有するときにより高いリスク・プレミアムを要求することはない。投資家が考慮に入れるリスクは，分散投資によっても消去不可能な組織的リスクだけである。それでは，具体的に個別企業の組織的リスクを測る尺度はなにか。

(3)ベータ値

　同質的期待の下で，すべての投資家が市場ポートフォリオを選択するとした場合，投資家にとっては市場ポートフォリオのリスクが問題になる。そして，市場ポートフォリオのリスクにどれだけ個々の株式が影響を及ぼすかで，個別株式のリスクが測られることになる。このことを以下で説明しよう。

　市場ポートフォリオの投資収益率R_Mの分散を$\sigma^2(R_M)$とすると，$\sigma^2(R_M)$は(12)式のように分解できる。ただし，Nは全銘柄の数である。X_iは第i株式への投資比率で，総株式時価総額に占める第i株式の時価総額の割合を示す。

$$\text{市場ポートフォリオのリスク}=\sigma^2(R_M)=\sum_{i=1}^{N}\sum_{j=1}^{N}X_iX_j Cov(R_i,R_j)$$
$$=\sum_{i=1}^{N}X_i\sum_{j=1}^{N}X_j Cov(R_i,R_j)=\sum_{i=1}^{N}X_i Cov(R_i,\sum_{j=1}^{N}X_jR_j)$$
$$=\sum_{i=1}^{N}X_i Cov(R_i,R_M) \tag{12}$$

　ここで，(12)式の右辺にある，第i株式と市場ポートフォリオの収益率の共分散$Cov(R_i,R_M)$を，市場ポートフォリオの収益率の分散$\sigma^2(R_M)$で割ったものをβ_i（ベータ）と定義する。

$$\beta_i=\frac{Cov(R_i,R_M)}{\sigma^2(R_M)} \tag{13}$$

すると，(12)式は(14)式のように表すことができる。

$$\sigma^2(R_M)=\sum_{i=1}^{N}X_i\beta_i\sigma^2(R_M) \tag{14}$$

　(14)式は，市場ポートフォリオ全体の分散$\sigma^2(R_M)$に個々の株式のベータβ_iをかけた値を，X_i（総株式時価総額に占める第i株式の時価総額の割合）でウエイトした加重平均になっている。

そして，β_i の値が大きい株式はそれだけ市場ポートフォリオ全体のリスクの中に占めるウエイトが高く，市場ポートフォリオのリスクに及ぼす影響が大きいので，その株式のリスクは高いと解釈できる。つまり，β_i の値が個別株式のリスクを測る尺度になることが理解できる。

一般的に，ポートフォリオのベータ β_P は，組み込まれた個々の株式のベータ β_i を投資比率 Y_i で加重平均したものになる。

$$\beta_P = \sum_{i=1}^{m} Y_i \beta_i \qquad (15)$$

(14)式より次式が得られる。

$$\beta_M = \sum_{i=1}^{N} X_i \cdot \beta_i = 1 \qquad (16)$$

(16)式の左辺は個々の株式のベータ β_i を投資比率 X_i で加重平均したものなので，(15)式より市場ポートフォリオのベータ β_M である。それが 1 に等しいので，市場ポートフォリオのベータは 1 であることがわかる。

(4) 個別株式の β の推定方法

実際に個別株式の β の値を計測する方法として，過去のデータから推定するやり方がある。次にそれを説明しよう。

図 4-3 は，横軸に1996年 1 月から1997年12月までの 2 年間の月間市場収益率を，縦軸に同時期のトヨタ自動車の月間投資収益率をとり，各月の投資収益率のペアを点で表したものである（データは日本証券経済研究所『株式投資収益率』による）。ここで，市場収益率は東証一部上場企業の投資収益率を各株式の時価総額で加重平均して求めている。この市場収益率は，上で述べた市場ポートフォリオの投資収益率の代理として用いられている。

さらに，市場収益率とトヨタ自動車の投資収益率の関係に最もよく近似する直線も示されている（最小 2 乗法という統計的手法を用いて求められる）。

図 4-3 の直線の傾きは**ベータ値**（ギリシャ文字 β）と呼ばれている。トヨタ自動車の例では，ベータ値は約0.88である。このことは，市場全体の平均投資収益率が 1 ％上昇（下落）すると，トヨタ自動車の投資収益率は近似的に0.88％上昇（下落）することを意味する。個々の株式のベータ値は 1 前後の値をとる。なお，図 4-3 にあるような市場収益率と個別株の収益率の関係を示す直線を**証券特性線**（characteristic line of the security）という。

■図 4-3 市場収益率と個別株式収益率との関係

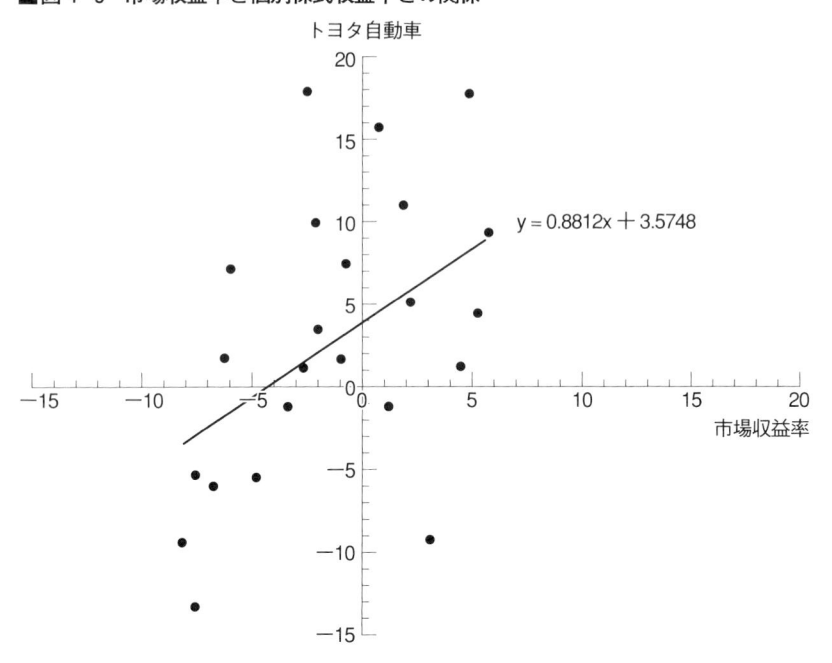

トヨタ自動車

$y = 0.8812x + 3.5748$

市場収益率

　ここで，ベータの値がゼロの株式のリスクを考えてみよう。この株式のリスクはゼロであると考えられる。しかし，この株式の将来の投資収益率の変動は必ずしもゼロであるわけではない。もし，単独で保有したとすれば，その企業固有の要因によって投資収益率は変動するだろう。

　しかし，すでに述べたように，そのようなリスクは分散投資によって回避可能である。そして，ベータの値がゼロなので株式市場全体の変動によって影響を受けないので，いくら個別要因が原因の投資収益率変動があったとしても投資家はリスクをゼロとみなすのである。

　これに対して，ベータの値が大きくなればなるほど，その株価は市場全体の株価変動に敏感に反応して動く。そのため，ベータの値が個別株式の投資リスクを測る尺度になり，ベータ値が大きいほどリスクは高くなる。

6 ▶ 均衡におけるリターンとリスク

(1)資本資産評価モデル

　ベータの値が個別株式の投資収益率のリスクを示すとすると，競争的株式市場では，個々の株式の期待投資収益率とリスクとの関係は(17)式，あるいは図4-4の直線のように表すことができる。(17)式は**資本資産評価モデル**（capital asset pricing model）と呼ばれている。頭文字をとってCAPMともいう。

$$\bar{R}_i = R_F + \beta_i(\bar{R}_M - R_F) \tag{17}$$

　(17)式で，R_Fは安全利子率，$\bar{R}_M$は市場ポートフォリオの期待投資収益率，$\bar{R}_i$は第i株式の期待投資収益率，β_iはこの株式のベータ値を表している。

　図4-4では，横軸にベータの値，縦軸に期待投資収益率がとられている。縦軸のR_Fはベータがゼロである安全利子率の値を示している。(16)式より市場ポートフォリオのベータは1である。次のように考えてもよい。ベータは市場ポートフォリオが1％変化したときに，問題にしている株式の投資収益率が何パーセント変化するかを示すが，自分自身の変化なので市場ポートフォリオのベータは1になる。そこで，図4-4のベータが1の値に対応するM点は，市場ポートフォリオの期待投資収益率とベータ値の組を示す点である。

■図4-4　均衡におけるリターンとリスク

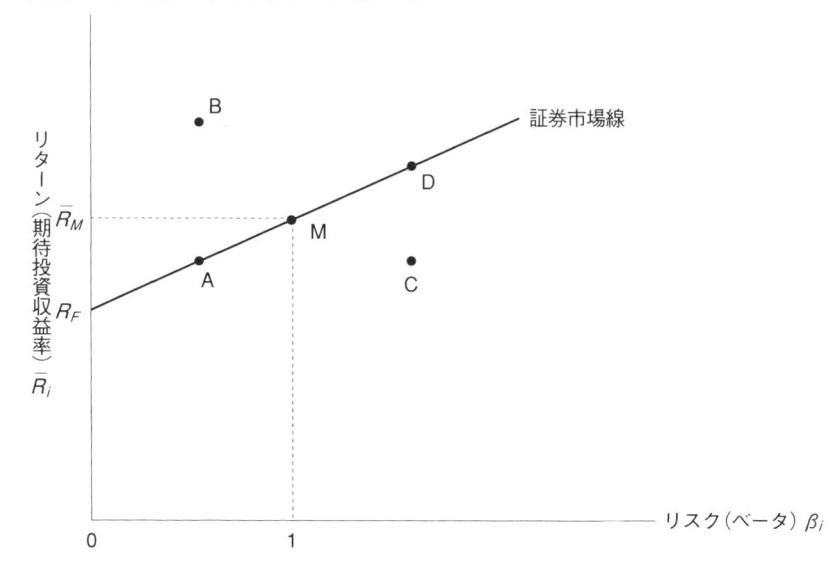

そして，R_FとMとを結んだ直線は**証券市場線**（security market line）と呼ばれ，(17)式を表す直線である。個々の株式のベータ値と期待投資収益率との関係は，すべてこの直線上に乗っていなければならない。今，この直線上に乗っていないような株式があったとしよう。そのときには，合理的な投資家の行動によって，直線上にない株式の期待投資収益率とリスクの関係を直線上に乗せるような力が市場で働く。

　例えば，ある株式が証券市場線より上のB点に位置するとしよう。この株式をBと呼び，株式Bと同じベータ値を持つ株式Aが証券市場線上にあるとする。あるいは，投資家は自己資金の一部を利子率R_Fで貸し出し，残りを市場ポートフォリオに投資することによってA点を選ぶこともできる。

　このようなとき，同一のリスク水準であるにもかかわらず，一方の方がより高い期待投資収益率なので，株式Aを保有していた投資家は株式Aを売却して株式Bに乗り換えようとするであろう。また，まったく資金をもっていない投資家でも株式Aを空売りし，手に入れた資金で株式Bを購入することによって，リスクがゼロ（ベータがゼロ）でプラスの期待投資収益率を得ることが可能である。

　これらのことから，株式Bに対する需要が増大し，株価は上昇する。その結果，株式Bの期待投資収益率は逆に下落する。そして，株式AとBの期待投資収益率が同じになるまで，このような取引が続く。

　次に，別の株式が証券市場線より下のC点に位置するとしよう。この株式をCと呼び，株式Cと同じベータ値を持つ株式Dが証券市場線上にあるとする。または，投資家は自己資金と利子率R_Fで借り入れた資金で市場ポートフォリオを購入することによって，D点に対応する期待投資収益率とベータ値の組合せを選ぶことも可能である。

　株式Cと同じリスクなのに，D点のようなより高い期待投資収益率が得られる投資機会が存在するので，株式Cを保有している投資家は株式Cを売却して株式Dに乗り換えようとするだろう。また，株式Cを空売りし，得た資金で株式Dを購入することによって，手持ち資金のない投資家でもリスクがゼロ（ベータがゼロ）でプラスの期待投資収益率を得ることが可能である。

　これらのことから，株式Cに対する需要が減少するので株価は下落し，期待投資収益率は逆に上昇する。期待投資収益率が同じになるまでこの調整が行われ，均衡ではすべての証券のリターンとリスクを示す点は証券市場線上

に位置する。

われわれは第3章で、株式の期待投資収益率は利子率にリスク・プレミアムを付け加えたものであると述べたが、リスク・プレミアムは具体的には(17)式の右辺の第2項で表されることがわかった。

R_F と $\overline{R_M}$ はすべての株式に共通なので、β_i の値が大きくなればなるほどリスク・プレミアムは増大していく。つまり、ベータで表される個別株式のリスクを反映して、その株式のリスク・プレミアムが決定されるのである。

以上述べてきたことから明らかなように、資本資産評価モデルの貢献は、個別株式のリスクを示すベータという尺度を用いて、個別株式のリターンとリスクの関係を(17)式のような直線の形で示すことができることを明らかにした点にある。

(2) 数値例

先ほどのトヨタ自動車の例では、ベータ値が0.88と推定された。現在の利子率が4％、投資家が期待（要求）する市場ポートフォリオの投資収益率 $\overline{R_M}$ が12％とする。すると、トヨタ自動車の株式の期待投資収益率は(17)式を用いて11％となる。

$$4 + 0.88 \times (12-4) = 4 + 0.88 \times 8$$
$$= 4 + 7$$
$$= 11\%$$

市場ポートフォリオの β は1である。もしも、トヨタ株の β も1なら、トヨタ株のリスクは市場ポートフォリオと同じになり、市場ポートフォリオのリスク・プレミアム8％（=12−4）がトヨタ株のリスク・プレミアムになる。しかし、トヨタ株の β は1より小さい0.88なので、市場ポートフォリオよりリスクが小さく、市場ポートフォリオのリスク・プレミアムに0.88を乗じた値、7％がリスク・プレミアムになる。

(3) マルチファクター・モデル

ところで、資本資産評価モデル（CAPM）は、個別株式の期待投資収益率の違いが、市場ポートフォリオのリスク・プレミアムにベータを掛け合わせた単一のファクターによって決定されるモデルなので、**シングルファクター・モデル**と呼ばれる。

その後1990年代に入って，株式のリターンをベータとそれ以外のいくつかのファクターから説明する**マルチファクター・モデル**が提案されるようになった。

ベータ以外のファクターとしてよく用いられるのが，規模と成長性を表す指標である。株式時価総額の小さい小型株の方が，株式時価総額の大きい大型株より期待投資収益率が高いことが多い。これを**小型株効果**と呼んでいる。

成長性が低く，株主資本簿価に比べて株式時価総額がそれほど高くない株式をバリュー株と呼ぶ。それに対して，成長性が高い株式をグロース株と呼ぶ。バリュー株の方がグロース株より期待投資収益率が高い傾向があるが，これを**バリュー株効果**という。

しかし，実証結果からは，マルチファクター・モデルが妥当するとはいえないとする報告もあり，株式の期待投資収益率の決定モデルに関しては，依然論争が続いているのが現状である。

企業による分散投資

分散化効果により全体のリスクを低下させることができるので，投資家が分散投資するのは望ましい。同じ類推で，企業がただ単にリスクを低下させる目的で行う，多角化や合併・買収は望ましいものだろうか。

単独の事業しか行っていない場合には，企業はその事業からの非組織的リスクなり個別リスクにさらされる。この企業の株主が当該株式にしか投資していなければ，株主も非組織的リスクによって投資収益率が低下してしまうリスクにさらされる。

しかし，多数の株式を保有する分散投資を行っていれば，このような個別リスクは相殺され，単独の事業しか行っていない企業の個別リスクを投資家は回避できる。そのため，投資家が自ら行えることを企業があえて行っても，投資家はそれを評価しない。投資家が行えないことを行ってはじめて，企業は投資家から評価されるのである。

1960年代にアメリカでは，コングロマリットと呼ばれる，何の関係もない異業種を合併・買収した企業が多数出現した。当初は株式市場で評

価されたが，その後，そのような企業は業績も悪いこともあって市場で評価されなくなり，80年代に入り，逆に事業の分離・独立が盛んに行われた。そして，90年代に入ると，経営資源を得意分野に集中させる「選択と集中の経営」が叫ばれるようになった。

もちろん，企業価値を高めるような多角化や合併・買収は，投資家にとっても望ましい。しかし，ただ単に，リスクを低下させるためだけの多角化や合併・買収は，投資家にとっても望ましいものではないことに注意する必要がある。

投資家は，たとえ個々の企業の非組織的リスクが高くても，そのことのためにより高い期待投資収益率を要求しない。このことは，企業側から見れば，多少個別リスクが高い投資でも資金調達が可能となり，リスクに挑む経営を行うことが可能となる。株式会社制度の下での株主の有限責任制と共に，株式市場を通じた分散投資は，株主のリスクを限定し，逆に企業側がリスクを取ることを可能とする効果を持つ。

問題4.1

A株式とB株式のこれから先1年間の投資収益率が，次のように予想されている。

経済状態	確率	A株式の投資収益率	B株式の投資収益率
好況	0.3	20%	8%
普通	0.5	10%	10%
不況	0.2	−5%	2%

(1) A，B株式それぞれの期待投資収益率と標準偏差を求めよ。
(2) A株式とB株式の投資収益率の共分散と相関係数を求めよ。
(3) A株式に200万円，B株式に300万円投資するとする。このポートフォリオの期待投資収益率と標準偏差を求めよ。
(4) 自己資金500万円の他に100万円借りて，合計600万円をA株式に投資するとする。このポートフォリオの期待投資収益率と標準偏差を求めよ。ただし，借り入れた金の利子率は3%（年率）である。

問題4.2

ある投資運用会社のファンドマネージャーが，彼の運用ファンドから今期，平均して16%の投資収益率をあげられると主張している。ファンドのポ

ートフォリオのベータ値は1.2とする。現在の1年預金金利は5％で，市場平均株式投資収益率が15％と予想されている。このとき，市場平均より高い投資収益率が期待されるので，あなたはこのファンドに投資すべきだろうか。

[注]
1) 投資収益率に変動がなく確定している場合には，平均値からの偏差はゼロとなるので，分散，標準偏差はゼロになる。逆に，バラツキが大きく，平均値からの偏差が大きくなる割合が高くなれば，分散，標準偏差の値は高くなる。
2) カラ売りとは，手持ちのない株を売ることである。証券会社から借りた株を売ることで，今現金を手に入れられる。しかし，借りた株を期日までに返却しなくてはならないので，将来の株の買い戻し時に現金の支出が起こる。
3) カラ売りを認めると，曲線はB点より右上方に，あるいはA点より右下方に延びる。例えば，A株式をカラ売りし，得た金額と手持資金をB株式に投資すれば，B点より右上方の点になる。

第II部

実物投資評価

第5章

投資決定

1 ▶ 実物投資の意思決定

　企業が事業の拡大を図り，成長していくためには，生産設備を含めた資産の規模を拡大しなければならず，新たな投資が必要になってくる。特に，設備投資や研究開発投資は，その決定の善し悪しが，企業の長期に渡る業績や成長力に大きな影響を及ぼす。そのため，実物投資を正しく評価し，その投資を実行するか否かを決定することは，企業にとって非常に重要になる。本章では**投資評価方法**について説明する。

(1)マンション建設例

　最初に，最も簡単な例を使って投資決定の基本的な考え方を述べることにしよう。今，土地を購入してマンションを建設し，完成後に売却する投資を考える。土地購入に5000億円，マンション建設に3000億円かかり，1年後に完成した時点で10000億円で確実に売却できるものと予想される。この投資を行うべきだろうか。

(a)**自己資金がある場合**

　ここで，投資に必要な8000億円の資金を今手元に保有している場合を考える。投資評価の方法をまったく知らない人でも，次のようなロジックで投資を実行すべきかどうかの判断ができる。

　マンション建設を行わず，この8000億円を銀行に1年間，定期預金として預けたとする。1年物定期預金の利子を3％とすると，1年後に240億円の利子と元本8000億円を合わせて8240億円を確実に受け取れる。

これに対して，8000億円をマンション建設につぎ込むと1年後に10000億円を確実に得られ，預金の場合より受取金額が1760億円（＝10000－8240）上回るので，マンション建設を行うべきであるという結論が得られる。

今述べた評価方法は，将来時点での受取金額を比較したものである。将来の1時点だけでキャッシュフローが発生する場合にはこのやり方でもよいが，何期にも渡ってキャッシュフローが発生するケースではこの方法は使えない。そこで，より一般的な投資評価方法では，将来発生するキャッシュフローの現在価値を計算し，その合計金額を求める。

今の例だと，次のようになる。マンション建設からのキャッシュフローは，現在，8000億円の**キャッシュアウトフロー**（現金流出）と，1年後の10000億円の**キャッシュインフロー**（現金流入）からなる。しかし，時点の異なる金額なので，単純に足したり引いたりできない。そのため，1年後のキャッシュインフローの現在価値を求め，その値から現在のキャッシュアウトフロー8000億円を差し引いた金額がプラスになるかマイナスになるかで投資の判断がなされる。

ここで，1年後のキャッシュインフローの現在価値を求めるときに用いる割引率として1年物定期預金利子率を用いれば，今述べた計算は(1)式のように表される。

$$\text{投資の正味現在価値} = -8000 + \frac{10000}{1+0.03} = -8000 + 9709 = 1709 \quad (1)$$

8000億円はキャッシュアウトフローなのでマイナスの符号がついている。投資から将来発生するキャッシュインフローの現在価値からキャッシュアウトフローを差し引いた値は，投資の正味現在価値と呼ばれる。

正味現在価値法（net present value method）は，投資の正味現在価値がプラスなら投資を採択し，マイナスなら投資を行わないという決定ルールである。純現在価値法と呼ぶこともある。

(1)式は次のようにも解釈できる。マンション建設から1年後に得られる金額10000億円と同じ金額を銀行預金から得るためには，今いくら預金する必要があるだろうか。10000億円を1＋0.03で割ってやればよく，9709億円になる。(1)式ではこの9709億円からマンション建設の必要資金8000億円が引かれており，1年後に同じ金額を得るのに，マンション投資の方が銀行預金より9709－8000＝1709億円少ない投資ですむことを示している。

このように，投資の正味現在価値は，将来，同じキャッシュインフローを得るのに，当該投資案を実行すれば，別の投資を実行する場合に比べ，当初のキャッシュアウトフローがどれだけ削減できるかを表している。つまり，正味現在価値がプラスなら削減額がプラスであることを意味し，当該投資を実行した方がよいことになる。

(b)負債による場合

次に，自己資金がまったくない場合を考えよう。今，預金金利3％と同じ利子率でマンション建設の必要資金を借りることができるとする。このとき，金を借りてまで投資をした方がよいだろうか。

今8000億円借りたとすれば，1年後に利子と元本合わせて8240億円返済しなくてはならない。しかし，マンションの売却によって1年後には10000億円の現金が手に入るので，銀行に返済した後に1760億円（＝10000－8240）が手元に残ることになり，自己資金がまったくない場合でもマンション建設を実行すべしという結論になる。

なお，1760億円は1年後の金額であるが，割引率として3％を用いてこの金額の現在価値を求めると1709億円（＝1760/(1＋0.03)）で，(1)式で求めた投資の正味現在価値の値と等しくなる。このように，借り入れで投資が行われる場合も(1)式のように投資の正味現在価値を求め，その値がプラスであれば投資を実行した方が望ましい。

2 ▶ 正味現在価値法

上の簡単な投資例からも，正味現在価値法を使って投資評価を行う場合のいくつかの注意点が理解できる。

(1)注意点1

最初に重要なのは，投資評価は投資のキャッシュフローに基づいて行われなくてはならない点である。

例えば，マンションが1年後に売却されても，実際に売却代金を現金で受け取るのが2年後であるとしよう。会計上は1年後に売上げが発生し，それに基づいて会計上の利益が計算される。

しかし，投資評価に際しては，1年後の売上金額でなく今から2年後に発

生するキャッシュインフローを用い，その現在価値を計算しなくてはならない。同じ10000億円でも2年後の10000億円の現在価値は9426億円（＝10000/$(1+0.03)^2$）となり，1年後に現金を受け取った場合に比べて現在価値は小さくなってしまう。

(2)注意点2

　2番目に重要な点は，投資評価は他の投資機会との比較に基づいて行われなくてはならない。

　このことは，自己資金で必要投資額が賄われる場合を考えればわかりやすい。手持ち資金は銀行預金でも運用できるので，それとの比較でマンション建設投資実行の可否が判断された。

　ここで重要なのは，他の投資機会として当該投資案と同じリスクを持つ投資機会を考えなくてはならないことである。マンション建設投資からの将来のキャッシュフローが確実だと見なされたので，安全な収益がもたらされる銀行預金が別の投資機会として取り上げられた。

　そして，将来のキャッシュフローの現在価値を求めるときに用いる割引率として，この同じリスクの別の投資機会からもたらされる期待投資収益率を用いる。上の例では銀行預金の投資収益率は利子率3％だったので，3％が割引率として用いられた。投資評価のときに用いられる割引率を**資本コスト**（cost of capital）と呼んでいる。

　必要投資資金を借りる場合には，将来，利子を支払わなくてはならないので，実際にコストが発生することは容易に理解できる。しかし，手持ち資金の場合には，一見コストがかからないようにみえるがそうではない。

　上の例でも手持ち資金をマンション建設に使わないで銀行預金すれば，3％の利子を稼ぐことができた。それをしないでマンション建設に使ってしまえば，3％の投資機会を失ったことになる。そのため，手持ち資金の場合でも3％のコストが発生したと考えるのである。このようなコストを**機会費用**（opportunity cost）と呼んでいる。

　投資評価では，資金のコストとして実際に支払う費用だけでなく機会費用もコストとして考えるわけである。そして，この機会費用を資本コストとして割引率に用いる。

(3) 注意点3

　3番目の注意点は，投資資金を負債によった場合である。支払利子や元本返済額は将来，現金の支払いという形でキャッシュアウトフローを発生させる。しかし，投資評価では支払利子や元本返済額をキャッシュアウトフローとみなさない。

　上の例で負債で必要投資資金を賄った場合でも，(1)式を用いて正味現在価値を計算した。その際，1年後のキャッシュフローを求めるのに，支払利子や元本返済額を差し引かなかったことに注意しよう。

　なぜなら，1年後の売却代金10000億円を割引率として3％（＝借り入れ金利＝負債コスト）を使って現在価値に割り引く計算プロセスによって，支払利子はすでに考慮に入れられているからである。10000億円からさらに支払利子240億円をキャッシュアウトフローとして差し引いてしまうと，2重計算してしまうことになる。

　次に元本部分について考える。負債で投資資金を賄った場合，今8,000億円の現金が流入し，元本の返済時に同額の現金の流出がある。それらをキャッシュフローと考えて，次のように正味現在価値を求めると間違った計算になってしまう。ただし，左辺の第2項が負債による現金の流入，第3項の分子の8,000億円が元本返済による現金の流出を表している。[1]

$$-8000+8000+\frac{10000-8000}{1+0.03}=1942$$

　このように，負債で必要資金を調達したときでも，正味現在価値法で投資の評価を行う場合には，あたかも自己資金で資金が賄われたかのように見なし，支払利子や元本返済額をキャッシュアウトフローと考えない。

　なお，上の例では借り入れ金利も預金金利と同じ3％としたが，借り入れ金利が預金金利を上回るのであれば，借り入れ金利を負債の資本コストとし，割引率に用いなければならない。実際には，必要投資資金を株主資本と負債の組合せで調達するのが通常であろう。その際の資本コストの求め方は第6章で詳しく述べる。

(4) 注意点4

　マンション建設投資では，将来のキャッシュフローが1年後だけだった。しかし，投資を行った後では，何年にも渡ってキャッシュフローが発生する

のが普通である。そのため，正味現在価値法の一般式を次に述べておこう。

ゼロ時点（現在）で投資が行われ，I_0のキャッシュアウトフローが発生するとする。そして，1時点からn時点まで投資成果として毎期，I_tのキャッシュインフローが発生するとする。資本コストをrとすれば，投資の正味現在価値NPVは(2)式のように表すことができる。

$$\text{投資の正味現在価値} = NPV = -I_0 + \frac{I_1}{1+r} + \frac{I_2}{(1+r)^2} + \cdots + \frac{I_n}{(1+r)^n} \quad (2)$$

$NPV \geq 0 \Rightarrow$ 投資案を採択

$NPV < 0 \Rightarrow$ 投資案を否決

このように，投資の正味現在価値NPVは，将来発生するキャッシュインフローの流列の現在価値合計から，キャッシュアウトフローを差し引くことによって求められる。そして，正味現在価値法は，投資の正味現在価値NPVがプラスなら投資を採択し，マイナスなら投資を行わないという決定ルールである。

3 ▶ 内部利益率法

(1) 内部利益率とは

正味現在価値法の他に代表的な投資評価方法として**内部利益率法**（internal rate of return method）がある。ここで，内部利益率とは正味現在価値をゼロとするような割引率のことであり，一般式で表せば(3)式を満たすようなRの値である。そして，内部利益率法は，内部利益率Rが資本コストrを上回るときには投資を実行し，内部利益率が資本コストを下回るときには投資を行わないという決定ルールである。

$$0 = -I_0 + \frac{I_1}{1+R} + \frac{I_2}{(1+R)^2} + \cdots + \frac{I_n}{(1+R)^n} \quad (3)$$

$R \geq r \Rightarrow$ 投資案を採択

$R < r \Rightarrow$ 投資案を否決

マンション建設投資の例でみると，次式を満たすRの値は$R=0.25$となり，内部利益率は25％と計算される。内部利益率が資本コスト3％を上回るので，投資を実行すべしという正味現在価値法を用いた場合と同じ結論になる。

$$0 = -8000 + \frac{10000}{1+R}$$

$$R = \frac{10000-8000}{8000} = \frac{2000}{8000} = 0.25$$

　手持ち資金を使う場合には，8000億円投資して10000億円の売却代金が得られるので2000億円の利益が上がったことになり，初期投資8000億円に対して投資収益率は25％になる。負債で資金を賄った場合には，支払利子や元本返済をキャッシュアウトフローと見なさないで内部利益率を計算するのは，正味現在価値法のときと同じである。

　内部収益率でみた投資収益率が資本コスト（今の場合3％）を上回るかどうかが，投資の採否のわかれ目になる。その意味で，資本コストは投資が上げなくてはならない最低限必要な投資収益率であり，**切り捨て率**（cutoff rate）の役割をもっている。

　次に，正味現在価値法と内部利益率法の関係を図で示しておこう。**図5-1**の横軸は割引率，縦軸は金額で，曲線は割引率が変化したときに投資の正味現在価値がどのように変化するかを表している。

　正味現在価値法では割引率として資本コストの3％を使ったので，横軸の

■**図5-1　正味現在価値法と内部利益率法の関係**

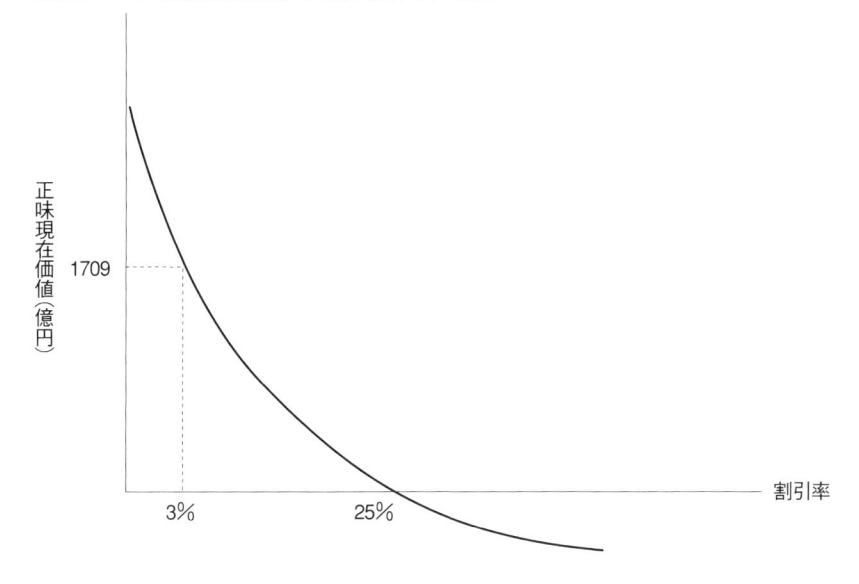

3％に対応する曲線の縦軸の値1709億円が正味現在価値である。割引率の値を高めていくと正味現在価値は低下していくので，曲線は右下がりになる。そして，割引率を25％まで高めると正味現在価値は丁度ゼロとなる。

内部利益率は正味現在価値をゼロとする割引率だったので，この例では25％が内部利益率となる。資本コストが25％より小さければ正味現在価値がプラスになり，投資を採択する決定がなされる。内部利益率が資本コストを上回るので，内部利益率法でも同じく投資実行の決定が行われる。

しかし，資本コストが25％以上だと正味現在価値がマイナスになり，投資は実行されない。この場合，内部利益率が資本コストを下回ってしまうので，内部利益率法でも同様に投資否決の決定がなされる。

このように，曲線が単調に低下していく場合には，正味現在価値法と内部利益率法とで投資採否に関して同じ決定がなされる。しかし，つぎの(2)(a)で述べるように曲線の形状が単純な右下がりの曲線でないときには，2つの評価方法で異なった結論が得られてしまうことも起こりうる。

(2)内部利益率法の問題点

内部利益率法では投資収益率と資本コストが比較されるが，何％というような収益率での議論は直観的でわかりやすい。しかし，内部利益率法を用いると誤った投資判断を招いてしまうことがあるので注意が必要である。以下で，いくつかの内部利益率法の問題点を指摘する。

(a)複数の内部利益率の可能性

次のようなキャッシュフローをもたらす投資を考えてみよう。$I_0=-200$，$I_1=460$，$I_2=-264$。つまり，初期投資に200億円かかり，1年後に460億円のキャッシュインフローが，2年後には264億円のキャッシュアウトフローが発生する投資である。

このようにプロジェクトの終了時点でキャッシュアウトフローが発生する例としては，次のようなケースが想定され，まったく起こり得ないわけではない。鉱石採掘プロジェクトや原子力発電所などのように，設備が老朽化し設備の稼働を中止する際，環境保全のことを考え設備取り壊しに多額の費用がかかる場合などである。

次式を満たすRが内部利益率であり，10％と20％という2つの内部利益率が得られてしまう。

$$0 = -200 + \frac{460}{1+R} - \frac{264}{(1+R)^2}$$

$R = 0.1, \ 0.2$

このケースでの割引率と正味現在価値の関係を示したのが**図5-2**である。図5-1のときとは違って，内部利益率を示す点が2つ現れている。資本コストが15%だとすると，内部利益率法を使ってこの投資判断をする場合，どちらの内部利益率を資本コストと比較するべきかという問題が発生してしまう。

20%を使えば，内部利益率が資本コストを上回るので投資は採択される。しかし，10%を使うと，資本コストを下回るので投資を採択しない方がよい。このように，内部利益率法では複数個の内部利益率が得られてしまうという問題点が起こりうる。

それに対して，正味現在価値法では，資本コストが15%のときに投資の正味現在価値は0.38億円となりプラスなので，投資は採択すべしという結論が得られる。

■図5-2　2つの内部利益率のケース

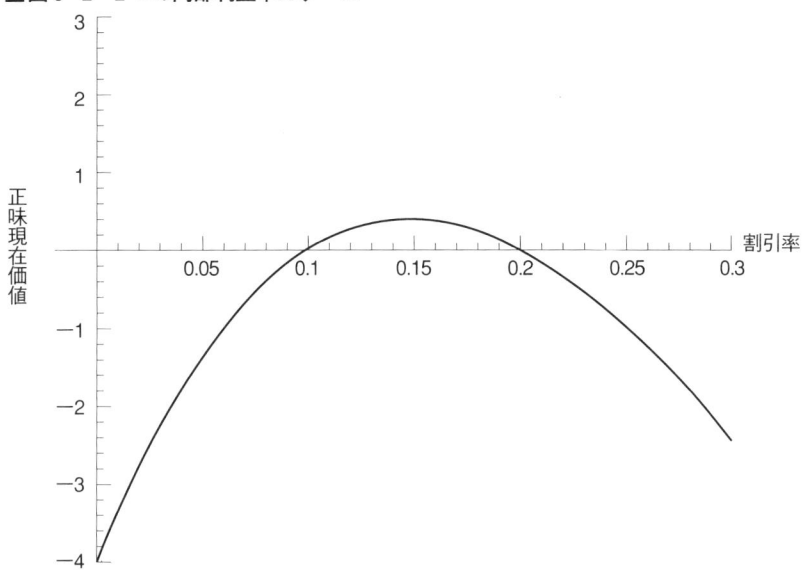

(b)相互背反投資からの選択－規模が異なる投資案

今2つの投資案AとBがあり，取りうる選択肢としてはどちらか一方を選

ぶか，両者とも採択しないかが可能であるとする。つまり，AとBを同時に選択することができないので，このような投資は相互背反投資と呼ばれる。相互背反投資の一例として**規模が異なる投資の選択問題**がある。

投資案Aは規模の小さな工場を建てる案であるのに対して，投資案Bは同じ敷地に規模の大きな工場を建てる案だとする。両投資案のキャッシュフローは，**表5-1**のようだとする。

内部利益率を計算してみると，投資案Aが30％，投資案Bが25％となる。資本コストを10％とすると，どちらの投資案も内部利益率が資本コストを上回るので，両投資案とも否決されない。どちらか一方を選ぶとすると，内部利益率法では内部利益率が高い投資案Aが選ばれることになる。

■表5-1 相互背反投資のケース（投資規模が異なる場合）

	0時点の キャッシュフロー	1時点の キャッシュフロー	正味現在価値 （割引率10％）	内部利益率
投資案A	－100	130	18.2	30％
投資案B	－200	250	27.3	25％

しかし，資本コスト10％を割引率として用いて正味現在価値を求めると，投資案Aが18.2，投資案Bが27.3となり，正味現在価値法では投資案Bが選ばれる。このように，相互背反投資の場合には，内部利益率法を用いると誤った投資決定が行われてしまう危険性がある。

内部利益率は単位当たり投資額に対してどれだけの利益が得られるかを計算したものである。投資案Aでは1円の投資に対して0.3円の利益が得られるが，投資案Bでは1円の投資に対して0.25円の利益しか得られないので，投資案Aの方が望ましいと考えたわけである。

しかし，投資選択で問題になるのは，新投資によってどれだけ正味現在価値が増加するかである。大規模投資の方が単位当たりの収益性では劣っていても，正味現在価値という金額ベースではより多くの利益をもたらすので，投資案Bを選ぶのが正しい決定になる。

(c)**相互背反投資からの選択－キャッシュフロー発生パターンが異なる投資案**

相互背反投資の場合に，内部利益率法を用いると誤った判断をしてしまう別のケースとして，投資規模が同じでも将来のキャッシュフローの発生パタ

■表5-2 相互背反投資のケース（キャッシュフローのパターンが異なる場合）

	0	1	2	3	正味現在価値 （割引率5％）	内部利益率
投資案C	−100	80	20	20	11.6	13.3%
投資案D	−100	10	10	110	13.6	10%

ーンが異なる場合がある。**表5-2**のようなキャッシュフロー・パターンを持つ投資案Cと投資案Dを考えよう。投資案Cは早期にキャッシュインフローが生じるが，投資案Dでは3年後にならないと多くのキャッシュインフローが発生しない。

投資案Cの内部利益率は13.3％であるのに対して，投資案Dでは10％である。資本コストを5％とすれば，内部利益率法では投資案Cを選択する方が望ましい。

しかし，5％を割引率として正味現在価値を計算すると，投資案Cが11.6であるのに対して投資案Dは13.6となり，投資案Dの方がより多くの正味現在価値をもたらすので，投資案Dを選択すべきである。この例でも，内部利益率法を用いると誤った投資判断をしてしまうことになる。

図5-3に示されているように，割引率が6.5％のときに両投資案の正味現在価値は等しくなる。そして，割引率が6.5％より小さいときには，投資案

■図5-3 投資案Cと投資案Dの比較

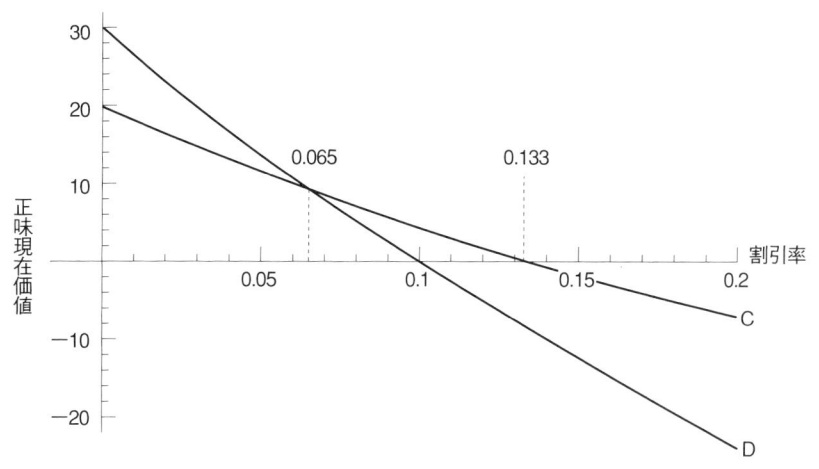

Dの正味現在価値の方が大きい。投資案Dでは，より遠い将来に多くのキャッシュインフローが発生するが，割引率が低ければキャッシュインフローを現在価値に割り引いた値がそれほど小さくならず，正味現在価値でみて投資案Cより大きくなるからである。

4 ▶ 回収期間法

(1) 回収期間法とは

投資評価法として，正味現在価値法や内部利益率法以外に**回収期間法**（payback period method）が使われることもある。特徴と問題点を述べておく。

投資に投下された資金が回収されるまでの期間を回収期間という。回収期間法は，検討している投資の回収期間と目標回収期間を比較して，当該投資の回収期間が目標回収期間より短ければ投資を採択し，回収期間が目標回収期間を上回れば投資を否決するという評価方法である。

■表5-3　回収期間法の数値例

	0	1	2	3	4	正味現在価値 （割引率10％）	回収期間
投資案E	−100	30	70	20	20	13.8	2年
投資案F	−100	30	30	40	120	64.1	3年

表5-3の例をみると，投資案Eの初期投資額100億円は2年間で回収されるので，回収期間は2年である。これに対して，投資案Fでは同じ投資額を回収するのに3年かかり，回収期間は3年になる。回収期間の長さだけで比較すれば投資案Eの方が望ましい。目標回収期間を2年とすると，投資案Eは目標回収期間内に資金を回収できるので，回収期間法では投資案Eを実行するという決定がなされてしまう。

(2) 回収期間法の問題点

資本コストを10％として正味現在価値を求めてみると，投資案Eは13.8億円，投資案Fでは64.1億円となり，正味現在価値法を使えば投資案Fを選択した方が望ましい。このように，回収期間法では，内部利益率法のときと同じように誤った投資決定をしてしまう危険性が出てくる。これは，回収期間

法では次のような問題点があることによる。

　まず第一に，回収期間法では，投資から将来，発生するすべてのキャッシュフローが考慮に入れられていない点である。例えば，投資案Fでは回収期間3年を過ぎた4年目に120億円という多額のキャッシュインフローが発生すると予想されるが，これがまったく考慮に入れられていない。また，キャッシュフローを現在価値に割り引いて評価するという投資評価の基本原則が守られていないのも大きな問題である。

　さらに，目標回収期間設定の際の恣意性の問題もある。今の例では，目標回収期間を2年とした。しかし，実際の投資評価に回収期間法を用いようとする際には，目標回収期間をどのような値に設定するかについて理論的根拠がなく，恣意性が入り込む余地がでてきてしまう。

　ところが，資金繰りが厳しく財務的に余裕がなく，さらに資金調達も困難な企業などでは，投資資金をできるだけ早く回収し次の投資に充てたいといった事情のために，回収期間の短い投資が選ばれることもある。

　しかし，回収期間法だと逆に，回収期間は長いが，長期に渡ってキャッシュインフローが発生し収益性も高い投資が差し控えられてしまうといった，長期的視点が欠如してしまう危険性があり，基本的には正味現在価値法による評価の方が望ましい。

5 ▶ 正味現在価値法の具体例

　以上様々な投資評価法を紹介してきたが，投資評価の方法としては正味現在価値法が最も望ましいことがわかった。そこで，次にこの方法を使う場合に注意しなくてはならない点を，特にキャッシュフローの計算の仕方を中心に，実際に近い数値例を使って詳しく述べることにする。

(1)キャッシュフローを求めるときの注意点

　最初に，キャッシュフローを求めるときの基本的注意点を上げておこう。

　(a)まず第一は，投資の評価のために使われるキャッシュフローとして，その投資を行ったとしたら増加するキャッシュインフローなりキャッシュアウトフローを用いなければならないことである。つまり，投資を行わなかった場合と比べたキャッシュフローの変化額を求めなければならない。

(b) 2番目に注意する点は，**埋没費用（サンクコスト，sunk cost）は考慮に入れない**ことである。

ここで，埋没費用とは投資に関連してすでに過去に支出された費用で，回収不可能なものをいう。例えば，投資調査費用としてすでに過去になにがしかの支出が行われたとする。それを踏まえて投資を行うかどうかを決定する現時点では，そのような過去の調査費用は回収不可能で埋没費用になる。

投資決定にとって重要なのは，投資を行ったとしたらこれから先発生するキャッシュフローであり，過去に発生したキャッシュアウトフローは投資決定に影響を及ぼすべきではない。

実際の例で考えてみよう。1995年に知事選との絡みで，東京都で都市博覧会の計画を進めるべきか，中止すべきかの議論が起こった。計画推進を主張する人々の理由の1つとして，すでに都市博覧会開催に向けて多額の投資が行われており，途中で計画を中断するのはこのような費用を無駄にするものだという意見があった。しかし，計画を続行するかどうかの決定にとって重要なのは，続行した場合に将来発生するキャッシュフローであり，それに基づいて投資決定が行われるべきである。過去に投入された費用のうち回収不可能な埋没費用の多寡は，これから先の投資決定には影響を及ぼさない。

(c) 第三に，機会費用はキャッシュアウトフローに含めて考えなければならない。

例えば，企業が所有している空き地に工場を建てる計画を考えてみよう。この場合，工場建設のために新たに土地を購入する必要はない。そのため，土地購入のためのキャッシュアウトフローは発生せず，費用はゼロと考えられがちである。しかし，空き地を工場建設に使うことには，目に見えないコストが発生している。なぜなら，工場建設に使わないで処分したとすれば売却代金を手に入れられる。工場建設によってその機会が失われたことになり，目に見えないコストが発生したと考えられからである。

一般に，ある資産なり資源をある用途に使うと，別の用途に使っていれば得られたであろう金額が失われてしまう。この金額を**機会費用**という（本章第2節の注意点2も参照）。そして，投資によって実際にはキャッシュアウトフローが発生しなくても機会費用が発生している場合には，この機会費用をキャッシュアウトフローに含めて考えなければならない。

(d) 第四に，投資から直接的に発生するキャッシュフローだけでなく，副次

的に影響を受けるキャッシュフローも考慮に入れなければならない。

例えば，新製品を導入すべきかどうかの投資を考えてみよう。新製品を導入すれば，今まで自社の既存製品を購入していた消費者の一部は新製品の購入に乗り換えると予想される。このようなときには，予想される既存製品からのキャッシュインフローの低下分を投資評価に織り込まなくてはならない。ただ単に，新製品の売上げから直接的に発生するキャッシュフローだけを考えて正味現在価値を計算すると過大評価になり，誤った判断をしてしまうことになる。

(e)最後に留意しなくてはならないのは，支払利子に関してである。プロジェクトの必要資金を負債で調達すれば，将来，利子を支払わなくてはならない。支払利子は実際にはキャッシュアウトフローだが，本章第2節で述べたように支払利子をキャッシュアウトフローと見なさないでプロジェクト評価を行う必要がある。

その理由もすでに述べたように，負債のコストである利子率は資本コストの計算に際して考慮に入れられるからである。つまり，支払利子はキャッシュフローではなく，割引率の中で考慮に入れられることになる。支払利子をキャッシュアウトフローと見なさないということは，プロジェクトの必要資金はすべて株主資本で調達されたと見なしてキャッシュフローを計算することに等しい。

(2) 設備投資プロジェクトの例

次に，以下のような設備投資プロジェクトを想定した数値例を考えてみよう。必要なデータは**表5-4**にまとめられている。なお，各年の数値は年末での数値を表している。

(a) 設備投資額と減価償却費

工場の建設費用や設備の購入費用として1,000億円かかり，現時点で現金で支払いが行われる。工場は5年間稼働するとし，5年末に設備は120億円で売却可能と予想される。つまり，設備の残存価値は120億円である。設備の売却益には課税されるので，税引後の受取金額が5年末のキャッシュインフローになる。

次に述べるように5年末の簿価の設備評価額は100億円なので，売却価格120億円と100億円の差額20億円が売却益となり課税される。法人税率を40％

■表5-4 投資プロジェクトの予測数値

(単位:億円)

	0	1	2	3	4	5
(1) 設備投資額	−1,000					112
(2) 減価償却累計額		180	360	540	720	900
(3) 設備評価額(簿価)		820	640	460	280	100
(4) 運転資本	100	110	130	120	100	0
(5) 運転資本増減額	−100	−10	−20	10	20	100
(6) 土地の機会費用	−340					340
税引後純利益の計算						
(7) 売上高		1,000	1,100	1,210	1,089	980
(8) 製造費用		500	561	629.2	577.2	529.2
(9) 一般管理費		100	100	100	100	100
(10) 減価償却費		180	180	180	180	180
(11) 税引前純利益		220	259	300.8	231.8	170.8
(12) 法人税		88	103.6	120.3	92.7	68.3
(13) 税引後純利益		132	155.4	180.5	139.1	102.5

とすれば課税額は8億円となり,税引後受取額は112(=120−8)億円になる。表の1行目の5年目の欄にプラスで112の値が計上されているのは,これを表している。

減価償却の方法は均等償却とする。つまり,当該設備の法定残存価値を100億円とすれば,当初の設備取得額1,000億円からこの100億円を差し引いた900億円分を5で割ることによって,毎年の減価償却費は180億円となる。

表の2行目は毎年の減価償却費を累積した減価償却累計額を表す。当初の設備取得額(設備投資額)からその年までの減価償却累計額を差し引くことによって,3行目に示されているように簿価の設備評価額が計算される。5年末の簿価の設備評価額は100億円である。

(b)**運転資本**

生産を行うには原料在庫や,日々の支払に充てる現金など流動資産を確保しておくことが必要になる。また,買掛金のように将来,現金の支払が必要になる流動負債も発生する。流動資産から流動負債を差し引いたものを**正味運転資本**(net working capital)と呼ぶが,ビジネスのために必要になる正味運転資本も設備に対する投資などと同様,投資の1つと考えなくてはならない。

今の例では,操業開始直前(0期末)に100億円の正味運転資本を用意す

るものとする。その後，生産活動に応じて表5-4の4行目のような金額が必要になると予想される。ただし，プロジェクトの終了末時点では，正味運転資本はゼロになるとする。

　正味運転資本の増減額が表5-4の5行目に示されている。例えば，1年末の運転資本は110億円であるが，2年末に130億円に増加している。差額の20億円が2年目に増加した正味運転資本額である。正味運転資本の増加分はキャッシュアウトフローなので，5行目には－20と記入されている。

(c) 土地の機会費用

　この例では工場建設のために必要な用地は，すでに所有しているが遊ばせてある土地を利用するとする。そのため，新たに土地を取得するための費用はかからないが，上で述べたように遊休土地を利用する場合でも機会費用が発生する。

　この土地を今売却すると500億円で売却できるとする。会計上の取得原価を100億円とすれば，400億円が売却益になり，法人税がかかる。法人税率が40％なら法人税は160億円（＝0.4×400億円）で，税引後金額は340億円（＝500億円－160億円）になる。そのため，土地の機会費用は340億円となり，この金額もプロジェクト評価に際しては費用として含めて考えなくてはならない。6行目のゼロ期末にマイナスでこの金額が計上されているのは，このためである。

　一方，5年末にプラスで340億円が載っているのは，プロジェクト終了時に現在と同じ価格で土地を売却できるとし，税引後受取額340億円をキャッシュインフローと考えているからである。

(d) 法人税と税引後純利益

　法人税もキャッシュアウトフローなので，プロジェクトから生ずる支払法人税を計算しなければならない。表5-4の後半部分のように売上高から諸費用を引いて税引前利益を求め，それから法人税を計算する。

　売上高は次のような予想のもとに計算される（**表5-5**参照）。販売数量は1年目が1,000万台で，その後2年間は年10％の率で増加すると予想される。しかし，4年目と5年目は製品市場の成熟化と競争激化から，逆に年10％の率で減少することが予想される。価格は販売当初1万円である。5年間に渡って若干のインフレが予想されるが，販売価格は据え置かざるを得ないと考えられる。

■表5-5　売上高と製造費用

年	販売数量 (万台)	価格 (万円)	売上高 (億円)	単位当たり製造費用 (万円)	製造費用 (億円)
1	1,000	1	1,000	0.5	500
2	1,100	1	1,100	0.51	561
3	1,210	1	1,210	0.52	629.2
4	1,089	1	1,089	0.53	577.2
5	980	1	980	0.54	529.2

　単位当たり製造費用は，1年目が1台当たり0.5万円かかると想定する。しかし，将来，年率2％のインフレーションが予想されるので，単位当たり製造費用はその後毎年，インフレーション分だけ増加すると考える。表5-5に各年の予想売上高と製造費用がまとめられている。表5-4の7行目の売上高と8行目の製造費用は，これらの数値を移し替えたものである。その他に一般管理費（表5-4の9行目）が生産水準に関係なしに毎年100億円かかる。

　ここでは，売上高から製造費用，一般管理費，減価償却費を差し引いて税引前利益を計算している。支払利子が引かれていないので，**EBIT**（Earnings Before Interest and Tax）と呼ばれる。**営業利益**に近い概念である。法人税率を40％とし，税引前利益から法人税を引いた金額が税引後純利益になる。

　ここで，ひとつ補足しておこう。たとえ，プロジェクトの必要資金が負債で一部調達されても支払利子はキャッシュアウトフローと見なさないことはすでに述べた。しかし，読者の中には，プロジェクトから実際に生ずる支払利子は法人税の計算に際して損金算入されるので，表5-4のように支払利子を費用に含めないで法人税を計算すると，法人税が過大に見積もられてしまうのではないかと疑問に思う人もいるだろう。

　つまり，負債の節税効果による支払法人税の削減額を考慮に入れてキャッシュアウトフローを求めるべきではないのかという疑問である。この点は第6章で詳しく述べるが，負債のコストを求める際には負債の節税効果を考慮に入れて，利子率よりもより低い値を用いることで調整が行われる。そのため，法人税を計算する際に支払利子は考えない。

(e) **プロジェクトからのキャッシュフロー**

　以上のデータからプロジェクトのキャッシュフローを求めてみよう。結果

は**表5-6**にまとめられている。ただし，表5-6でマイナスの符号はキャッシュアウトフローを，プラスの符号はキャッシュインフローを表している。

まず，プロジェクトの操業から発生する**営業キャッシュフロー**を求める。それには，売上高から製造費用，一般管理費，支払法人税を引いてやればよい。ここで，減価償却費や支払利子が差し引かれていないことに注意しよう。減価償却費は，会計利益を求めるためのひとつの費用項目であるが，現金の支出を伴わない費用であり，キャッシュアウトフローではないからである[2]。

次に，プロジェクトの投資に関連するキャッシュフローを求める。**投資キャッシュフロー**は，設備投資額，運転資本増減額と土地の機会費用の合計金額である。ここで，運転資本の増加はキャッシュアウトフローなのでマイナス，運転資本の減少はキャッシュインフローなのでプラスの値になっていることに注意しよう。さらに，土地の機会費用はキャッシュフローではないが，投資評価ではキャッシュアウトフローに含めることはすでに述べた。

営業キャッシュフローに投資キャッシュフローを加えると，**ネットキャッシュフロー**（純キャッシュフロー）が求まる。これが，われわれが正味現在

■表5-6 投資プロジェクトからのキャッシュフロー　　　　　　　　　　　　（単位：億円）

	0	1	2	3	4	5
営業キャッシュフロー						
売上高		1,000	1,100	1,210	1,089	980
製造費用		−500	−561	−629.2	−577.2	−529.2
一般管理費		−100	−100	−100	−100	−100
法人税		−88	−103.6	−120.3	−92.7	−68.3
(1) 計		312	335.4	360.5	319.1	282.5
投資キャッシュフロー						
設備投資額	−1,000					112
運転資本増減額	−100	−10	−20	10	20	100
土地の機会費用	−340					340
(2) 計	−1,440	−10	−20	10	20	552
ネットキャッシュフロー						
(1) ＋ (2)	−1,440	302	315.4	370.5	339.1	834.5

（注）マイナスはキャッシュアウトフローを表す。

価値法で用いるキャッシュフローになる。資本コストを10％として正味現在価値を計算すると123.3億円となり，このプロジェクトは有望と判断される。参考のために示すと，内部利益率は12.8％である。

$$NPV = -1,440 + \frac{302}{(1+0.1)} + \frac{315.4}{(1+0.1)^2} + \frac{370.5}{(1+0.1)^3} + \frac{339.1}{(1+0.1)^4} + \frac{834.5}{(1+0.1)^5}$$

$$= 123.3$$

資金調達の正味現在価値は？

　資金調達の正味現在価値はプラスになるだろうか。今企業が社債を発行して資金を調達する状況を考えよう。調達額（＝発行額）をBとし，毎年の利子支払額をC，満期償還額をF，満期までの期間をn年とする。

　企業側からみれば，現在の調達額はキャッシュインフローになり，将来の利子支払額や満期償還額はキャッシュアウトフローになる。資金調達では，実物投資とは逆に，最初にキャッシュインフローが発生し，後でキャッシュアウトフローの流列が発生する。

　割引率をkとすれば，この資金調達の正味現在価値NPVは次式のように表せる。

$$NPV = B - \frac{C}{1+k} - \frac{C}{(1+k)^2} - \cdots - \frac{C+F}{(1+k)^n}$$

ところで，利用可能なすべての情報が即座に価格に反映されるような市場を，**情報に関して効率的市場**（informationally efficient market）と呼ぶ。市場が効率的なら，企業が発行する社債の価格は，基本的にはその社債の債務不履行リスクが適切に織り込まれた価格に設定される。投資家は社債投資に対して，リスクに見合ったリターンを要求するからである。

　そして，資金提供しようとする多くの投資家がおり，かつ，資金を需要する企業も多数いる金融・資本市場は，基本的には競争的市場でもある。効率的で競争的な市場のもとでは，企業側が非常に有利な条件で資金調達できることはない。

　その結果，企業からみれば，将来のキャッシュアウトフローの現在価

値合計に等しい金額を現在受け取るだけである。このように，効率的で競争的市場のもとでは，資金調達の正味現在価値は，基本的にはゼロになる。

もし，正味現在価値がプラスになるような資金調達方法が提案されたとすれば，何かコスト要因の一部が見落とされていると考えられ，注意しなければならないといえる。

それに対して，設備投資などの実物投資の正味現在価値はプラスになりうる。例えば，他企業に先駆けて新製品を開発し販売するための設備投資などでは，将来に渡って超過利益を得ることが可能で，正味現在価値はプラスになる。この点が，金融・資本市場と製品市場の大きな違いである。

6 ▶設備の更新時期の決定[*]

本章の最後に，正味現在価値法を応用した投資決定として，いつ新しい設備に更新するかの決定問題を考えてみよう。

ある企業が機械を使って生産を行っている。この機械の技術的な耐用年数は，あと3年と予想される。しかし，正常に稼働させるためには維持費用がかかる。表5-7に示されるように，もう1年間使うと年間1,000万円だが，その後は年間維持費用は1,000万円ずつ増加していく。

逆に，処分価格は今処分すると5,000万円だが，1年末では4,000万円，2年末では2,000万円というように低下していく。そして，技術的な耐用年数いっぱいまで使用した3年末ではゼロになってしまう。

これに対して，新しい機械を導入すると購入費用として8,000万円かかる。

■表5-7 既存の機械の維持費用と処分価格 (単位：万円)

年	維持費用	処分価格
0		5,000
1	1,000	4,000
2	2,000	2,000
3	3,000	0

新しい機械の耐用年数は8年で，8年後末に処分したときに2,000万円で処分できるとする。毎年の維持費用は300万円ですむ。ここで，既存の機械と新しい機械はきちんと整備されれば，同じ生産量が可能であるとする。そのため，更新時期の決定はコストの比較だけに基づいて行われる。

今（ゼロ時点），新しい機械を導入し8年間使用したときの総コストの現在価値合計は，割引率を10%とすると次式のように8,667万円になる。式の第3項目がマイナスになっているのは，8年後末に機械の処分によってキャッシュインフローが発生するので，コストから差し引かなくてはならないからである。

$$\text{新機械のコストの現在価値} = 8,000 + \sum_{t=1}^{8} \frac{300}{(1+0.1)^t} - \frac{2,000}{(1+0.1)^8}$$
$$= 8,667$$

次に，新機械の年当たり平均費用を求める。単純に8,667万円を使用年数の8年で割るのではなく，次式を満たすxを求める。貨幣の時間的価値を考慮に入れて，毎年の均一金額の現在価値合計が丁度，総コストの現在価値に等しくなるようなxを年当たりの平均費用と考えるのである。このようにして求められるxを**等価年間費用**（equivalent annual cost）という。xは1,625万円になる。つまり，今新しい機械を導入すると，1年後以降毎年1,625万円のコストがかかる。

$$8,667 = \sum_{t=1}^{8} \frac{x}{(1+0.1)^t}$$

これに対して，既存の機械をもう1年間使用したときのコストを考えてみよう。維持費用に1,000万円かかるが，それ以外に機会費用も発生する。今処分すれば5,000万円の処分代金が得られるが，もう1年使用することによってその機会が失われてしまう。そのため，現在5,000万円分の機会費用が発生する。1年末の価値で考えると5,500万円（＝5,000×(1+0.1)）になる。しかし，1年末には4,000万円で売却できるので，結局，既存機械をもう1年間使用するコストは，1年末の金額で評価して1,000＋5,500－4,000＝2,500万円となる。1年末に新機械を導入するので，2年目からは上で求めたように年当たり1,625万円のコストになる。

以上のことから，今，新しい機械を導入すると1年後以降1,625万円のコストであるのに対して，もう1年間既存機械を使用した場合には1年後は2,500

万円で，その後は1,625万円のコストになることがわかった。そのため，1年後に875万円（＝2,500－1,625）だけ余分にコストがかかるので，1年間既存機械を使用して2年目から新機械を導入するより，今新機械を導入した方が望ましい。

同じような計算で，今から2年間既存機械を使用し3年目に新機械を導入することや，3年間使用して4年目から新機械を導入するより，今新機械を導入する方が，コストがかからないことがわかる。

問題5.1

MMM株式会社は新投資を計画している。新投資の予想数値は表のようである。表の数値は各年度末の数値である。法人税率を40％とする。

(1) 新投資の1年目から4年目までの各年の税引後純利益を求めなさい。
(2) 新投資の0年目から4年目までの各年の純キャッシュフローを求めなさい。
(3) 割引率（資本コスト）を12％として，この投資の正味（純）現在価値を求めなさい。

	0	1	2	3	4
売上高		7,000	7,000	7,000	7,000
製造費用		2,000	2,000	2,000	2,000
投資額	10,000				
減価償却費		2,500	2,500	2,500	2,500
正味運転資本	200	250	300	200	0

問題5.2

BBB株式会社は新しい設備の購入を計画している。購入代金は240,000円で，耐用年数は3年である。耐用年数後の残存価値はゼロで，減価償却は定額法で行う。年当たりの生産台数は3年間同じで10,000台と予想される。1年目の販売価格は1台当たり40円で，その後，毎年5％の率で増加していく。生産コストは1年目が1台当たり20円で，その後毎年10％の率で増加していく。法人税率は40％である。割引率（資本コスト）は15％である。この投資の正味現在価値を求めよ。

[注]
1) 負債調達による現金流入や，元本返済・利子支払いによる現金流出は**財務キャッシュフロー**と呼び，実物投資評価に際してキャッシュフローには含めない。第9章の第2節も参照せよ。
2) 機械や工場などの設備は何年にも渡って使用可能なので，会計上は設備取得に要した金額を取得時にすべて費用として計上しないで，耐用年数の間で按分して，毎年減価償却費として費用計上する。数値例では，現時点で設備投資が行われ，1,000億円の現金が流出する。しかし，会計上は1,000億円すべてを今期の費用に計上しないで，5年間に渡って毎年180億円を設備費用として計上する。このように，減価償却費は会計利益を計算するための費用であるが，現金の流出は起こらない。

第6章
資本コスト

1 ▶ はじめに

　資本コストは前章で述べたような実物投資の決定だけでなく、企業価値や株主価値あるいは経済付加価値（EVA）を算定するときにも用いられ（第9章参照）、企業財務の問題を議論する場合に重要な役割を果たしている。本章では、この**資本コスト**について詳しく説明する。

　企業は必要資金を株主資本と負債を組み合わせて調達するのが通常だろう。その場合には、資本コストは株主資本コストと負債コストの加重平均として求められる。そこで、最初に、株主資本コストと負債コストの具体的な求め方をそれぞれ説明する。その後で、両コストの加重平均としての資本コストの求め方を述べる。

　ところで、具体的な計測方法を述べる前に、資本コストを意識した経営の重要性を指摘しておきたい。企業は資本コストより高い（内部）利益率の事業投資を行うことによって、正味現在価値がプラスの投資が付け加わることになり、企業価値を高めることができる。逆に、利益率が資本コストを下回るような事業投資を行うと企業価値は低下してしまう。

　そのため、資本コストを正しく理解し、たえず資本コストを意識していれば利益率の低い無駄な投資が抑えられ、過剰に資産を抱え込むこともなくなる。特に、株主資本コストを正しく認識していれば、有望な投資機会がないのにもかかわらず利益を株主に還元しないで、いたずらに企業内部に抱え込んでしまうこともなくなる。

2 ▶ 株主資本コスト

(1) 株主資本コストの求め方

　最初に，企業から実際に出て行くカネ（配当）だけが株主資本コストではないことに注意しよう。例えば，急成長企業の中には，利益が上がっているにもかかわらず何年にも渡って配当がゼロの企業がある。だからといって，そのような企業の株主資本コストはゼロであるわけではない。

　利益を配当せずに企業が使ってしまうことによって，株主は他の投資機会を失ってしまった。そのため，他の投資機会から得られる以上の利益を企業が上げなければ株主は納得しないだろう。株主にとっては機会費用が発生しており，株主資本のコストはゼロではない。

　さて，企業が新投資のための必要資金を株主資本で調達する場合を考えよう。新投資は，この企業の株式のリスクを変化させないような投資であるとする。つまり，新投資のリスクは，当該企業の既存事業のリスクと同じと仮定する。例えば，既存の設備を拡充するような拡大投資などがこれに当たる。この場合，**株主資本コスト**（cost of equity）は，投資家が当該企業の株式に要求する期待投資収益率になる。なぜなら，もしも，新投資からこの企業の株式期待投資収益率以下の収益率しか上げられなければ，株主の利益が損なわれてしまうからである。

　ところで，株式の期待投資収益率を求める方法には2つある。最初の方法は，株式の理論価格式から求める方法である。第3章で述べたように，株式の理論価格は下の(1)式で表すことができる。ただし，D_tは今からt年後の1株配当，Pは現在株価，r_sは投資家が当該株式に要求する期待投資収益率である。

$$P = \frac{D_1}{1+r_s} + \frac{D_2}{(1+r_s)^2} + \cdots + \frac{D_n}{(1+r_s)^n} + \cdots \tag{1}$$

　毎年，配当がg％の率で増加すると期待される場合には(1)式は(2)式のように表すことができる。

$$P = \frac{D_1}{r_s - g} \tag{2}$$

　これより，株式の期待投資収益率は(3)式の右辺のように表せ，予想配当利回りと配当の成長率を加え合わせることによって求めることができる。

$$r_s = \frac{D_1}{P} + g \tag{3}$$

　株式の期待投資収益率を求める方法としてはもうひとつ別の方法があり，こちらの方が一般的である。第4章で述べたように，株式の期待投資収益率は(4)式で表すことができる。ただし，$\overline{R}_i$は第i株式の期待投資収益率，$\overline{R}_M$は市場ポートフォリオの期待投資収益率，R_Fは安全利子率，β_iは第i株式のベータを示している。

$$\overline{R}_i = R_F + \beta_i (\overline{R}_M - R_F) \tag{4}$$

　例えば，現在の安全利子率が4％，市場ポートフォリオの期待投資収益率が14％，当該企業のベータの値が1.18であるとき，(4)式よりこの企業の株式の期待投資収益率は，

$$4 + 1.18 \times (14 - 4) = 15.8\%$$

であり，株主資本コストは15.8％となる。

　図6-1に(4)式を表す証券市場線が描かれている。証券市場線上のB点が，当該企業のベータの値1.18に対応する期待投資収益率15.8％を示している。

　今，株主資本のみの企業が新投資を考えている。必要資金は株主資本で調達するとする。新投資のリスクが当該企業の既存事業のリスクと同じ場合，

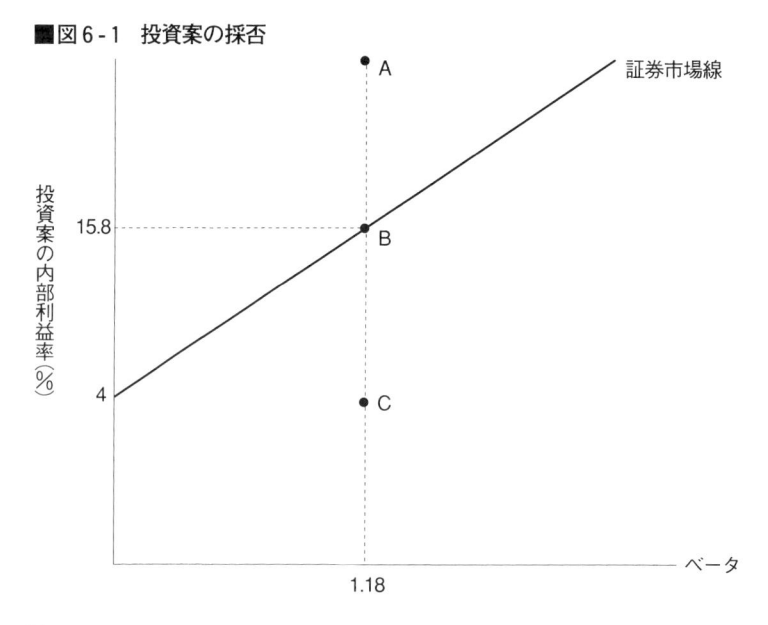

■図6-1　投資案の採否

新投資の収益率（内部利益率）がA点のように15.8％以上あるときには，その新投資を実行すべきである。しかし，C点のように収益率が15.8％以下のときには投資を行わない方がよい。リスクに見合ったリターンが新投資から得られないからである。このように，新投資の収益率が株主資本コスト15.8％より高いかどうかで，新投資の採否が決まる。この意味で，株主資本コストが投資の切り捨て率になる。

(2)株式ベータの計測

　株主資本コストを計算するためには，現在の安全利子率，市場ポートフォリオの期待投資収益率の他に，株式のベータ値を求める必要がある。株式のベータ値を求める方法としては，第4章で述べたように過去のデータから計測するやり方がある。

　図6-2に，トヨタ自動車と市場ポートフォリオの投資収益率の関係が示されている。データは，日本証券経済研究所『株式投資収益率』からとった。横軸に2001年1月から2003年12月までの3年間の市場ポートフォリオの月間投

■図6-2　トヨタ自動車と市場ポートフォリオの収益率（2001－2003）

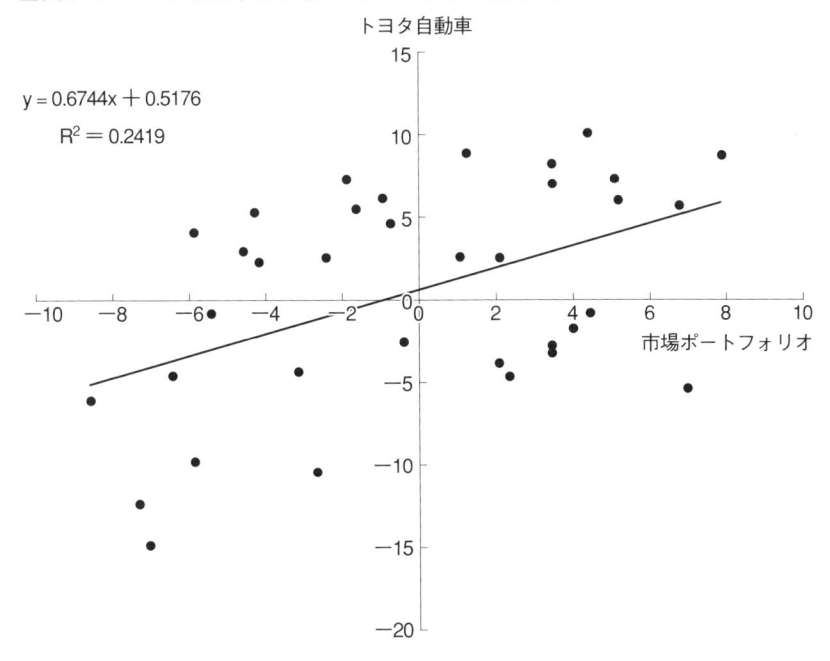

$y = 0.6744x + 0.5176$

$R^2 = 0.2419$

資収益率を，縦軸に同時期のトヨタ自動車の月間投資収益率をとり，各月の投資収益率のペアを点で表したものである。

市場ポートフォリオの投資収益率は，東証一部上場企業の投資収益率を，全上場企業の株式時価総額合計に占める各株式の時価総額の比率で加重平均して求めている。さらに，最小２乗法を用いて求められた，市場ポートフォリオの投資収益率とトヨタ自動車の投資収益率の関係に最もよく近似する直線も示されている。この直線を**証券特性線**という。

直線の傾きであるベータ値は約0.67である。ベータ値が１より小さいので，トヨタ自動車株は株式市場全体の動きに対してそれほど敏感に反応して変動していないことがわかる。トヨタ自動車株は組織的リスクの小さい株式といえる。

第４章第５節で，1996年から1997年までの２年間のデータを使ってトヨタ自動車のベータ値を求めた。そのときのベータ値は0.88だった。このように，ベータ値は時期の取り方によって変動する。それは，自動車産業の構造が時期によって異なることや，自動車産業内でのトヨタ自身の競争力や地位も変化しているためである。

このようなことから，資本コストを求めるためにベータ値を計測する際には，直近のデータを使う必要がある。しかし，期間が短すぎ，データが少ないとベータの計測に測定誤差が生じやすいので，２年なり３年分のデータを使う必要がある。

表６-１には，他の自動車会社のベータ値が載っている。期間は2001年から2003年までの３年間の月間投資収益率のデータを使って計測されている。また，４社のベータ値を単純平均した値も載せてある。

トヨタのベータ値は，他の３社に比べて小さいことがわかる。他の３社の中では，本田技研，日産，マツダの順にベータ値が高くなり，マツダでは1.31

■表６-１　自動車株のベータ値（2001－2003）

トヨタ自動車	0.67
本田技研工業	0.71
日産自動車	1.07
マ　ツ　ダ	1.31
４社単純平均	0.94

である。この期間では，マツダ株が市場全体の株価変化に対して敏感に反応しており，組織的リスクも大きく，資本コストは他社に比べて高くなっている。

3 ▶ 株式ベータの決定要因

ベータは産業の競争状態，技術や市場の変化，規制の緩和，その会社の経営状態など様々な要因を反映して決まる。ここでは，ベータに影響を及ぼす3つの要因について述べる。

(1) 需要の変動性

経済全体の景気の波に影響されやすい産業に属する企業のベータ値は，景気の動向に影響を受けない企業より大きいと考えられる。景気の波に強く影響される企業では，景気が悪く株式市場全体の投資収益率が低いときには，市場平均以上に投資収益率が低下してしまうからである。逆に，景気が良くなると，このような企業では市場平均以上に投資収益率が上昇する。

表6-2はベータ値が高い上位10業種と，低い下位10業種を示している。データは東京証券取引所のCD-ROM「TOPIX&βVALUE」からとった。それぞれの業種に属する全企業からなるポートフォリオを考え，そのポートフォリ

■表6-2 業種別ポートフォリオのベータ値
（東京証券取引所CD-ROM「TOPIX&βVALUE」より作成）

上位10業種

業種	β値
証券業	1.8
卸売業	1.52
サービス業	1.44
非鉄金属	1.38
情報・通信業	1.31
電気機器	1.27
ガラス・土石製品	1.26
鉄鋼	1.13
その他金融業	1.13
機械	1.12

下位10業種

業種	β値
鉱業	0.75
ゴム製品	0.72
輸送用機器	0.69
保険業	0.68
石油・石炭製品	0.67
水産・農林業	0.57
パルプ・紙	0.47
食料品	0.43
陸運業	0.37
医薬品	0.36

オのベータ値が，2000年1月から2004年12月までの5年間分の月間投資収益率より求められている。業種内の個々の企業のベータ値の平均値ではなく，業種内のポートフォリオなので，ベータ値は1に近い値を示していることに注意しよう。

表6-2を見ると，ベータ値が大きい業種には，卸売業やサービス業，情報・通信業，電気機器など，上で述べた景気に影響を受けやすい産業が含まれているのがわかる。逆にベータ値が小さい業種には，鉄道を含んだ陸運業などの公益的企業や，医薬品，食料品などの景気にそれほど影響を受けない産業が含まれている。ただし，電気・ガス業のベータ値はマイナスなので除いてある。

(2) 営業レバレッジ

利子・法人税支払前利益（earnings before interest and taxes）を**EBIT**と呼べば，1％売上げが変化したとき何％EBITが変化するかを示すのが，**営業レバレッジ**（operating leverage）あるいはオペレーティング・レバレッジである。営業レバレッジが高いほど，EBITの変動が大きくなるのでβの値も高くなる。

営業レバレッジは，企業の**費用構造**によって影響を受ける。費用は，生産量や売上高に依存せず固定的な**固定費**（fixed costs）と，生産量や売上高に応じて変化する**変動費**（variable costs）に分けることができる。

今，売上高をS，固定費をF，売上高1単位当たりの変動費をvとする。ただし，固定費の中には利子支払費用は含めないで考える。すると，EBITは次式のように表される。

$$EBIT = S - vS - F = (1-v)S - F \tag{5}$$

売上高の変化額をΔS，売上げの変化に対するEBITの変化額を$\Delta(EBIT)$とすれば，両者の関係は(6)式のようになる。

$$\Delta(EBIT) = (1-v) \cdot \Delta S \tag{6}$$

これらの記号を使えば，営業レバレッジは(7)式のように表される。

$$営業レバレッジ = \frac{\frac{\Delta(EBIT)}{EBIT}}{\frac{\Delta S}{S}} = 1 + \frac{F}{EBIT} \tag{7}$$

(7)式より固定費Fが増加すると営業レバレッジは高くなり，売上高の増減による利子・法人税支払前利益の変動も大きくなることがわかる。

■表6-3 営業レバレッジの数値例

	生産方法A			生産方法B		
	不況	通常	好況	不況	通常	好況
売上高	600	1,000	1,400	600	1,000	1,400
固定費	100	100	100	300	300	300
変動費	180	300	420	60	100	140
EBIT	320	600	880	240	600	960

　逆に，単位当たりの変動費 v が増加すると，(6)式より $\Delta(EBIT)$ は小さくなるので営業レバレッジは低下し，売上高の増減による利子・法人税支払前利益の変動は小さくなる。

　ここで，次のような例を考えよう。ある製品を生産するのに2通りの生産方法が可能である。一方の方法は固定費はあまりかからないが，単位当たりの変動費がかかる生産方法だとする。これを生産方法Aとしよう。それに対して，固定費はかかるが，変動費がそれほどかからない生産方法をBとする。例えば，高額の生産設備を使って生産する場合である。

　表6-3にあるように，生産方法Aでは固定費が100，生産方法Bでは固定費が300かかるとする。売上高1円当たりの変動費は，Aでは0.3円なのに対し，Bでは0.1円とする。また，将来の経済状態が通常の場合には，どちらの生産方法でも600のEBITが得られるとする。

　生産方法Bだと予想に反して不況になったとき，固定費が多いのでEBITは240に低下してしまう。しかし，生産方法Aでは，EBITは320どまりである。それに対して，好況になったときには，生産方法Bでは高い売上高を達成するのにそれほど変動費がかからず，EBITは960にもなる。生産方法Aでは，高い売上高を達成するのにより多くの変動費がかかり，EBITは880である。

　このように，営業レバレッジが高いBの方がEBITの変動が大きくなる。表6-3を図で表したのが**図6-3**である。

　通常の経済状態のときの売上高を基準にとってみると，Aの場合，好況での売上高変化額 ΔS は，$1400-1000=400$ で40％の売上増である。売上げの変化に対するEBITの変化額 $\Delta(EBIT)$ は，$880-600=280$ で47％増である。(7)式にこれらの数値を代入すると，Aの場合の営業レバレッジは1.17になる。

第6章●資本コスト　99

■図6-3　2つの生産方法

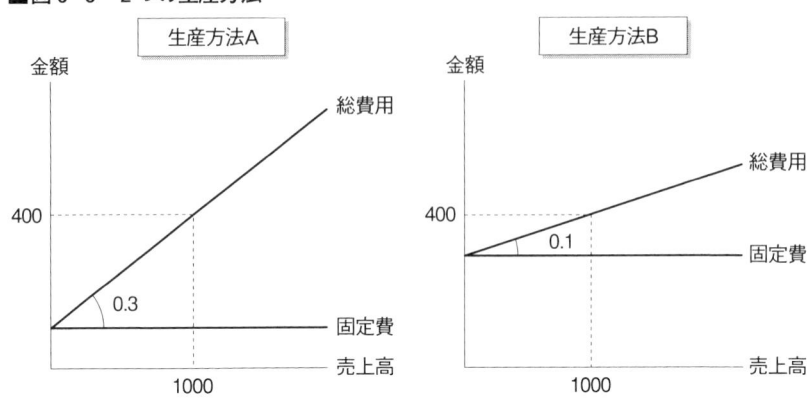

生産方法A

生産方法B

$$
\text{Aの営業レバレッジ} = \frac{\dfrac{280}{600}}{\dfrac{400}{1000}} = \frac{0.47}{0.4} = 1 + \frac{100}{600} = 1.17
$$

$$
\text{Bの営業レバレッジ} = \frac{\dfrac{360}{600}}{\dfrac{400}{1000}} = \frac{0.6}{0.4} = 1.5
$$

　同じようにBの営業レバレッジを計算すると1.5となり，確かにAに比べてBの方が営業レバレッジが高い。Bでは，40％の売上増に対して，60％もEBITが増加するからである。もちろん，不況になればEBITは60％も減少してしまう。他の条件が同じとすれば，Bの方がEBITの変動が大きく，最終的な純利益の変動も大きくなるので株式のベータ値も高くなる。

　以上のことをまとめると次のようになる。営業レバレッジでは，固定費（ただし，支払利子は含めない）の増加によって，利子支払前利益の変動が増大することに焦点が当てられた。つまり，総費用に占める固定費の割合が高い企業の方が，同じ売上高の変動に対して利子支払前利益の変動が大きい[1]。

　このように，営業レバレッジは，費用構造の違いが利子支払前利益（営業利益）に及ぼす影響を見たものである。そして，営業レバレッジが高くなれば株式リスクが増大し，ベータ値も高くなる。

(3) 財務レバレッジ

営業レバレッジが同じでも，**財務構造**（特に，資本構成）が異なれば株式リスクが影響を受け，その結果，株式ベータの大きさも違ってくる。資本構成の違いが純利益に及ぼす影響を見るのが**財務レバレッジ**（financial leverage）である。

負債調達をした場合，売上がどのようになろうが，企業は前もって約束した利子を支払わなくてはならない。その意味で，支払利子は上で述べた固定費と同じ効果を純利益に及ぼす。

詳しくは第7章で述べるが，負債に多くを依存した財務構造だと，株主に帰属する純利益の変動が増大してしまう。株主資本と負債の合計である総資本に占める負債の割合を財務レバレッジと呼ぶ。財務レバレッジが高まると株式リスクも高まり，株式のベータ値も増加する。このことを次の数値例で説明しよう。

(a) 財務レバレッジが株式の期待投資収益率に及ぼす影響

今，ある企業の負債と株主資本の市場価値が**表6-4**のようだとする。負債の総価値が6億円，株主資本価値が4億円と市場で評価されている。企業総市場価値は10億円になる。この数値例では，法人税は考慮に入れない。

この企業の負債はすべて社債であるとする。ここで，ある投資家がこの企業の社債と株式をすべて購入したとする。つまり，この企業が発行しているすべての証券からなるポートフォリオを組んだわけである。社債の期待投資収益率を5％，株式の期待投資収益率を12％とすれば，このポートフォリオの期待投資収益率は次式より7.8％になる。

$$\text{ポートフォリオの期待投資収益率} = \frac{6}{10} \times 5 + \frac{4}{10} \times 12 = 7.8\%$$

この投資家は当該企業のすべての証券を保有しているので，この7.8％は企業が現有資産を使って上げる収益率になっている。ただし，ここでの収益率は，時価評価された資産価値が分母で，分子が資金提供者に帰属する分け

■表6-4 企業の資本構成

資産価値	10億円	負債価値	6億円
		株主資本価値	4億円
資産価値	10億円	企業価値	10億円

■表6-5 変更後の資本構成

資産価値	10億円	負債価値	8億円
		株主資本価値	2億円
資産価値	10億円	企業価値	10億円

前である。

ここで，企業が次のような仕方で資本構成を変えたとしよう。社債発行によって2億円を調達し，その資金で自社株2億円分を買い戻し，消却する。企業の実物的側面には変化がないので，企業の資産価値は前と同じ10億円だが資本構成は**表6-5**のように変わる。

負債が増加してもこの企業の利子や元本返済の確実性は以前と変わらないとすれば社債リスクに変化はなく，社債の期待投資収益率は前と同様5％である。すべての証券を保有している投資家にとっては，7.8％の期待投資収益率を得られることには変わりがない。ポートフォリオ全体として7.8％の期待投資収益率が得られるためには，次式を満たすように株式の期待投資収益率 r_s が変わる。

$$\text{ポートフォリオの期待投資収益率}=7.8=\frac{8}{10}\times 5+\frac{2}{10}\times r_s$$

上式を満たす r_s は19％となり，株式の期待投資収益率は資本構成変更前の12％から19％に変化する。資本構成変更後，株式の期待投資収益率が上昇したのは，負債のウエイトが増大したため企業全体のリスクを今まで以上に株主に負担してもらうことになり，株式リスクの増大に見合って株式の期待投資収益率が上昇したからである[2]。

(b) 財務レバレッジが株式ベータに及ぼす影響

次に，財務レバレッジが株式ベータに及ぼす影響を考えよう。上の例で，資本構成変更前の社債と株式のベータ値がそれぞれ0.1と1.3であるとしよう。社債のベータ値が小さいのは，この企業の社債の債務不履行リスクが低く，安全資産に近いことを示している。

企業資産全体のベータ β_{assets} は，社債と株式のベータ値を加重平均したものになる。加重平均のウエイトは，企業総価値に占める負債価値と株主資本価値の比率である。**企業資産ベータは企業ベータ**とも呼ばれる。

資本構成変更前の企業資産のベータは次式より0.58となる。

$$\beta_{\text{assets}} = \frac{6}{10} \times 0.1 + \frac{4}{10} \times 1.3 = 0.58$$

　資本構成が変わっても企業の実物的側面に変化はないとしたので，資本構成変化後も企業資産のベータは0.58で変化前と同じである。また，社債のリスクにも変化がないとしたので，資本構成変化後の社債のベータ値は0.1である。これより，資本構成変化後の株式ベータ β_{equity} は，次式を満たさなければならない。

$$\beta_{\text{assets}} = 0.58 = \frac{8}{10} \times 0.1 + \frac{2}{10} \times \beta_{\text{equity}}$$

　$\beta_{\text{equity}} = 2.5$ となり，資本構成変化前の1.3に比べて β 値は大きく増加することがわかる。第4章でベータがリスクを示す尺度であることを述べた。この数値例のように，負債のウエイトが高まることによって株式ベータの値も高まり，株式リスクが増大する。その結果，リスクに見合って株式の期待投資収益率も12％から19％に上昇したのである。

　一般式で表せば，企業資産のベータ β_{assets} と負債ベータ β_{debt}，株式ベータ β_{equity} との関係は(8)式のように表せる。ただし，B は負債市場価値，S は株主資本の市場価値である。

$$\beta_{\text{assets}} = \frac{B}{B+S} \times \beta_{\text{debt}} + \frac{S}{B+S} \times \beta_{\text{equity}} \tag{8}$$

　また，(8)式を変形することによって，(9)式のように株式ベータを，企業資産ベータ，負債ベータと負債価値，株主資本価値の関数で表すことができる。この式より，負債ベータ β_{debt} が一定で，かつ，資産ベータが変わらないとすれば，財務レバレッジが高まり負債のウエイトが増大するにつれ，株式ベータの値が大きくなることがわかる。ただし，$\beta_{\text{assets}} > \beta_{\text{debt}}$ とする。法人税は考慮に入れない。[3]

$$\beta_{\text{equity}} = \beta_{\text{assets}} + (\beta_{\text{assets}} - \beta_{\text{debt}}) \frac{B}{S} \tag{9}$$

4 ▶ 負債の資本コスト

　負債の資本コスト（cost of debt）は，企業が実際に支払う利子率がコストになる。社債の場合であれば，発行者利回りが社債のコストである。負債利

子率は，基本的には安全利子率に，負債の元利金返済の確実性に応じて決まるリスク・プレミアム分を加えたものになる。

　社債の場合には格付け機関によって，社債の元利金返済の確実性，逆にいえば，デフォルトの程度を示す格付けが行われる。高い格付けの社債は発行利回りが低くなるが，低い格付けだと発行利回りが高くなり負債の資本コストは上昇する。[4]

　ところで第7章で詳しく述べるが，法人税の計算に際して負債の利子は損金算入されるので，負債には法人税節減効果がある。この点を考慮に入れると，実質的な負債の資本コスト，あるいは税引後負債コストは次のようになる。ただし，r_Bは負債利子率，T_Cは法人税率を表す。

実質的負債コスト$=(1-T_C)r_B$　　　　　　　　　　(10)

例えば，負債利子率を6％，法人税率を40％とする。このとき，実質的な負債コストは$(1-0.4)\times 6=3.6\%$となり，法人税の影響で大幅に実質的負債コストは低下する。

企業は資本コストを下げることができるか？

　企業が最適な事業ポートフォリオや資本構成を選択しているもとでは，市場はそれに見合った株式リスク・プレミアムを要求し，株主資本コストが決定され，企業にとって自社の資本コストは与えられたものとなる。

　しかし，株式の期待投資収益率は株式のリスク・プレミアムだけでなく，**株式の流動性**（liquidity）の大小によっても影響され，流動性が高くなればなるほど株式の期待投資収益率は低くなることが実証結果で報告されている。企業側が自社株式の流動性を高めるような方策を選択できるなら，自社株式の期待投資収益率を低くし，その結果，株主資本コストを低下させ，最終的に（平均）資本コストを下げることが可能となる。

　ここで，株式の流動性とは，流通市場でいつでも株式の売買が容易か否か，大きな価格変化をともなわずに売買が可能であるか否かを指している。リスク・プレミアムがある水準であっても，流動性が低い株式では売買に際して多くの取引コストを負担しなくてはならないので，投資家はより高い期待投資収益率を要求することになる。このような流動性

の高低によってつくプレミアムを**流動性プレミアム**と呼んでいる。流動性が高ければ流動性プレミアムは小さくなる。

第2章で述べた最低売買単位の引き下げや株式分割によって，株式の投資単位を引き下げ，個人投資家を中心にした株主層を拡大させることによって，企業は自社株式の流動性を高めることができる。

また，一般投資家や機関投資家に対する情報公開活動全般をさす，**インベスター・リレーションズ**（investor relations，**IR**）を積極的に行うことによっても株式の流動性が高まることが実証されている。

わが国でも，IRの専任部署を設置したり，インターネット上に専用ホームページを作る企業が増加している。情報開示内容には，経営戦略・経営理念の伝達も含め，事業報告書，決算短信，決算説明補足資料，業績見通しなどが含まれる。

このようなIRを含めたディスクロージャー活動を投資家・アナリスト向けに積極的に行うことによって，株主数の増加がはかられると共に，企業と投資家の間，及び投資家間の情報の格差が低下し，株式の流動性上昇効果が期待される。

5 ▶ 平均資本コスト

(1) 平均資本コストの求め方

上で株式と負債の資本コストを述べたが，投資案評価のときに用いる資本コストは，(11)式のように株式と負債の資本コストの加重平均として求めることができる。このようにして求まる資本コストを**平均資本コスト**（weighted average cost of capital）と呼ぶ。英名の頭文字をとってWACCと略称される。

$$平均資本コスト = WACC = \frac{S}{B+S} \times r_S + \frac{B}{B+S} \times (1-T_C) r_B \quad (11)$$

(11)式で r_S は株主資本コスト，r_B は負債利子率，S は株主資本時価総額，B は負債時価総額を表す。加重平均のウエイトは，企業総価値に占める株主資本時価総額と負債時価総額の比率である。

ここで，平均資本コストについていくつかコメントしておこう。まず第一は，平均資本コストと資本構成の関係である。通常は株主資本コストより負

債利子率の方が小さいので，負債のウエイトを高めていけば平均資本コストを低下させることができるのではないかと考えられやすい。

もしも，r_B や r_S が一定であれば，財務レバレッジ $B/(B+S)$ を高めることによって平均資本コストを低下されることができ，企業はより多くの投資を行うことが可能となる。しかし，負債のウエイトを高めていくと，r_B や r_S が上昇してしまう危険性がある。r_B の上昇は，負債が増加することによって債務不履行（デフォルト）の危険性が高まるためである。

r_S が上昇するのは，詳しくは第7章で述べるが，株主資本のリスクが負債比率の上昇と共に増加し，株主がより高い期待投資収益率を要求するようになるからである。そのため，負債比率を高めることによって，必ずしも平均資本コストを低下させられるとは限らないことに注意しよう。

第二の点は，**平均資本コストを計算する際のウエイト**としては，企業にとっての最適資本構成に占める負債と株主資本の比率を用いなければならない。そして，新規投資資金を最適資本構成と異なる比率で調達した場合でも，目標とする最適資本構成比率をウエイトとして用いる必要がある。このことは，次のような例を考えれば理解できるだろう。

今，7％の収益率が予想される新投資を負債だけで賄うとし，税引き後の負債コストが5％とする。実際の調達比率をウエイトとして平均資本コストを求めれば，負債コストが平均資本コストとなり，投資収益率が平均資本コストを上回るので投資案は採択されてしまう。しかし，実際の調達比率をウエイトとして平均資本コストを求めるのは間違いである。

なぜなら，負債調達だけを行ったために企業全体の資本構成は最適資本構成からはずれ，より負債のウエイトの高い資本構成になってしまった。そのため，次の投資の資金調達の際には，最適資本構成に戻すために株主資本だけで資金を調達するであろう。このとき，投資の収益率が14％あっても株主資本コストが15％であれば，実際の調達比率をウエイトとした平均資本コストを用いるとこの投資案は採用されない。

このように，実際の調達比率をウエイトとして平均資本コストを求めると，収益率が低い投資が行われたり，逆に，収益率が高い投資が行われないという事態が発生してしまう。そのため，このようなことを避けるために，平均資本コストを計算するときのウエイトとしては，目標とする最適資本構成における株主資本と負債のウエイトを用いなければならない。

(2) 実際例

　ここで，トヨタ自動車を例にとって実際に平均資本コストを求めてみよう。最初に，(4)式を用いて株主資本コストを計測する。

　トヨタ自動車の株式ベータ値は，第2節の結果から約0.7とする。$\bar{R}_M$とR_Fをそれぞれ求めることができれば，両者の差として株式の市場ポートフォリオのリスク・プレミアム，$\bar{R}_M-R_F$を計算できる。しかし，$\bar{R}_M$を直接推定するのは困難なので，次のようにして過去のデータから株式の市場ポートフォリオのリスク・プレミアムを求めることにする。

　東証一部全上場企業から成る株式ポートフォリオの年間投資収益率と，長期国債の年間投資収益率の差を，過去に遡って毎年求める。その値の長期間の平均値はおおよそ5％なので，5％を株式の市場ポートフォリオのリスクプレミアムの値として用いる。R_Fは最近の長期国債の利回りをとり1.4％とする。

　これらの数値を(4)式に代入すると，トヨタ自動車の株主資本コストは4.9％となる。

$$株主資本コスト = 1.4 + 0.7 \times 5 = 4.9\%$$

　次に，負債の資本コストを求めてみよう。現在，AAA格の10年物普通社債の応募者利回りは1.35％である。引受手数料や受託手数料などの各種手数料を考慮に入れた発行者利回りは，応募者利回りに2％上積みした3.35％とする。法人税率を40％とすれば，実質的な負債コストは約2％となる。

$$実質負債コスト = (1-0.4) \times 3.35 = 2.01\%$$

　最後のステップとして，株主資本コストと負債コストの加重平均としての平均資本コストを求めるために，加重平均に使うウエイトを求めなくてはならない。

　トヨタの会計上の総資産は約220,400億円，株主資本が81,790億円である（2004年3月期連結ベース）。両者の差額を負債と考え，簿価と時価で大きな違いがないと考えれば，負債の時価総額は138,610億円となる。

　一方，発行済株式数が約36億株，株価を3,800円とすれば，株式時価総額は136,800億円となる。これより，時価ベースでみた負債のウエイトは，138,610/(138,610+136,800)=0.5で約50％である。

　今求めた時価ベースでの株式と負債の比率がトヨタの目標とする資本構成だとすると，平均資本コストは(11)式を用いて次のように計算され約3.46％と

なる。

$$平均資本コスト＝0.5×4.9+0.5×2.01＝3.455\%$$

(3) プロジェクトのリスクが企業リスクと異なるとき

　上では，トヨタの新規プロジェクトのリスクが現在のトヨタの企業リスクと同じと考え，平均資本コストを求めた。しかし，新規プロジェクトが今までトヨタが手掛けてきた事業分野ではなく，新規分野へのプロジェクトだとしよう。

　例えば，トヨタがソフトウエアの開発事業に進出するためのプロジェクトを計画しているとする。ソフトウエア事業は，自動車製造ビジネスよりリスクが高いと考えられる。その場合には，株主資本コストは上で求めた4.9%でなく，より高い株主資本コストを用いてプロジェクトを評価しなくてはならない。このような場合に株主資本コストを求めるひとつのやり方として，ソフトウエア産業の平均的な株式ベータを計測し，それを用いることが考えられる。

問題6.1

　M&A会社の株式ベータは1.8である。負債比率（＝B/S）は1.5である。株式の市場ポートフォリオの期待投資収益率は12%，安全利子率が4%，M&A会社に対する負債利子率が5%，法人税率が40%とする。M&A会社の株主資本コストと平均資本コストを計算しなさい。

[注]
1) 総費用に占める固定費と変動費のウエイトの違い，つまり，費用構造の違いは損益分岐点分析でも問題にされる。第10章の第3節を参照。
2) 資本構成と株式の期待投資収益率の関係については，第7章の第3節も参照せよ。
3) 法人税を考慮に入れると，(9)式は(9')式のように若干の修正が必要になる。ただし，β_Uは負債がゼロのときの企業資産のベータを表す。T_Cは法人税率である。

$$\beta_{\text{equity}} = \beta_U + (1-T_C)(\beta_U - \beta_{\text{debt}})\frac{B}{S} \qquad (9')$$

4) 格付けについては第15章第8節を参照。

第III部

企業の財務政策

第7章

資本構成

1 ▶ 資本構成の決定

　企業が調達する資金は，株主資本と負債に大別できる。株主（出資者）から調達する資金が**株主資本**（自己資本，equity），債権者から調達する資金が**負債**（他人資本，debt）である。企業の全調達資金に占める株主資本と負債の割合を**資本構成**（capital structure）という。

　資本構成の決定は，企業の財務構造の基本的骨格を決めてしまうという点で最も重要な財務的意思決定である。また，広くファイナンスで使われる概念なり理論が多くでてくるので，本章をよく理解しておくことが企業の他の財務問題を考えるときにも有用である。

　ところで第1章で述べたように，企業は企業価値を最も高めるような財務政策を打ち立てなくてはならない。資本構成の決定に際してもこのことが当てはまる。財務でいう**企業価値**（value of the firm）は，株式の総市場価値（＝発行済株式数×株価）と負債の総市場価値の合計金額として定義される。ここで，株式と負債の市場価値は，資金の提供者としての株主や債権者が資金提供の見返りに，将来に渡って受け取るキャッシュフロー流列の現在価値合計として求められる。

企業価値＝株式時価総額＋負債時価総額

　このように定義された企業価値が高まるときには，株主の富も同時に高まることになる。このことから，企業価値を高める資本構成は株主の富をも高めることが理解できよう。[1] それでは，企業価値を最も高めるような資本構成は存在するのだろうか。これが本章のメインテーマである。

2 ▶ わが国企業の資本構成の推移

　資本構成の議論をする前に，最初にわが国企業の資本構成の推移を見ておこう。図7-1にわが国企業の**株主資本比率**（＝株主資本/総資本，equity ratio）の変化が示されている。

　データは財務省『法人企業統計調査』より採った。ただし，金融・保険業を除いた全産業ベースである。規模別に3つのグループに分けている。大企業は資本金10億円以上，中堅企業は資本金1億円から10億円まで，中小企業は資本金1千万円から1億円までである（なお，産業による資本構成の違いについては本章コラムを参照）。

　大企業では，株主資本比率は全期間に渡って増加している。特に，1980年代後半と，90年代後半から2003年にかけて急増しているのがわかる。その結果，70年代後半には15％だったのが2003年には35％に達し，30年間で倍以上の上昇になった。

■図7-1　わが国企業の株主資本比率

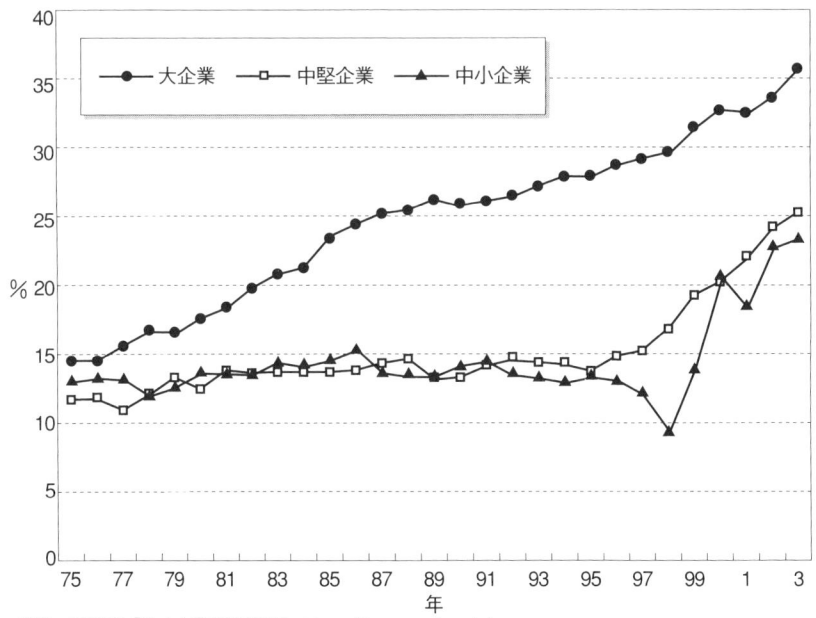

出所：財務省『法人企業統計調査』：http://www.mof.go.jp/

第7章 ● 資本構成　111

このような大企業における資本構成の大きな変化は，1980年代後半のエクイティ・ファイナンス（新株発行を伴う資金調達）の急増と，1990年代を通じて負債の返済を進めたことと，内部資金で資金需要を賄うウエイトが高まった結果と考えられる。

　これに対して，中堅，中小企業の動きを見てみよう。両者ともほぼ同じ動きをしている。90年代後半までは株主資本比率は15％を下回る水準で推移しており，変化はなかった。ただ，98年以降急増している。しかし，大企業と比べるとまだ低く，10％以上の開きがある。

3 ▶ モジリアーニ・ミラー(M・M)命題

(1) 完全市場の下でのモジリアーニ・ミラー理論

　資本構成と企業価値の関係を調べるスタートとして，完全市場の下でのモジリアーニ・ミラー命題を述べておく必要がある。モジリアーニ（F. Modigliani）とミラー（M. Miller）は，完全市場の下では，資本構成の違いは企業価値に影響を及ぼさないことを明らかにした。

　ここで，**完全市場**とは金融・資本市場が以下のような条件を満たす市場のことである。(1)証券の発行，売買に際して取引費用がかからない，(2)税制を考えない，(3)企業と投資家は同じ条件で金融・資本市場を利用できる，(4)投資家，企業を含んだすべての市場参加者は，利用可能な情報に自由にアクセスできる，(5)個々の売り手や買い手が市場価格に影響を及ぼすことはないという意味で資本市場が完全競争的である。

　完全市場では投資家の行動の結果，**裁定機会**が消滅するように株価が決定されることをもとにして，モジリアーニ・ミラー命題を証明することができる。

　今，営業利益Xなどの実物的側面は同じで，資本構成だけが異なる二つの企業を考える。U企業の資本構成は株主資本のみから成り，株主資本の総市場価値をS_Uとする。U企業の企業価値V_UはS_Uに等しい。

　一方，L企業の資本構成は株主資本と負債とから成り，株主資本の総市場価値をS_L，負債額をB_L，負債利子率をrとする。L企業の企業価値V_Lは$V_L = S_L + B_L$と表される。

　投資家が今，L企業の株式のα％の持分に相当する株式に投資すると，投

資額は αS_L である。L企業の株主全体が受け取る将来収益は，営業利益 X から負債利子支払額を差し引いた金額であり，$X-rB_L$ と表される。それゆえ，α%の持分に相当するL企業株式への投資から得られる将来投資収益は $\alpha(X-rB_L)$ となる。

ここで，この投資戦略と将来の投資収益が同じである，別の投資戦略をつくり出すことができる。それには，U企業の株式の α%の持分に相当する株式に投資すると同時に，L企業の負債額 B_L の α%に等しい金額を利子率 r で借り入れればよい。自己資金額（純投資金額）は $\alpha(S_U-B_L)$ である。

α%の持分に相当するU企業株式への投資から得られる将来投資収益は αX で，αB_L の借り入れに対して将来支払う利子は αrB_L である。それゆえ，純投資収益は $\alpha(X-rB_L)$ となる。この金額は，L企業の株式の α%の持分に相当する株式に投資したときの投資収益と同じである。

(a) $V_L > V_U$ のとき

ここで，今，$\alpha S_L > \alpha(S_U-B_L)$ であるとしよう。つまり，$S_L+B_L > S_U$ であり，L企業の企業価値の方がU企業の企業価値より高く評価されている状態である。このときには，上で述べた2つの投資戦略は同じ将来投資収益をもたらすが，必要な自己資金額（純投資金額）は，U企業の株式と借り入れの組み合わせの方がより少なくてすむ。そのため，新規に投資する場合，**表7-1**の下段の投資戦略が選ばれる。

また，すでにL企業の株式を保有している投資家も，L企業の株式を売却し表7-1の下段の投資戦略に乗り換えようとする。なぜなら，乗り換えれば，L企業の株式をそのまま持ち続けたときと同じ投資収益を将来得ることができる一方で，L企業の株式売却代金と下段の投資戦略の必要資金との差額を手元に残せるからである。

いずれにしろ，U企業の株式の需要が増え，U企業の株価は上昇する。逆に，L企業の株式の需要は減少し株価は低下する。このような投資家の行動

■表7-1 2つの投資戦略の投資額と投資収益

投資戦略	投資額	投資収益
L企業の株式	αS_L	$\alpha(X-rB_L)$
U企業の株式	αS_U	αX
借入	$-\alpha B_L$	$-\alpha rB_L$

は，$\alpha S_L = \alpha(S_U - B_L)$ となるまで続く。

(b) $V_L < V_U$ のとき

逆に今，$\alpha S_L < \alpha(S_U - B_L)$ のときには，表7-1の上段の投資戦略の方が有利になる。また，すでにU企業の株式を保有している投資家も，L企業の株式に乗り換えようとする。このような投資家の行動の結果，$\alpha S_L = \alpha(S_U - B_L)$ となるまでU企業の株価は低下し，L企業の株価が上昇することになる。

以上のことから，2つの投資機会の将来投資収益が同じなら，均衡状態では当初の純投資金額も同じで，$\alpha S_L = \alpha(S_U - B_L)$ でなくてはならないことがわかる。しかし，$S_U = V_U$ で，$S_L + B_L = V_L$ なので，

$$V_U = V_L \tag{1}$$

となる。つまり，将来の営業利益の予想が同一のU企業とL企業では資本構成が異なるが，両企業の企業価値は同じになる。このことは，企業がただ単に資本構成だけを変えても，その企業の企業価値を高めることはできないことを示唆している。これが完全市場の下でのモジリアーニ・ミラー理論の骨子である。

企業価値を高めるためには，資本コスト以上の期待収益率を上げられる有利な投資機会を企業内部に見つけ出し，それを実行する以外にはない。モジリアーニ・ミラー理論の貢献は，逆説的に聞こえるが，資本構成を変えるといったただ単なる財務上の操作よりも，企業の実物面での活動の重要性を指摘した点にあるといえる。

(2) 負債のてこ作用

次に，資本構成の違いが株主資本利益率に及ぼす影響を数値例で調べてみよう。今，ある企業をとりあげ，資本構成が違うだけで他の面ではまったく同じ2つのケースを考える（**表7-2**参照）。

ケースAの資本構成は株主資本のみであるのに対して，ケースBの資本構成は株主資本と負債から成り，負債額は5,000億円とする。（なお，以下の議論は，資本構成が違うだけで他の面ではまったく同じ2つの企業，AとBと読み替えることもできる。）

企業の売上高から製品・サービスの生産のために要した費用である売上原価，及び販売活動に要した費用である販売費，その他の費用である一般管理

■表7-2 負債のてこ作用（法人税なし）

	ケースA (100%株主資本)		ケースB (50%株主資本、50%負債)	
確率	1/2	1/2	1/2	1/2
営業利益(億円)	1,000	300	1,000	300
支払利子(5%)	0	0	250	250
純利益(億円)	1,000	300	750	50
総資本営業利益率(%)	10	3	10	3
株主資本利益率(%)	10	3	15	1
期待値(%)	6.5		8	
標準偏差(%)	3.5		7	
総資本(億円)	10,000		10,000	
株主資本(億円)	10,000		5,000	
負債(億円)	0		5,000	
発行済株数(億株)	10		5	
株価(円)	1,000		1,000	

費を控除したものが**営業利益**である。将来に渡る営業利益は，それぞれ50%の確率で1,000億円か300億円になると予想されている。ケースAとケースBは資本構成が違うだけで他の面では同一なので，この営業利益の予想値は両ケースで同じである。

ここでは法人税はかからず法人税率をゼロとしているので，営業利益から負債に対する利子支払額を差し引いたものが純利益になる。ケースAでは負債がゼロなので，営業利益と純利益は同じ値である。一方，負債に対する利子率を5%とすると，ケースBの純利益は750億円か50億円になる。

ところで，完全市場の下でのモジリアーニ・ミラー理論によって，営業利益の予想値など実物的側面がまったく同じケースAとケースBの総市場価値は等しくなる。今，この値が1兆円だとすると，$V_U(=S_U)=V_L=1$兆円である。そして，ケースBの場合，資本構成の中に占める負債額は5,000億円なので，ケースBの株主資本の総市場価値S_Lは，$S_L=V_L-B_L=5{,}000$億円となる。

総資本営業利益率（営業利益/総資本：**ROA**, return on assets）は，両ケースとも10%か3%である。しかし，**株主資本利益率**（純利益/株主資本：**ROE**, return on equity）は両ケースで大きな違いが出てくる。ケースAでは負

債ゼロなので，株主資本利益率は総資本営業利益率と同じ値で，10％か3％になる。それに対して，ケースBでは15％か1％になる。

このように，負債が導入されると株主資本利益率が高められたり，逆に低められたりする。これを**負債のてこ作用**，または**負債のレバレッジ効果**という[2]。

負債の導入によって株主資本利益率が10％から15％に増加するのを**正のてこ作用**と呼ぶが，このことが起こるのは総資本営業利益率が負債利子率より高いときである。5％の利子率で借りた金で10％の利益を上げられるので，両者の差が株主資本利益率を高めることになる。

それに対して，株主資本利益率が3％から1％に低下する場合を**負のてこ作用**という。このようなことが起こるのは，総資本営業利益率が負債利子率より低いときである。5％の利子率で借りた金が3％の利益しか上げず，営業利益の多くの部分が利子支払いに充てられてしまい，株主資本のみの資本構成のときに比べて株主資本利益率が減少してしまうからである。

(3) 営業リスクと財務リスク

今の数値例では，総資本営業利益率の期待値は6.5％で，負債利子率5％より高い。このようなときには，負債ゼロのケースAより負債のあるケースBの方が，株主資本利益率の期待値は6.5％から8％へと上昇する。この点だけを考えれば，株主にとってはケースBの資本構成の方が望ましい。

しかし，負債が導入されるとすでに述べた負債のてこ作用によって，株主資本利益率の変動性も高まってしまう。株主資本利益率の変動性は，株主資本利益率の標準偏差で表すことができる。この値がケースAでは3.5％なのに，ケースBでは7％に増大してしまう。この株主資本利益率の変動性の増加部分3.5％（＝7％－3.5％）は，資本構成の中で負債の割合が高まったためにもたらされたリスクの増大という意味で**財務リスク**（financial risk）という。

しかし，負債が導入されなくとも，株主資本利益率の標準偏差は通常，ゼロにはならない。負債がない場合には株主資本利益率は総資本営業利益率と同じであるが，この総資本営業利益率はそのときのマクロ経済状況，その企業が属する産業の状況，あるいは，企業の経営戦略のよしあしなどによって大きな影響を受け，変動を余儀なくされるからである。このような総資本営業利益率の変動リスクは，企業の財務構造に関係なく生ずるものなので**営業リスク**（business risk）と呼ばれる。

結局，ケースAでは営業リスクは3.5％，財務リスクはゼロである。それに対して，ケースBでは営業リスクは3.5％であるが財務リスクが高まり，株主資本のリスクは7％に増大してしまう。

株主資本のリスク＝営業リスク＋財務リスク

　このように，**負債比率**（＝負債/株主資本，debt-equity ratio）を高めることは，株主資本利益率の期待値の上昇というメリットと同時に，財務リスクの増大というデメリットを伴う。そして，両者を考慮に入れれば，負債比率の違いが株主の利益に差異を生じさせることはない。また，企業価値でみても両ケースとも同じ1兆円に評価される。

　1株当たりの株価でみると，どうなるだろうか。例えば，ケースAの発行済株数が10億株とする。現在株価はケースAの場合，1,000円（＝10,000億円/10億株）となる。ここで，ケースBのように5,000億円の負債を調達し，その資金で自社の株式を買い戻したとしよう。

　ケースAの株価が1,000円なので5億株（＝5,000億円/1,000円）買い戻すことができ，発行済株数は5億株となる。ただ単に資本構成だけを変えたので企業価値1兆円に変化はない。そして，負債額だけ株主資本価値は減少し5,000億円となる。この金額を発行済株数5億株で割ってやれば，ケースBの株価は1,000円で資本構成を変更する前と変わりがなく，株価を高めることはできないことがわかる。

(4)資本構成と期待株主資本利益率

　株主資本利益率の変動が大きくなれば株式投資のリスクが増大するので，投資家は自分が負担するリスクに見合って，平均的にはより高い株主資本利益率が得られることを要求する。そのため，負債比率が高くなれば期待株主資本利益率も高くなるように，現在の株主資本価値なり株価が決まることは一般的にも予想される。

　ところが，完全金融・資本市場の下でモジリアーニ・ミラー理論が成り立つ場合には，この資本構成と期待株主資本利益率との関係を傾きがプラスの直線という明快な形で表すことができる（(4)式参照）。

　株主資本のみの場合の期待株主資本利益率$E(r_0)$，負債がある場合の期待株主資本利益率$E(r_S)$は，それぞれ次のように定義される。$E(X)$は営業利益の期待値である。

$$E(r_0) = \frac{E(X)}{V_U} \qquad (2)$$

$$E(r_S) = \frac{E(X) - rB_L}{S_L} \qquad (3)$$

(2)式，(3)式と(1)式より(4)式が得られる。

$$E(r_S) = E(r_0) + \frac{B_L}{S_L}(E(r_0) - r) \qquad (4)$$

　この関係式を示したのが図7-2である。横軸に負債比率(B_L/S_L)をとれば，B_L/S_Lの値が高くなるにつれて，負債のある場合の期待株主資本利益率$E(r_S)$は，傾き$E(r_0)-r$で増加していく（ただし，$E(r_0)>r$と仮定する）。

　(4)式の右辺の第2項は，財務リスクに見合って投資家が要求するリスク・プレミアムである。負債ゼロの場合の期待株主資本利益率$E(r_0)$に，このリスク・プレミアム分が上乗せされた期待株主資本利益率を，負債のある場合に株主は要求するわけである。

　(4)式を言葉で表せば，次のようになる。

期待株主資本利益率＝負債ゼロの場合の期待株主資本利益率
　　　　　　　　　＋財務リスクに対するリスク・プレミアム
　　　　　　　　＝安全利子率
　　　　　　　　　＋営業リスクに対するリスク・プレミアム
　　　　　　　　　＋財務リスクに対するリスク・プレミアム

■図7-2　資本構成と期待株主資本利益率、総資本コスト
　　　　（完全市場の場合、法人税なし）

期待株主資本利益率
　総資本コスト

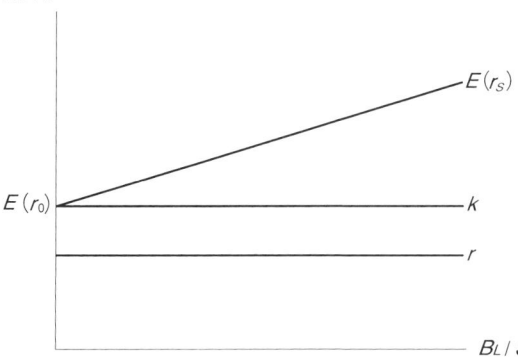

$E(r_S)$

$E(r_0)$　　　　　　　　　　　　　　k

　　　　　　　　　　　　　　　　　　r

　　　　　　　　　　　　　B_L/S_L（負債/株主資本）

(4)式に表 7-2 の数値例を当てはめると，次のようになる。

$$0.08 = 0.065 + \frac{5,000億円}{5,000億円} \times (0.065 - 0.05)$$

$$= 0.065 + 0.015$$

つまり，ケースAで株主が6.5％の期待株主資本利益率を要求あるいは期待しているとき，ケースBでは株主は，それに1.5％分のリスク・プレミアムを上乗せした8％の期待株主資本利益率を要求することになる。

次に，資本構成と資本コストとの関係についてみてみよう。$E(r_S)$ は負債比率が B_L/S_L のときの**株主資本コスト**でもある。利子率 r が負債コストになるので，このときの**総資本コスト**（平均資本コスト）k は(5)式で求められる。

$$k = \frac{S_L}{S_L + B_L} \times E(r_S) + \frac{B_L}{S_L + B_L} \times r \tag{5}$$

ここで，(5)式の右辺の $E(r_S)$ に(4)式を代入してやると(6)式が得られる。

$$k = E(r_0) \tag{6}$$

$E(r_0)$ は株主資本のみの場合の株主資本コストであるが，負債がないので総資本コストでもある。負債のある場合の総資本コストもこれに等しいので，負債があっても無くても総資本コストに違いがないことがわかる。つまり，資本構成の違いは総資本コストに影響を及ぼさない。

負債の資本コストは株主資本コストより廉価なので，その点だけからみれば資本の一部を負債に依存した方が有利なようであるが，株主資本コストがそれに見合って上昇してしまい，総資本コストでみると株主資本だけの場合の総資本コストと違いがなくなる。

数値例でいえば，ケースAの総資本コストは6.5％である。それに対して，ケースBの負債コストは5％，株主資本コストは8％であり，加重平均した総資本コストは6.5％となりケースAの総資本コストと同じになる。

$$k = \frac{5,000}{5,000 + 5,000} \times 8\% + \frac{5,000}{5,000 + 5,000} \times 5\%$$

$$= 6.5\%$$

4 ▶ 不完全市場と資本構成問題

完全金融・資本市場の仮定を緩めたときに，完全市場の下でのモジリアーニ・ミラー理論がどのような修正を受けるかを次に調べてみよう。最初に，法人税の影響を考える。

(1)法人税の影響

支払い利子を差し引いた利益に対して法人税がかかる場合に，法人税の影響を上と同じ数値例を用いて説明しよう。企業はいくつかの種類の税金を支払わなくてはならず，その税率も異なる。以下では，一括して法人税と呼ぶことにし，法人税率T_cは40％とする。[3)]

表7-3のケースAの法人税支払額は，営業利益が1,000億円のとき400億円，営業利益が300億円のとき120億円となる。それに対して，ケースBの法

■表7-3 法人税の影響

	ケースA (株主資本のみ)		ケースB (5,000億円負債)	
確率	1/2	1/2	1/2	1/2
営業利益(億円)	1,000	300	1,000	300
支払利子(5%)	0	0	250	250
利子支払い後利益(億円)	1,000	300	750	50
法人税額(税率40%)	400	120	300	20
税引後純利益(億円)	600	180	450	30
支払利子＋税引後純利益	600	180	700	280
総資本営業利益率(%)	18.18	5.45	13.3	4
株主資本(税引後)利益率(%)	10.91	3.27	18	1.2
期待値(%)	7.09		9.6	
標準偏差(%)	3.82		8.4	
総資本(億円)	5,500		7,500	
株主資本(億円)	5,500		2,500	
負債(億円)	0		5,000	
発行済株数(億株)	10		3.333	
株価(円)	550		750	

人税の支払額は，営業利益が1,000億円のとき300億円，営業利益が300億円のとき20億円である。

これより，営業利益がどちらの場合でも，ケースBの方がケースAより100億円分法人税の支払いが少ないことがわかる。これは，支払利子が損金算入されるために，営業利益は両ケースで同じでも課税対象利益でみると，ケースBの方が支払利子分だけ少ないことによる。これを**負債の法人税節減効果**（tax shield from debt）という。

一般式で表せば，負債による法人税の節減額は$T_c r B_L$のように表すことができる。今の例では，$T_c r B_L = 0.4 \times 0.05 \times 5,000 = 100$億円となる。そして，法人税支払いが少なくてすむ分だけ，資金の提供者全体として受け取る金額は，ケースAに比べてケースBの方が大きくなる。この金額は1年当たりの金額であるが，将来に渡って毎年毎年，確実に同額の法人税節減がもたらされるとすると，法人税節減の現在価値合計は，割引率として負債利子率rを用いて計算すると次のようになる。

$$\frac{T_c r B_L}{1+r} + \frac{T_c r B_L}{(1+r)^2} + \cdots\cdots = \frac{T_c r B_L}{r} = T_c B_L \tag{7}$$

企業価値は，資金の提供者が全体として受け取る将来キャッシュフロー流列の現在価値合計である。負債導入によって現在価値合計でみて$T_c B_L$だけ，負債ゼロの場合より資金提供者が受け取る金額が多くなる。そのため，負債がある場合の企業価値$V_L (= S_L + B_L)$は，その分だけ負債ゼロの場合の企業価値$V_U (= S_U)$より高く評価されることになり，次式のような関係が成り立つ。

$$\boldsymbol{V_L = V_U + T_c B_L} \tag{8}$$

これが，法人税を考慮に入れた場合の資本構成と企業価値に関するモジリアーニ・ミラー理論である。数値例でいえば，今，ケースAの株主資本が市場で5,500億円に評価されているとすると，ケースBの企業価値は$V_L = 5,500$億円$+ 0.4 \times 5,000$億円$= 5,500$億円$+ 2,000$億円$= 7,500$億円となる。それゆえ，ケースBの株主資本の総市場価値は，$S_L = V_L - B_L = 7,500$億円$- 5,000$億円$= 2,500$億円となる。

法人税がない場合には，負債が導入された資本構成に変えても株価を高めることはできなかった。しかし，法人税が存在する場合には，負債による法人税の節減効果分だけ企業価値が増大するが，その価値増大分すべてを株主

が享受できるので株価も高まることになる。このことを以下のようなロジックで調べてみよう。

ケースAの場合，発行済株数を10億株とすれば株価は550円になる。ここで，ケースBのように5,000億円分を負債で調達し，その金で自社株式を買い戻す発表をしたとする。資本構成が変わることによって，法人税節減額の現在価値2,000億円分だけ株主資本の価値が増大するので，それが考慮に入れられ発表直後に株価は750円（＝(5,500億円＋2,000億円)/10億株）に上昇する。

1株当たりこの株価で買い戻すことになり，買い戻せる株数は約6.667億株（＝5,000億円/750円）となる。そのため，買い戻し後の発行済株数は約3.333億株となる。ケースBの株主資本の総市場価値は2,500億円なので，買い戻し後も株価は750円（＝2500億円/3.333億株）となり，ケースAに比べて200円高くなる。

次に，法人税が存在する場合の資本構成と期待株主資本利益率，総資本コストの関係をみてみよう。株主資本のみの場合の期待株主資本利益率$E(r_0)$，負債がある場合の期待株主資本利益率$E(r_S)$は，それぞれ次のように定義される。

$$E(r_0) = \frac{E(X(1-T_c))}{V_U} \tag{9}$$

$$E(r_S) = \frac{E((X-rB_L)(1-T_c))}{S_L} = \frac{E(X(1-T_c)) - rB_L(1-T_c)}{S_L} \tag{10}$$

(9)式，(10)式と(8)式より(11)式が得られる。

$$E(r_S) = E(r_0) + \frac{B_L}{S_L} \times (1-T_c) \times (E(r_0) - r) \tag{11}$$

この式は(4)式の右辺の第2項に$1-T_c$が付け加わっているだけであり，資本構成と期待株主資本利益率の基本的関係に違いはない。数値例を当てはめてみると，次のようになる。

$$E(r_S) = 0.096 = 0.0709 + \frac{5,000}{2,500} \times (1-0.4) \times (0.0709 - 0.05)$$

$$= 0.0709 + 0.025$$

次に，資本構成と資本コストについてみてみよう。負債の節税効果のために負債コストは実質的には$r(1-T_c)$になることを考慮に入れると，負債のある場合の総資本コストkは(8)式と(11)式より(12)式のようになる。

$$k = \frac{S_L}{S_L + B_L} \times E(r_S) + \frac{B_L}{S_L + B_L} \times r(1 - T_c)$$

$$= E(r_0) \times \frac{V_U}{V_L} \quad (12)$$

(8)式より負債がある場合の方が節税額の現在価値分だけ企業価値が高く評価されるので，(12)式の右辺のV_U/V_Lは1より小さくなる。そのため，負債のある場合の総資本コストkは，株主資本のみのときの総資本コスト$E(r_0)$に比べて低くなることがわかる。

数値例を当てはめると，ケースBの総資本コストは5.2％となり，ケースAの7.09％より確かに低くなっている。

$$k = \frac{2{,}500}{2{,}500 + 5{,}000} \times 0.096 + \frac{5{,}000}{2{,}500 + 5{,}000} \times 0.05 \times (1 - 0.4)$$

$$= 0.0709 \times \frac{5{,}500}{7{,}500} = 0.052$$

負債のウエイトを高めていくと，図7-3のように総資本コストkは低下していく。そして，B_L/S_Lが増大すると総資本コストkは$E(r_0)(1-T_c)$に収斂する。

■図7-3　資本構成と期待株主資本利益率，総資本コスト（法人税あり）

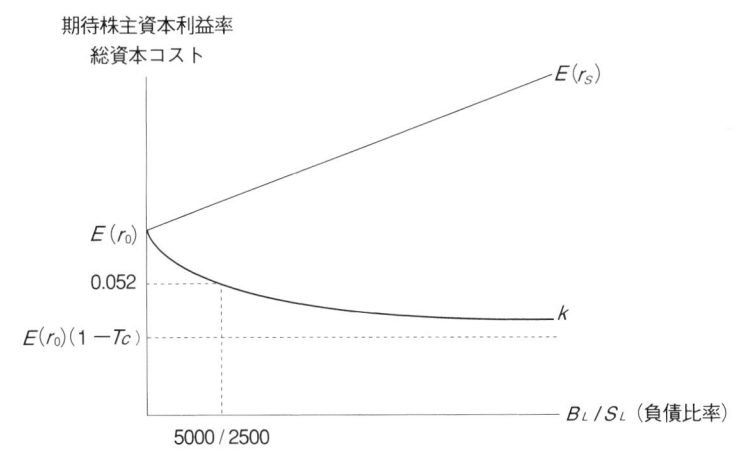

期待株主資本利益率
総資本コスト

$E(r_S)$

$E(r_0)$
0.052

k

$E(r_0)(1-T_c)$

B_L/S_L（負債比率）

5000 / 2500

(2)倒産費用の影響

　極端に高い負債比率が選ばれることを阻む要因として倒産費用がある。負債を増加させると，営業利益が低下したときに利子や元本が支払えない債務不履行になったり，最悪の場合には倒産に追い込まれてしまう危険性が増大する。よく経営者が口にする「財務体質の改善」，「財務体質の悪化を防ぐ」という言葉は，負債に多くを依存した場合の財務危機や倒産の危険性を指していると考えられる。

　ただここで注意しなくてはならないのは，資金の提供者（株主，債権者）が受け取る全体のパイの大きさが負債のないときと同じなら，負債導入によって倒産なり財務危機に陥る危険性が高まっても，そのこと自体が企業価値を低めることはない。

　具体的な数値例でこのことを理解するために，表7-2の例で考えてみよう。そこでは，将来の営業利益の予想値は1,000億円か300億円であった。ケースBの場合，支払利子は250億円であり，300億円という低い営業利益になっても利子の返済ができ，債務不履行の危険性はなかった。

　しかし，ここでは将来の営業利益の予想値が両ケースとも，それぞれ確率1/3で1,000億円，300億円，100億円と予想されるとしよう。ケースBで営業利益が100億円になったときには，250億円の利子が完全には支払えず，債務不履行の状態になってしまい企業倒産になる。このときには，債権者は営業利益100億円すべてを受け取り，株主の受取額はゼロになる。

　しかし，現代の株式会社制度の下では**株式の有限責任制**のために，倒産になった場合，株主は150億円分の超過債務を自分の別の財産から弁済する必要はない。そのため，株主の受取額はゼロどまりでマイナスになることはない。

　ケースAの場合，資金の提供者（株主のみ）の受取額は，それぞれの営業利益に対応して1,000億円，300億円，100億円である。それに対して，ケースBの場合には，株主の受取額は750億円，50億円，0億円，債権者の受取額は250億円，250億円，100億円である。しかし，資金の提供者全体の受取金額は，1,000億円，300億円，100億円であり，ケースAの場合と違いはない。両ケースで，資金の提供者全体の受取金額に違いがないので，現在の企業価値は同じに評価されることになる。

　もちろん，非常に低い営業利益しか上げられない事態もありうるので，表

7-2のときの企業価値1兆円より低い企業価値にしかならないであろう。しかし，両ケースとも同じ低い企業価値になるだけで，資本構成が違うことによってケースAとケースBで企業価値に違いが出てくることはない。

しかし，倒産になって倒産処理が行われると，それにともなって様々な費用が発生するのが通常である。例えば，弁護士や会計士，管財人に支払う報酬は，債権者への弁済に先立って支払われる。そのため，債権者の受取金額はその分減少してしまう。

今の例でケースBで倒産になった場合，倒産処理費用として30億円が支出されるとしよう（**表7-4**参照）。倒産会社の財産100億円からこの30億円が先立って支払われてしまうために，債権者の受取額は70億円に減少してしまう。そのため，ケースBで営業利益が100億円になった場合，資金の提供者の受取金額が30億円少なくなり，それが考慮に入れられケースBの企業価値はケースAに比べて低くなる。

例えば，割引率として6％を用いて期待倒産費用を計算すると，（30×1/3）÷（1＋0.06）＝9.43億円となり，この分だけケースBの企業価値は低くなる。このように，倒産が企業価値に影響を及ぼすのは，倒産リスクそのものではなく**倒産費用**（bankruptcy cost）である。

上で述べた倒産費用は倒産によって直接発生する費用という意味で**直接的費用**と呼ばれている。しかし，倒産費用を考える場合重要なのは，倒産によって生ずる**間接的費用**である。これには例えば，倒産が予想されるあるいは確定的になると，その企業の製品の需要が急激に低下し，売上高の減少という形で発生する損失がある。取替部品の供給や，継続的な補修サービスが会社の消滅によって受けられなくなる可能性が高まるからである。その他，取引先企業や銀行から今までより厳しい取引条件を課されるといったことも予想される。

■表7-4　倒産処理費用がかかる場合の資金提供者の受取額　　（単位：億円）

	ケースA（株主資本のみ）			ケースB（5000億円負債）		
営業利益	1000	300	100	1000	300	100
倒産処理費用	0	0	0	0	0	30
債権者の受取額	0	0	0	250	250	70
株主の受取額	1000	300	100	750	50	0
資金提供者全体の受取額	1000	300	100	1000	300	70

ここで，倒産費用についてひとつ留意点を述べておこう。企業価値を評価する場合に重要なのは倒産費用そのものではなく，倒産費用に将来倒産が起こる確率を掛け合わせた**期待倒産費用**である。

　実際に財務危機あるいは倒産になったとき多額の倒産費用がかかるとしても，そのような事態が起こる可能性が非常に小さいと投資家に判断される場合には，期待倒産費用は小さく企業価値にそれほど影響を与えないであろう。逆に，倒産費用はそれほど高くなくても，倒産の起こる可能性が高い企業では，かなりの期待倒産費用のために企業価値が低くなってしまう可能性がある。

5 ▶ エージェンシー問題と企業の資金調達

　現代の株式会社制度を資金調達の面から眺めると，株主が資金を企業に提供し，それを株主の利益になるように運用することを経営者に依頼するという契約関係ととらえることができる。そして，株主を依頼人，経営者をエージェント（代理人）と考えることができる。同様に，債権者と企業の関係も一種の依頼人とエージェントの関係と考えられる。

　ここで，必ずしも，エージェントが依頼人の利益に合致した行動を取らないという**エージェンシー問題**が発生する。以下では，資金の提供者と経営者の関係をエージェンシー関係としてとらえて，企業の資金調達問題を考えてみることにする。特に，資金調達の違いが経営者の行動，とりわけ，投資行動にどのような影響を及ぼすかに焦点を当てる。

(1) 負債のエージェンシー費用

　負債調達によって資金を手に入れた後で，株主の利益を高める目的で経営者は債権者の利益を損なう投資政策・財務政策を取る危険性がある。それは，株主と債権者の利害が必ずしも一致しない状況が起こり得るからである。以下では，**株主と債権者の利害対立**の代表的な例として，(a)高リスクの投資選択問題と(b)過小投資の問題を取り上げる。[4]

(a) リスクの高い投資の選択

　株主と債権者の利害の不一致が起こる最初の例として，株主の立場を重視する経営者がリスクの高い投資を選択する結果，債権者の利益が損なわれて

しまう状況をみてみよう。

　今，経営者がリスクの程度の異なる2つの投資案のうち，どちらかの選択に迫られているとする。投資案Aはより安全な投資であり，将来収益の予想はそれぞれ確率50％で20億円か30億円とする。必要投資額は10億円で，この投資の純現在価値は10億円であるとする。

　それに対して，投資案Bは危険度が高く，将来収益の予想は確率70％で5億円，確率30％で45億円とする。必要投資額は投資案Aと同じ10億円で，この投資の純現在価値は3億円であるとする。

　そして，企業は今丁度，必要投資額に等しい金額を手持ち現金として保有しているとする。また，この企業は過去に負債調達をしており，次期に利子と元本を20億円支払わなくてはならないとする。

　投資案A，Bを行ったときの次期の株主と債権者の受取額はそれぞれ**表7-5**，**表7-6**のようになる。投資案Aが選択された場合には，債権者には約束どおり20億円が支払われる。そして，残りの金額を株主が受け取ることになり，0億円か10億円を株主は受け取る。

　これに対して投資案Bが選択された場合には，投資収益が5億円と非常に小さくなれば，債務不履行になり債権者は5億円しか受け取れない。もちろん，その場合，株主の受取額はゼロである。しかし，45億円という高い収益になれば債権者は20億円全額返済してもらえるし，株主の受取額も25億円と多額の金額を受け取ることができる。

　投資そのものの価値からいえば，投資案Aの純現在価値は10億円なのに投資案Bの純現在価値は3億円なので，投資案Aが選ばれるべきである。しかし，経営者が株主の立場を重視すると，投資案Bを選択する可能性が出てく

■表7-5　投資案Aが選択された場合

確率	収益	株主の受取額	債権者の受取額
50％	20億円	0億円	20億円
50％	30億円	10億円	20億円

■表7-6　投資案Bが選択された場合

確率	収益	株主の受取額	債権者の受取額
70％	5億円	0億円	5億円
30％	45億円	25億円	20億円

る。どちらの投資案もそれぞれ確率50％あるいは70％で株主の受取額がゼロになる。しかし，投資案Bの場合，成功すれば45億円という高い収益がもたらされ，株主の受取額は25億円にもなるからである。

　このように，リスクの高い投資の場合には，成功する確率は低いが成功したときにはその成果の多くの部分を株主が享受することができる。それに対して，債権者は企業がいくら高い利益を上げても前もって約束された元本と利子を受け取るのみである。逆に，投資が不成功に終わったときには元本と利子の一部あるいは全額が支払われないために，債権者も投資リスクの一部を負担することになってしまう。

　投資案Aが実行されれば，投資の純現在価値10億円分だけ企業価値が高まるところを，投資案Bが実行されてしまい企業価値は3億円分しか増加しない。この差額7億円（＝10億円－3億円）が機会損失として発生することになるが，これを**負債のエージェンシー費用**（agency costs of debt）と呼んでいる。

(b) **過小投資の問題**

　上の例は，リスクが高く採算の低い投資が行われてしまうケースであった。（極端な場合には，採算に合わない投資が行われる可能性もある。）負債が存在するために，逆に，有利な投資が行われない危険性も出てくる。これも数値例で考えよう。

　ある企業の将来収益が確率50％でそれぞれ100億円か50億円と予想されるとする。そして，債権者には，次期70億円の債務の返済をしなくてはならないとする。ここで，新投資を今行ったとすると，確実に将来，20億円の収益の増加が見込まれている。新投資のためには今12億円の投資資金が必要であるが，既存株主が更に出資する形でこの資金が賄われるとしよう。

　新投資を行わない場合と行った場合の株主と債権者の受取額が，それぞれ**表7-7**と**表7-8**に示されている。新投資が行われなかった場合，50％の確率で債務不履行となり，債権者の受取額が50億円になってしまう事態が発生する。一方，新投資が行われた場合には，どのような状態になろうが70億円全額を返済してもらえる。

　これに対して，株主の期待受取額は新投資が行われなかった場合が15億円（＝30×1/2＋0×1/2），新投資が行われた場合には25億円（＝50×1/2＋0×1/2）となる。期待受取額は10億円増加するが，12億円の投資資金を現在さらに出資するので純受取額の増加はマイナス2億円となってしまい，既存株主

■表7-7 新投資を行わない場合

確率	収益	株主の受取額	債権者の受取額
50%	100億円	30億円	70億円
50%	50億円	0億円	50億円

■表7-8 新投資を行った場合

確率	収益	株主の受取額	債権者の受取額
50%	120億円	50億円	70億円
50%	70億円	0億円	70億円

はこのような新投資に更に資金を提供しようとはしないであろう。そのため，新投資自体の純現在価値がプラスであっても新投資は行われない。これが**過小投資の問題**である。

既存株主が必要投資資金を全額負担しても，その見返りを全額自分たちが享受できれば過小投資の問題は生じない。しかし，収益が上昇し負債の元本・利子の支払いの確実性が高まる形で，新投資からもたらされる利益の一部が，新たな資金の提供という貢献を何もしていない債権者に移転され，株主の分け前が減ってしまい，結局，新投資が株主の立場からは不利になってしまう。

これは表7-8で収益が120億円に増加したときには，新投資からの収益増20億円を株主が受取額の増加という形で全額享受できるのに対して，収益が70億円になった場合，新投資からの収益増20億円が全額，債権者の受取額の増加として吸収されてしまうことから明らかだろう。

負債の存在のために新投資が行われず，有利な投資の純現在価値分だけ企業価値が低下してしまうが，これも負債のエージェンシー費用のひとつである。

以上2つの例から，負債がなければ企業価値を高める正しい投資政策が実行されるが，負債のある企業では投資の決定が歪められてしまう危険性があることが理解できるだろう。

その他，債権者の利益が損なわれるケースとして，債権の返済順位に関して，既存の負債と同一順序あるいはそれより上位の優先権を持つ負債が将来，新たに発行される（**負債の希薄化**）場合や，赤字のときに資産の一部を売却し，売却代金を現金配当の形で株主に分配してしまう（たこ配）ケースなどもある。

以上述べてきた投資政策・財務政策によって将来，不利益をこうむらないように，社債の発行あるいは資金の貸し出し時に貸し手は負債契約条項のなかでいろいろな制限を課すのが一般的である。このような**財務制限条項**（covenants）によって債権者の利益が一部保護される一方で，企業の取りうる財務政策に制限が課されることによって，負債に依存していなければできたであろう最適な決定が行えなくなり，企業価値が低下してしまう可能性もでてくる。この企業価値の低下分も負債のエージェンシー費用のひとつと考えられる。

　また，資金提供後，債権者が企業の事業内容や経営者の行動を監視・チェックする活動を監視（モニタリング）活動と呼ぶが，その際かかる**監視費用**（モニタリングコスト）も負債のエージェンシー費用に含まれる。さらに，債権者の不利益になるような行動を取らないことを企業側が保証（ボンディング）する活動にも**保証費用**がかかる。保証活動には企業側からの様々な情報の開示も含まれる。

　このようにして様々な形で発生する負債のエージェンシー費用は，最終的には株主が負担することになる。なぜなら，将来，経営者が債権者の不利益になるような行動を取るであろうということを債権者は資金を提供するときに前もって予想し，一定の利子率ならより少額の資金しか提供しようとはしない，あるいは，提供金額が一定なら，より高い利子率を要求するであろう。このように，債権者は将来の経営者の行動を予想し，債権価値をより低く評価することで対応する。その結果，現在の企業価値が低下し，株主がそれを負担することになるわけである。

(2)株式のエージェンシー費用
(a)経営者と株主の利害の不一致

　上の議論では，経営者＝株主と考えて負債のエージェンシー費用を説明したが，経営者と株主の利害が完全に一致し，経営者が株主の利益（株価）最大化を目指して企業経営を行うとは必ずしも限らない。そのため，株式についてもエージェンシー費用が発生する。

　今，株主資本のみの企業で，経営者が自社株式の一部しか保有していないような企業を考える。このような企業の経営者でも，もちろん，自分が保有している株式の価値増大に関心を持つ。しかし，自分が会社を経営していることから得られる非金銭的利得あるいは役得からも強い満足を見出すであろ

う。そのため，必要以上にそれらのための無駄な支出が行われる可能性が出てくる。

さらに企業にとって看過できないのは，経営者としての金銭的報酬が企業価値や株価でなく企業規模，売上高，マーケットシェアなどに依存して決まるような場合，規模拡大を図るために採算に合わないような投資が行われる危険性が増大することである。株式の所有構造が分散化して有力な大株主が存在しないときなど，株主側からの経営者に対するチェックやコントロールが有効に働かないときには，特にこの危険性が高くなる。

過度の浪費や無駄な投資は経営の効率化を損ないコスト増をもたらし，企業価値を減少させてしまう。この企業価値の低下分が**株式のエージェンシー費用**（agency costs of equity）である。経営者が自社株を全額保有するオーナー企業であれば，企業価値の下落分すべてをオーナー経営者が負担することになる。しかし，わずかな株式しか保有しないお雇い経営者の場合には，企業価値の低下分のうち株式持分に見合った分しか負担しない。そのため，経営資源が無駄に使われてしまい，非効率的経営の危険性が出てくる。

このような企業が株式市場で株式を発行しようとするとき，負債のときと同様，投資家が経営者の行動を事前に考慮に入れるために株式の発行価格は低位に抑えられてしまう。その結果，企業は外部株式発行に際して，そうでないときと比べてより少ない資金しか調達できない。そのため，調達資金の減少分である株式のエージェンシー費用は，既存株主が負担することになる。

(b)**フリーキャッシュフローと負債の規律づけの役割**

企業が生み出すキャッシュフローのうち，企業内部でプラスの純現在価値の投資プロジェクトを実施するのに必要な資金を上回る部分を**フリーキャッシュフロー**（free cash flow）と呼ぶ[5]。本来であれば，この**余剰資金**は企業内部で有効に用いられないので株主に配当として分配されるべきである。しかし，この内部資金を上で述べたような形で，経営者が彼ら自身の権力・地位を高めるために採算に合わないような投資を行い，必要以上の規模拡大を図ったり，生産的でない目的のために浪費してしまう危険性が存在する。

このことと関連して，**負債の規律付け**の役割が強調されることがある。負債があるときには，企業は将来利子や元本を約束どおり支払わなくてはならず，負債がないときと比べてフリーキャッシュフローは低下する。そのた

め，経営者が無駄に使えるような余剰資金が抑えられるという議論である。

さらに，非効率的な経営のために企業倒産といった事態を招けば，経営者自身の地位が危うくなる。そのため，経営者に効率的な経営に対するインセンティブを与え，経営者の規律付けが負債の存在によって可能となる。上では，負債のエージェンシー費用のために負債のコストが上昇するといったマイナスの効果が強調された。しかし，この議論では，経営者を規律付けるための負債のプラスの効果が強調されているといってよいだろう（第14章第5節も参照）。

(3) メインバンク・システムの役割と変容

わが国の金融システムの特徴のひとつとしてよく取り上げられてきたものに，メインバンク・システムがある。**メインバンク・システム**とは，一般的に，借り入れ企業に対して最大の融資シェアを誇り，借り入れ企業の株式も大量に保有し，役員を派遣しているメインバンクを中心とした銀行と企業の間の長期・固定的な取引関係のことを指す。

継続的な密接な関係により，メインバンクは貸し出し先企業に関する多くの情報を獲得することが可能となり，監視費用を含めた負債のエージェンシー費用をかなりの程度低下させることができ，エージェンシー問題を効率的に解消する役割を担っていたと思われる。さらに，貸し出し先企業が経営危機に陥ったときには，メインバンクが中心になって救済策が積極的に講じられるために，倒産費用の低下がもたらされることになった。また，メインバンクの情報生産機能によって，企業のチェック機能も果たしてきたといわれる。いずれにしろ，メインバンク・システムが有効に機能していたときには，企業に廉価な資金を安定的に供給する役割を果たしていたと考えられる。

しかし，このような企業と銀行との関係も最近，大きな変容を迫られている。その第一の理由は，1980年代半ば以降の金融の自由化・国際化によって，わが国の大企業を中心に国内・国外の資本市場での資金調達が活発に行われるようになってきたことがあげられる。特に，1980年代後半のエクイティ・ファイナンス（増資，転換社債，ワラント債），90年代になってからの普通社債の盛行といった，大企業を中心にした直接金融への依存の増大傾向にこのことがうかがえる。

第二の理由として，銀行側の事情がある。90年代後半の不良債権問題に見

られるように，銀行自体の体力の低下が顕著になったことや，BIS規制（自己資本比率規制）によって一定率以上の自己資本比率を維持しなくてはならないことなどから，貸し出しを抑える傾向にある。また，資産効率重視の立場から**株式相互持ち合い**の解消も進んでいる。このようなことから，従来型のメインバンク・システムは大きく変化しているのが現状である。

6 ▶ 資本構成に対する2つの考え方

以上述べてきたことを踏まえて，望ましい資本構成について考えて見よう。残念ながらまだ資本構成ついての決定的な理論はない。代表的な理論としては，トレードオフ理論とペッキングオーダー理論と呼ばれるものがある。

(1) トレードオフ理論

トレードオフ理論では，負債の法人税節減効果と倒産費用，及びエージェンシー費用の兼ね合いで最適な負債比率が決定されると考える。

図7-4には，ある規模の企業を考え，横軸に負債額，縦軸に企業総市場価値がとられている。水平な直線は完全市場の下での負債額と企業価値の関係を示している。右上がりの直線は，法人税を考慮に入れたときの負債額と企業価値の関係を示している。それに対して山型の曲線は，負債の法人税節減効果，倒産費用，エージェンシー費用を考慮に入れたときの負債額と企業価値との関係を示している。

山型の曲線をみてみると，負債ゼロの資本構成から負債額をある程度まで増加させていくと，負債の法人税節減効果によって企業価値が増大していく。しかし，それ以上に負債比率を増加させると過大な負債のために期待倒産費用$BC(B_L)$が高まり，企業価値は低下してしまう。

ここで，負債額がゼロのときに企業価値がV_Uでなく，それより低いV_U^*からスタートしているのは，全額株主資本だと株式のエージェンシー費用が発生し，その分企業価値が低下することが考慮に入れられているからである。V_UとV_U^*との差額が，全額株主資本の場合の株式のエージェンシー費用である。負債額が増加するにつれて株式のエージェンシー費用は低下していくが，逆に，負債のエージェンシー費用が増大するので，期待倒産費用の増加と相まって企業価値を低下させる要因になる。なお，$AC(B_L)$は負債と株式

■図7-4 トレードオフ理論による最適資本比率決定

企業総市場価値

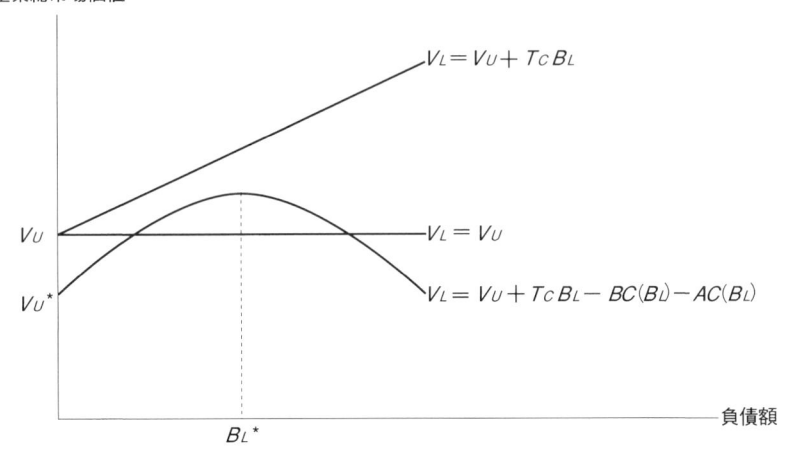

$V_L = V_U + T_C B_L$

$V_L = V_U$

$V_L = V_U + T_C B_L - BC(B_L) - AC(B_L)$

V_U

V_U^*

B_L^*

負債額

のエージェンシー費用を合計した総エージェンシー費用を表している。

　このような理由によって，ある点までは負債の増加と共に企業価値も増大していくが，それ以上の負債額だと企業価値は低下してしまう。そのため，最適な負債額が中位の点B_L^*で求まるというのがトレードオフ理論の考え方である。

　この理論によれば，企業が保有する資産内容の違いによって最適資本構成が異なることがわかる。例えば，多くの有形固定資産を持っている企業（例えば，航空会社）では，より高い負債比率が望ましくなる。有形固定資産が担保として用いられる結果，負債のエージェンシー費用の低下につながるからである。他方で，技術力や研究開発力などの無形資産に企業の成長を頼っているような企業（例えば，製薬会社）では，低い負債比率が望ましくなる。

　また，営業利益の変動（ビジネスリスク）の違いも資本構成に影響を及ぼす。営業利益の変動が大きい企業では，高い負債比率だと倒産の危険性や負債の節税効果をフルに享受できない可能性が増大する。また，負債のエージェンシー費用も高まってしまう。そのため，このような企業では低い負債比率が望ましい。

(2) ペッキングオーダー理論

　トレードオフ理論に対してペッキングオーダー理論では，資金調達手段として外部金融と内部金融の違いが強調される。**内部金融**（自己資金）とは，内部留保に代表されるように企業内部に蓄積される資金を指す。それに対して，**外部金融**は借り入れ，社債，増資など，負債，株主資本を問わず，外部金融・資本市場からの新規の調達を指す。

　そして，企業は内部金融を優先し，資金需要が内部金融で賄いきれないときに外部金融に頼り，それも負債が優先され，借り入れ余力が無くなって初めて増資や転換社債などのエクイティ・ファイナンスを行うという考え方である。このように，企業の資金調達には**優先順位**があり，順位の高い資金調達手段で資金を調達し，足りなければ次に順位の高い調達手段に順次頼っていくというものである[6]。

　外部金融より内部金融が選好される理由を，ペッキングオーダー理論では企業と外部投資家との間での**情報の非対称性**に求めている。日々，自社の経営を行っている経営者の方が外部投資家より，新投資を含めた企業の将来の収益性，リスクの程度などについてより多くの情報を持っており，この点で両者には情報の非対称性が存在するというのである。

　このような情報の非対称性があるときには，企業はできるだけ外部資金に頼らず内部資金で調達しようとする。外部資金調達の問題点を増資の例で考えてみよう。

　今，ある企業の株価が企業の投資機会を反映せずに不当に低く，過小評価されているとすると，この企業は増資を断念するであろう。逆に，この企業は投資機会の収益性が低いのにもかかわらず株価が高く，過大評価されている場合には増資を行う。

　外部投資家は企業のこのような増資行動を前もって考慮に入れて，企業が増資を発表したとき，当該企業の投資機会の収益性は低いと判断し，株式の発行価格は低下してしまう。そのため，収益性の高い投資機会を持っている場合でも増資を断念しなければならなくなる。これは，一般に不完全情報下での**逆選択の問題**と呼ばれているものの一例である。これに対して，内部金融ではこのような問題は生じない（第8章の第6節で詳しく取り上げる）。

　図7-5のDD曲線は実物投資からの期待収益率を表す曲線で，投資の限界効率曲線ともいう。横軸に投資額をとり，収益率（内部利益率）が高い投資

■図7-5 ペッキングオーダー理論による資金調達の優先順位

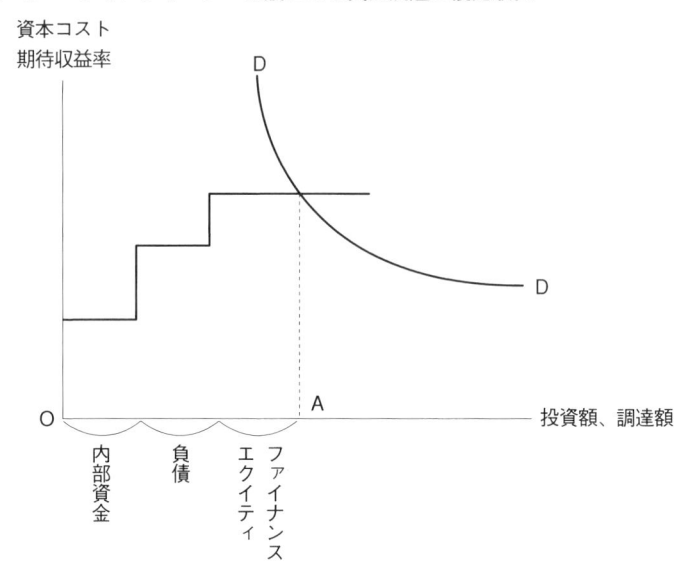

順に並べたものである。それに対して，階段状の曲線が資本コスト線である。調達コストが安いと経営者に意識される資金源泉から逐次，両曲線が交差する点まで資金調達が行われる。その結果，総投資額と総資金調達額はOAとなる。

このように，ペッキングオーダー理論では，目標となる資本構成を達成するように資本調達の組み合わせが選ばれるのではなく，内部資金の大きさと資金需要とによって結果的に資本構成が決まることになり，トレードオフ理論とは対照的な結論が得られることになる。

利益を上げている企業の中で，負債比率が低い会社がよく見受けられるが，トレードオフ理論ではこれを説明できない。しかし，ペッキングオーダー理論によれば，そのような企業は資金需要を満たす十分な内部資金を蓄積可能で，外部金融の中で最も優先順位が高い負債に依存せずにすむので，低い負債比率になることが説明可能である。

わが国の産業別株主資本比率

■ 図7-6　産業別株主資本比率

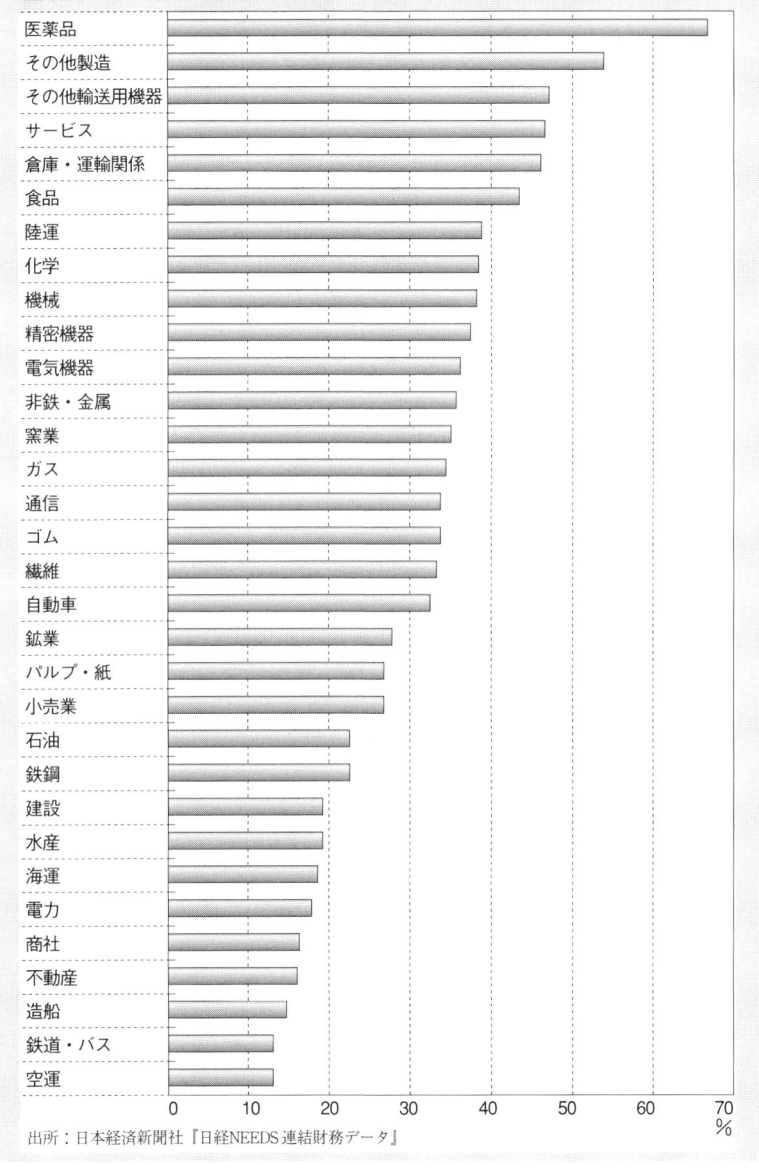

産業	比率(%)
医薬品	68
その他製造	54
その他輸送用機器	48
サービス	47
倉庫・運輸関係	46
食品	43
陸運	39
化学	38
機械	38
精密機器	37
電気機器	36
非鉄・金属	35
窯業	34
ガス	34
通信	33
ゴム	33
繊維	33
自動車	32
鉱業	28
パルプ・紙	27
小売業	27
石油	22
鉄鋼	22
建設	19
水産	19
海運	18
電力	17
商社	16
不動産	16
造船	14
鉄道・バス	13
空運	13

出所：日本経済新聞社『日経NEEDS連結財務データ』

資本構成は業種で大きな違いが見られる。図7-6は，銀行，証券，保険を除いた32業種の株主資本比率（＝株主資本/総資本）を高いものから並べたものである。データは，『日経NEEDS連結財務データ』よりとった。東証上場会社を対象に2002年度決算データをもとにした，業種別の平均値である。

これを見ると医薬品が最も高く，67%の株主資本比率である。その他では，サービス，食品などが40%台で続いている。30%台には，化学，機械，精密機器，電気機器，非鉄・金属，繊維，自動車などの産業が含まれ，製造業の多くの業種が中位の株主資本比率であることがわかる。

それに対して，製造業の中でも，パルプ・紙，鉄鋼，造船など重厚長大型の業種や，非製造業の小売業，商社の株主資本比率は低い。また，電力，鉄道・バス，空運などの公共的業種が10%台で，最も低い比率のグループである。

問題7.1

資本構成は異なるが，他の面ではまったく同一のA企業とB企業を考える。将来に渡る営業利益は，毎年200億円か100億円がそれぞれ50%の確率で生ずると予想される。A企業の資本構成は，全額，株主資本で，時価評価額が2,000億円と評価されている。発行済株式数は10億株である。B企業の資本構成は1,000億円が負債で，残りが株主資本である。発行済株式数は5億株である。負債の利子率は6%とする。税金はかからないとする。完全金融資本市場を仮定する。

(1) B企業の企業価値と株主資本価値を求めよ。
(2) A，B両企業の株主資本利益率の期待値と標準偏差を求めよ。
(3) A，B両企業の営業リスクと財務リスクをそれぞれ求めよ。
(4) A，B両企業の総資本コストをそれぞれ求めよ。
(5) A，B両企業の株価を求めよ。

問題7.2

総資本が全額，株主資本からなるAAA会社の営業利益は，将来に渡って毎年，30億円が期待されている。法人税率は40%である。株式の期待投資収益率を10%とする。

(2) 今，利子率5％で負債調達した100億円分を使って，自社株の買い戻しを行う計画である。ただし，負債は満期がないとする。資本構成変化後の企業価値，株式の総市場価値，株式の期待投資収益率をそれぞれ求めよ。ただし，倒産の危険性はないとする。

[注]
1) しかし，第5節で述べるように，企業価値が高まらなくても株主の富が高まることがあることに注意しよう。それは，負債の価値が低下した分だけ株主の分け前が増加し，債権者から株主に富の移転が起こるときである。そのときには，企業価値が高まらなくても株主の富が増加する可能性が出てくる。
2) 梃子（てこ）の一端に力を加えると大きな力に変えることができる。負債が株主資本利益率を増幅させる効果があるので，このように呼ばれる。
3) 企業法人には，「法人税」，「事業税」，「住民税」の3つの税金が課せられる。平成11年度税制改正以降の税率は次のようである。法人税の基本税率＝30％，事業税率＝9.6％，住民税率＝法人税額×17.3％。1円の所得に対して税金総額が0.4087である。40.87％の税率になるが，これを法人所得課税の**実効税率**という。
4) これらの例は，モラルハザード（moral hazard）の一例である。一般にモラルハザードとは，エージェンシー関係において，(1)依頼人と代理人の目的が完全には一致せず，(2)取引や契約後に代理人の行動に関する情報の非対称性が存在する場合，代理人が依頼人の利益に合致しない行動をとることをいう。
5) 営業キャッシュフローから投資のキャッシュフローを差し引いたものをフリーキャッシュフローと呼ぶこともある（第9章第2節参照）。ここでの用語法とは異なる。
6) ペッキングオーダー（pecking order）とは辞書によると，「鳥，特に家禽（かきん）の群れの間にある社会順位；少しでも上位の鳥が下位の鳥をつついても，つつき返されない」（『ランダムハウス英和大辞典』第2版）とある。序列とか順位の意味で使われる。

第8章

配当政策と自社株買い

1 ▶ はじめに

本章では株主に対する**利益分配**の問題を取り上げる。企業が上げた収入から様々な経営資源提供の見返りに支払った対価（原材料費，給与，支払利息等）を差し引いた金額は，残余利益として株主に帰属する。会計上は純利益（当期純利益）と呼ばれる。

純利益は全額，株主に分配してしまうことも可能だが，通常はその一部が現金配当として支払われる[1]。純利益のうち配当として株主に分配されない残りの部分は企業内に内部留保され，将来の成長のための投資資金などに使われる。企業が上げた純利益のうち，どれだけを配当として株主に支払うかを決める**配当政策**（dividend policy）は，企業経営者が行う重要な財務的意思決定のひとつである。

配当の他に，**自社株買い**（stock repurchase）も利益分配のひとつである。わが国では1994年の商法改正で自社株買いが認められるようになった。その後，徐々に浸透し現在では重要な財務政策と考えられるようになっている。

以下ではまず配当政策を，次に自社株買いについて述べる。また，配当と自社株買いの違いについても説明する。

2 ▶ わが国企業の配当政策

(1) 配当性向と1株当たり配当金

最初に，わが国企業の配当の動向を概観しておくことにする。図8-1は配

■図8-1 東証上場会社の配当性向

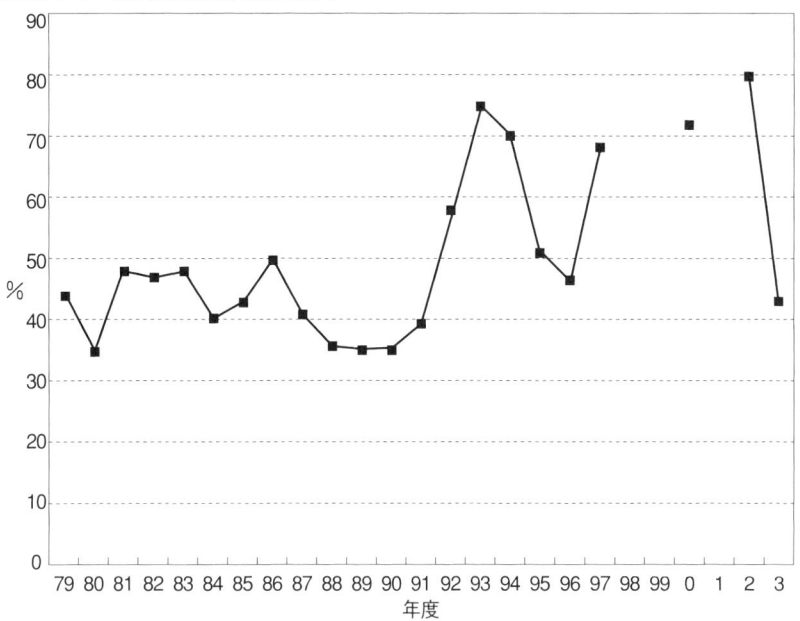

出所:東京証券取引所『決算短信集計結果』

当性向の推移を見たものである。**配当性向**（payout ratio）とは，配当総額を税引後純利益で割った値であり，利益のうち現金配当として株主に分配された割合を示す。

$$配当性向 = \frac{配当総額}{純利益} \tag{1}$$

1980年代前半は配当性向が40％台で推移していたが，1980年代後半，特に1988年から1990年にかけては30％台に低下している。これは，いわゆるバブルの時期で，企業利益は増大したがそれに見合っては配当が増えず，配当性向が低下した時期である。

それに対して，1990年代は配当性向が大きく上昇している。これは，企業が上がった利益を積極的に株主に分配したためというより，利益の低迷にもかかわらず配当金をできるだけ維持した結果といえる。わが国企業では，**1株当たり配当金**（＝配当総額/発行済株数，dividend per share）を安定させる政策をとる企業が多いので，利益が減少すると配当性向が上昇する結果になる。

なお，1998年度と1999年度の配当性向は200％を超えるような異常な数値なので，目盛りの関係で除いてある。また，2001年度の純利益はマイナスなので，2001年度も除かれている。

(2)純利益と配当の関係，および配当利回り

次に，純利益の増減と配当の増減の関係を見たのが**図8-2**である（データの出所は図8-1と同じ）。純利益増減率に比べて，配当金増減率の変動は小さく安定している。つまり，純利益の増加率が高いときには，配当の増加率はそれに見合うほどに高くない。しかし，純利益が減少してしまったときでも，配当はそれほど減っていない。これは上で述べたように，わが国企業では1株当たり配当金を安定的に維持する傾向が強いことによる。

配当利回り（dividend yield）とは，1株当たり配当金を株価で割った値である。株式に投資したとして，投資収益として配当だけを考えた場合，収益率がどれくらいになるかを示す指標である。

■図8-2 利益と配当の関係

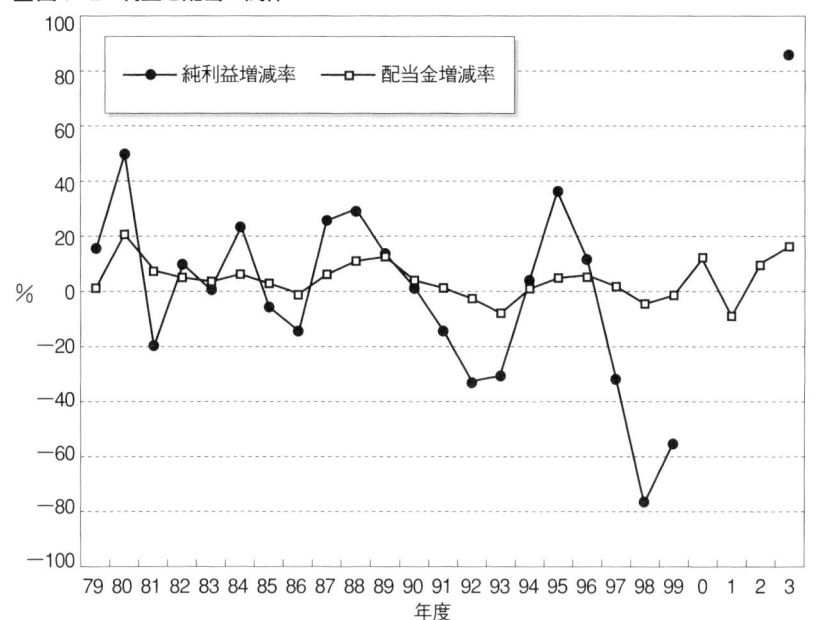

出所：東京証券取引所『決算短信集計結果』

$$配当利回り = \frac{1株当たり配当金}{株価} \qquad (2)$$

　わが国企業の平均配当利回りは，1960年代まで5％以上の高い値であったが，70年代に入って低下し始め，その後一貫して減少している。特に，80年代は株価の急騰のため，配当利回りは1％台に落ち込んだ。さらに，90年代に入って株価が低迷したものの，配当もそれ以上に減少したので1％を切る水準までになっている。

3 ▶ 配当政策に関するモジリアーニ・ミラー理論

　配当政策を議論する場合，最初に，完全市場の下で，配当政策の違いが企業価値なり株価にどのような影響を及ぼすかを調べておくことが後の議論のために有用である。この点については，有名な**配当政策に関するモジリアーニ・ミラー理論**（M・M理論）がある。

　Miller and Modiglianiは，完全金融・資本市場の下では配当の大小は株式総市場価値なり株価に影響を及ぼさないことを明らかにした。つまり，配当政策の違いは株主の利益に影響を及ぼさないという主張である。

(1) M・M理論の仮定

　ここで，完全金融・資本市場の条件として，第7章第3節で資本構成に関するモジリアーニ・ミラー理論のときに述べた条件に，次の条件を付け加える。同一の金額であれば，それを配当の形で得ようがキャピタルゲインで得ようが，投資家は無差別であるという条件である。

　配当政策に関するモジリアーニ・ミラー理論を数値例で説明するために，以下では株主資本のみからなる企業を考える。それは今問題にするのは配当政策の違いであり，資本構成の違いが株式総市場価値や株価に及ぼす影響を捨象したいからである。

　また重要な前提として，企業が取る投資政策は所与とする。配当政策の違いが投資政策に影響を及ぼすと，配当政策だけの影響を分離して調べることができないからである。

(2)数値例

　ある企業の発行済株式総数は10億株，今期税引後利益は200億円とする。また，議論をわかりやすくするために，配当政策として2つの両極端なケースを想定する。ケースAは配当ゼロで，全額，内部留保してしまう場合。ケースBは税引後利益を全額配当してしまう場合である。

　ここで，配当政策がいずれの場合でも，この企業は費用200億円の同じ設備投資を計画しているとする。つまり，企業の投資政策は所与で，配当政策によって影響を受けない。

　ケースAでは，必要投資資金の全額が内部留保によって賄われる。これに対して，ケースBでは税引後利益を全額，配当してしまうので，設備投資資金を何らかの方法で別途，調達しなくてはならない。200億円を負債によって調達することも可能だが，負債調達を行うと株主資本比率が低下し，ケースAとBとで株主資本比率に相違が生じてしまう。そこで，株主資本比率の違いによる影響を避けるために，ケースBでは必要資金を増資によって調達するとする。

(a)ケースA（配当ゼロ）

　今期の配当政策だけが異なり，次期以降の配当を含めたすべての政策について両ケースで同じとすれば，今期の配当後の増資時における設備投資計画を織り込んだ株式の時価総額は，A，Bいずれの場合でも株式市場で同じ金額に評価される。

　この金額が5,200億円であるとすると，ケースAでは増資がなく株数が増えず10億株のままなので，1株当たり株価は520円（＝5,200億円/10億株）になる。

(b)ケースB（全額配当）

　これに対して，ケースBでは増資が行われ，発行価格は1株500円で0.4億株の新株が発行される。なぜなら，増資後の株式時価総額が5,200億円なので，増資後の株価は500円（＝5,200億円/(10億株＋0.4億株)）となり，発行価格が500円なら増資に応じる新規株主は，500円の価値のあるものを同額で手に入れられ適正価格だからである。

　配当と増資を発表する前の株価が例えば400円であったとすると，配当が行われるケースBでは，配当支払い後，増資後の株価は500円になるので，1株あたりの**キャピタルゲイン**（値上り益）は100円になる。これに1株当たり

■表8-1 異なる配当政策と株主の利益

		1株当たり配当	キャピタルゲイン	既存株主の利益
ケースA	配当ゼロ 増資なし	0円	520円－400円＝120円	120円
ケースB	全額配当 増資あり	20円	500円－400円＝100円	120円

20円（＝200億円/10億株）の配当を合計すれば，既存株主は1株当たり120円の利益を得られたことになる。

(c)両ケースでの株主の利益

ケースAでは配当はゼロだが株価が520円になるので，キャピタルゲインは120円（＝520円－400円）得られる。このように，株主の利益として配当だけでなくキャピタルゲインをも考慮に入れると，株主の利益はどちらの配当政策でも同じになる。

今の例では，ケースBの1株当たり配当がケースAに比べて20円多いが，逆にキャピタルゲインは20円少ない。1株当たり配当金を増やしてもキャピタルゲインが同額だけ減少するので，配当増のプラス効果が完全に相殺されてしまう。

このように，配当金額を増やすと，投資政策を一定とすれば必要投資資金を賄うために増資をしなければならなくなる。そして，増資によって株数が増えるので，企業があげる利益全体に対する株式1株当たりの持分は減少してしまう。そのため，増資後の株価はそれほど上昇せず，得られるキャピタルゲインも少なくなるのである。

以上のことから，配当の大小は既存株主の利益に影響を与えないことがわかった。そのため，配当発表の時点で，配当の大小は株価に影響を及ぼさない。なぜなら，株価は配当とキャピタルゲインを反映して市場で決まるが，ケースAでもBでも配当とキャピタルゲインの合計金額は同じだからである。

4 ▶ 税制の影響

(1)配当課税・キャピタルゲイン課税

上の議論では，配当，キャピタルゲインにかかる税金を無視した。しか

し，投資家段階でかかる資本課税を考慮に入れると，前節で得られた結論は修正を受けるのだろうか。結論を述べれば，資本課税を考慮に入れても基本的には配当政策の違いは株価に影響を与えないと考えられる。

わが国の現行の資本課税は，次のようになっている。個人投資家に対する配当，株式譲渡益については，国税，地方税含めて20％の源泉徴収が原則である。ただし，平成15年4月より5年間は優遇措置として10％の税率が適用される。

一方，法人間配当については，持株比率が25％未満では受取配当の50％が益金不算入である。持株比率が25％以上のときには，100％益金不算入となり法人税はゼロである。株式譲渡益は全額益金算入され，法人税がかかる。

(2) 顧客効果と供給効果

ひとくちに投資家といっても個人投資家，法人投資家に大別できる。法人投資家はさらに，非課税法人，機関投資家，一般の法人企業に分けられる。そして，配当とキャピタルゲインに適用される個々の投資家（顧客）の税率の大小関係によって，配当を望む投資家，キャピタルゲインを望む投資家，両者に無差別な投資家が存在しうる。これを税制によってもたらされる**顧客効果**という。

顧客効果が存在するときには，個々の企業はある特定の投資家層の要望にあう配当政策を選択する。そして，均衡状態では，配当を望む投資家の需要は，それにマッチした配当政策を採用する企業の株式によって満たされる。同様に，キャピタルゲインの形で投資成果を得ることを望む投資家の需要は，それに見合った配当政策を選択した企業の株式によって満たされる。これを**供給効果**という。

このような均衡状態では，いかなる企業も配当政策をさらに変更することによって株価を高めることはできない。なぜなら，例えば，配当を増加させることによって株価を上昇させることができるなら，多くの企業が配当を増加させ，その結果，高い配当を望む投資家層の需要以上に供給がなされ，もはや，より一層の配当の増加は株価を高めなくなるからである。

このように，顧客効果及び，供給効果が有効に働けば，たとえ，配当，キャピタルゲインに税金が課されそれらの税率が異なっていても，税制は配当政策に中立的になり，個々の企業の配当政策は株価に影響を及ぼさないとい

う結論が得られる。

5 ▶ 配当にかかわるエージェンシー問題

　モジリアーニ・ミラー理論が妥当するなら，企業経営者は配当政策に思い煩う必要はない。しかし，モジリアーニ・ミラー理論が成り立つためには，いくつかの重要な仮定なり前提が満たされなくてはならない。そのひとつは投資政策を所与とするという前提である。

　もしも，配当政策の違いが投資政策の違いをもたらし，歪んだ投資行動がとられる危険性が生ずるのであれば，配当政策の違いは企業の投資行動に影響を及ぼし，最終的に株価や企業価値に影響を与えることになる。

　実際には配当政策が投資政策などの企業の実物的側面に影響を及ぼし，広く企業を取り巻く利害関係者間の利害対立の問題と，その解消に配当政策が深くかかわっていると考えられる。

　具体的にいえば，既存株主と新規株主間，従業員と株主間，経営者と株主間での配当政策にかかわる利害対立である。**配当にかかわるエージェンシー問題**といってよい。それぞれの利害対立の結果，有形無形のコストが発生するが，ここではそれらのコストを広く**配当にかかわるエージェンシー費用**と呼ぶことにする。そこで，モジリアーニ・ミラー理論では欠落していた利害関係者間の利害対立を考慮に入れれば，経営者は総エージェンシー費用を最小にするような形で配当水準を決定しなければならない。

　以下では，最初に配当を抑えた方が望ましい要因を，次に，配当を高めた方が望ましい要因を議論し，その後で両者を考慮に入れた最適配当政策について述べる。

6 ▶ 配当を抑えた方が望ましい要因

(1) 外部資金に比べた内部資金の有利性

　モジリアーニ・ミラー理論では，配当を増やすことによって減少する内部留保で必要な投資資金が賄えない場合，適正価格で増資することによって不足資金は調達可能と仮定されている。その意味で内部留保と増資は完全な代替関係にある。

しかし，増資をしようとするとき適正価格で新株式が発行できず，増資を断念しなくてはならない事態が発生する可能性があるときには，内部留保と増資は完全な代替関係にあるとは見なせなくなる。そのような場合には，配当を減らし内部留保を蓄積した方が望ましい。

特に，資金の外部提供者と企業の間での**情報の非対称性**が顕著な場合には，増資に頼ることができない事態が発生してしまう。このことを数値例で説明しよう。[2]

(a) 数値例

今，ある企業の現有資産から生ずる将来利益の現在価値と新投資の正味現在価値が，将来の状態に応じて**表8-2**に示されるようになるとする。新投資のために必要な資金は100億円であり，全額，増資によって調達される。ただし，既存株主ではなく新規投資家が増資に応じるとする。また，この企業は負債がゼロで資本はすべて株主資本のみからなり，発行済株数は5億株とする。

また，重要な仮定として，増資時に外部投資家は，将来，状態1が起こるか状態2が起こるか確実にはわからないが，企業経営者はどちらの状態が起こるかを確実に知っているとする。この意味で，増資時点では外部投資家と企業との間には，情報の非対称性が存在している。ただし，実際に投資が行われた後は，外部投資家もどちらの状態が実現したかを知り得て，情報の非対称性は解消するとする。

■表8-2 数値例
(単位：億円)

	状態1	状態2
現有資産の現在価値	200	70
新投資の正味現在価値	26	12

(b) いずれの状態でも新投資が行われる場合

外部投資家は増資時点では将来の状態を確実には知らないが，それぞれの状態が起こる確率を各々50%と予想しているとする。最初に，いずれの状態が起ころうが有利な投資なので，企業は新投資を行うと外部投資家が予想した場合の増資時の株価（新株発行価格）を調べておくことにする。この場合には，発行価格は30.8円になる。そして，新投資資金に100億円必要なので，新規発行株数は3.2468億株（100億円÷30.8円）である。

30.8円が発行株価になるのは次の理由による。発行価格を P（円），新規発行株数を M（億株）とすれば，状態1が起こったときの企業価値（株式時価総額）は，200億円＋26億円＋100億円＝326億円なので，そのときには，将来，株価は$326/(5+M)$になる。

一方，状態2が起こったときの企業価値は，70億円＋12億円＋100億円＝182億円であり，そのとき，将来，株価は$182/(5+M)$になる。

それぞれの状態が起こる確率は50％と外部投資家に予想されており，外部投資家にとっての将来株価の期待値が発行価格に等しくなければならないので，次式が成り立つ。

$$P = \frac{326}{5+M} \times 0.5 + \frac{182}{5+M} \times 0.5$$

また，$100 = P \cdot M$ が成り立たなければならない。両式より，$P=30.8$円，$M=3.2468$億株となる。

(c) 経営者の増資・投資行動

しかし，発行価格が30.8円のとき，外部投資家が予想するように，企業経営者はどちらの状態が起こっても新投資を実行するだろうか。この点を次に調べてみる。

まず，増資を決定する時点で経営者は状態1が将来起こると知ったとする。その上で増資をすれば，状態1が起こったことが外部投資家に判明する将来時点では，株価は39.53円（＝326億円÷（5億株＋3.2468億株））になる。もし増資をしなければ，将来株価は40円（＝200億円÷5億株）となる。そのため，既存株主の立場を重視する経営者は，状態1が起こることを知ったときに発行価格30.8円では増資をしない。

■表8-3　発行価格が30.8円の場合の増資決定　　　　　　　　　（単位：円）

	増資する	増資しない
状態1のときの将来株価	39.53	40
状態2のときの将来株価	22.07	14

これに対して，状態2が起こることを知った場合には増資をし，新投資を実行する。上と同じロジックで，増資をした場合の将来株価22.07円（＝182億円÷（5億株＋3.2468億株））の方が，増資をしなかった場合の将来株価14円（＝70億円÷5億株）より高くなるからである。これをまとめたのが**表8-**

3である。

(d)実際の増資価格

外部投資家はこのような経営者の行動を予想し，次の理由から増資の発表を受けて発行価格は30.8円ではなく16.4円になる。企業が増資を行うという決定は，将来，状態2が起こることを含意すると外部投資家は理解し，株式時価総額を182億円に評価するからである。このとき，外部投資家は増資価格16.4円で新株式に応募しようとする。

なぜなら，発行価格をP円，新規発行株数をM億株とすれば，次の2つの式が同時に満たされなければならないからである。$P=182億円/(5億+M)$，$P\times M=100億円$。これより，$P=16.4円$，$M=6.0976億株$になる。この発行価格16.4円は，外部投資家が将来，状態2が起こったことを知ったときの株価でもある。

結局，増資の決定時点で，もし増資が行われれば市場株価（＝発行価格）は16.4円になり，増資が行われなければ40円になる（**表8-4**参照）。

■表8-4　増資時の株価

(単位：円)

	増資あり	増資なし
状態1のときの将来株価		40
状態2のときの将来株価	16.4	

(e)逆選択問題

このように，情報の非対称性が存在するときには増資が断念され，正味現在価値がプラスである投資が行われない危険性が生ずる。これは，一般に**逆選択**（adverse selection）と呼ばれている現象の一例である。

増資の決定時点では外部投資家は正確な情報を持っていないので，低めの発行価格で応募することになる。そのため，状態2より有利な状況である状態1が起こることを知った経営者は，16.4円の発行価格では既存株主に不利益が生ずると考え，増資を見合わせるのである。

なぜなら，状態1が起こったことを外部投資家が知ることになる将来時点では株価は29.38円になるのに，それより安い16.4円で株式を新規株主に発行してしまい，いわゆる，**株主資本の希薄化**が起こってしまうからである。これは，増資に際しての**既存株主と新規株主の利害対立**の問題といってよい。

もしも，企業が必要投資資金を増資に頼ることなく，配当を抑えることに

よって利用可能となる内部資金で賄ったとすれば，新投資の正味現在価値はプラスなので，どちらの状態が生じようが経営者は新投資を実行するであろう。このように内部資金で賄えば，もし増資に頼ったら生ずる危険性のある，有利な投資の見送りという可能性を回避することができ，企業価値なり株式総市場価値を高めることができる。

増資に頼った場合，状態１で26億円の正味現在価値の投資が失われてしまう機会損失が発生するが，これは，既存株主と新規株主の利害対立によって生ずるエージェンシー費用と考えることができる。

(2) 従業員と企業との間での暗黙的長期契約

もうひとつ，配当を抑えた方が望ましい要因として，従業員に絡んだ問題がある[3]。

わが国企業における労働慣行として従来行われてきた長期雇用を前提とした年功賃金制度の下では，若年期にはそのときの労働生産性よりも低い賃金が支払われ，逆に，高年期にはそのときの労働生産性よりも高い賃金が支払われることになる。

このような労働慣行の下では，若年層が高年層より相対的に多い企業では，本来支払うべき賃金総額に比べて実際に支払う賃金総額が少なくてすむ。その結果，浮いた賃金支払いは当期利益の増大をもたらすことになる。従業員としては，上がった利益が内部留保され投資資金として使われ，将来の収益増がもたらされ，より高い賃金を獲得することを期待している。

それがもし，浮いた賃金支払いの結果増加した利益の多くの部分が株主に配当として分配されてしまうと，将来，より高い賃金の形で返還されることを期待していた「未払い賃金」を受け取ることができない危険性が高まってしまう。

極端な例として，高まった利益すべてを株主に配当してしまい，成長のための投資資金として用いられない場合を考えればよいだろう。この場合には，配当として支払われた一部に，本来，従業員に帰属する部分が含まれていたことになる。これは，**従業員と株主との間での配当に絡む利害対立**の問題としてとらえることができる。

このように，従業員が企業と暗黙の**長期的雇用関係**を結び，若年層が高年層より相対的に多い企業では，当期利益の一部に従業員が将来獲得すること

を期待する金額が含まれている。そのため，従業員との間での暗黙的長期契約を維持し，従業員のモチベーションを高めるためにも，企業経営者としては当期利益を配当として株主に分配してしまわず，多くの部分を内部留保して投資資金に充て，将来の収益の拡大による高賃金で従業員に報いることが望ましくなる。

7 ▶ 配当を高めた方が望ましい要因

しかし，逆に，配当を高めた方が望ましい状況もある。これは，経営者と株主との利害対立に絡んだ問題が顕在化しているときである。このようなときには配当を高めることによって，経営者による**無駄な投資**を防いだり，外部投資家による経営者に対するチェック機会が増大したりする結果，企業経営が効率的に行われるようになるといった望ましい結果が生まれることが期待される。

(1)フリーキャッシュフローの株主への分配

先のモジリアーニ・ミラー理論（M・M理論）の意味するところは，もしも，企業内部に有利な投資機会があれば，利益を配当せず内部留保しても既存株主は将来の株価の値上がりによって利益を受けられるので，当面の配当の支払いが少ないことは問題にならないということである。

しかし，もしも，企業内部に高い利益を上げる投資機会がなく，内部留保された資金が企業内部で有効に用いられないにもかかわらず，利益を配当として株主に分配せずに内部留保することは，既存株主に損失をもたらすことになる。このような状況のときには，利益を配当してしまうことが望ましい。

この点に関しては，Jensen（1986）が主張した**フリーキャッシュフローの理論**がある[4]。企業が生み出したキャッシュフローのうち，企業内部でプラスの正味現在価値を持つすべての投資を実行するのに必要な資金を上回る部分を，フリーキャッシュフローと呼ぶ。

本来であれば，この余剰資金は企業内部で有効に用いられないので，株主に配当として支払われるべきである。しかし，経営者が彼ら自身の権力・地位を高めるために採算に合わないような設備投資を行い，必要以上の規模拡

大を図ったり，生産的でない目的のためにこのような内部資金を浪費してしまう危険性がある。これは**経営者と株主の利害の不一致**によって生ずるエージェンシー問題である。配当を高めることによってエージェンシー費用を抑えることが可能となる。

(2) 金融・資本市場からの監視活動の促進

資金提供者は資金提供後も様々な形で，経営者が彼らの利益に反した行動をとらないようにチェックしたり，コントロールするための監視活動を行おうとする。しかし，資金提供後の監視活動が有効に行われる保証はない。大きな理由は，既存の資金提供者による監視活動には**ただ乗りの問題**（free-rider problem）が発生するからである。

例えば，株式が多数の株主に分散して保有されている企業を考えてみよう。このような企業では，ある株主が監視活動に費用をかけても，その結果もたらされる企業価値の上昇分すべてをその株主ひとりだけが享受できるわけではない。彼の株式持分に見合った割合しか得ることができず，監視活動を行わない多くの株主が，監視によってもたらされる利益の大部分を吸い取ってしまう。このため，個々の既存株主は十分な監視活動を行うインセンティブを持たない。これは，外部効果が存在するときの「ただ乗り」によって生ずる問題である。

このような状況のとき，配当を高めることによって内部留保が減少し，その分，外部資金調達に頼らざるを得なくなると，新たな資金の外部提供者による監視（モニタリング）にさらされる頻度，程度が高まるため，経営者の行動が律せられやすくなり，経営者が株主，貸し手の利益に反する裁量的行動をとることをコントロールしやすくなる。

8 ▶ 最適配当政策

以上の議論を踏まえて，図8-3を用いて企業が取るべき最適配当政策について説明しよう。図8-3の横軸には1株当たり配当金が取られており，この大小が配当政策の違いを表すとする。縦軸は配当政策の違いによって生ずる費用である。

第6節で述べた配当を抑えるべきであるという議論からはC_Aのような曲線

■図8-3　最適配当政策の決定

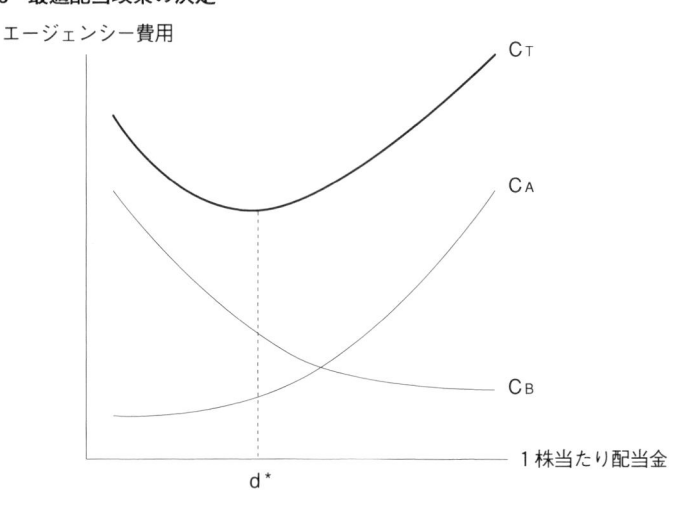

[図: 横軸「1株当たり配当金」、縦軸「エージェンシー費用」。右上がりの曲線C_A、右下がりの曲線C_B、両者の和でU字型の曲線C_T。C_Tの最小点に対応する横軸の値がd^*。]

が得られる。外部資金に比べた内部資金の有利性の議論より，1株当たり配当金を増やすことによって外部資金に依存しなければならないウエイトが高まり，情報の非対称性から生ずるエージェンシー費用は増加すると考えられる。

　外部資金により多く頼らざるを得なくなればなるほど，この費用は逓増的に増加していくと考えられるので，曲線C_Aは1株当たり配当金の増加と共に逓増する曲線で表されている。また，配当の増加と共に，従業員と株主との間での利害対立が先鋭化する危険性も高まる。

　これに対して第7節の配当を高めるべきであるという議論からは，C_Bのような曲線が得られる。無駄な投資によって生ずるエージェンシー費用が配当を高めることによって防げるために，この曲線は配当の増加と共に減少していくと考えられるからである。

　このように，1株当たり配当金の増減に対して2つの費用曲線は逆の関係にある。そして，両費用の合計であるC_T曲線が総エージェンシー費用を表すとすれば，最適な配当政策は総エージェンシー費用を最小にするd^*の点に求めることができる。

　個々の企業の間では両曲線の位置が異なることによって，望ましい配当政策が異なってくる。例えば，情報の非対称性によって生ずるエージェンシー問題より，大量にフリーキャッシュフローを抱えてしまうことから生ずるエ

ージェンシー問題の方がより深刻である企業を考えてみよう。このような企業では，C_B曲線がより右上方に，逆に，C_A曲線は右下方に位置するのでd^*の点はより右側になり，1株当たり配当金を高めた方が望ましくなる。

逆に，成長企業の中には，利益が上がっているのに何年にも渡って配当をゼロにしている企業が見られる。情報の非対称性のため株価が正当に評価されておらず，成長資金を増資に頼ることが既存株主に不利益になると経営者によって判断されているような場合，このような配当政策が取られることが多いと考えられる。

例えば，アメリカのマイクロソフト社は創業以来，配当をまったくしてこなかったことで有名である。上がった利益を内部留保し，有利な投資機会につぎ込み，さらに利益を高める政策が株主に利益をもたらしてきた。[5]

9 ▶ 浸透する自社株買い

自社株買いとはすでに発行されている自社株式を買い戻すことで，自己株取得とも呼ばれる。取得目的としては，(1)消却，(2)株式交換によるM&Aに使う，(3)ストックオプション（株式購入権）の権利行使に備える，などがある。

従来，わが国では株価操縦につながる危険性があるほか資本維持原則などの理由から，商法上，自社株買いは原則的に禁止されてきたが，1994年の商法改正で自社株買いが認められるようになった。ただし，取得目的が消却やストックオプションなど特定の目的に限られていた。それが2001年10月の商法改正で，企業が自社株を特定の目的を定めず市場などから買い戻して保有し，処分したいときまで手元に置ける，いわゆる「**金庫株**」も認められるようになった。[6]

1994年の解禁以来，わが国でも自社株買いは徐々に浸透している。2002年度の自社株買いは総計で2兆7千億円となり，公募増資などの株絡みの資金調達額1兆5千億円を初めて上回った。その結果，2001年度と2002年度の2年連続して，上場企業の株主資本合計が減少したことが報道されている（日本経済新聞，2003年8月14日付）。

10 ▶ 自社株買いの基本的性格

　財務戦略の一環として自社株買いを活用するには正しい理解が必要である。自己株式の買い入れ資金を配当可能利益に限定すれば，一定の条件の下では既存株主にとって配当と自社株買いは同等になる[7]。すなわち，自社株買いは，現金配当と同様，株主に対する企業側からの利益分配という役割を持っている。このことを数値例を用いて説明する。

(1) 数値例

　株主資本のみからなる企業を考え，発行済株式数を100株とする。期首の株価を10円とすれば，期首の株式時価総額は1,000円である。期中の税引後利益を100円とすれば，利益処分前の期末の株式時価総額は1,100円で，株価は11円になる。ただし，期首の株価なり株式時価総額には，期中の税引後利益100円は織り込まれていないとする。

　ここで，同額の金額を現金配当したときと，自社株買いに用いた場合の既存株主に及ぼす影響を考えてみよう（**表8-5**参照）。ただし，現金配当と自社株買いという財務政策だけの違いが株価及び株主の富にどのような影響を及ぼすのかを調べるために，他の条件は同一と仮定する。

　すなわち，企業の実物面での政策（例えば，設備投資政策など）は，どちらの財務政策が取られても変わりはないと考える。それゆえ，配当後あるいは自社株買い後の株式時価総額は両者の間で同じになる。

(a) 現金配当

　最初に，税引後利益100円を全額，配当してしまう場合を考える。配当権利落ち後の株式時価総額は1,000円で発行済株式数が100株なので，配当権利落ち後の株価は10円となり，1株1円の配当分だけ株価は下落する。

　1株保有している投資家を考えると，1円の配当を受け取り，株価が10円の株式を1株保有することになる。両者を合計すると11円になる。

(b) 自社株買い

　これに対して，当該企業が配当総支払額100円と同額の自社株買いを行った場合に，既存株主のペイオフはどうなるだろうか。自社株買いの方法には公開買い付けもあるが，ここでは株式市場を通じての買い付けを想定する。

　企業が100円分の自社株買いを行うためには，自社株買い直前の株価が11円

■表8-5　現金配当と自社株買いの同等性

現金配当の場合	
株主全体の受取配当額	100円
配当後の株式時価総額	1,000円
発行済株式数	100株
配当後株価	10円
1株保有の投資家の受取配当	1円
持株の評価額	10円
自社株買いの場合	
買戻しに応じた株主全体の受取額	9.09株×11円＝100円
自社株買い後の株式時価総額	1,000円
自社株買い後の発行済株式数	100－9.09＝90.91株
自社株買い後の株価	1,000÷90.91＝11円
1株保有の投資家が買戻しに応じた場合： 　　売却による受取額	11円
1株保有の投資家が買戻しに応じなかった場合： 　　持株の評価額	11円

なので9.09株を買戻せばよい（ただし，自己株式取得価格は取得直前の株価と同じと仮定）。

　自社株買い直後の発行済株数は100－9.09＝90.91株，株式時価総額が1,100－100＝1,000円なので，株価は1,000÷90.91＝11円になる。このように，自社株買いが行われても自社株買い直前の株価と変わりない。取得価格が自社株買い直前の株価と等しい限り，自社株買いそのものは株価に影響を及ぼさない。

　次に，配当のときと同様に，当該株式を1株保有している投資家のペイオフを調べてみよう。最初に，1株全部を売り戻してしまっても配当のときと同じである。なぜなら，投資家の受取額は1株×11＝11円であり，配当のときには配当受取額は1円だが1株分の株式を保有しており，その時価評価額が10円なので合計金額は11円となるからである。

　次に，買い戻しに応じないで株式を保有し続ける場合は，株価が11円なので評価額でみて配当の場合と同じになる。もしも，配当のときのように1円の現金を手に入れたければ，9.09/100株分だけ自社株買いに応じ，残りの1－9.09/100株を保有し続ければよい。売却による受取額は9.09/100株×11＝

1円，保有株式評価額は10円（＝(1－9.09/100)×11）で，配当のときと同じペイオフとなる。

　以上の数値例から，既存株主が自社株買いに応じようが応じまいが，彼らにとってのペイオフは現金配当の場合と同じになる。このことから，資本課税・取引費用を無視すれば，企業が上げた利益の分配の方法として，現金配当と自社株買いは株主にとって無差別であるという結論が得られる。

(2) 1株利益，株主資本利益率，株式需給への影響

　自社株買いが行われれば，算式の分母である発行済株式数が減少するので，1株当たり利益，1株当たり配当，1株当たり純資産，あるいは株主資本利益率(ROE)が増加し，株主にとってプラスになるという主張がある。

　同じような主張であるが，「流通株式の減少で一株当たりの利益が向上し，株主への利益還元となる。株式市場の活性化策として有効である」というような指摘もみうけられる。しかし，このような主張は上で述べた数値例からも明らかなように誤りである。

　同じ金額を現金配当ではなく自社株買いによって株主に分配すれば，確かに上の諸指標は自社株買い後上昇する。しかし，株式時価総額あるいは企業の実体的な価値は，配当によった場合と比べて変化はないのである。

　それは丁度，株式分割それ自体は株主の利益を高めも低めもしないのと同様である。株式分割であれば発行済株式数が増えるが，自社株買いでは逆に発行済株式数が減るだけであり，株式時価総額あるいは企業の実体的な価値が増加しない限り，1株当たり利益等が高まっても株主はそれによって利益を得るわけではない。

　自社株買いによって流通株式数が減少するため株式の需給関係が改善し，また，一株当たり利益が増えるので株価は上がるという主張があるが，これも誤りである。自社株買いそれ自体には株価を上昇させる効果はない。数値例で示したように，自社株買い後の株価は取得前と変化なく，上昇していない。

　もし，上昇効果があるとすれば，それは自社株買いという行為が株主価値なり企業価値を高める効果があり，投資家がそれを評価したときである。この議論については第11節で述べる。

トヨタ自動車の自社株買いと利益分配政策

　トヨタ自動車はわが国企業の中で最も自社株買いに積極的なことでも有名である。1996年から2004年6月までに累計約1兆8千億円，株式数で約5億4,800万株の自社株買いを行ってきた。特に，2002年度は5,000億円もの自社株買いをしている（**図8-4**参照）。

　ストックオプションの権利行使に備えるためや，2002年10月にトヨタウッドユーホームを完全子会社化するための株式交換用に自社株を買い戻したが，ほとんどが消却目的である。

　トヨタの自社株買いの第一の目的は，銀行によるトヨタ株放出の受け皿にある。銀行が株式持ち合い解消のために放出したトヨタ株を自社株買いで吸収し，株価の低下を阻止するのが大きな理由とされている。実際，トヨタ株の全金融機関持ち株比率は，1994年度の63％から2003年度の46％へと20％弱低下している。このように，自社株買いを株式持ち合い解消の受け皿として積極活用してきた。

　第二の自社株買いの理由として，株主への利益還元がある。トヨタは

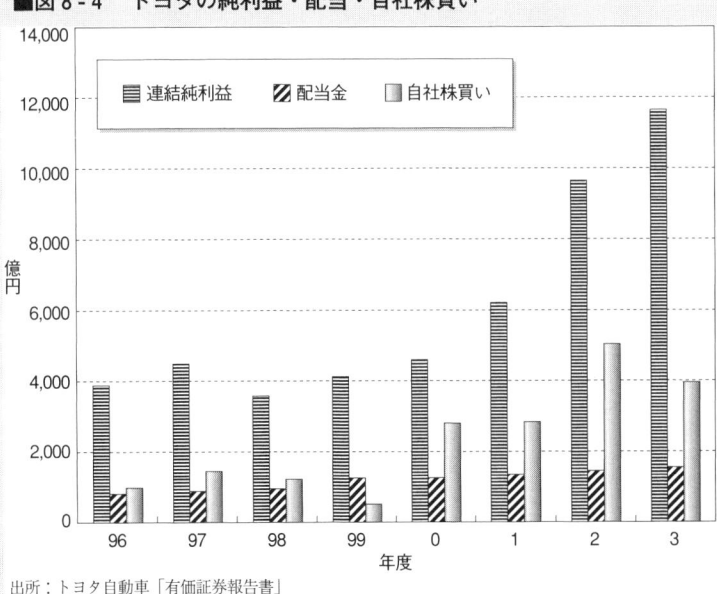

■図8-4　トヨタの純利益・配当・自社株買い

出所：トヨタ自動車「有価証券報告書」

海外での売上げが好調で，高業績を上げている。2002年3月期決算でわが国企業として初めて，連結経常利益1兆円を突破した。その後，2004年3月期決算では連結純利益でも1兆円を越え，1兆1,620億円を稼いでいる。

利益の増加にあわせて，配当も増加させてきている。1株あたり配当金は96年度が19円だったが2003年度には45円に増え，それに伴って配当金総額も増加している。しかし，利益の増加に配当の増加が追いつかず，配当性向で見ると90年代後半の20％から2003年度は13％台に低下した（図8-5参照）。

しかし，自社株買いも株主に対する利益還元と考え，配当金総額と自社株買いの合計金額が連結純利益に占める割合を**利益還元率**と定義し，その比率を見てみるとだいたい50％台から60％台を維持しているのがわかる（図8-5参照）。このように，利益分配を配当だけでなく自社株買いも含めて考えると，相当の利益分配をしている。

トヨタの第三の自社株買いの理由は，資本効率の改善にある。利益が大幅に上がっているので，自然に株主資本がだぶついてしまう危険性があるが，トヨタは自社株買いによって株主資本の増加を極力抑え，資本

■図8-5　配当性向と利益還元率

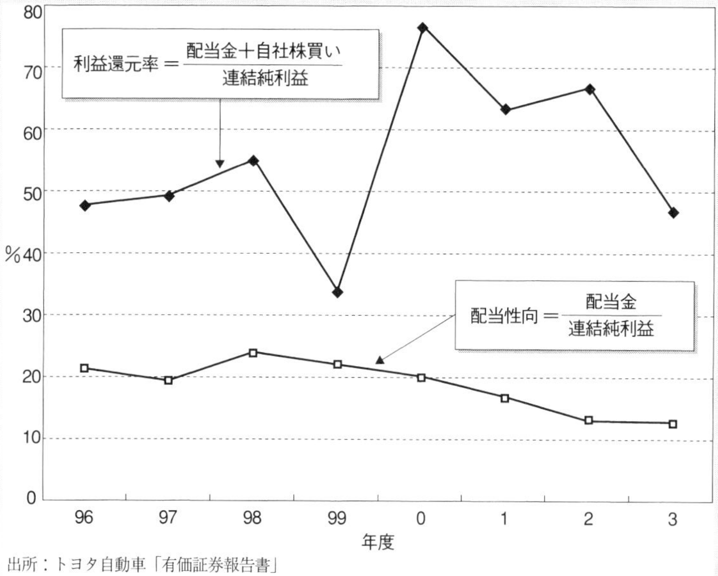

$$利益還元率 = \frac{配当金＋自社株買い}{連結純利益}$$

$$配当性向 = \frac{配当金}{連結純利益}$$

出所：トヨタ自動車「有価証券報告書」

を有効に使おうとしていることが窺える。

1996年度から2003年度の間の総資本（連結ベース）の増加は1.73倍なのに対し株主資本の増加は1.44倍で，総資本に比べて株主資本の増加は小さい。また，社外株式数（＝発行済株式数－金庫株）も，1996年から2003年までに12％減少している。

トヨタはホンダに比べてROE（株主資本利益率）が低く，資本効率の改善が課題だった。しかし，株主資本の増加を極力抑え，資本の増加は負債によるという財務政策の結果，トヨタのROEは急速に改善している。90年代後半は6％前後と低かったが，その後上昇し続け2003年度には14％に達している。

11 ▶ 自社株買いの効果

(1)情報伝達効果

自社株買いの効果については3つ考えられる。最初が情報伝達効果あるいはアナウンスメント効果，シグナリング効果と呼ばれるものである。自社株買いを行うという発表は，株価が自社の業績に見合った水準に比べて低すぎると経営者が判断しているというメッセージを外部の投資家にシグナルとして送ることになるというのが，この考え方の主張である。

自社株買いを発表することによって，業績，将来性に見合った水準に比べて株価が低すぎることを，市場に対して明確なメッセージとして伝えることができるという情報伝達効果である。これにより，他の財務政策にはみられない，「市場との対話型」財務戦略をうち立てることが可能になる。

多くの実証分析で，自己株式取得発表後の株価の反応はプラスであることが報告されている。例えばアメリカでは，2001年9月の同時テロ直後に多くの企業が自社株買い計画を発表し，同年8月の41件から9月には177件に急増した。ダウ平均株価は2か月後にテロ直前の水準まで回復し，自社株買いが急落した株価を底上げするのに一定の効果があったといわれている。

(2)余剰資金の分配

2番目の自社株買いの効果として余剰資金の分配がある。これは，第7節

で述べたフリーキャッシュフローの理論と関連している。

　企業内で使い道のない余剰資金あるいは余裕資金を株主に分配してしまうことによって，企業内で無駄に使われることを防ぐことができる。資本に見合った利益を上げることが難しくなった企業は，株主資本を圧縮することで資本効率を向上させることができる。分配された資金が新興企業などに回れば，経済全体で見て資金の有効活用が可能となるメリットがある。

　現金配当ではなく，自社株買いによって余剰資金を株主に分配する理由は，配当を増加させた場合，将来もその配当水準を維持できるかどうかが不確かだからである。減配に対する株式市場の反応はよくない。そのため，企業としては一時的に余剰資金の増加が起こった場合には，それらの余剰資金を自社株買いによって株主に分配してしまう方が望ましい。

(3)敵対的買収防止策

　自社株買いの最後の理由として，敵対的買収防止策としての役割が考えられる。自社株買いが行われた場合，当該企業の提案に応じて手持ち株式を売却しようとする株主は，他の株主よりも相対的に低い留保価値（それ以下では株主が手持ち株式の売却を拒否するような価格）をもった投資家であろう。

　このように，自社株買いが行われた後では，低い留保価値をもっている株主は淘汰され，相対的に高い留保価値をもっている株主だけから成る株主構成に変わることになる。そのため，そのような企業の買収を狙っている企業は，より高い買付け価格を提示しなければ買収は成功しないことになる。その結果，買収を成功させるためには高いコストがかかることになり，自社株買いが買収防止策として機能することになる。

問題8.1

　株主資本のみからなる企業がある。発行済株式数は2億株である。今期，純利益が100億円上がった。これからも現有資産から毎年100億円の純利益が上がると予想される。この企業の株式に対する期待投資収益率は10％である。今，100億円の実物投資計画があり，この投資の収益率は15％で，次年度以降将来に渡って純利益が15億円増加すると期待される。新投資のリスクは既存事業と同じリスクである。法人税，所得税は考えない。完全市場を仮定する。

(1) 今期の利益をまったく配当せず，実物投資に使うことを発表したときの発表時（配当前）の株価を求めよ。
(2) 今期の利益全額を配当し，必要投資資金を増資によって調達することを発表したときの発表時（配当前）の株価を求めよ。ただし，増資は配当支払い直後に行うとする。

問題8.2

某社の今日の株式時価総額は100万円で，発行済株式数は2万株である。
(1) 今日の株価を求めよ。
(2) 1株当り1円の配当を発表したが，明日が権利落ちとして明日の株価を求めよ。また，100株保有する投資家の配当受取額と，配当後の持株評価額を求めよ。
(3) 現金配当の代わりに，2万円分の自社株買いを今日行ったとする。100株保有する投資家が2株をこの会社に売ったとき，この投資家の株式売却による受取額と，保有し続ける98株の評価額を求めよ。

[注]
1) 純利益のうち一部は役員賞与金として，取締役や監査役に対する報酬として支払われる。
2) S. Myers and N. Majluf, "Corporate Financing and Investment Decisions When Firms Have Information That Investors Do Not Have," *Journal of Financial Economics*, June, 1984, pp.187-221.
3) 伊丹敬之他『競争と革新—自動車産業の企業成長』東洋経済新報社，1988年，第9章参照。
4) M. Jensen, "Agency Costs of Free Cash Flow, Corporate Finance, and Takeovers," *American Economic Review*, May, 1986, pp.323-329.
5) しかし，さすがのマイクロソフトも2002年度に初めて現金配当を開始し話題になった。2001年度に初めて前年度より純利益が低下し，大量に抱えた余剰資金の投資先も不足しがちで，株価上昇による株主還元だけでなく，配当による株主還元が必要と考えた結果と考えられる。その後も配当を増やしている。
6) 金庫株として保有された場合，貸借対照表の資本の部に「自己株式」として取得価額をマイナス表示する。そのため，株主資本がその分だけ減少する。
7) 一定の条件とは，第3節の完全市場の条件が成り立ち，株式が市場で適正に評価され，正常株価がついていること。

第IV部

企業価値評価と経営者報酬

第9章
企業価値評価

1 ▶ はじめに

　本章では企業価値評価の方法を説明する。経営戦略や財務戦略の違いが企業価値にどのように影響するかを調べるためには，自社の企業価値を正しく測定することが必要になる。また，他社を買収しようとする場合などでも，買収対象企業の価値を正しく求めることが必要になってくる。

　このように，企業価値評価は経営上の重要な意思決定に絡んでおり，企業財務の重要なテーマのひとつである。企業価値評価の方法にはいくつかのバリエーションが提案されている。状況に応じてどの評価方法が望ましいかに違いがでてくる。本章では代表的な評価方法の特徴と使い方を説明する。

　なお，すでに第5章で投資案評価の方法を説明した。実物投資からもたらされる将来キャッシュフローを企業全体のキャッシュフローと考えれば，以下で述べる企業価値評価手法は実物投資の評価を行う場合にも用いることができる。

2 ▶ 割引キャッシュフロー法

　第3章で配当割引モデルを用いて，最終的に投資家が受け取る将来配当の割引現在価値合計として理論株価を求めることができることを説明した。理論株価に発行済み株式数を乗じることによって，理論値としての株式時価総額が計算できる。

　しかし，企業が上げるキャッシュフローを重視し，将来のキャッシュフロ

ーの現在価値合計として企業価値を求める方法もある。その中で最もよく用いられるのが**割引キャッシュフロー法**（discounted cash flow method）で，**DCF法**とも呼ばれている。この割引キャッシュフロー法では，将来の予想キャッシュフローからまず全体の企業価値を求め，そこから負債価値を差し引いて株主資本価値を求める。基本的な考え方は，第5章で述べた投資案評価のための正味現在価値法と同じである。

(1)キャッシュフローの計算

　毎年のキャッシュフローは次のようにして求める。まず，売上高（収入）から現金支出を伴う費用と減価償却費を差し引いて，**EBIT**（Earnings before Interest and Taxes）を計算する。EBITは基本的に**営業利益**に相当する。次に，EBITに（1－法人税率）を乗じた値を求め，減価償却費を加え戻して**営業キャッシュフロー**を計算する（(1)式参照）。減価償却費を加え戻すのは，減価償却費が会計上の費用であり，現金支出を伴うキャッシュアウトフローではないからである。

　ここで，支払利子はキャッシュアウトフローだが，営業キャッシュフローを求めるのにこれを差し引かないことに注意する必要がある。なぜなら，株主と債権者を含めた資金の提供者全体に帰属するキャッシュフローを求めたいからである。

　　　営業キャッシュフロー（オペレーティング・キャッシュフロー）
　　　　＝（売上高－現金支出を伴う費用－減価償却費）×（1－法人税率）
　　　　　＋減価償却費
　　　　＝営業利益×（1－法人税率）＋減価償却費　　　　　　　　(1)

　なお，企業が実際に支払う法人税の計算では，負債に対する支払利子も費用として含まれるので，その分，節税効果が生まれる（第7章参照）。しかし，営業キャッシュフローを求めるときには，売上高から差し引く費用の中に支払利息を含めずに法人税を計算している。そのため，営業キャッシュフローには負債による節税効果分が含まれていない。負債による節税効果の影響は，負債の資本コストを計算するときに，負債利子率×（1－法人税率），つまり，税引後の負債コストを用いることによって調整される。

　次に，運転資本増と資本的支出額（設備投資や研究開発投資など）を合計して，**投資のキャッシュアウトフロー**を求める。通常，運転資本とは流動資

産から流動負債を引いたものをいう。しかし、ここでは、通常の営業活動に直接必要な運転資本を問題にしていることに注意しよう。

具体的には、流動資産には売上債権（受取手形＋売掛金）や棚卸資産、流動負債には仕入債務（支払手形＋買掛金）と経費の未払金が含まれる。貸借対照表では流動負債に短期借り入れ金を含めるが、投資のキャッシュアウトフローを求めるときには短期借り入れ金を含めない。

投資のキャッシュアウトフロー ＝ 運転資本増＋資本的支出額　(2)
運転資本増 ＝ 売上債権・棚卸資産の増加分
　　　　　　　－仕入債務・経費の未払金の増加分　　　(3)

営業キャッシュフローから投資のキャッシュアウトフローを引いた金額が**ネットキャッシュフロー**（純現金収支）になる。ネットキャッシュフローはフリーキャッシュフローとも呼ばれる。

ネットキャッシュフロー（純現金収支，operating free cash flow）
＝ 営業キャッシュフロー － 投資のキャッシュアウトフロー　(4)

加重平均資本コストを割引率に用いて、将来のネットキャッシュフローの期待値の現在価値合計を計算することによって、**事業資産の価値**（value of operations）が求まる。

図 9-1 に売上高からスタートして、最終的にネットキャッシュフローを求める概念図が示されている。なお、営業利益に減価償却費を加え戻したもの

■図 9-1　ネットキャッシュフローの求め方

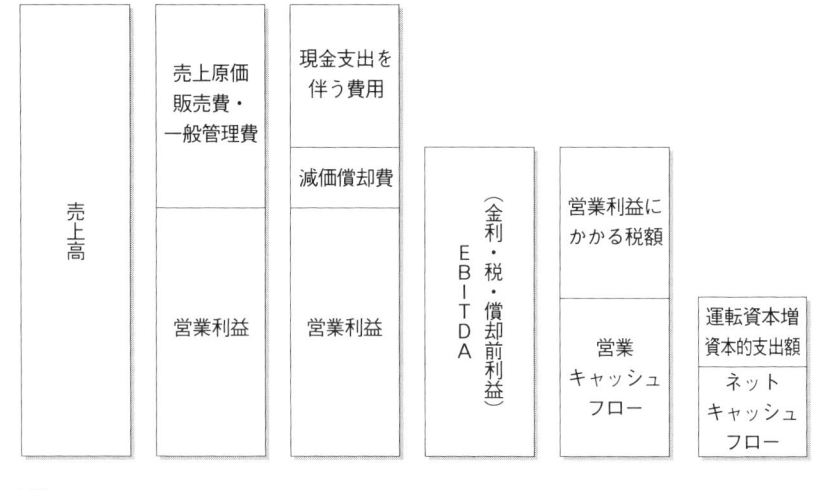

を，長たらしいが**EBITDA**（Earning before Interest, Taxes, Depreciation and Amortization，金利・税・償却前利益）という。売上高から現金支出を伴う費用を差し引いた利益である。EBITDAから営業利益にかかる税額を引けば，営業キャッシュフローが求められる。

企業が事業に必要とする以外の金融資産や，その他の資産（事業用以外の土地など）を保有している場合，受取利息，受取配当等の形でキャッシュフローが発生する。このような事業資産以外からのキャッシュフローは，上の式には含まれていない。

通常は，事業資産以外からのキャッシュフローを別途予測し，その現在価値合計を計算して，**事業資産以外の価値**（value of nonoperating investments）を求める。そして，事業資産の価値と事業資産以外の価値を合計して企業価値を求め，それから負債価値を差し引いて株主価値を導出する。

$$\text{企業価値} = \text{事業資産の価値} + \text{事業資産以外の価値} \tag{5}$$

$$\text{株主価値} = \text{企業価値} - \text{負債価値} \tag{6}$$

上の説明では，事業資産以外からのキャッシュフローをもとに，事業資産以外の価値を求め，それに事業資産の価値に加えて企業価値を計算した。しかし，事業資産以外からのキャッシュフローを営業キャッシュフローに含めてしまう方法もある。その場合には，ネットキャッシュフローは(7)式より計算される。

$$\begin{aligned}
&\text{ネットキャッシュフロー} \\
&= (\text{営業利益} + \text{事業資産以外からのキャッシュフロー}) \\
&\quad \times (1 - \text{法人税率}) + \text{減価償却費} \\
&\quad - (\text{運転資本増} + \text{資本的支出額} + \text{事業資産以外への投資}) \\
&= \text{税引純利益} + \text{支払利子} \times (1 - \text{法人税率}) + \text{減価償却費} \\
&\quad - (\text{運転資本増} + \text{資本的支出額} + \text{事業資産以外への投資})
\end{aligned} \tag{7}$$

つまり，事業資産の価値と事業資産以外の価値に分解せず，このようにして計算したネットキャッシュフローの現在価値合計で企業価値が求められる。[1]

(2) 企業価値の計算

将来の予想ネットキャッシュフローがわかれば，その現在価値合計を計算することによって企業価値を求めることができる。すなわち，将来のネットキャッシュフロー（net cash flow）をNCFとすれば，企業価値V_Lは(8)式のよう

に表すことができる。

$$V_L = \sum_{t=1}^{\infty} \frac{NCF_t}{(1+r_{WACC})^t} \tag{8}$$

$$r_{WACC} = \frac{B}{S+B} r_B(1-T_C) + \frac{S}{S+B} r_S \tag{9}$$

$$r_S = r_0 + \frac{B}{S}(1-T_C)(r_0-r_B) \tag{10}$$

ただし，r_{WACC}は平均資本コストである。第6章で説明したように平均資本コストは，税引き後の負債コスト$r_B(1-T_C)$と株主資本コストr_Sを，総資本に占める負債と株主資本の割合でそれぞれ加重平均して求められる（第6章の(11)式参照）。なお，負債がゼロの場合の株主資本コストをr_0とすれば，r_Sとr_0の関係は(10)式のように表せる（第7章の(11)式参照）。後で用いるので，ここに載せておく。

(3) 数値例

次に，**表9-1**の数値例を使ってDCF法の計算の仕方を具体的に説明する。XYZ社のこれから先5年間の営業状態が表9-1の上段のように予想されるとする。(1)から(9)までは損益計算書の項目である。法人税率は40％とする。

まず，営業キャッシュフローを求めるためには，営業利益に（1－法人税率）を乗じて税引後営業利益を計算し，それに減価償却費を加え戻す。投資キャッシュフローは運転資本増加額と設備投資額を加えたものである。ネットキャッシュフローは，営業キャッシュフローから投資キャッシュフローを引いたものである。

1年目から5年目までの営業キャッシュフロー，投資キャッシュフロー，ネットキャッシュフローは，表の下段に計算されている。今から6年以降については，5年目のネットキャッシュフロー195が毎年3％ずつ増加していくと想定する。

将来のネットキャッシュフローを現在価値に割り引くために用いる平均資本コストは，次のように計算される。負債の利子率が5％，株主資本コストが10％とし，目標とする負債比率が70％ならば，(9)式より平均資本コストは5.1％となる。

$$r_{WACC} = 0.7 \times 5 \times (1-0.4) + 0.3 \times 10 = 5.1\%$$

■表9-1 DCF法の数値例 (単位：万円)

	1	2	3	4	5
(1) 売上高	2000	2100	2300	2400	2500
(2) 売上原価	1400	1470	1620	1680	1750
(3) 販売費・一般管理費（減価償却費含まず）	140	150	160	170	180
(4) 減価償却費	80	85	100	110	115
(5) 営業利益	380	395	420	440	455
(6) 支払利息	20	22	25	30	35
(7) 税引前当期純利益	360	373	395	410	420
(8) 法人税	144	149	158	164	168
(9) 当期純利益	216	224	237	246	252
(10) 運転資本増	50	52	58	60	63
(11) 設備投資額	100	110	120	130	130

	1	2	3	4	5
(12) 営業キャッシュフロー (5)×(1−0.4)+(4)	308	322	352	374	388
(13) 投資キャッシュフロー (10)+(11)	150	162	178	190	193
(14) ネットキャッシュフロー (12)−(13)	158	160	174	184	195

予測期間（1年目から5年目）のネットキャッシュフローの現在価値合計は次のようになる。

予測期間のネットキャッシュフローの現在価値合計

$$= \frac{158}{1.051} + \frac{160}{1.051^2} + \frac{174}{1.051^3} + \frac{184}{1.051^4} + \frac{195}{1.051^5} = 748$$

6年目以降のネットキャッシュフローは，5年目のネットキャッシュフローが毎年3％ずつ増加すると想定した。予測期間の最終年末（今の場合，5年末）における，予測期間以降のネットキャッシュフローの現在価値合計を**継続価値**と呼ぶことにすれば，継続価値は次のように計算される。

ただし，一定の率でネットキャッシュフローが増加していくので，第3章の(16)式で表される一定配当成長モデルと同じ算式で継続価値が求められる。

$$継続価値(5年末時点) = \frac{6年目のネットキャッシュフロー}{平均資本コスト - キャッシュフロー増加率}$$

$$= \frac{195 \times (1+0.03)}{0.051 - 0.03} = 9564$$

企業価値は，予測期間のネットキャッシュフローの現在価値合計と継続価値の現在価値を加えた値である。

$$企業価値 = 予測期間のネットキャッシュフローの現在価値合計 + 継続価値の現在価値 \qquad (11)$$

これより，企業価値は8206と計算される。

$$企業価値 = 748 + \frac{9564}{1.051^5} = 748 + 7458 = 8206$$

予測期間をN年間，N年末時点で評価した継続価値をTV_Nとすれば，一般式は次のように表される。

$$V_L = \sum_{t=1}^{N} \frac{NCF_t}{(1+r_{WACC})^t} + \frac{TV_N}{(1+r_{WACC})^N} \qquad (11)'$$

(4) 割引キャッシュフロー法と配当割引モデルの関係

次に，割引キャッシュフロー法と，第3章で述べた配当割引モデルの関係を述べておこう。原理的にはどちらのモデルを用いても，同じ株主価値の理論値が求められる。両モデルとも，現在と将来に渡る企業の投資政策などを含めた経営政策なり経営戦略を予想し，それをもとに将来の配当なりキャッシュフローを予想することに違いはない。

配当割引モデルでは，株主が最終的に受け取る配当をベースにしている。それに対して，割引キャッシュフロー法では，資本提供者（株主と債権者）に帰属するネットキャッシュフローを求め，それをもとに企業全体の価値を計算し，負債価値を引くことによって株主価値が求められる。

株主に帰属するキャッシュフローのうち一部が配当として支払われ，残りは内部留保される。そのため，ある期のネットキャッシュフローが同じでも，内部留保額の大小によって，その期の配当額は違ってくる。しかし，企業の投資政策が所与なら，配当政策の違いは企業価値なり株価に影響を及ぼさないという有名なモジリアーニ・ミラー理論がある。

配当割引モデルと割引キャッシュフロー法どちらを使おうが，投資政策を

所与としているのでモジリアーニ・ミラー理論が成り立ち，ネットキャッシュフローをベースに企業価値を計算し，それから株主価値を求めようが，配当をベースに株主価値を求めようが理論的には同一となる。

配当割引モデルを実際に使うときには，一定配当成長モデルのように将来の配当についてある前提を置いて予測が行われる。そのため，配当割引モデルは，計算がある面では簡単であるという特徴がある。これに対して，割引キャッシュフロー法では，営業利益や実物投資額などを含めて，ネットキャッシュフローに影響を及ぼす要因をいろいろ変えることによって，より木目の細かい予測が可能となるという特徴がある。

(5) 配当割引モデルと割引キャッシュフロー法の同等性

ここで，配当割引モデルと割引キャッシュフロー法どちらを用いても原理的には同じ企業価値が計算されることを示しておこう。簡単化のために，毎年の営業利益Xの期待値が一定であるゼロ成長企業を考える。純利益は毎年全額配当され，減価償却費は全額更新投資に充てられるとする。また，運転資本増減はないとする。

この企業の投資額は減価償却費と等しいので，ネットキャッシュフロー（フリーキャッシュフロー）は$X(1-T_C)$となる[2]。また，税引後純利益は毎年一定で，$(X-r_B B)(1-T_C)$と表される。利益の全額が配当されるので，配当額も同じ値である。

配当割引モデルを用いた場合には，株主資本価値は(12)式のように表すことができる。

$$S = \frac{(X-r_B B)(1-T_C)}{r_S} \tag{12}$$

(12)式を用いると，企業価値V_Lは次のようになる。

$$\begin{aligned}
V_L &= S + B \\
&= \frac{(X-r_B B)(1-T_C)}{r_S} + B \\
&= \frac{X(1-T_C) + B(r_S - r_B(1-T_C))}{r_S} \tag{13}
\end{aligned}$$

(13)式を変形すると，(14)式のように表すことができる[3]。

$$\frac{S}{V_L}r_S + \frac{B}{V_L}r_B(1-T_C) = \frac{X(1-T_C)}{V_L} \tag{14}$$

ここで，(9)式を用いると(14)式は(15)式のようになる。

$$r_{WACC} = \frac{X(1-T_C)}{V_L} \tag{15}$$

(15)式は(16)式のように変形でき，割引率として平均資本コストを用いてネットキャッシュフローの現在価値合計が求められている。これは，割引キャッシュフロー法による企業価値の計算そのものである。これより，配当割引モデルと割引キャッシュフロー法どちらを用いても原理的には同じ企業価値が求まることが理解できる（(16)式は(8)式に相等している）。

$$V_L = \frac{X(1-T_C)}{r_{WACC}} \tag{16}$$

3 ▶ 修正現在価値法[*]

(1) 修正現在価値法が有効なとき

　割引キャッシュフロー法では，企業の資本構成が将来に渡って変化しないことが想定されている。そして，目標とする資本構成で負債コストと株主資本コストを加重平均して平均資本コストを求め，それを将来の毎年のネットキャッシュフローの現在価値合計を求める際の割引率に用いた。

　しかし，将来の資本構成が変化することが予想されるときには，毎年同じ平均資本コストを割引率として用いることはできない。

　例えば，LBOやMBOによる企業買収のときなど，買収資金のうち多くの部分を負債に頼り，買収後負債元本を返済していく。そのため，買収直後は負債比率が高いが，徐々に負債比率は低下する。また，破綻企業などでは財務再編によって資本構成が大きく変化するのが通常である。

　このようなLBOやMBOの評価，破綻企業の価値評価を行うときには，通常の割引キャッシュフロー法を用いることができない。それに代わる評価方法として**修正現在価値法**（Adjusted Present Value Method，略称**APV法**）がある。

(2) 計算方法

　修正現在価値法では，最初に負債がゼロの場合の企業価値を計算し，それ

に負債が企業価値に及ぼす影響を加え合わせて最終的な企業価値を求める。

一般式は(17)式のように表すことができる。

$$V_L = V_U + PVTS$$
$$= \sum_{t=1}^{\infty} \frac{NCF_t}{(1+r_0)^t} + \sum_{t=1}^{\infty} \frac{T_c r_B B_{t-1}}{(1+r_B)^t} \quad (17)$$

(17)式右辺の第1項 V_U は，負債がゼロの場合の企業価値を表している。V_U を求める際の割引率としては，負債がゼロの場合の株主資本コスト r_0 が用いられる。

第2項 $PVTS$ は，負債導入による法人税節減効果の現在価値合計である。t 年の法人税節減額は，$t-1$ 年末の負債額 B_{t-1} に負債利子率 r_B を乗じて求められる支払利子に，法人税率 T_C を掛け合わせることによって計算される。そして，割引率として負債利子率を用いて法人税節減額の現在価値が求まる。

(17)式は第7章で説明した，法人税を考慮に入れた場合の資本構成と企業価値に関するモジリアーニ・ミラー理論の(8)式に対応する式である。なお，負債導入によって倒産リスクが発生するときには，期待倒産費用を(17)式右辺にマイナス項目として付け加える必要がある。

本章の(8)式からわかるように，割引キャッシュフロー法でも NCF が用いられたが，割引率に平均資本コストを用いることにより，負債の節税効果を割引率の中で考慮に入れた。それに対して，修正現在価値法では節税効果を明示的に(17)式の第2項で示している。こうすることにより，毎年の資本構成が変化し負債額が変動しても，毎年の負債額が予測できればそれをもとに法人税節減額を計算することが可能となる。

(3) 数値例

ABC社は，事業再編の一環としてある事業部門を切り離すことを計画している。売却先として，当該事業部門の事業部長を中心とした従業員グループを選び，そこに13億2千万円で売却する提案をした。いわゆる経営陣による企業買収，MBO（management buyout）である。

MBOを検討している従業員グループは，自らの手持ち資金だけでは買収金額に不足するので，銀行からかなりの額を借りなければならない。何とか12億円を銀行から年8％の金利で借りられる交渉をとりまとめた。ただし，借り入れ金元本は，3年間に渡って毎年4億円ずつ計画的に返済する。残りの

■表9-2　APV法の数値例

(単位：万円)

	0	1	2	3
(1) 売上高		60,000	66,000	72,000
(2) 売上原価		25,000	27,500	30,000
(3) 販売費・一般管理費 　（減価償却費含まず）		5,000	5,500	6,000
(4) 減価償却費		8,000	8,500	9,000
(5) 営業利益		22,000	24,500	27,000
(6) 支払利息		9,600	6,400	3,200
(7) 税引前当期純利益		12,400	18,100	23,800
(8) 法人税		4,960	7,240	9,520
(9) 当期純利益		7,440	10,860	14,280
(10) 運転資本増		5,000	5,200	5,800
(11) 設備投資額		8,000	8,500	9,000
(12) 当初銀行借入残高	120,000	80,000	40,000	0

	0	1	2	3
(13) 営業キャッシュフロー 　(5)×(1−0.4)＋(4)		21,200	23,200	25,200
(14) 投資キャッシュフロー 　(10)＋(11)		13,000	13,700	14,800
(15) ネットキャッシュフロー 　(13)−(14)		8,200	9,500	10,400

　買収金額1億2千万円は，従業員グループの手持ち資金による出資で充当する計画である。

　しかし，買収する側はまず，この売却提示価格が妥当なものかどうかを評価しなくてはならない。そのためには，この事業部門の事業価値評価を行う必要がある。買収したとした場合，より一層の経営の効率化を推し進めることを考慮に入れて，**表9-2**の上段のような予測数値（(1)から(12)まで）を求めた。ただし，1年目から3年目までの設備投資額は各年の減価償却費で賄うとした。

　4年目以降については，3年目のネットキャッシュフロー10,400万円が3％の率で毎年増加すると予想される。また，4年目以降の資本構成は負債

50%,株主資本50%が維持されるとする。4年目以降の負債の金利を8％と仮定する。また、r_0は13％とする。

　負債比率は買収直後は高いが、その後3年間に渡って徐々に低下していく。そのため、資本構成は一定でなく、通常のDCF法は使えない。

　まず、(17)式の右辺第1項V_Uを求める。1年目から3年目までのネットキャッシュフローがそれぞれ、8,200万円、9,500万円、10,400万円なので、割引率として$r_0=13\%$を用いて計算すると、3年間の現在価値合計は21,904万円となる。

$$\sum_{t=1}^{3}\frac{NCF_t}{(1+r_0)^t}=\frac{8,200}{1+0.13}+\frac{9,500}{(1+0.13)^2}+\frac{10,400}{(1+0.13)^3}=21,904\text{万円}$$

　4年目以降のネットキャッシュフローの3年末時点での現在価値合計は、次式で計算できる。ただし、4年目以降については、3年目のネットキャッシュフロー10,400万円が3％の率で毎年増加すると予想される。

$$\frac{10,400\times1.03}{1+0.13}+\frac{10,400\times1.03^2}{(1+0.13)^2}+\cdots=\frac{10,400\times1.03}{0.13-0.03}=107,120\text{万円}$$

　この値を現時点の価値に割り引くと、

$$\sum_{t=4}^{\infty}\frac{NCF_t}{(1+r_0)^t}=\frac{107,120}{(1+0.03)^3}=74,240\text{万円}$$

となる。

　以上の計算より、V_Uは96,144万円となる。

$$V_U=21,904+74,240=96,144\text{万円}$$

　次に、(17)式の右辺第2項の法人税節減効果の現在価値合計$PVTS$を求める。これから先3年間の法人税節減効果の現在価値合計は、割引率として負債利子率8％を用いて次式で計算される。ただし、3年間の支払利息は、表9-2の上段の6行目に示されている。

$$\sum_{t=1}^{3}\frac{T_C r_B B_{t-1}}{(1+r_B)^t}$$

$$=\frac{0.4\times0.08\times120,000}{1+0.08}+\frac{0.4\times0.08\times80,000}{(1+0.08)^2}+\frac{0.4\times0.08\times40,000}{(1+0.08)^3}$$

$$=\frac{0.4\times9,600}{1+0.08}+\frac{0.4\times6,400}{(1+0.08)^2}+\frac{0.4\times3,200}{(1+0.08)^3}$$

$$=6,766\text{万円}$$

最後に，4年目以降の法人税節減効果の現在価値を計算する。4年目以降は目標資本構成50％が維持される。そこで，通常のDCF法を用いて，まず，3年末時点での企業価値を求める。

負債比率50％のときの株主資本コストは，(10)式より16％になる。

$$r_S = 13\% + \frac{0.5}{0.5} \times (1-0.4) \times (13\% - 8\%) = 16\%$$

平均資本コストは(9)式より10.4％である。

$$r_{WACC} = 0.5 \times 8\% \times (1-0.4) + 0.5 \times 16\% = 10.4\%$$

これより，3年末時点での企業価値は次式のように計算される。

$$企業価値(3年末) = \frac{10,400 \times 1.03}{0.104 - 0.03} = 144,757万円$$

この値から，上で計算した負債をゼロと見なした場合の3年末時点での企業価値107,120万円を引けば，3年末で評価した4年目以降の法人税節減効果の価値を求めることができる。

$$4年目以降の法人税節減効果の価値(3年末) = 144,757 - 107,120$$
$$= 37,637万円$$

この値は3年末で評価した値なので，現時点に割り引いてやる。

$$4年目以降の法人税節減効果の現時点価値 = \frac{37,637}{(1+0.08)^3} = 29,877万円$$

以上の計算より，$PVTS$は36,643万円となる。

$$PVTS = 6,766 + 29,877 = 36,643万円$$

V_Uと$PVTS$を足し合わせると事業価値V_Lは，

$$V_L = V_U + PVTS = 96,144 + 36,643$$
$$= 132,787万円$$

となる。

　企業側が提示した売却金額13億2千万円は，今求めた事業価値13億2,787万円にほぼ近い。そのため，買収側が企業側の提案を受け入れることは妥当な判断といえる。

4 ▶ 経済付加価値と市場付加価値

(1) 経済付加価値とは

　企業のパフォーマンス評価として近年注目を集めているのが，**経済付加価値**（Economic Value Added，略称 **EVA**®）と呼ばれるものである。利益の額そのものでなく，利益が投下資本に対して資金提供者の要求する収益額をどれだけ上回ったかで，企業のパフォーマンスを評価しようとするのが基本的考え方である。[4]

　経済付加価値は次のようにして求められる。まず，会計上の営業利益に調整項目を加えた修正営業利益から法人税を差し引いて，**税引後営業利益**（Net Operating Profits after Tax，**NOPAT**）を計算する。法人税は，営業利益に調整項目を加えた金額にかかる税額である。[5]

　このNOPATから（期首の）投下資本額に（加重）平均資本コストを乗じた値を引くことによって，EVAが求められる。投下資本額に平均資本コストを乗じた値は，資金提供者が要求する必要収益額である。企業側から見れば資本費用になる。ここで，**投下資本額**とは企業が事業に投下した資本で，具体的には短期借り入れ金，固定負債，株主資本を合計した金額である。

　　EVA ＝ 営業利益＋調整項目－法人税－（投下資本額×平均資本コスト）
　　　　＝ NOPAT（税引後営業利益）－資本費用　　　　　　　　(18)

　　投下資本額 ＝ 短期借り入れ金＋固定負債＋株主資本　　　　(19)

　会計上の利益を上げていても，利益が資金提供者が要求する必要収益額（資本費用）を下回っていれば，事業活動から資本費用を上回る利益が上げられなかったことを意味し，企業パフォーマンスは悪かったと判断される。

　逆に，EVAがプラスなら，資金提供者が要求する必要収益額を上回る利益を上げているので，債権者に利子を支払った後で，株主が最低限要求する額以上のリターンを株主に与えることができる。そのため，EVAの値の大小によって，株主の立場を重視した企業パフォーマンス評価が行える。

　また，絶対額で同じ利益なりNOPATを上げていても，投下資本額が大きかったりその調達コストが高ければ，それだけ経済付加価値は小さくなり，企業パフォーマンスは低く評価されてしまう。

　なお，一般的に負債だけでなく株主資本を含めた総資本に対する資本費用を差し引いた利益を「**経済的利益**」と呼ぶが，EVAは「経済的利益」の一種

と考えることができる。

また，(18)式を変形してEVAを(20)式のように表すこともできる。NOPATを投下資本で割った値を投下資本利益率（ROIC, return on invested capital）と呼べば，平均資本コストを上回る投下資本利益率を上げればEVAはプラスになり，経済付加価値を生み出したことになる。

$$EVA = \left(\frac{NOPAT}{投下資本額} - 平均資本コスト \right) \times 投下資本額$$
$$= (投下資本利益率 - 平均資本コスト) \times 投下資本額 \qquad (20)$$

EVAを企業パフォーマンス評価として用いる場合は，単年度のEVAの値だけに注目して評価を行ってはならないことに注意しよう。企業の成長段階の初期には多額の投資がなされ，その成果が生まれるのが先の将来であるとすると，初期段階ではEVAがマイナスのことも起こりうる。このような場合には，ある程度長い期間のEVAを比較するといった長期的な視点に立った評価が必要になる。[6]

(2) 市場付加価値

市場付加価値（Market Value Added，略称**MVA**）とは，企業の総市場価値（＝株式の総市場価値＋負債の総市場価値）から投下資本額を引いた金額で定義される。

$$\text{市場付加価値（MVA）} = 企業総市場価値 - 投下資本額 \qquad (21)$$

MVAは将来のEVAの期待値の現在価値になる。これが成り立つのを次の例で示そう。簡単化のために規模拡大がないゼロ成長企業を考え，将来のNOPATを一定とする。また，減価償却費は既存設備の更新投資に充てられるとする。NOPATを求めるときの調整項目を無視すれば，今の前提のもとではネットキャッシュフローはNOPATに等しくなる。この場合には，(21)式は以下のように表すことができる。

$$MVA = ネットキャッシュフローの現在価値合計 - 投下資本額$$
$$= NOPATの現在価値合計 - 投下資本額$$
$$= \frac{NOPAT}{平均資本コスト} - \frac{投下資本額 \times 平均資本コスト}{平均資本コスト}$$
$$= \frac{NOPAT - 資本費用}{平均資本コスト}$$

■図9-2　EVAとMVAの関係

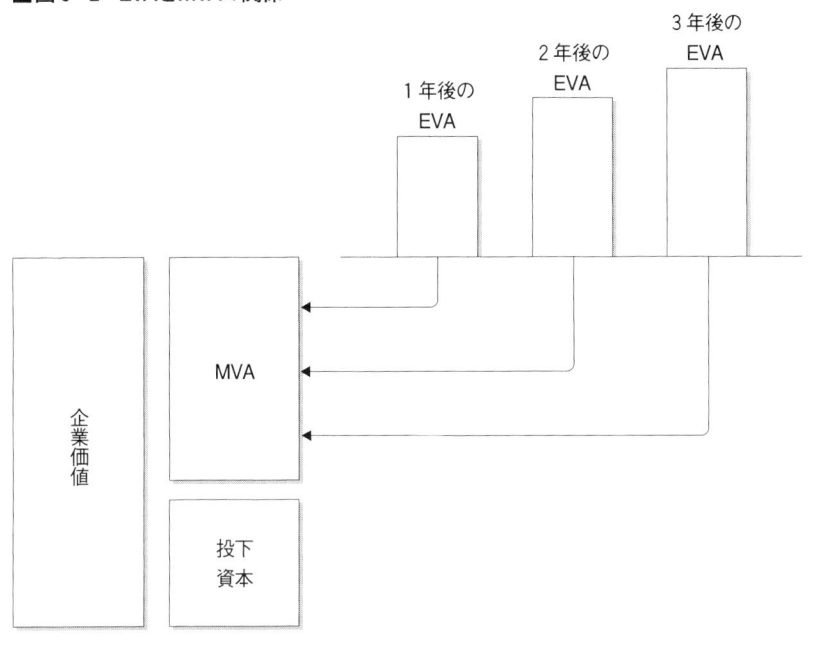

$$= \frac{EVA}{\text{平均資本コスト}}$$
$$= \text{将来の}EVA\text{の期待値の現在価値合計} \qquad (22)$$

　EVAがある年に企業がどれだけの経済付加価値を生み出したかを表すフローの概念であるのに対して，MVAは将来に渡って企業が生み出す経済付加価値の流列の現在価値合計でストックの概念である（**図9-2**参照）。

　ところで，企業全体を一つの投資プロジェクトと考えれば，(21)式は投資からの将来キャッシュフローの現在価値合計から投資額を差し引いたものであり，MVAは正味現在価値（NPV）を表していると理解できる。

　MVAの値が高ければそれだけ正味現在価値が大きく，投資プロジェクトとしてみた企業が投下資本を上回る高い価値を創造すると評価されていることになる。

　MVAを増加させるためには，将来に渡ってEVAを高める必要がある。そのためには，(20)式より以下のような方法が考えられる。

　まず第一は，投下資本の追加をせずに，つまり，現有資産のもとでNOPAT

わが国企業のMVAとEVAのランキング

　東洋経済新報社は，スターン・スチュワート社の協力を得て，『週刊東洋経済』誌上で，わが国企業のMVAとEVAのランキングを毎年発表している。2003年度のMVA上位10社を示すと以下のようである。ただし，2004年3月末時点のMVAの大きい順にランキングされている。

　MVAランキングトップはNTTドコモで7兆5821億円である。2位以下も優良企業が続いており，投資家が将来，投下資本を上回る高い価値を創造すると評価していることがわかる。

　一方，EVAランキング首位はトヨタ自動車。以下，日本電信電話（NTT），日産自動車，NTTドコモと続いている。

　ソフトバンクはMVAで第9位にランクされているが，EVAはマイナスである。これは，この年度に投下資本利益率がマイナスになってしまったのが響いている。

　ただ，必ずしも投下資本利益率が高い企業がEVAも高いわけではない。例えば，ヤフーは他企業に比べて投下資本利益率は非常に高いがEVAは低い。これは，ヤフーの投下資本が少ないことと，資本コストが高いことによる。

■表9-3　MVA，EVAランキング

順位	会社名	MVA（億円）	EVA（億円）	投下資本（億円）	投下資本利益率（%）	資本コスト（%）
1	NTTドコモ	75,821	3,074	48,814	12.65	6.49
2	トヨタ自動車	58,590	6,417	159,184	7.60	3.19
3	ヤフー	47,350	210	561	54.86	6.72
4	キヤノン	28,485	1,651	21,640	13.40	4.97
5	武田薬品工業	25,821	2,209	15,671	18.62	2.72
6	セブンイレブン・ジャパン	24,781	650	6,603	15.53	5.29
7	日産自動車	23,330	3,647	58,895	8.94	2.22
8	日本電信電話（NTT）	22,859	4,259	145,092	6.36	3.48
9	ソフトバンク	14,931	−789	8,868	−4.60	5.87
10	東海旅客鉄道	13,658	1,528	16,683	12.22	2.30

出所:東洋経済新報社『週刊東洋経済』2004年11月6日号より引用

を増加させる。例えば，コスト削減などによる利益率の改善である。第二は，追加する投下資本のコストを上回る利益を生み出す事業に投資する。第三は，投下資本のコストを下回る利益しか上げられない不採算事業から撤退し投下資本を抑える。最後が，投下資本のコストを下げるような財務戦略を考える。例えば，自社株買いを行い株主資本を減らし，平均資本コストを低下させるなどの方法である。

企業総市場価値とMVA，EVAの関係は次のように表すこともできる。

企業総市場価値＝投下資本額＋MVA
**　　　　　　　＝投下資本額＋将来のEVA期待値の現在価値合計**　(23)

なお，市場付加価値を投下資本額で割った値（＝市場付加価値/投下資本額）は，単位当たりの投下資本に対してどれだけの市場付加価値を生み出すと期待されるかを示す指標である。すなわち，企業が投下した1円が，市場では何円の価値を生み出すと評価されているかを示す。

企業総市場価値は株式時価総額と負債時価総額の合計であり，投下資本額は株主資本の簿価と負債の簿価との合計である。ここで，負債の時価と簿価に大きな差がなく両者を同じとすれば，MVAは株式時価総額と株主資本の簿価との差額となる。

MVA＝株式時価総額－株主資本簿価　(24)

(3) 数値例

第2節のDCF法の数値例（表9－1）を用いて，EVAとMVAを具体的に求めてみよう。まず，1年目から5年目までのNOPATは，表9－1の(5)営業利益に(1－法人税率)を乗じて計算される。結果は**表9－4**の(1)NOPATの行のようになる。

各期首の投下資本は，次の関係式を用いて計算できる。

投下資本＝前年度の投下資本＋純投資額　(25)
純投資額＝総投資額(設備投資額＋運転資本増加額)－減価償却費　(26)

1年目期首の投下資本を3,000とする。内訳は，運転資本＝1,000，固定負債＋株主資本＝2,000である。1年目の運転資本増加額が50，設備投資額が100，減価償却費が80なので，1年目の純投資額は70（＝50＋100－80）となる。そこで，2年目期首の投下資本は3,070（＝3,000＋70）である。同様にして，5年目までの投下資本が表9－4の(2)期首投下資本の行に計算されている。

■表9-4 EVA・MVAの数値例

	1	2	3	4	5	6	7
(1) NOPAT	228	237	252	264	273	281.2	289.6
(2) 期首投下資本	3000	3070	3147	3225	3305	3383	3463.3
(3) 純投資額	70	77	78	80	78	80.3	82.8
(4) 資本費用	153	157	160	164	169	172.5	176.6
(5) EVA	75	80	92	100	104	108.7	113
(6) EVAの現在価値	71	73	79	82	81	80.7	80

　各年の資本費用は期首投下資本に平均資本コスト5.1％を乗じて求められる。NOPATから資本費用を引くことによって，5年目までの各年のEVAが求まる。

　次に，6年目以降のEVAを求める。第2節では6年目以降のネットキャッシュフローは，3％の率で増加すると想定した。ここでは，営業利益も5年目の値が3％の率でその後も増加すると仮定する。すると，6年目のNOPATは，5年目のNOPATの値273に1.03を乗じた281.2となる。以降，3％ずつ増加していく。

　6年目期首の投下資本は，5年期首の投下資本3,305に5年目中の純投資額78を加えた金額で，3,383となる。そこで，資本費用は172.5（＝3,383×0.051）である。これより，6年目のEVAは108.7（＝281.2－172.5）である。

　また，6年目以降のネットキャッシュフローと営業利益が，6年目以降3％の率で増加すると想定したので，純投資額も3％の率で増加していく。すると，6年目の純投資額は80.3（＝78×1.03）で，7年目期首の投下資本は3463.3になる。7年目のEVAは113である。

　表9-4の最後の行に，平均資本コスト5.1％を割引率として用いて，各年のEVAの現在価値が示されている。これより，EVAの現在価値合計は5,206となる。この値はMVAの値でもある。

$$\text{MVA} = \text{EVAの現在価値合計} = \frac{75}{1.051} + \frac{80}{1.051^2} + \frac{92}{1.051^3} + \frac{100}{1.051^4}$$

$$+ \frac{104}{1.051^5} + \frac{108.7}{1.051^6} + \frac{113}{1.051^7} + \cdots$$

$$= 5,206$$

　現在の企業価値は，(23)式より現在の投下資本3,000にMVAの値を加えた金額なので8,206となる。この値は第2節の数値例でDCF法を用いて求めた値と

同じであることがわかる。
$$\text{企業価値} = \text{投下資本} + \text{MVA}$$
$$= 3,000 + 5,206 = 8,206$$

問題9.1

今から1年後から3年後までの営業状態が表のように予想されている。4年目以降は、売上高から当期純利益までの数値は3年目と同じ値が続くものとする。また、4年目以降の運転資本増はゼロ、設備投資額は3年目の減価償却費と同じ金額が続くとする。法人税率は40％である。各年度の営業キャッシュフロー、投資のキャッシュアウトフロー、ネットキャッシュフローを求めなさい。また、現時点での企業価値を求めなさい。なお、平均資本コストは5％とする。

	1	2	3
売上高	5000	5200	5400
売上原価	2000	2080	2160
販売費・一般管理費（減価償却費含まず）	200	210	220
減価償却費	300	350	400
営業利益	2500	2560	2620
支払利息	400	400	400
税引前当期純利益	2100	2160	2220
法人税	840	864	888
当期純利益	1260	1296	1332
運転資本増	100	110	120
設備投資額	400	450	500

問題9.2

問題9.1の数値を用いて、各年のEVAとMVAを求めよ。ただし、現在の投下資本を10000とする。

[注]
1) (7)式の2番目の等式では、税引純利益からスタートしている。純利益を求める際に支払利子が引かれているので、支払利子×（1－法人税率）が加え戻されている。
2) 営業キャッシュフローは、$X(1-T_C)$＋減価償却費である。ネットキャッシュフローを求めるのに、減価償却費と同額の投資のキャッシュアウトフローが引かれるので、

第9章●企業価値評価 185

ネットキャッシュフローは $X(1-T_C)$ となる。

3) (13)式により, $r_S = \dfrac{X(1-T_C)+B(r_S-r_B(1-T_C))}{V_L}$

これにより, $\dfrac{r_S(S+B)-Br_S+Br_B(1-T_C)}{V_L} = \dfrac{X(1-T_C)}{V_L}$ となり, (14)式が求まる。

4) EVA$^{®}$は米国のコンサルティング会社であるスターン・スチュワート社の登録商標である。

5) NOPATには営業利益に調整項目が加えられているが，基本的には営業利益×(1－法人税率)である。ここでは，スターン・スチュワート社の用語法にしたがってNOPATを使うことにする。なお，(1)式より，NOPATに減価償却費を加えたものが営業キャッシュフローになることがわかる。調整項目については，スチュワート，『EVA創造の経営』，東洋経済新報社，1998，あるいは，マッキンゼー・アンド・カンパニー（コープランド・コラー・ミュリン），『企業価値評価』，ダイヤモンド社，2002を参照。

6) 業績評価尺度としてのEVAの有用性については，再度第10章で取り上げる。

第10章
業績評価と経営者報酬

1 ▶ はじめに

　本章では，企業業績を評価するために用いられる様々な指標を説明する。従来から経営分析で用いられてきた財務指標である。経営分析では，収益性，生産性，成長性，安全性の分析が行われる。本章では収益性，生産性，成長性の指標について説明し，安全性分析のための指標については第15章の第7節と第8節で倒産や格付けとの関連で説明する。

　また，企業業績との関連で，経営者に対する報酬についても説明する。経営者報酬の違いが経営者の誘因に影響を及ぼし，企業行動の違いをもたらす。そのため，経営者にどのように報酬を与えるかは企業にとって重要な問題となる。

2 ▶ 資本利益率－収益性分析

　企業の**収益性を示す指標**として用いられるのが，投下資本に対する利益の割合を示す資本利益率である。資本として何を用いるかによって，総資本利益率と株主資本利益率がある。

(1) 総資本利益率

　総資本利益率は，企業に投入された全体の資本の収益力を見るもので，利益額を総資本で割って計算される。英語の頭文字をとって，**ROA**（return on assets）あるいはROI（return on investment）と呼ばれる。

総資本に対比される利益額としては，すべての資金提供者に帰属する利益をとる。通常は，**事業利益**（＝経常利益＋金融費用）を用いる。
　ここで，金融費用＝支払利息・割引料＋社債利息及び社債発行差金償却費である。経常利益を求めるのに金融費用が引かれているので，金融費用を加え戻している。事業利益とは，ひらたくいえば，株主と債権者に帰属する利益を表している。[1]
　総資本利益率は，(1)式のように**売上高利益率**（profit margin）と**総資本回転率**（asset turnover）を掛け合わせたものに分解できる。ただし，利益として事業利益を用いた場合。

$$\text{総資本事業利益率} = \frac{\text{事業利益}}{\text{総資本}} = \frac{\text{事業利益}}{\text{売上高}} \times \frac{\text{売上高}}{\text{総資本}}$$

$$= \text{売上高事業利益率} \times \text{総資本回転率} \tag{1}$$

$$\text{売上高事業利益率} = \frac{\text{事業利益}}{\text{売上高}} \tag{2}$$

$$\text{総資本回転率} = \frac{\text{売上高}}{\text{総資本}} \tag{3}$$

　売上高利益率は，単位当たりの売上げに対してどれだけの利益を上げられるかを示している。売上高利益率が高い製品は，利ざやが大きいなどといわれる。
　売上高利益率を高める戦略としては2つの方法がある。第一は，同じコストをかけても高く売れる，付加価値の高い製品を生産・販売すればよい。それによって，単位当たりの売上高に対して利益の割合が高くなる。第二は，同じ売上高を達成するのにコスト削減を図り，利益を高めることである。
　総資本回転率は，単位当たりの資本でどれだけの売上げを上げられるかを表わし，資産効率を示す指標である。総資本回転率を高めるには，資産の有効利用を図ればよい。例えば，工場の稼働率が高まれば，同じ機械を使ってより多くの売上げを上げられるので総資本回転率は高くなる。その他，無駄な在庫を圧縮しても回転率は高まる。
　総資本利益率を高めるために，売上高利益率と総資本回転率両方を高められればよいが，製品や産業の特徴などによっては，どちらか一方の比率を高める戦略に重点を置かざるを得ないのが通常だろう。
　例えば，利ざやをあまり稼げない製品なら，売上高利益率を高めることは

難しい。その場合には，より多くの売上げを上げ，総資本回転率を高めることによって目標とする総資本利益率を達成する戦略がとられる。

(2) 株主資本利益率

　総資本利益率が投下された総資本の運用効率を表すのに対して，出資者である株主にとっての運用効率を表すのが**株主資本利益率**（**ROE**，return on equity）である。株主資本を使ってどれだけ株主に帰属する利益を上げたかを示す指標である。純利益を株主資本で割って求める。[2)]

　株主資本利益率は(4)式のように分解できる。

$$株主資本利益率 = \frac{純利益（当期純利益）}{株主資本}$$

$$= \left[総資本利益率 + (総資本利益率 - 負債利子率) \times \frac{負債}{株主資本} \right]$$

$$\times (1 - 法人税率) \qquad (4)$$

　収益性尺度として株主資本利益率を用いる場合，注意事項がひとつある。それは，株主資本利益率は負債比率の影響を受けることである。つまり，総資本利益率が同じであっても負債比率が高い方が，株主資本利益率は高くなる（ただし，総資本利益率が負債利子率を上回る場合）。

　負債比率が急上昇した企業では，総資本利益率が以前と変わらなくても株主資本利益率は高くなり，資本効率が高まったと誤解されることもある。

　しかし，負債比率が上昇すると財務リスクも高くなり，総資本利益率が負債利子率より低くなったときなど，株主資本利益率が大幅に低下するリスクを抱えることになる。負債比率が大きく異なる2つの企業のROEを比較するときなども注意が必要になる。

　株主資本利益率は，(5)式のように3つの要素に分解することもできる。

$$株主資本利益率 = \frac{純利益}{売上高} \times \frac{売上高}{総資本} \times \frac{総資本}{株主資本}$$

$$= 売上高純利益率 \times 総資本回転率 \times 財務レバレッジ \qquad (5)$$

第10章 ● 業績評価と経営者報酬

「日本株式会社」の経営分析 ーパート 1 ー

過去40年間に渡るわが国企業の各種財務比率の動きを紹介しよう。用いたデータは、すべての業種（金融・保険を除く）を含むわが国上場企業全体を集計したものである。その意味では、「日本株式会社」の経営分析である。

図10-1の総資本事業利益率をみると、1960年代は概ね8％台で推移したが、70年代後半に6％台に低下している。80年代は80年度の8％からスタートしたが低下傾向が続き、後半は6％台に落ち込んだ。それが、90年になるとさらに3％台に急落し、2000年代に入ってもこの低水準で推移している。これは、わが国企業の資本効率が80年代中頃から悪化し始め、バブル崩壊後90年代にさらに悪化したことを示している。

総資本回転率をみると、1980年に1.36回を達成して以降、80年代、90年代を通じて一貫して低下し続け、1回転を下回るまでになってしまった。そして、2000年代に入ると0.8回転台に低下している。

80年代後半の総資本回転率の低下は、この時期に総資本（＝総資産）

■図10-1　利益率と回転率

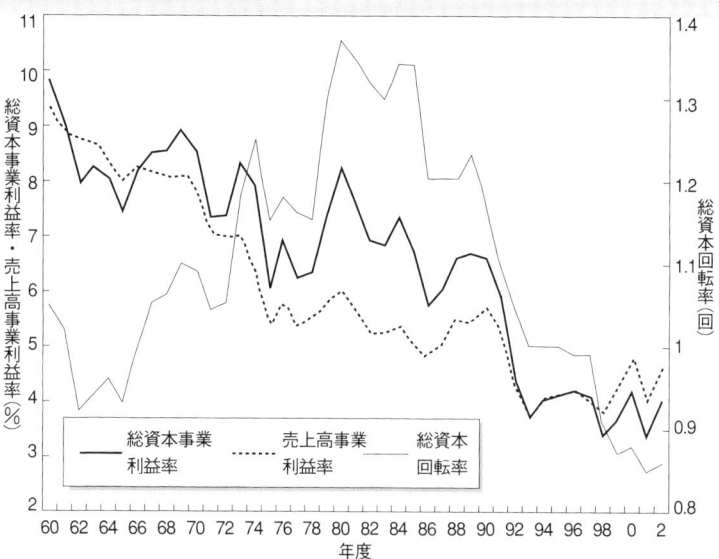

出所：図10-1から図10-5は、日本政策投資銀行『"財務データ"で見る産業の40年－1960年度～2000年度－』、2002年3月、および、『産業別財務データハンドブック』より作成

の拡大が続き，資産の水膨れが進んだことの結果である（**図10-3**参照）。資産の使いすぎにより，資産の有効利用ができなくなってしまった。よくいわれる，過剰投資による無駄遣いの時期である。

90年代に入って資産の増加は止まったが，景気低迷やデフレのために売上高が減り，資本回転率は下げ止まったままになった。

一方，売上高事業利益率はそれ以前に比べれば低下したが，75年から80年代いっぱいは5％台で安定している。それが，90年代に入って利ざやがとれなくなり，売上高事業利益率も4％台に低下し，総資本事業利益率の急落に拍車をかけることになってしまった。

このように，80年代と90年代では資本効率の悪化した理由は若干異なる。これを見たのが**図10-2**である。各年度の売上高事業利益率と総資本回転率を示す点を結んだ折れ線が示されている。

さらに，図10-2には3つの点線の曲線がある。同一曲線上の点は，同じ総資本事業利益率をもたらす，総資本回転率と売上高事業利益率の組み合わせを表している。総資本事業利益率（＝ROA）がそれぞれ8％，6％，4％の水準に対応する曲線である。

■**図10-2　売上高事業利益率と総資本回転率**

第10章 ● 業績評価と経営者報酬　191

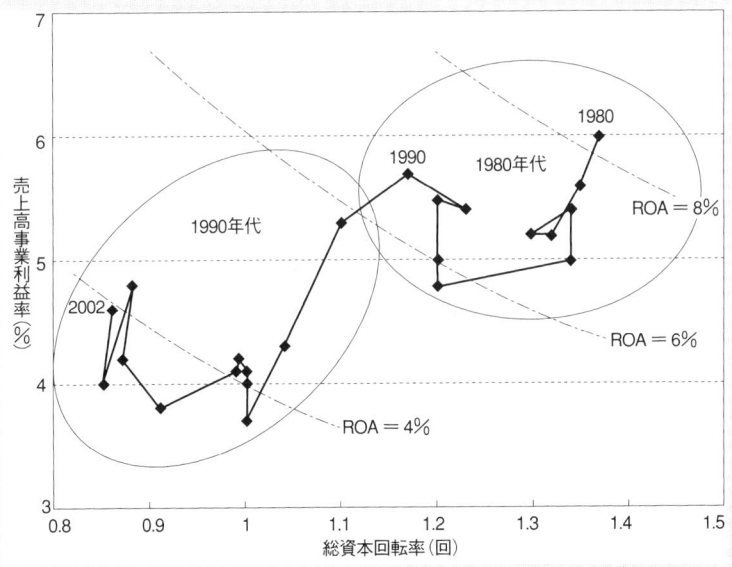

■図10-3　総資産の伸び率

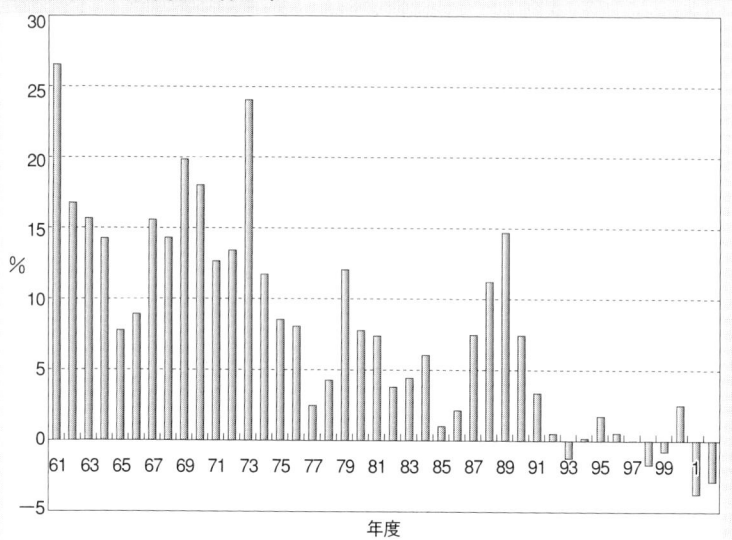

　折れ線は，1980年度の右上方の点から2002年度の左下方の点に，左下がりで推移している。ただ，折れ線の動きは，80年代と90年代では大きく異なる。80年代は，総資本回転率が1.36から1.2あたりに低下し続けたが，売上高事業利益率の方はなんとか5％台を維持している。

　しかし，90年代（特に前半）は，左下方の丸印で括られているように，売上高事業利益率，総資本回転率，両者とも低下し続けた。

　次は，株主資本利益率（ROE）の動きである。図10-4には，税引前と税引後の2つの株主資本利益率を示してある。税引前は株主資本経常利益率である。

　まず，税引前の株主資本経常利益率を見てみる。80年代初めには20％前後あったのが，80年代を通して低下し続け93年度には7％弱まで落ち込んだ。その後は7％から8％で推移している。

　総資本利益率（ROA）と比較すれば，両者の動きは水準こそ違え，同じような動きをしている。ただ，80年代半ば以降，両者の乖離幅は縮まっている。これは，76年度を境に負債比率（負債/株主資本）が一貫して低下したため，プラスの負債のレバレッジ効果が効きづらくなったことが原因である。

　税引前と後のROEの比較では，98年度までは同じような動きをしてい

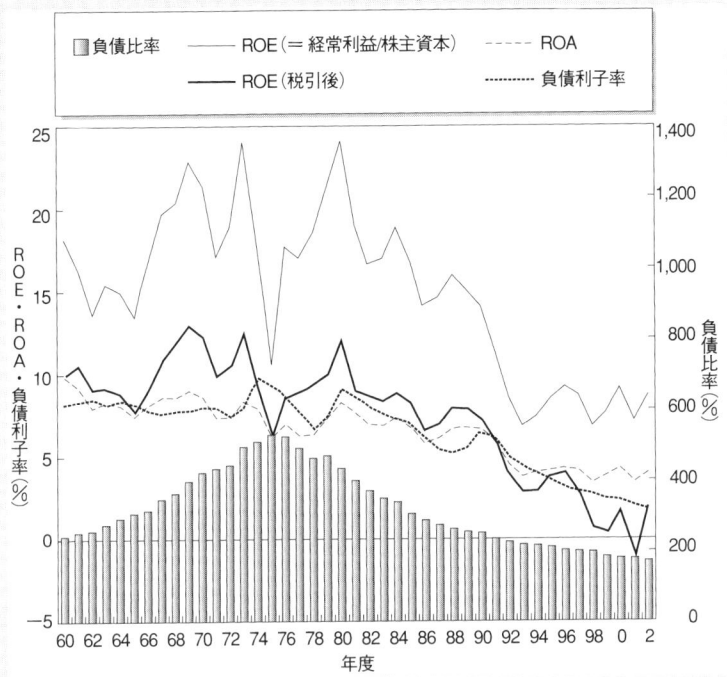

■図10-4　ROEと負債利子率，負債比率

るが，97年度以降，両者に動きの違いが見られる。税引前ROEは横ばいなのに，税引後ROEは97年度以降大きく低下している。これは，不良債権処理やリストラ絡みの特別損失がかさみ，経常利益に比べ当期純利益が大きく低下したためと思われる。

3 ▶ 損益分岐点

　赤字にならないためには，最低限どれだけの売上げを上げなければならないか，あるいは，目標とする利益を達成するのに必要な売上高はいくらか，といった**利益管理**に用いられるのが**損益分岐分析**である。

　まず，損益分岐分析は，費用を固定費と変動費に分けることからスタートする。固定費は，生産量や売上高の増減に関係なく発生する費用である。例えば，減価償却費，固定的な人件費などがある。それに対して，生産量や売

上高の増減に応じて変化するのが変動費である。例えば，原材料費がある。

売上高と変動費が比例的な関係にあるとし，売上高1円当たりの変動費を変動比率と呼び，vとする。固定費をF，売上高をSとすれば，総費用Cは次式で表される。

$$C = F + vS \tag{6}$$

売上高から総費用を引いたものが利益だが，利益がゼロとなる売上高を**損益分岐点**（break-even point），あるいは，損益分岐点売上高という。(7)式を満たすS^*の値が損益分岐点売上高である。S^*以下の売上高では赤字になってしまう。(8)式の分母の$1-v$を限界利益率（貢献利益率）という。

$$S = F + vS \tag{7}$$

$$S^* = \frac{F}{1-v} = \frac{\text{固定費}}{1 - \dfrac{\text{変動費}}{\text{売上高}}} \tag{8}$$

損益分岐点売上高を実際の売上高で割った値が，**損益分岐点比率**である。この比率は低いほうがよい。なぜなら，損益分岐点比率が低いほど，損益分岐点売上高に比べて，実際の売上高がより大きいことを意味する。

$$\text{損益分岐点比率} = \frac{\text{損益分岐点売上高}}{\text{実際の売上高}} \tag{9}$$

その場合には，費用を賄って余りある売上高を実際に確保している。そのため，今の水準より売上高が低下し，減収になってもすぐには赤字にならない。つまり，減収に対する抵抗力が強く，収益力が高いことを意味する。

逆に，販売不振で売上が低下し，業績が悪化しているようなときには，損益分岐点比率は100％に近いか，それを超えるような高い値になってしまう。

このように，損益分岐点比率は，売上高が現在の何％の水準まで減ったら利益がゼロになるかを示し，売上高の目減りに対する耐久力の程度を表す。

ところで，第6章の第3節で**営業レバレッジ**の説明をした。営業レバレッジとは，売上げの変化が営業利益に及ぼす影響の程度を表す。総費用の中に占める固定費部分のウエイトが大きくなると，営業レバレッジは高くなる。

そして，同じ率の売上げの変化でも，営業レバレッジの高い企業の方が，利益の変動は大きくなる。例えば，売上げが減ったとき，営業レバレッジが高いと固定費がかかるため，利益は大きく低下してしまう。

4 ▶ 付加価値指標－生産性分析

　上で説明した資本利益率は，企業に投下された資本の収益力を見るものである。しかし，企業に投下される資源には資本だけでなく，重要な資源として労働力もある。資本と労働力両者合わせてどれだけの価値を生み出したかをみるには，付加価値を調べればよい。

　付加価値（value added）とは，売上高から原材料費や販売費を引いた金額である。資本と労働から企業が新たに生み出した価値である。それが資本と労働を提供したものに，利子や配当，給料として分配されることになる。具体的には次のような項目からなる（第1章の図1-2参照）[3]。

$$付加価値＝経常利益＋人件費＋金融費用＋賃借料$$
$$＋租税公課＋減価償却費 \qquad (10)$$

　ただし，(10)式の租税公課は固定資産税，印紙税，登録免許税などである。利益に対して課税される法人税，地方税，事業税を含まない。それに対して，(11)式の税金は法人税，地方税，事業税をさす。

　付加価値は企業が新たに付け加えた価値で，従業員，債権者，株主，国・地方公共団体に，それぞれ，人件費，利子，配当，税金として分配され，残りが内部留保される。それゆえ，分配面から(11)式のようにも表せる。

$$付加価値＝人件費＋利子＋税金＋配当金＋減価償却費＋内部留保 \quad (11)$$

　付加価値分析でよく用いられるのは，付加価値を従業員数で割った，1人当たり付加価値で，**労働生産性**あるいは付加価値生産性と呼ばれる。労働生産性は(12)式のように，労働装備率と設備生産性に分解できる。

$$労働生産性＝\frac{付加価値}{従業員数}＝\frac{有形固定資産}{従業員数}×\frac{付加価値}{有形固定資産}$$

$$＝労働装備率×設備生産性 \qquad (12)$$

$$労働装備率＝\frac{有形固定資産}{従業員数} \qquad (13)$$

$$設備生産性(＝資本生産性)＝\frac{付加価値}{有形固定資産} \qquad (14)$$

　労働装備率は，従業員1人当たりどの程度の設備を抱えているかを表している。例えば，生産の自動化で工場の人員が少ない場合，高くなる。一般的

には，製造業，特に，設備集約的な産業ほど高い。

　設備生産性（あるいは資本生産性）は，1単位の設備を投入してどれだけの付加価値を生み出しているか示す。同金額の設備を使ってより高い付加価値を上げれば設備生産性は高くなり，設備の効率が高いことを示す。

　労働生産性は，労働装備率か設備生産性を高めることによって上昇させることができる。

$$労働分配率 = \frac{人件費}{付加価値} \tag{15}$$

　付加価値のうち，人件費として従業員に分配された割合を示すのが**労働分配率**だ。全産業平均でみて50％台である。付加価値の構成要素である利益は大きく変動するが，それに比べて人件費の変動は小さい。そのため，利益変動により労働分配率も変動する。利益が増加したときには労働分配率は低下する。しかし，利益が低下したときでも給料を即座に切り下げることが難しいようなときには，労働分配率は上昇する。

「日本株式会社」の経営分析－パート2－

　コラムの続きとして，パート2では付加価値を使った生産性分析を行う。

　図10-5に労働生産性の推移が載っている。60年代・70年代の労働生産性の上昇率と比べると，80年代の労働生産性の上昇率が小さくなっているのがわかる。さらに特徴的なのは，90年度以降の労働生産性の横ばい傾向である。90年代は労働生産性の伸びはほとんどみられない。

　労働生産性の構成要素である労働装備率と設備生産性の動きを調べることによって，この労働生産性の動きの特徴を理解することができる。

　まず，労働装備率をみると，労働装備率は40年間に渡ってほぼ一貫して上昇している。これは，わが国企業が従業員をあまり増やさず，むしろ極力抑え，その代わりに機械や設備拡充を図ってきた結果である。

　ところが，設備生産性は70年代まで上昇しているが，80年代は低下傾向がみられ，特に，90年代初めに大きく減少している。つまり，設備の効率が悪く，付加価値が生まれなくなり，単位当たりの有形固定資産に

■図10-5　労働生産性

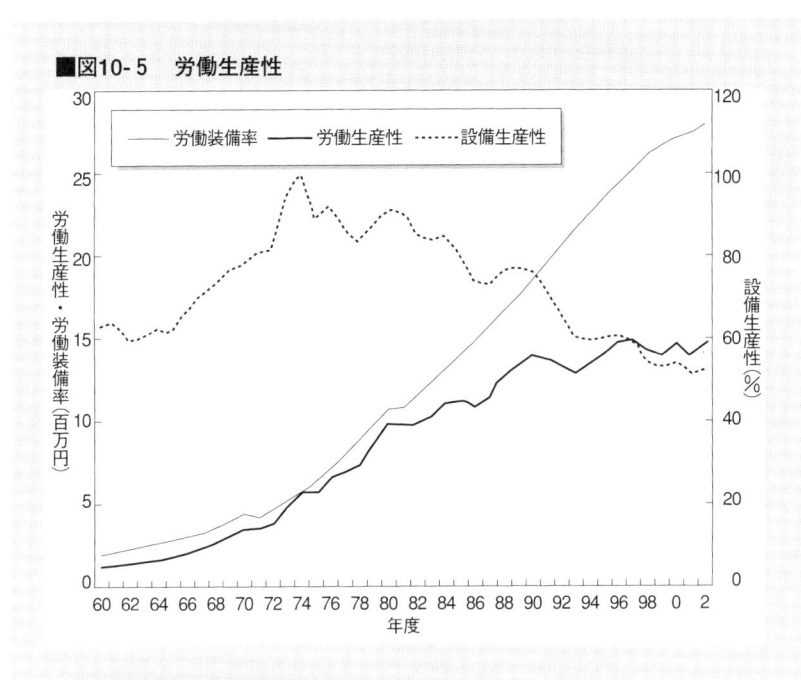

対する付加価値金額が大きく低下してしまった。

このように，労働生産性の80年代の上昇率の低下，及び，90年代の横ばい傾向は，設備生産性の大幅な減少による影響が強い。

5▶従来の業績尺度の注意点

業績評価に用いられる尺度は，大きく①フロー尺度，②利益率尺度，③価値尺度，に分けることができる。

フロー尺度は，企業が一定期間の間に上げた何らかのフローをベースにした業績尺度である。次のようなものがある。売上高（売上高伸び率）。営業利益，経常利益，税引後当期純利益などの利益額や1株当たり利益（EPS）。営業キャッシュフロー，フリーキャッシュフローなどのキャッシュフロー金額。

それに対して，利益率尺度には本章ですでに説明した，総資本利益率（ROA），株主資本利益率（ROE）などがある。最後の③価値尺度には，代表的なものとしてEVAがある。

フロー尺度，利益率尺度は会計数値をベースにしており，従来から用いられてきた業績評価尺度である。ただ，以下で述べるように，リスクや資本コストを考慮に入れていないという問題点があり，誤って用いると経営者の投資行動や財務政策選択行動にマイナスの影響を及ぼす危険性もある。用いるときには注意が必要である。

(1) リスクを考慮に入れていない。

これは，フロー尺度，利益率尺度両方に当てはまる問題点である。例えば，利益や総資本利益率が業績尺度だとしよう。その場合には，利益や総資本利益率を平均的に高めるような投資を選択する誘因を経営者は持つだろう。

しかし，平均的に高いリターンをもたらす投資は，同時にリスクも高いのが通常である。リスクとのかね合いで判断すれば，リスクに見合った平均リターンが得られない投資にもかかわらず，平均的なリターンの大きさだけで投資が判断されてしまう危険性がでてくる。

株主資本利益率についても同じことがいえる。負債比率を高めれば，負債のプラスのてこ作用が有効に働く場合，株主資本利益率を高めることができる（総資本利益率が負債利子率より高い場合）。

しかし，総資本利益率が負債利子率より低くなると，逆に株主資本利益率は大幅に低下してしまうというリスクを抱えることになる（第7章第3節参照）。そのため，過度に負債に依存した財務構造は，平均的な株主資本利益率を高めるが，過剰なリスクを抱えることになってしまう。

このように，利益や資本利益率など多くのフロー尺度，利益率尺度は，実現した利益や資本利益率の背後にあるリスクを考慮に入れていないという問題点がある。

(2) 投下資本量や資本コストを考慮に入れていない。

用いた資本の量を考慮に入れていないという点は，フロー尺度に当てはまる問題点である。例えば，売上高や営業利益が業績尺度になると，どれだけの資本を使って達成された数字なのかが意識されなくなる危険性がある。

一方，利益率尺度は，投下した資本に対してどれだけの対応する利益が生まれたかを示すので，資本の量は考慮に入れている。

次に，資本コストを適切に考慮に入れていないという問題点は，フロー尺

度，利益率尺度両方に当てはまる。

　経常利益や純利益では，負債のコストだけが引かれ，株主資本のコストは差し引かれない。そのため，経常利益や純利益を高めるために，負債を抑え，過度に株主資本に依存する資本構成を選択してしまう危険性がある。また，利益は上がっているが，それが株主資本のコストをカバーできるほどの水準ではないこともあり得る。

　資本利益率の場合も，資本コストとの比較で資本利益率が用いられるのであれば問題はない。しかし，単独で資本利益率の大小，あるいは増大だけが業績評価の対象になると問題を起こす。

　例えば，株主資本利益率だけに関心が行くと，株主資本利益率が前期より上昇したような場合，それを評価してしまう。しかし，その水準では，まだ株主資本コストを下回るような株主資本利益率であるかもしれない。

6 ▶ 経済付加価値（EVA）

　上で述べた会計数値をベースにした業績評価の問題点を克服する尺度として提案されたのが，経済付加価値（EVA）である。価値をベースにした尺度（value-based measure）といわれる。EVAについては第9章第4節ですでに説明したが，簡単に復習しておく。

　EVAは第9章の(18)式で定義された。投下資本量と資本コストから計算される，資本提供者への最低限必要収益額（資本費用）をNOPAT（税引後営業利益）が上回る金額が，「経済的利益」としてのEVAの大きさである。

　このように，EVAは，投下した資本量と資本コストを考慮に入れた業績評価尺度であり，会計数値をベースにした業績評価の問題点を解決しているといえる。最近では，日本企業の中でもEVAに類似した業績評価指標を導入する企業も増えている。ただ，EVAあるいは類似の尺度を用いる場合にも若干の注意が必要である。その点を以下で説明する。

(1) 単年度のEVAだけで判断しない

　単年度のEVAの値だけに注目して評価を行ってはならないことに注意しよう。例えば，企業が今期多額の投資をし，その成果が生まれるのが将来だとすると，現時点のEVAはマイナスか小さいプラスの値にしかならないことが

起こりうる。このような場合には，ある程度長い期間のEVAを比較するといった長期的な視点に立った評価が必要になる。

EVAのメリットは資本コストを意識させ，無駄な資本の利用を抑える点にあった。しかし，単年度だけのEVAの大きさで業績評価されると，経営者はさしあたってのEVAだけを高めることに腐心し，将来のEVAを高める投資を差し控えてしまう間違った誘因をもたせてしまう危険性がある。

(2) EVAの実現値が予想をどれだけ上回ったかが重要

第9章の(23)式に示されたように，現在の企業価値や株式価値は将来のEVAの予想値によって決まる。そのため，毎年実現するEVAの値が予想値と同じだとすると，株価は上昇しない。すでに，株価にEVAの予想値が織り込まれてしまっているからである。

予想値を上回るEVAの実現値を達成してはじめて，株価は上昇する。そのため，経営者に株価を高める誘因を与えるには，EVAの大小それ自体を問題にするのでなく，EVAの実現値が予想をどれだけ上回ったかで業績を評価することが必要になる。

7 ▶ 成長性指標

企業の成長性を示す指標としては，売上高，総資産，利益の伸び率などが用いられるのが一般的である。その他に，以下のような株式時価情報と会計数値を組み合わせた成長性を示す指標もある。

(1) 株価収益率と株価純資産倍率

$$株価収益率(PER) = \frac{株価}{1株当たり純利益} \qquad (16)$$

$$株価純資産倍率(PBR) = \frac{株価}{1株当たり純資産簿価} \qquad (17)$$

株価収益率（price earnings ratio）は，株価が現在の1株当たり純利益の何倍になっているかを示す。現在の株価は，企業の将来に渡る収益力を反映したものである。そのため，現在の1株当たり純利益が同じでも，将来利益の成長が見込める企業ほど株価収益率は高くなる。

同様に，**株価純資産倍率**（price book-value ratio，あるいはmarket to book ratio）は，1株当たり純資産の会計上の価値（簿価）に比べて，1株当たり純資産の時価を表す株価が何倍しているかを示す。

株価収益率がフローとしての純利益と株価の関係を示しているのに対して，株価純資産倍率はストックとしての純資産と株価の関係を示している。成長性が高ければ株価収益率と同様，株価純資産倍率も高くなる。

(2) トービンの q

もうひとつ時価情報を含む指標として**トービンの q** がある。(18)式右辺の分母は，企業が現在保有するすべての資産を市場価格でそっくり買い換えたときの買い換え費用である。

$$\text{トービンの } q = \frac{\text{株式時価総額＋負債時価総額}}{\text{総資産の買い換え費用}} \tag{18}$$

もともとトービンの q は，マクロ経済の投資決定を説明するために提唱されたものである。分母の総資産の買い換え費用は，あくまでも現在保有している総資産の価値である。それに対して，分子は企業価値を表すが，現有資産だけでなく将来に渡って新たな資産の獲得によって生み出される利益の増加，つまり，企業の成長機会が織り込まれている。そのため，成長企業では，トービンの q は1より大きな値になる。

トービンの q が高ければ，その企業は現在と将来に渡って有利な投資機会を持ち，競争優位な位置にいる企業と市場で評価されている。その意味で，トービンの q は市場が判断する成長性の指標である。

ただ，トービンの q を厳密に計測するのは困難なので，実際はより計測が容易な推計値が用いられることが多い。そのひとつとして，次のような計測方法がある。資産の取替費用が資産簿価で近似できると想定している。

$$\text{トービンの } q \text{ の計測} = \frac{\text{株式時価総額＋負債簿価}}{\text{総資産簿価}} \tag{19}$$

8 ▶ 経営者報酬

(1) 報酬契約の一般理論

次に，企業業績との関連で経営者への報酬について考えよう。最初に報酬の一般理論について述べる。第7章第5節の冒頭で説明したように，一般に，依頼人（今の場合，企業）が代理人（経営者）に仕事を依頼し，仕事の結果得られた成果を何らかの形で両者の間で分配するような関係をエージェンシー関係と呼ぶ。

エージェンシー関係には，次の2つの特徴がある。(1)依頼人と代理人との間で，目的・動機に関して相違がある。(2)依頼人が代理人の仕事に対する努力，行動を観察不可能か，部分的にしかわからないという意味で情報の非対称性が存在する。このような場合，代理人が依頼人の意に沿うような行動をとらず，また，それを依頼人が完全にコントロールできないというエージェンシー問題が発生する。

エージェンシー問題を解決するために，代理人に対してどのような報酬の与え方が望ましいかを考えるのが報酬契約の一般理論である。**報酬契約**としては，次のような両極端な方法が考えられる。企業成果に関係なしに，固定的な報酬を経営者に支払う方法と，企業成果に応じて報酬を支払う方法である。[4]

固定的報酬では，企業成果が不確実なために生ずるリスクを経営者が負担しない。その意味では経営者の過剰なリスク負担が軽減される。しかし，企業成果にかかわらず固定的な報酬を受け取れるので，企業成果を高めようとする経営者の努力や行動が生まれにくくなる。つまり，インセンティブ効果は弱い。

逆に，**企業成果依存型報酬**では，インセンティブ効果は強いが，経営者に過大なリスクを負わせることになる。特に，企業成果が経営者の努力水準以外の要因にも大きく依存する場合がそうである。いくら経営者が努力しても，外部要因によって企業業績が低下してしまった場合に，経営者の報酬が業績だけに依存していると，経営者に過大なリスクを負担させてしまうことになる。

そのため，**インセンティブ効果**（incentive effect）と**リスク分担**（risk sharing）をバランスさせるような，固定的報酬部分と企業成果に依存する報酬部

分の両者を組み合わせた報酬契約が望ましくなる。

(2) 実際の経営者報酬

　実際の経営者報酬は，性格の異なる次の3つのタイプから成る。(1) 月々の役員報酬，(2)業績に連動する報酬，(3)株式及びストック・オプション。

　第一の月々の役員報酬（base salary）は定期給与で，業績に連動せず固定的報酬の性格が強い。

　第二が業績に連動する報酬（performance-based compensation）である。毎年の税引後利益の中から支払われる**役員賞与**（annual bonus）が代表的なものである。経営者報酬の中で，この報酬部分がかなりのウエイトを占めるのが望ましい。しかし，わが国では役員賞与が株主総会での利益処分とされるため，損金算入できないという税務上の制約があり，それほどのウエイトにはなっていない。第一と第二は現金報酬である。

　現金報酬以外に，第三の報酬形態として，株式及びストック・オプションがある。株価に連動した報酬（equity-based compensation）である。ストック・オプションについては次の第9節で説明することにし，以下では業績に連動する報酬について述べる。

(3) 業績に連動した現金報酬の決定

　業績に連動する報酬については，次の2点を決めなければならない。(a) 業績と報酬をどのように結びつけるか，つまり，業績と報酬のプロフィールをどうするか。(b)業績尺度として何を用いるか。

(a) 業績と報酬の関係

　実際によく見られる業績と報酬のプロフィールは，**図10-6**のような形状をしている。このプロフィールには2つの特徴がある。第一の特徴は，業績がある水準以下になるとボーナス部分はゼロになるが，一定の固定的報酬は支払われる点である。業績がある水準を越えると，固定的報酬と業績に応じたボーナスが支払われる。図10-6のA点が，ボーナスが支払われ始める最低限の業績と現金報酬の組を表している。第二の特徴は，業績がある水準以上になるとボーナスはそれ以上増えず，上限が設定されることである。B点がこの点を示している。

　しかし，このような業績と報酬の関係で，A点とB点の幅が狭く実際の業

■図10-6　一般的な業績と報酬の関係

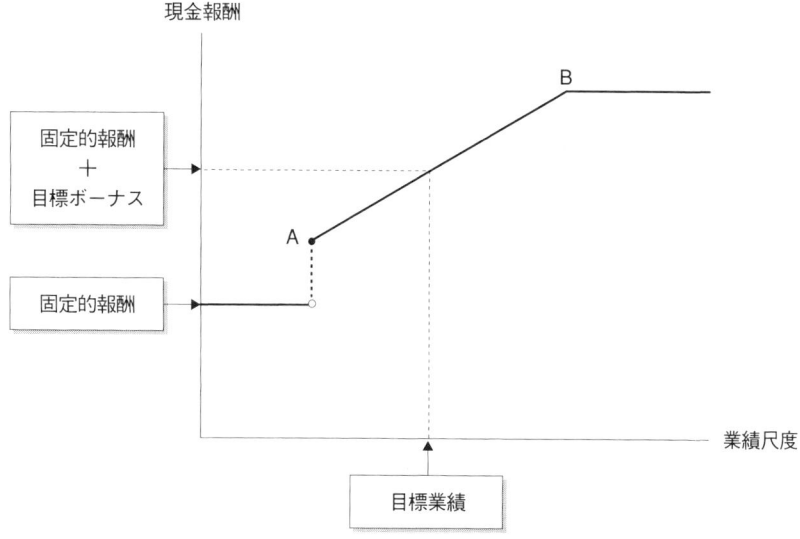

出所：Jensen, Murphy and Wruck, "Executive Remuneration", July, 2004, working paper, 70ページより引用

績がA点やB点に到達するケースが多いときには，2つの問題点が発生する。

　第一の問題点は，業績がA点やB点の周辺になることが予想されるとき，経営者に歪んだ行動をとる誘因を与えてしまう危険性である。

　まず，A点周辺を考える。A点に対応する最低限の業績を上げられないことが今期予想されるとしよう。どんなに業績が低くなろうが，固定的報酬部分は最低限受け取れる。そのため，今期できるだけ費用計上し，売上げを先に延ばし，今期の利益を抑え，次期に利益を先送るような利益調整の誘因が経営者に生まれる[5]。

　逆に，今期の利益をかさ上げしてなんとかA点を達成するために，今期の費用をできるだけ次期の費用として計上し，逆に，収益を早めに今期に計上する会計処理を行う誘因も潜在する。

　一方，B点以上の業績が予想されるときには，報酬に上限があるので，経営者はできるだけ今期の業績を抑え，次期の業績の維持に備えた会計操作を行う危険性がある。

　どちらの場合にしても，企業価値を毀損するような形で，経営者に会計上の利益を合法的，非合法的に操作する誘因を与えてしまう。

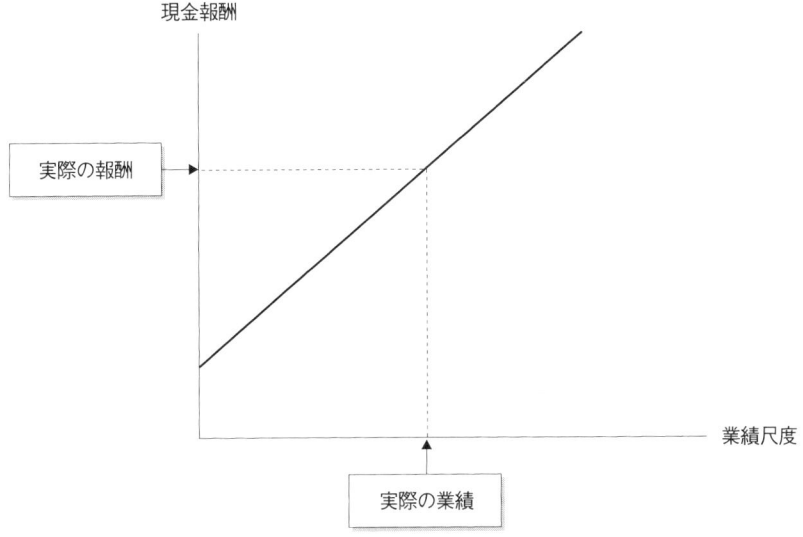

■図10-7 直線的な業績と報酬の関係

現金報酬

実際の報酬

実際の業績

業績尺度

出所：Jensen, Murphy and Wruck, "Executive Remuneration", July, 2004, working paper, 74ページより引用

　図10-6のような業績・報酬プロフィールの第二の問題点は，目標業績が予算上の目標業績にもなっているときに，経営者が予算目標を引き下げるような誘因を生ずることである。
　例えば，ある年度の実現業績に基づいて，次年度の予算上の目標業績が設定されるとしよう。このときには，今期高い業績を達成すると，次年度の目標業績が高く設定されてしまうので，今期の業績をほどほどの水準に止めて，次年度の予算目標が達成されやすくする誘因が働く。
　図10-6の業績・報酬関係のこのような問題点を解決するのが，**図10-7**のような直線型の業績と報酬の関係である。A点やB点のような部分がないので，上で述べたような企業価値を損なうような行動を経営者が取ろうとする誘因を抑えることができる。
　ただ，直線的な報酬形態だと経営者のリスク負担が大きくなり過ぎる危険性があるので，業績が低下したときでも固定的報酬部分に相当する金額は受け取れるように，直線の傾きを滑らかにするなどの工夫が必要になる。

(b)**業績尺度として何を用いるか**
　次に，業績連動報酬制度の業績として何を用いるかを決めなければならな

い。理想的には企業価値向上にどれだけ貢献したかで報酬が決められればそれが一番望ましい。ただ現実には難しい。実際には，それに代わる様々な業績尺度が用いられている。

業績尺度としては，①フロー尺度（会計的利益など），②利益率尺度（ROEやROAなど），③価値尺度（EVAなど）がある。ただ，これらの尺度を使う場合には，第5節や第6節で述べたような注意点を理解して使う必要がある。

ここでは，会計的利益やEVAなどの単年度の業績指標の問題点を指摘しておく。経営者の残任期間がそれほど長くない場合に，このような単年度の業績指標を用いると，経営者の近視眼的投資行動を引き起こす原因になる。

なぜなら，投資直後はプラスのキャッシュフローを生まないが，数年先からは大きなプラスのキャッシュフローが発生するようなプロジェクトに投資しようとする誘因が抑えられてしまうからである。逆に，さしあたってはプラスのキャッシュフローを生むが，長期的に見ればマイナスの正味現在価値であるプロジェクトが行われてしまう危険性もある。

利益率尺度を用いる場合も，経営者に間違った誘因を与えてしまう危険性があるので注意が必要である。例えば，単位当たりの利益率が高い投資だけが選択されてしまい，絶対額でいえば企業価値をより高めるが，利益率が相対的に低い投資が選択されない危険性である。利益率指標のこの問題点は，第5章第3節で述べた内部利益率法の問題点と同じものである。

いずれの業績尺度が使われようが，その実現値だけをもとに報酬が決まる場合もあるが，基準となる業績に比べて実際の業績がどうだったかで報酬が決まることも多い。その場合に注意しなくてはならないのは，経営者がコントロールできるような業績基準をできるだけ用いないことである。実際の業績を高めるのではなく，業績基準を低めることで経営者報酬を高めようとする誘因が働いてしまうからである。

例えば，前年度の利益を基準にしてしまうと，大きな利益を回避するような行動が取られる。なぜなら，それが次年度の基準になり，それ以上の業績を上げる必要が出てきてしまうので，今年度は大きな利益を抑える行動が取られてしまう。業績基準が経営者によって操作されてしまう危険性である。

9 ▶ ストック・オプション

　第三の報酬形態として**ストック・オプション**（株式購入権）がある。あらかじめ決められた価格（権利行使価格）で自社株を購入することができる権利を経営者や役員に付与するものである。株価が権利行使価格を上回れば，権利取得者はその権利を行使して自社株を購入し，株式市場で売却すれば，売却価格と権利行使価格との差額を値上がり益として得られる。

　アメリカでは経営者報酬全体に占めるストック・オプションの割合が1990年代に急増し，特に90年代の終わりに50％を越えたこともあった。わが国でも1997年の商法改正で解禁された。その後，着実に増加しており，今までに導入した会社数は1,300社あまりで，全上場企業の3割に達している。[6]

(1)ストック・オプションのメリット

　ストック・オプションには，次のような効果がある。業績連動報酬制度の一形態なので，企業価値や株主価値を意識した経営に対するインセンティブ効果が期待される。

　特に，経営者に事業投資リスクを許容させる効果がある。あまりに経営者が安全志向的だと，正味現在価値はプラスの投資であっても，失敗したときのリスクを恐れてリスクをとるような経営戦略がなかなか打ち立てられにくい。

　しかし，オプションは株式の変動性が高まれば価値が出てくるので，ストック・オプションを導入すれば，経営者にリスクを許容させるインセンティブが出てくる。このように，経営者が多少のリスクは覚悟で，積極的な事業展開を図ったほうが競争上望ましいような場合には，ストック・オプションの効果は高い。

　また，現金報酬と異なり，権利付与時に企業からの現金支出を伴わないので，資金が乏しい新興企業が優秀な人材確保策として導入するケースも多い。ただ，以下で述べるようにストック・オプションにもコストがかかることに注意しよう。

(2)ストック・オプションの問題点

　過剰にストック・オプションを与えることには問題がある。この点に関し

ては，経営者報酬の中でストック・オプションが大きなウエイトを占めているアメリカで最近，ストック・オプションの乱用に対する批判が高まっている。

1990年代を通じてアメリカの株式市場では継続的に株価が上昇したため，ストック・オプションを権利行使した経営者が高額の報酬を受け取り，一般従業員との間に給与格差が増大したことに対して批判がおきた。また，報酬が業績に連動しなくなったとの批判もある。これは，経営努力とは無関係に株価が上昇したり低下する状況では，経営者の報酬が経営努力に連動しない危険性があるためである。

さらに，ストック・オプションが人件費として費用計上されないことに対する批判もある。今までは費用計上が義務化されていなかったので，現金報酬の代わりにストック・オプションを付与すれば，見かけ上，利益が膨らんでしまっていた。

(3)企業にとってのストック・オプションのコスト

ストック・オプションは現金報酬と違い現金の支払いが行われないので，コストがゼロであると考えられやすいが，それは誤りである。ストック・オプションにもコストがかかっていることを正しく理解しなければならない。

企業にとってのストック・オプションのコストは，ストック・オプションを役員・従業員でなく，市場で投資家に販売したとすれば手に入れられた金額である。一般の投資家に販売しないで，自社の役員・従業員に付与することによってその機会が失われてしまうわけで，一般の投資家に販売したとすれば得られた金額が企業にとってのコストになる。実際に支払った金額でなく，機会費用的な考え方である。

ところで，世界的にストック・オプションの濫用を防ぐ意味で，ストック・オプションを人件費として費用計上する会計基準が広まっている。わが国でも2007年3月期から費用計上が義務化される。

経営者・役員に付与した時点でストック・オプションの「公正価値」（上で述べた企業にとってのコスト）を算出し，各決算期にその一定割合を費用として計上する。

[注]
1) 営業外費用≒金融費用，営業外収益≒受取利息＋受取配当金，と近似できるなら，事業利益＝営業利益＋受取利息＋受取配当金と表すこともできる。
2) 上の総資本利益率を計算するとき，法人税を引く前の事業利益で考えた。対応させて議論するために，株主資本利益率を計算するのに法人税が引かれる前の経常利益を用いることもある。その場合，株主資本経常利益率と呼ぶ。株主資本経常利益率＝経常利益/株主資本
3) 付加価値は，マクロのGDP（粗国内総生産）と同じ概念である。GDPでも減価償却費に対応する「資本減耗」が控除されていない。その意味で，ここでの付加価値は厳密には「粗付加価値」の意味である。
4) 報酬契約の一般理論については，例えば，ミルグロム・ロバーツ『組織の経済学』NTT出版，1997，第7章を参照。
5) 会計学では，業績が悪いときに一気に費用や損失を計上する会計行動を**ビックバス**（big bath）と呼んでいる。業績悪化時に本来その期に属さない（関係ない）費用や損失を「まとめて計上」する行動を指し，それが大きな浴槽に何でも放り込むことに似ているため，この呼び名がある。
6) 2002年4月の商法改正で，「新株予約権」制度がスタートした。**新株予約権**とは，あらかじめ決めた価格で株式を取得できる権利である。従来，同様の権利を企業が発行するのは，ストック・オプションとして，自社の役員や従業員に与える場合に限られていた。しかし，商法改正で，ストック・オプション付与対象者の制限がなくなり，さらにストック・オプション目的以外でも一般的に発行することができるようになった。

第V部

デリバティブとその応用

第11章
オプション

1 ▶ オプションとは

　オプション（option）とは，「ある決められた期日かそれ以前に，前もって決められた価格である資産を買ったり，売ったりできる選択権」のことを指す。ある資産を買うことができる選択権を**コール・オプション**（call option），逆に，ある資産を売ることができる選択権を**プット・オプション**（put option）という。オプションのように，もとになる資産から生み出された証券を，一般的に**デリバティブ**（派生証券）と呼んでいる。

　ここで，オプションの対象になる資産のことを**原資産**という。選択権を実際に行使することを**権利行使**といい，前もって決められた価格を**権利行使価格**（exercise price，またはstriking price）と呼ぶ。ある決められた期日を満期日という。

　いつ権利行使できるかで，オプションには2つのタイプがある。満期日だけに権利行使できるのが**ヨーロッパ型オプション**。満期日を含んだそれ以前のいつでも権利行使できるのが**アメリカ型オプション**である。

(1) コール・オプション

　具体例で話そう。わが国で1989年から取引が行われ売買高も多い**日経平均株価オプション**は，アメリカ型オプションで，原資産は日経平均株価（日経225）である。権利行使価格を11,000円と仮定する。

　コール・オプションを買った投資家が，1か月後に日経平均株価が11,500円になったときに権利行使したとすれば，11,500円のものを11,000円で手に

■図11-1 コール・オプションの損益

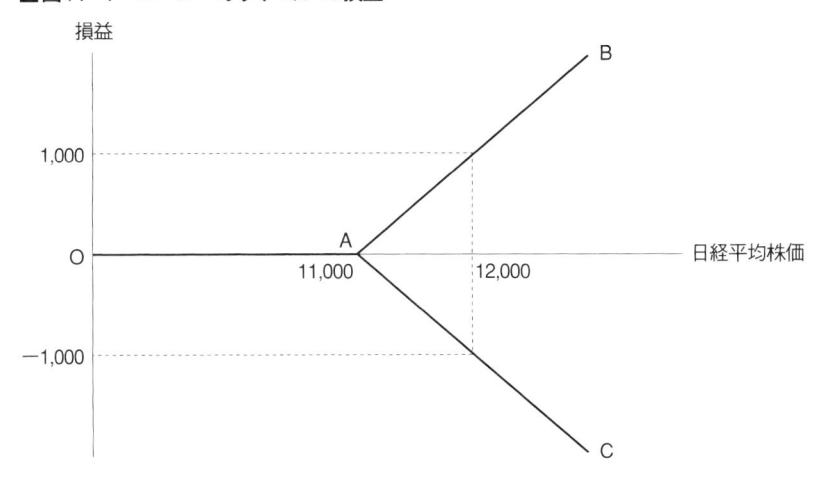

損益

1,000

O A 日経平均株価
   11,000 12,000

−1,000

B
C

入れられることになり，500円の利益を上げられる。オプションを買った投資家を**買い手**と呼ぶ。オプションはあくまで選択権なので，買い手は都合が悪ければ権利行使をしないですむ。

　オプションを売った投資家を**売り手**という。コール・オプションの売り手は，コールの買い手が権利行使したときに，買い手から権利行使価格を受け取ると同時に，原資産を買い手に受け渡す義務を負っている。

　ここで，コールの売り手と買い手の満期時における損益を考えてみよう。**図11-1**の横軸は満期時の日経平均株価を，縦軸はコールの買い手と売り手の満期時での損益を表している。

　満期時の日経平均株価が権利行使価格より高くなれば，コールの買い手は権利行使した方が有利なので，権利行使が行われる。例えば，日経平均株価が12,000円になったとしよう。買い手は権利行使することによって，11,000円を支払う代わりに12,000円分の日経平均株価を受け取ることができる。

　ただ，原資産である日経平均は株価指数なので，実際の受け渡しは行われず，日経平均株価と権利行使価格との差額1,000円がコールの売り手から買い手に支払われる。

　満期時の日経平均株価がもっと高くなれば，それに見合って権利行使価格との差額も増大していくので，図11-1の傾き45度の直線ABの垂直方向の高さが買い手の利益となる。

しかし，満期時の日経平均株価が権利行使価格11,000円に達しないときには，権利行使しない方が有利なので権利行使は行われず，買い手の損益はゼロとなる。このように，コールの買い手の損益は図11-1の折れ線OABで表される。

これに対して，コールの売り手の損益は折れ線OACとなる。買い手が権利行使しなければゼロであるが，相手が権利行使したときには，買い手の受取金額と同額が売り手にとって損失となる。

コールの買い手は，自分に都合がよいときに原資産を手に入れられる選択権を得たわけであるが，その見返りとして，コールを買うときに売り手に対価を支払わなくてはならない。この対価を**オプション価格**（オプション・プレミアム，オプション料）と呼んでいる。

(2)プット・オプション

原資産を前もって決まった権利行使価格で売ることができる選択権がプット・オプションである。先ほどの日経平均株価オプションで，権利行使価格が11,000円のプット・オプションの満期時における買い手と売り手の損益を考えてみよう。

例えば，満期時に日経平均株価が10,000円になったとする。買い手は10,000円のものを，それより高い権利行使価格11,000円で売ることができるので，権利行使することによって差額の1,000円の利益を上げることができる。

日経平均株価が11,000円以上になれば，権利行使しないことによって損益はゼロどまりとなる。それゆえ，プットの買い手の損益は，**図11-2**の折れ線EDFで表すことができる。

これに対して，プットの売り手の損益は折れ線GDFとなる。日経平均株価が10,000円のときには，10,000円のものを11,000円でプットの買い手から買わなくてはならず，1,000円の損になる。買い手が権利行使しなければ損益はゼロである。コールのときと同様，買い手にとって有利なこのような選択権を売る見返りに，売り手は買い手からオプション価格を受け取る。

2 ▶ オプションと他の証券の組み合わせ

オプションと他の証券を組み合わせることによって，いろいろなペイオフ

■図11-2　プット・オプションの損益

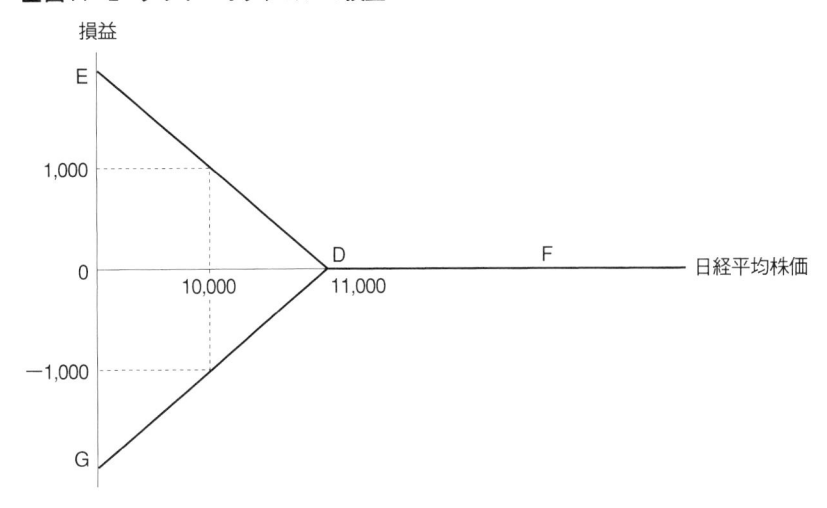

[図：縦軸「損益」、横軸「日経平均株価」。点Eは損益1,000付近、点Dは株価11,000で損益0、点Fはその右側で損益0、点Gは損益-1,000付近。10,000の位置に破線。]

をつくり出すことが可能となる。いくつかの例を示そう。

(1) 株式の買いとプットの買いの組み合わせ

　投資家がある株式に1株投資しているとする。この株式からの将来の受取金額は、**図11-3**の左端にあるような直線で表される。今、原資産がこの株式であるプット・オプション（個別株オプション）を1単位この投資家が買ったとする。権利行使価格を100円とすると、プットからの将来受取額は真ん中の図の折れ線で表される。ただし、プット1単位は、原株1株が対象であるとする。

　株式とプットからの合計の受取金額は図の右端のようになり、株価が100円以下になっても、全体の受取金額は100円を維持できる。株式だけに投資すると、将来、株価が下落したときには大きな損失を被ることになる。このような株価変動リスクを回避したい投資家は、同時にプットを購入しておけば、株価が100円以下になって株式からの受取金額が低下しても、プットからの利益で埋め合わせることができ、全体の受取金額は100円以下になることはない。

　このように、原資産の価格変動リスクを回避する**リスク・ヘッジ**のためにオプションを利用することが可能である。ただ、注意しなくてはならないのは、そのようなリスク・ヘッジはただで行えるわけでなく、それに見合った

■図11-3 株式の買いとプットの買いの組み合わせ

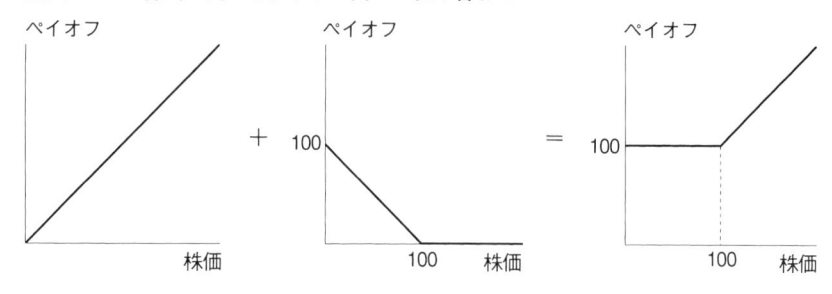

コストを支払わなくてはならない。今の例でも，プットを買うときに一種の保険料に相当するプット価格を支払わなくてはならないからである。

(2)株式・プットの買いとコールの売りの組み合わせ

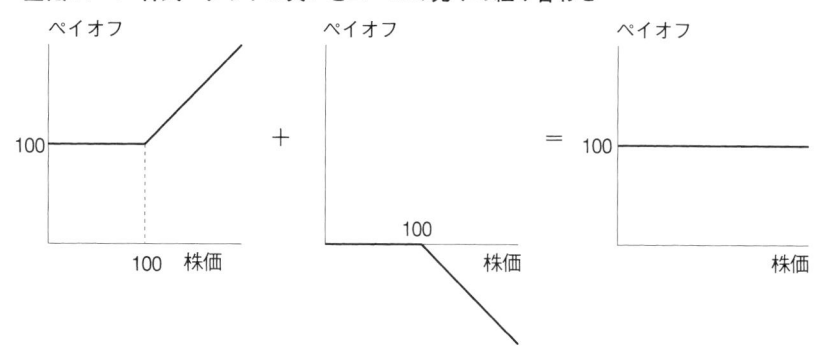

次に，株式の買い，プットの買いとコールの売りを組み合わせたポートフォリオを考えてみよう。上の例と同様，コールの権利行使価格は100円とする。また，コールとプットの満期時は同じとする。

株式の買いとプットの買いからの合計したペイオフは，図11-3の右端のようであった。それに，コールの売りからの将来ペイオフを付け加えると，**図11-4**の右端のようなペイオフが得られる。このペイオフは将来確実に100円得られる安全資産からのペイオフと同じである。

このように，株式とプットの買いとコールの売りの組み合わせからなるポートフォリオからの将来受取額と，安全資産からの受取額が同じになるの

■図11-4 株式・プットの買いとコールの売りの組み合わせ

で，現在時点での投資金額も同じでなくてはならない。現在株価を S，コールの現在価格を C，プットの現在価格を P，満期時までの期間を T（年），権利行使価格を K，安全利子率を r（年率），e を自然対数の底とすると，(1)式が成り立たなければならない。この式を**プット・コール・パリティ**（put-call parity）と呼んでいる[1]。

$$S+P-C=Ke^{-rT} \tag{1}$$

ただし，(1)式の左辺は，株式とプットの買いとコールの売りのポートフォリオを今組むときに必要な純投資額である。(1)式の右辺は，連続複利で計算される安全資産の現在価格であり，安全資産の投資に必要な投資金額である。

3 ▶ オプション価格の決定要因

それでは，オプション価格はどのような値に決まるのであろうか。第4節でオプション価格モデルを説明するが，その前に，オプション価格の決定要因と，それら要因とオプション価格との間の定性的関係について調べておく。

(1) オプション価格の上限と下限

まず，オプション価格には，取りうる最大の値と最小の値がある。原資産が個別株式のアメリカ型コール・オプションの場合で考えてみよう。権利行使価格が90円，現在の株価が100円だとする。

この株式オプションの現在価格は，少なくとも10円以上でなければならない。もしも，10円以下だと，確実に利益を上げられる裁定機会が発生してしまうからである。このように，権利行使価格より現在株価が高いときには，コール・オプションの価格は，少なくとも現在株価と権利行使価格との差額より大きな値になる。

一方，権利行使価格より現在株価が低いときには，今直ちに権利行使をしても利益を上げられない。しかし，将来，株価が上昇し，権利行使できる機会の可能性が考慮に入れられて，コール・オプションの価格はゼロ以上の値段がつく。

図11-5 には，横軸に現在の株価，縦軸にコール・オプションの現在価格

■図11-5 コール・オプション価格と株価の関係

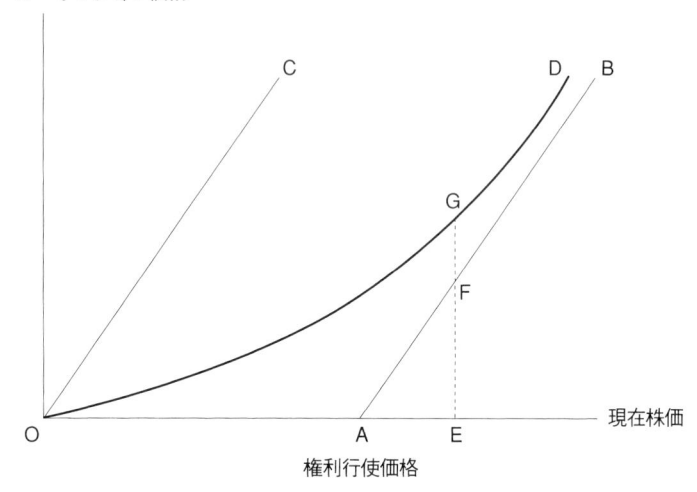

が示されている。今の議論から，コール・オプションの価格は，少なくとも折れ線OABより上に位置することがわかる。ただし，A点は権利行使価格を表し，直線ABは傾き45度の直線である。

しかし，オプション価格にも上限がある。コール・オプション価格は，現在株価より小さくなる。図11-5でいえば，コール・オプション価格は，傾き45度の直線OCより下方に位置する。

(2)オプション価格の決定要因

オプション価格に影響を及ぼす要因としては，権利行使価格，満期日，株価，株価の変動性，利子率がある。最初に，アメリカ型コール・オプションについて見てみよう。

(a)権利行使価格

他の要因が一定なら，権利行使価格が高いほど，コール・オプションの価格は低くなる。権利行使価格が高いと，将来，株価が権利行使価格を上回る可能性が低くなることと，たとえ権利行使できても利益が小さいためである。

(b)満期日

他の要因が一定なら，満期日が長くなるにつれ，コール・オプションの価

格は高くなる。満期日が長くなればなるほど，満期日あるいはそれ以前に株価がより上昇する可能性が高くなるからである。

(c) **株価**

現在株価が高くなればなるほど，コール・オプション価格も高くなる。図11-5のOD曲線が，現在株価とコール・オプション価格との関係を表す曲線である。ここで，現在株価が権利行使価格より低い状態を**アウト・オブ・ザ・マネー**（out of the money）と呼んでいる（図11-5のOA部分）。

アウト・オブ・ザ・マネーでは，今権利行使しても利益が生まれないので権利行使されず，今権利行使することによるコール・オプションの価値はゼロである。しかし，将来，株価が上昇し，権利行使できる可能性が考慮に入れられて，オプション価格はゼロでなくプラスの値がつく。

現在株価が丁度，権利行使価格と等しい状態を**アット・ザ・マネー**（at the money）と呼ぶ。これに対して，現在株価が権利行使価格を上回る状態が**イン・ザ・マネー**（in the money）である。例えば，現在株価が図11-5のE点にあるようなときである。今，権利行使すればEFの利益を上げられるので，コールの価格はEFの大きさ以下にはならない。将来，さらに株価が上昇することが考慮に入れられ，このときのコールの価格はEGのように，EFより高い値段になるのが一般的である。

EFのように，今権利行使したとき得られる金額を，オプションの**本源的価値**（intrinsic value）あるいは，**内在的価値**と呼んでいる。実際のコールの価格は，本源的価値をFGだけ上回るが，これは将来，さらに株価が上昇しそのときに権利行使すればより高い利益が得られることが考慮に入れられて，より高い価格がついているのである。FGの値をオプションの**時間価値**（time value）と呼んでいる。このように，オプション価格は，オプションの本源的価値と時間価値を合計したものになる。

(d) **株価の変動性（ボラティリティ）**

将来の株価の変動性（volatility）も，オプション価格に影響を及ぼす。株式のような通常の金融資産であれば，将来の価格変動が大きいと予想されればされるほどリスクの程度が高くなり，現在価格は低く評価される。しかし，オプションの場合には，逆に，原資産の価格変動が大きければ大きいほど価値がでてきて，オプション価格は高くなる。これが株式などと違うオプションの大きな特徴である。

■図11-6 株価の変動性とオプション価値

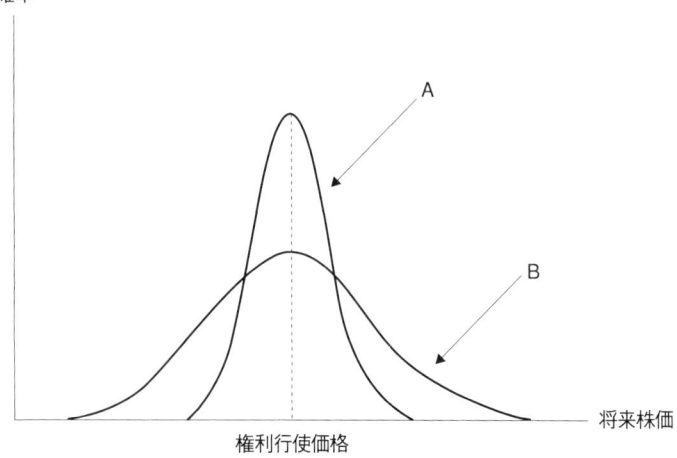

例えば、満期時の株価の予想分布が、**図11-6**のようなAかBの2つの場合を考えてみよう。どちらの分布も、期待（平均）株価は権利行使価格に等しくとってある。しかし、Bの分布の方が株価の変動性は高く、株価が低くなる確率が大きいが、同時に、株価が高くなる確率も大きい。

A、Bどちらの分布でも、株価が権利行使価格以下になる確率は50％である。そのような状態では、株価がどれほど低いかは問題ではなく、権利行使価格以下のどんな株価でもコール・オプションの価値はゼロになる。

これに対して、株価が権利行使価格以上になる確率も50％ある。しかし、この状態では、株価が権利行使価格をどれほど上回るかは、オプションの価値に大きな影響を及ぼす。Bの分布のように、満期時の株価が権利行使価格を大きく上回る確率が高いほど、権利行使によって高い利益を上げられる可能性も増大する。以上のことから、コール・オプション価値は将来株価の変動性が大きいほど増大するので、それが反映され、コール・オプションの現在価格は高くなる。

(e) **利子率**

最後に、オプション価格は金利水準にも影響される。将来、権利行使するとき、コール・オプションの買い手は権利行使価格を支払わなくてはならない。現在利子率が高ければ、それは現在価値でみて権利行使価格が低いことを意味する。権利行使価格が低ければコール価格は高くなる。このことか

■表11-1　オプション価格の決定要因

	コール・オプション	プット・オプション
権利行使価格	−	＋
満期日	＋	＋
現在株価	＋	−
株価の変動性	＋	＋
金利	＋	−

ら，他の要因が一定であれば，現在の金利水準が高くなるほど，コール価格は上昇することがわかる。

アメリカ型プット・オプションについては，上の議論から容易に類推されるので簡単に述べておこう。コールのときと同様に，満期日が長くなったり，株価の変動性が増大すると，プットの価格は高くなる。

しかし，コールとは逆に，プットは，株価が権利行使価格より低いときに価値がでてくるので，現在株価が高くなるとプットの価格はマイナスの影響を受ける。また，プットは権利行使価格で株式を売ることができる権利なので，権利行使価格が高くなればそれだけ価値があり，プット価格は高くなる。最後に，利子率が高くなれば，それは現在価値でみて権利行使価格が低くなることを意味し，プット価格にマイナスの影響を及ぼす。

各要因がコールとプットの価格に与える影響をまとめたのが**表11-1**である。プラスの符号は，左端の要因の値が高くなると，オプション価格も高くなることを示している。マイナスの符号は，左端の要因の値が高くなると，オプション価格は，逆に，低くなることを示している。

4▶オプション価格モデル−2項モデル

(1) 1期間モデル

オプション価格決定モデルには，有名なブラック・ショールズ式がある。しかし，この式を直接，導出するには高度の数学の知識が必要であり，直観的な理解も容易でない。ここでは，理解がより容易な**2項モデル**（binomial model）と呼ばれるオプション価格決定モデルを最初に説明し，その考え方を拡張することによって，ブラック・ショールズ式が求められることを示したい。

(a) 数値例

　具体的な数値例で話を始めよう。配当ゼロの株式の現在の株価を100円とする。3か月後の株価は110円か90円になると予想されている。このように，1期間後の株価を2つの状態のうちいずれかが起こると想定するので，2項モデルと呼ばれる。ヨーロッパ型のコール・オプションの権利行使価格が105円で，満期日は3か月先とする。

　満期日におけるこのオプションの価値は，その時点での株価に依存しており，株価が110円になれば5円，株価が90円になれば0円となる。問題は，このようなオプションの現在の理論価格を求めることである。

　ここで，株式にΔ単位投資し，コール・オプションを1単位売る組み合わせからなるポートフォリオを今つくることを考える。3か月後のポートフォリオの価値は，株価が110円になれば（$110\Delta - 5$）円である。一方，株価が90円になれば90Δ円である。株価がどうなろうがポートフォリオの価値が一定になるためには，次式を満たすようにΔを決めてやればよい。

$$110\Delta - 5 = 90\Delta$$

　これより，$\Delta = 0.25$となる。つまり，株式を0.25単位購入し，コールを1単位売るポートフォリオを組めば，3か月後のポートフォリオの価値は，そのときの株価がどうであれ一定の値になる。

　計算してみると，株価が110円のときには，$110 \times 0.25 - 5 = 22.5$円，株価が90円のときは，$90 \times 0.25 = 22.5$円となり，確かに，一定の値になることがわかる。このことから，現資産である株式とコール・オプションからなるポ

■図11-7　株価とコール価値の推移（1期間モデル）の数値例

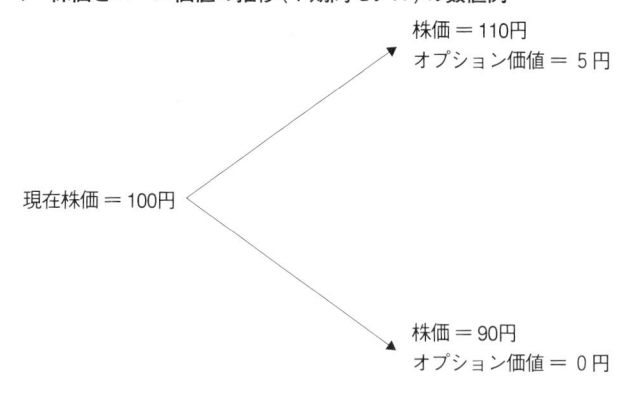

```
                              株価 = 110円
                              オプション価値 = 5円
                         ↗
      現在株価 = 100円
                         ↘
                              株価 = 90円
                              オプション価値 = 0円
```

ートフォリオから，将来の受取金額が確定している安全資産をつくり出すことができることがわかる。

現在の安全資産の利子率が年当たり4％とすると，裁定機会が存在しないためには，連続複利で計算したこのポートフォリオの現在価値は$22.5e^{-0.04 \times 0.25}=22.27612$でなければならない。現在株価が100円なので，現在のコール価格をCとすれば，ポートフォリオの現在価値は$100 \times 0.25 - C$とも表される。この値が22.27612に等しくなくてはならないので，Cは$100 \times 0.25 - C = 22.27612$を満たさなくてはならない。これより，コール・オプションの現在価格Cは2.72388円と求められる。

$$100 \times 0.25 - C = 22.27612$$

(b) 一般式

次に，以上のことを一般式を用いて表すことにしよう。現在株価をS，ヨーロッパ型コール・オプションの現在価格をC，権利行使価格をK，満期日までの期間をT（年）とする。オプション満期時における株価はuSかdSになるとする。ただし，$u>1$，$d<1$とする。また，満期時の株価がuSのときの，その時点でのオプション価値をC_u，株価がdSのときのオプション価値をC_dとする。具体的には，満期時のオプション価値は，それぞれ次のように表される。

$$C_u = \max[0, uS-K]$$
$$C_d = \max[0, dS-K]$$

数値例のときと同様に，原株式のΔ単位の買いとコール1単位の売りから

■図11-8 株価とコール価値の推移（1期間モデル）

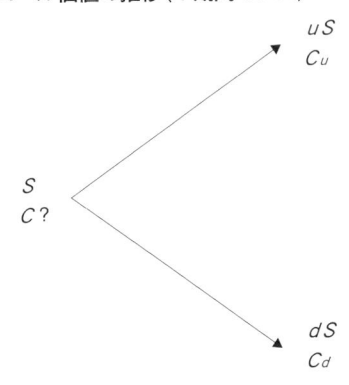

uS
C_u

S
C?

dS
C_d

第11章●オプション 223

なるポートフォリオによって安全資産をつくることが可能である。これを**デルタ・ヘッジング**と呼んでいる。株価が uS になったときのポートフォリオの価値は $uS\Delta - C_u$ で，株価が dS になったときには $dS\Delta - C_d$ となる。そこで，両者の値が等しくなるような Δ を求めてやればよい。

$$uS\Delta - C_u = dS\Delta - C_d$$

$$\Delta = \frac{C_u - C_d}{uS - dS} \tag{2}$$

このようにしてつくったポートフォリオの，オプション満期時での価値は確定値なので，安全利子率 r（年率）を割引率として用いたポートフォリオの現在価値は，次式のようになる。

$$[uS\Delta - C_u] \times e^{-rT}$$

今，このポートフォリオを組成するための純投資額は $S\Delta - C$ であるが，この金額は上式と等しくなくてはならない。

$$S\Delta - C = [uS\Delta - C_u] \times e^{-rT}$$

上式の Δ に(2)式を代入し，C について解くとオプションの現在価格が求められる（ただし，$e^{rT} - d > 0$ と仮定）。

$$C = e^{-rT}[pC_u + (1-p)C_d] \tag{3}$$

ただし，$p = \dfrac{e^{rT} - d}{u - d} \tag{4}$

最初の数値例のパラメーターを(3)式に代入することによって，コール・オプション価格が求められることを確認しておこう。

$u=1.1$，$d=0.9$，$r=0.04$，$T=0.25$，$C_u=5$，$C_d=0$ なので，p の値は次のようになる。

$$p = \frac{e^{0.04 \times 0.25} - 0.9}{1.1 - 0.9} = 0.550251$$

この値を(3)式に代入すると，

$$C = e^{-0.04 \times 0.25}[0.550251 \times 5 + (1-0.550251) \times 0]$$
$$= 2.72388$$

となり，確かに，最初に求めたコール・オプション価格と同じ値になる。

上の説明では，株式とオプションからなるポートフォリオで，安全資産をつくり出した。しかし，株式と安全資産をうまく組み合わせることによっても**オプションを複製**でき，そこからオプションの理論価格を導出することも

可能である。

(c) リスク中立的評価法

(3)式の中には，現在株価 S が1期後に uS に上昇する確率や，dS に下落する確率は含まれていない。どんな確率であっても，オプションの現在価格は影響を受けない。しかし，このことは，直観的に考えるとおかしなように感じられるかもしれない。

なぜなら，株価の上昇確率が高ければ，オプションが権利行使される確率も高まるので，それを反映して現在のオプション価格も高くなると予想されるからである。逆に，上昇確率が低ければ，オプションが権利行使される確率も小さいので，それが考慮されてオプションの現在価格は低くなると思われがちである。

しかし，注意しなくてはならないのは，確かに図11-7や図11-8には，株価の上昇確率や下落確率は明示的に示されていないが，それらの確率は株式の現在価格の中に暗黙の内に反映されているということである。

例えば，将来の株価の上昇確率が高ければ，現在株価もそれを反映して高くなり，C_u の値も大きくなり，(3)式よりオプションの現在価格も高まることになるのである。このように，オプションの価格なり評価は，原資産である株式の現在価格をもとに導き出されることになる。

ここで，(3)式を次のように解釈することが可能である。(3)式の p をあたかも満期時のオプションの価値が C_u になる確率と見なすわけである。同様に，$1-p$ を，満期時のオプションの価値が C_d になる確率と考えれば，(3)式の右辺のカッコの中の値は，満期時のオプションの期待価値を表すことになる。そうすると，安全資産の利子率を割引率として用いて，将来の期待価値から現在価値を求めたのが(3)式であると解釈できる。p や $1-p$ を**リスク中立確率**と呼んでいる。

リスク中立的な投資家は，資産の将来の期待価値を安全資産の利子率を割引率に用いて資産の現在価値を求める。まさに，(3)式で求まるオプションの評価法は，このリスク中立的な投資家の評価方法と同じと考えられるので，**リスク中立的評価法**と呼ばれている。

われわれは，投資家のリスクに対する態度に関して何の仮定も置かずにオプション評価式を導いた。それゆえ，実際の投資家のリスク態度がどうであれ，あたかも投資家はリスク中立的であると想定して，オプションの評価を

行うことができることを示唆している。(もちろん，将来の期待値を求めるときの確率は，実際に投資家が予想する株価の上昇確率ではなく，(4)式の p の値を用いることになる。)

(2) 2期間モデル

今までの説明では，期間は1期間だけであったが，次に，上の数値例で期間を2期間に拡張した場合を考えてみよう。

今度はコール・オプションの満期日が今から6か月先だとする。3か月ごとの株価の変化は，**図11-9**に示されているように推移すると予想されている。今から3か月後の株価の変化は，上の1期間モデルの場合と同じで，10％株価が上昇するか，下落するか2つのケースが起こる。

その後の3か月間についても，株価の変化率は同じく10％の上昇か，下落が起こるとする。例えば，3か月後に株価が110円になったときには，その先3か月で株価は121円か99円に変化する。3か月後の株価が90円になったときには，その先，株価は99円か81円に変化する。

問題は，オプションの現在の理論価格を求めることである。そのために，時間の推移とは逆に，まず，6か月後のオプションの価値を求めてみる。6

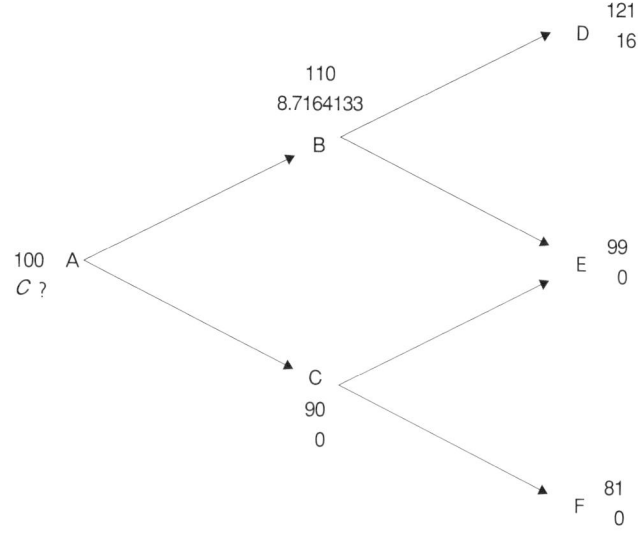

■図11-9　株価とコール価値の推移（2期間モデル）の数値例

```
                                        121
                                    D    16
                110
              8.7164133
                 B
                                         99
                                    E     0
   100 A
    C ?
                 C
                 90
                  0
                                         81
                                    F     0
```

か月後はオプションの満期時であり，そのときの株価の値によって権利行使した方が有利かどうかが決まり，オプションの価値も決定する。権利行使価格が105円なので，株価が121円になったときには権利行使され，オプション価値は16円となる。それ以外の株価では，権利行使価格の方が高いので権利行使されず，オプション価値はゼロとなる。

次に，時間を遡って，今から3か月後のオプションの価値を求める。まず，株価がB点のように110円になったときを考える。B点では，その先に1期間しか残っていないので，1期間モデルで求めた(3)式，(4)式を用いて，このときのオプション価値を計算することができる。pの値は前と同じで，$p=0.550251$である。(3)式のC_uとC_dに対応する値は，それぞれ16，ゼロなので，これらの値を(3)式に代入してやると，次のようにオプション価値が求まる。

$$e^{-0.04 \times 0.25}[0.550251 \times 16 + (1-0.550251) \times 0] = 8.7164133$$

株価がC点のように90円になったときには，今から6か月後のオプション価値は株価がどうであれゼロなので，C点におけるオプション価値もゼロになる。

最後に，現時点でのオプション価値を求める。B点とC点でのオプション価値がすでに求められているので，また，(3)式と(4)式を用いて現時点でのコール・オプション価値Cを計算することができる。

$$C = e^{-0.04 \times 0.25}[0.550251 \times 8.7164133 + (1-0.550251) \times 0]$$
$$= 4.7484913$$

(3) 2項モデルからブラック・ショールズ・モデルへ

1期間の長さを非常に短くとり，その微小期間に株価は2通りの変化しかしないと想定してやれば，基本的に2項モデルで株価の動きを表すことができ，それを用いて現実のコール・オプションの価格を求めることができる。

オプション評価モデルで有名な**ブラック・ショールズ・モデル**（Black and Scholes model）は，このように2項モデルでの1期間の長さを微小にとった場合の極限的ケースと考えることができる。

2項モデルのときと同様，微小期間ごとに，原資産である株式とコールを組み合わせたポートフォリオから安全資産を複製し，そのポートフォリオと安全資産の微小期間における収益率が同じにならなくてはならないということから，コールの現在価格を求めるロジックに変わりはない。

オプションとしての株式・負債

　実際に取り引きされている金融オプションや商品オプションだけでなく，以下で述べるように株式や社債，その他様々な証券をオプションとして解釈することが可能である。このように，オプションの考え方は企業財務の様々な問題に応用が可能であり，その意味でも重要性である。

　図11-10は株式の価値と企業価値との関係を示している。企業価値が負債額より大きければ，両者の差額が株主資本の価値になる。しかし，企業価値が負債額より小さければ，債務の返済が完全にはできず，債務不履行のため倒産状態になり，株式の価値はゼロとなる。

　この図はコール・オプションの買い手のペイオフと同じであり，株式はコール・オプションと考えることができる。企業価値がオプションの原資産に，負債額が権利行使価格にそれぞれ対応している。

　もしも，株主が無限責任を負い，どんな場合でも債務を返済しなければならないとすれば，負債は安全負債になる。その場合には，株式の価値は企業価値から安全負債の価値を引いた値でマイナスにもなりうる。しかし，株式会社制度のもとでは，株式の有限責任制のために株式の価値はマイナスとはならず，ゼロどまりである。

　有限責任の原則があるということは，プットを株主が手に入れていることを意味している。プットを保有することには価値があるが，今の場

■**図11-10　株式の価値**

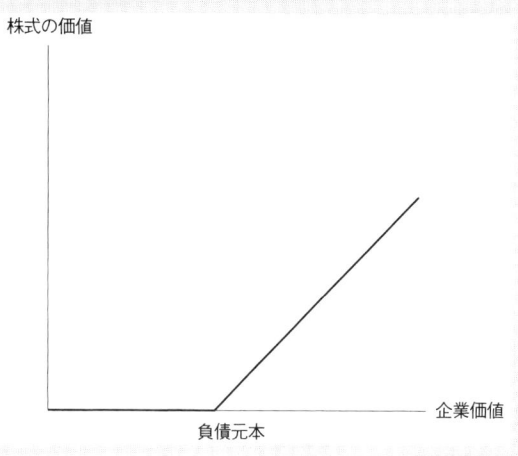

■図11-11　負債価値

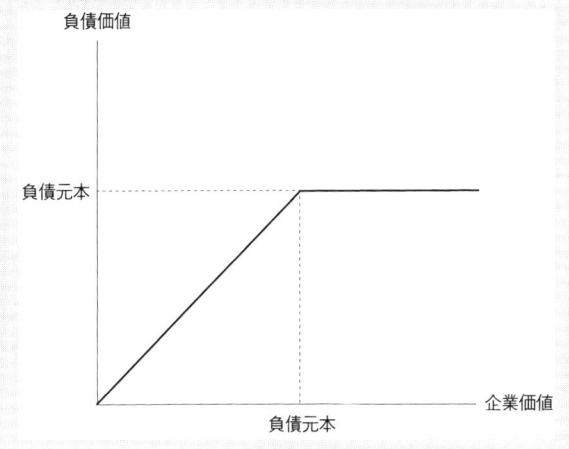

(図: 横軸「企業価値」、縦軸「負債価値」。原点から45度で上昇し、負債元本で水平になる折れ線グラフ。)

合プットの価値は，出資額以上の責任を負わないですむことの株主にとってのメリット，あるいは「株式の有限責任制の価値」と解釈できる。

以上のことから，株式の価値は次のように表すこともできる。

株式の価値＝企業価値－安全負債の価値＋プット・オプションの価値　　(5)

これに対して，負債の価値は次のように表すことができる。

負債価値＝安全負債の価値－プット・オプションの価値
**　　　　＝企業価値－コール・オプションの価値**　　(6)

ところで，第7章で資本構成の議論をしたとき，経営者が株主の立場を重視する場合には，危険度の高い投資が選択され，それを予期していなかった債権者の利益がそこなわれることを数値例（第7章の表7-5，表7-6）で説明した。このことは，株式をコール・オプションと考えれば容易に理解することができる。

企業が危険度の高い投資を選択すれば，危険度の低い投資が選択された場合に比べて，企業全体のキャッシュフローの変動性は増加する。ところが，株主は，原資産が企業全体のキャッシュフローに対する請求権であるコール・オプションの保有者と考えられる。本章の第3節で述べたように，原資産の価格なりキャッシュフローの変動が大きくなれば，コールの価値は増大する。このことから，企業全体のキャッシュフローの変動性が増加すれば，株主価値が高まることが理解できよう。

5 ▶ 転換社債・ワラント債

　企業が発行する転換社債，ワラント債は，普通社債にオプション的性格が付け加わったものである。[2]

(1)ワラント債の価値

　ワラント債（bond with warrants）とは，一定期間の間に，その会社の発行する新株を前もって決まった価格（行使価格）で，一定量買い付けることができる**ワラント**（選択権）が付与されている社債である。そのため，ワラント債の価値は，普通社債としての価値にワラントの価値を加えたものになる。

　ワラントは企業が発行したコール・オプションと考えられるので，基本的にはワラントの価値は，通常のコール・オプション評価モデルを適用できる。

　ただ，ワラントが権利行使されると，行使価格に相当する金額を企業が受け取る一方，新株式をワラント保有者に与えるため発行済株式数が増加する。この点を考慮に入れた修正が必要になる。

(2)転換社債の価格

　転換社債（convertible bond）とは，一定期間の間に前もって決められた価格（転換価格）で当該企業の新株を転換社債と交換に手に入れることができる選択権が付いている社債である。

　ワラント債との違いは，ワラント債では選択権を行使しても社債の部分は満期まで消滅しないのに対して，転換社債では株式への転換によって転換社債そのものが消滅してしまう点にある。また，ワラント債では新株を引き受ける際に企業に対して追加払込が必要であるが，転換社債ではその必要がない。

　転換社債の価値は(7)式で表すことができる。ただし，Bは普通社債価値，CVは転換価値である。

$$\text{転換社債の価値} = Max(B,\ CV) + \text{プレミアム（時間価値）} \qquad (7)$$

　転換価値とは，今転換権を行使して株式を手に入れたときの株式の価値のことである。例えば，額面500円分の転換社債を株式1株に転換できるとす

■図11-12 転換社債の価値

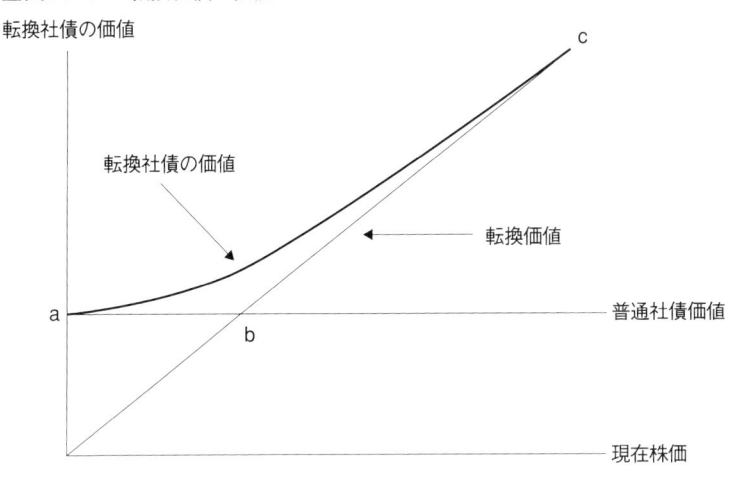

転換社債の価値

転換社債の価値

転換価値

普通社債価値

a
b

現在株価

c

る。額面100円の転換社債では0.2株である。今の株価が1,000円とする。額面100円分の転換社債を株式に今転換したときの株式の価値は200円（＝0.2×1,000）なので，現在の転換価値は200円になる。なお，株式1株を手に入れるために必要な転換社債額面金額を**転換価格**というが，今の例では500円である。

図11-12に現在株価と現在の転換社債の価値との関係が示されている。現在株価が低く，転換権を行使できないときには，転換社債は普通社債としての価値しか持たない。図では，転換社債の債務不履行（デフォルト）が起こることはないとしている。そのため，普通社債価値は水平な直線で表されている。

原点から延びている直線は転換価値を示している。株価が上昇すれば株式転換し，手に入れた株式を直ちに売却すれば転換価値分の金額を得ることができる。そのため，転換社債の価値は，転換価値を下回ることはない。

以上のことから，転換社債の価値は，最低限，普通社債価値と転換価値のいずれか大きい値をとる。(7)式右辺の $Max(B, CV)$ がこれに相当し，転換社債価値の最低限を示している。図では，折れ線abcで表される。

しかし，実際の転換社債の価値は太い曲線のように，折れ線abcより高い値になる。曲線と折れ線abcの縦軸方向の差が，(7)式右辺のプレミアムを示している。

将来，今以上に株価が上昇し，その時点で転換権を行使することによって，より高い利益が見込まれるとすれば，普通社債価値や転換価値以上の価値が，プレミアムとして上乗せされることになる。プレミアムは通常のコール・オプションの時間価値に相当するものである。

(3) 転換社債・ワラント債の役割

　企業にとっての転換社債・ワラント債発行の第一のメリットは，次に説明する**迂回的増資**という点にある。

　第8章で，資金の提供者と企業との間で将来の企業収益に関して情報の非対称性がある場合，発行価格が不当に低く抑えられ，増資による資金調達が企業にとって不利になり，増資が行えなくなる事態が生ずることを述べた。

　このような情報の非対称性が存在するときに，株主資本を増やしたい企業は，転換社債を発行することによって，直接，増資に頼ったとすれば生ずるであろう問題を回避して，適正な価格で資金を調達することが可能となる。そして，将来，企業の業績なり将来性が外部投資家に明らかになった時点で株式への転換がなされるので，株主資本を増加させたい企業にとっては，転換社債は迂回的増資としての役割を持つことになる。

　第二のメリットは，調達資金の返済スケジュールを実物投資からの収益の回収スケジュールに合わせることが可能となるという点にある。甘味剤として，将来，株式を手に入れられる選択権がついているため，普通社債より利率が低い。そのため，投資成果が上がるまでの期間，返済負担が軽微ですむ。その後，収益の増加がもたらされた時点で株式への転換が行われ，1株当たり利益，株価の希薄化が起こっても，十分耐えられるだけの利益増がもたらされていれば，希薄化のマイナスをカバーできる。

　このような点を踏まえると，どのような企業が転換社債・ワラント債を発行するのが望ましいだろうか。創立年数も若く，成長は見込めるが将来の収益が不確実で，その予測が難しいような新興企業があげられる。このような企業では，できるだけ金利負担を避けるために，通常の負債には依存したくはない。しかし，すぐ増資をしても，必要な資金がなかなか集めにくい。そのため，代わりに，転換社債・ワラント債を発行するのが望ましくなる。

問題11.1

　株式オプションで原資産の株式の配当がゼロの場合，アメリカ型とヨーロッパ型のコール・オプションの現在価格は同じになる。その理由は，アメリカ型コールを満期時前に権利行使するより，権利行使するなら満期時に行使した方が望ましいからである。そのため，アメリカ型コールは，ヨーロッパ型と同じになる。以下の数値例でこのことを確認しよう。

　アメリカ型コールの満期日までの期間が1か月，権利行使価格は40円とする。現在株価は50円である。

(1) 今権利行使したとすれば，手に入れた株式をすぐ売却してしまう場合を想定する。この場合，保有しているコールを今権利行使し，株式をすぐ売却するのと，権利行使せず，コールそのものを売却するのとでは，どちらが有利か。

(2) 今権利行使したとしても，1か月間株式を保有する計画の場合を想定する。この場合，今権利行使するのと，1か月後に権利行使の決定をするのとどちらが有利か。

問題11.2

　ある株式の現在株価は200円である。3か月後に230円か190円になると予想されている。現在の安全利子率は3％（年率）である。この株式を原資産とするコール・オプションの現在の理論価格を，2項モデルを用いて計算しなさい。ただし，満期日は3か月後で，権利行使価格は210円である。

[注]
1) ただし，(1)式は原株式の配当がゼロのヨーロッパ型オプションについて成り立つ。
2) 2002年4月の商法改正での「新株予約権」制度のスタートに対応して，従来の転換社債，ワラント債（新株引受権付社債）は，法律上，広く「**新株予約権付社債**」と呼ばれることになった。ただ，本章では従来から馴染みのある呼称を使うことにする。

第12章
財務リスク管理

1 ▶ はじめに

　為替レート，金利，原油価格に代表される市況商品価格，あるいは株価の変動によって，企業収益や利益は大きな影響を受ける。せっかく生産やマーケティングを上手くやっても，金融・資本市場，為替市場や市況商品市場での価格変動といった外部的要因によって，思わぬ利益の低下にさらされかねないリスクが増大している。

　これに対応して，これらのリスクをヘッジする手段として，オプション，先物，スワップといったデリバティブと呼ばれる金融派生商品が登場し，市場で活発な取引が行われるようになってきている。最近では，天候不順や台風，地震などの天災で被った企業の損失を補償する天候デリバティブの利用も広まっている。

　しかし一方で，莫大な金額の損失をデリバティブから発生させてしまった企業の新聞報道が話題になることも多い。これらの事例の多くは，本業の業績が悪く，利益の落ち込みを補うために，デリバティブ取引に手を出し，思惑とは異なりデリバティブからの損失が累積してしまい，結果的に企業全体の赤字を拡大させてしまったケースである。

　そこで，本章では，財務的意思決定の中でもその重要性が増している，**財務リスク管理**の基本的な考え方を説明する。最初に，先物とスワップの仕組みを説明し，その後で，デリバティブを用いたリスク・ヘッジの基本例を紹介する。最後に，適切な財務リスク管理を行うための注意点を述べる。

2 ▶ 先物の仕組み

(1)先物取引

　先物（futures）取引とは，将来，ある証券なり商品をいくらで売買するかを，今約束する取引である。現時点では現金の受け払いは行われない。今約束した売買価格を**先物価格**（futures price）という。現金の支払いと現物の受け取りは約束した将来のある期日（最終決済日）に行われる。

　例えば，原油先物の例を考えよう。買い手が，今から3か月後に原油を1バーレル当り2,000円で，1,000バーレル買う約束をしたとする。買い手は決済日における石油の現物価格がどうであれ，前もって約束した価格で原油を手に入れることができる。今の例では，3か月後に200万円を支払うことによって，1,000バーレル分の原油を手に入れられる。

　先物の売り手は，今から3か月後に原油を1バーレル当り2,000円で，1,000バーレル売る約束をした者で，最終決済日に買い手から200万円を受け取って，1,000バーレル分の原油を買い手に渡す。

　先物の買い手と売り手の最終決済日での原油1バーレル当りの損益を示したのが**図12-1**である。最終決済日の原油現物価格が例えば2,500円になったとする。現物取引だと1バーレル分の原油を手に入れるのに，2,500円支払わ

■図12-1　先物からの損益

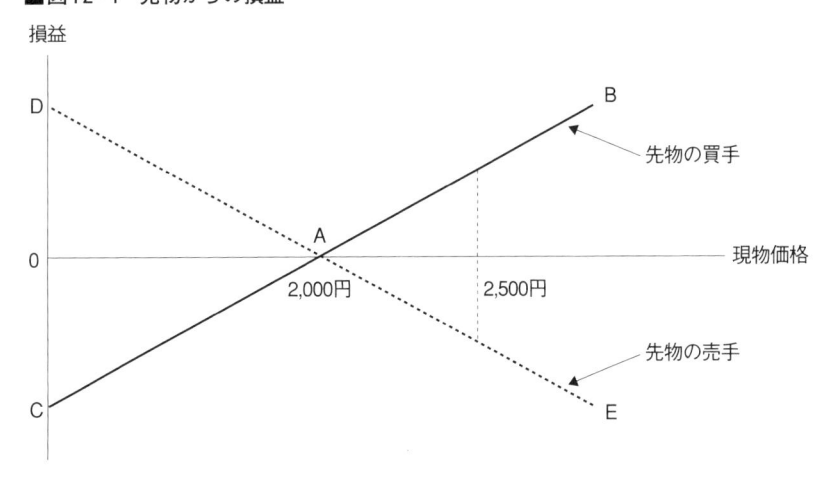

なくてはならない。ところが，先物買い契約をしていれば，2,000円の支払いですむ。そのため，差額の500円が先物の買い手の利益となる。

逆に，最終決済日の現物価格が1,500円になったとすると，現物取引よりも500円分高い価格を支払って原油を手に入れることになる。そのため，先物の買い手は500円の損失を被ることになる。以上のことから，先物の買い手の損益は，傾き45度の右上がりの直線BCで表される。

これに対して，先物の売り手の損益は，買い手の損益線と左右対称な右下がりの直線DEになる。買い手が利益を出したときには，同額の損失が売り手に発生する。買い手が損失のときには，同額だけの利益を得る。いずれにしろ，先物からの損益は，元になる資産（原資産）の最終決済時点での現物価格に依存して決まることになる。

なお，実際には先物取引では，最終決済日まで待たずに，途中で逆の取引（反対売買）を行うことによって，先物取引を終了，あるいはポジションを解消することができる。例えば，当初，先物買いをしていた場合，最終決済日以前に先物を売る契約を別の買い手とすることによって，先物ポジションが解消される。

これに対して，反対売買によって取引を終了できず，最終決済日に当初の契約を必ず履行しなければならない取引を，**先渡し**(forward)取引と呼んでいる。**通貨の先物予約**がその一例である。

上の原油先物の例で，当初の買い手が1か月後に，先物売りという反対売買を行って先物ポジションを解消したときの損益は，次のように計算される。1か月後に，市場で成立する先物価格が2,300円になったとしよう。この場合，2,000円で買う約束をしていたものを2,300円で売ったとみなされ，300円（＝2,300－2,000）の利益になる。

逆に，当初，先物売りをしていた売り手が，同じ1か月後に先物買いの反対売買を行って，先物ポジションを解消したときの損益は，2,000円で売る約束をしていたものを2,300円で買い戻したと見なされ，300円の損失になり，300円を支払うことになる。

ところで，先物取引での決済は，**差金決済**(cash settlement)と呼ばれるやり方で行われることが多い。差金決済とは，現物の受け渡しを行わず，取引価格と清算価格の差額を現金で決済することをいう。

(2) 証拠金と値洗い

　先物取引の場合，契約の履行は将来になるが，取引相手が約束通り契約を履行しない**信用リスク**の危険性がある。そのため，取引所で集中して先物取引が行われる場合，約束通り契約を履行することを保証するための手だてが考えられている。それが，**証拠金**(margin)と**値洗い**(mark to market)の制度である。この制度によって，相対（あいたい）取引では発生する危険性のある信用リスクが，先物取引では回避されることになる。

　投資家は先物取引の開始に際して，取引額の一定割合（債券先物の場合には，売買額面金額の３％）に相当する金額を仲介業者（証券会社）に預託しなければならない。これを**当初証拠金**という。

　先物取引では，先物ポジションから損益がどれだけ発生したかが，日々計算される。これを値洗いと呼んでいる。値洗いによって，毎日，先物ポジションの評価損益が計算される。そして，累積損が拡大して，証拠金残高が一定水準以下に減少すると，追加証拠金を積み増さなければならない。それによって，証拠金残高が極端に減ってしまう事態を回避している。

　値洗いと証拠金制度によって，先物から多額の評価損失が発生している投資家が，先物契約の不履行を起こす信用リスクを防いでいる。

(3) 先物価格の決定

　次に，先物価格がどのような水準に決まるのかを調べてみよう。記号を次のように定義する。F：現在の先物価格，S：現在の現物価格，T：先物の最終決済日までの期間（年単位），r：利子率（年率），I：現物をT期間保有することによって得られる収入合計（例えば，クーポン収入や配当額）。

　現在の先物価格と現物価格の関係が，$F > Se^{rT} - I$ だとしよう。このときには，投資家は次のような投資戦略によって確実に利益を上げることができる。今，S円借りて現物を１単位購入すると同時に，先物を１単位売るという投資戦略である。

　先物取引開始時には現金の授受はないし，資金を借りて現物を購入するので，現在時点では投資家の手持ち資金の流出はない。

　最終決済日での投資家のキャッシュフローを考えてみよう。まず，S円借りていたのでT期後にSe^{rT}を返済しなくてはならない。また，先物売りをしていたので，保有している現物を先物の買い手に渡して，先物価格に相当す

る F の金額を受け取る。さらに, T 期間中, 現物から得られた収入 (クーポンや配当額) を運用した金額 I が T 期末に得られる。

これらを合計すると, 最終決済日 T での純キャッシュフローは, $-Se^{rT}+F+I$ となる。この値はプラスの確定値である。つまり, 投資家は, 現在, まったく手持ち資金を出さずに, 将来, 確実に利益を上げられる投資機会に遭遇することになる。

そのような場合には, 多くの投資家が上で述べた投資戦略を取ろうとするであろう。その結果, 現物買い需要が増加する。そのため, 現在の現物価格は上昇し, より高い値段になる。また, 先物売り需要が増加し, 現在の先物価格はより低下する。このように, $F>Se^{rT}-I$ の関係が解消するような価格変化が起こる。

逆に, $F<Se^{rT}-I$ だとしよう。現在, 現物を空売りし, 得た代金を利子率 r で運用すると共に, 現在, 先物買いを行うことによって, 確実に T 期末に利益を上げられる。そのため, 多くの投資家がこのような投資戦略を選ぶので, 現在の現物価格は低下し, 先物価格は上昇する。この結果, $F<Se^{rT}-I$ の関係も長続きしない。

そして, 上で述べたような裁定機会が存在しない均衡状態では, (1)式が成り立つ。

$$F=Se^{rT}-I \tag{1}$$

この式は, 現物価格と先物価格との関係を表した基本式である。なお, 指数先物の場合には, 現物からの I はゼロになるので, I を除いた式が現物価格と先物価格の関係を表す式になる。(1)式より, 現物価格が高くなれば, それに見合って先物価格も上昇することがわかる。

数値例で示そう。債券 (国債) の現物価格が, 現在, 98円している。債券先物の最終決済日までの期間を3か月とする。また, 短期利子率を3% (年率), 現物国債から3か月後に経過利子1円を受け取れるとする。これらの数値を(1)式に代入すると, 現在の先物価格の理論値は97.74円と求まる。

$$F=98\times e^{0.03\times \frac{3}{12}}-1=97.74$$

なお, 先物が派生商品であるのは, 先物からの損益が現物価格に依存することや, 先物価格が現物価格と一定の関係によって決まること, つまり, 現物から派生してその価値が決まることから理解できよう。

読者の中には, 現在の先物価格は, 将来の現物価格なり先物価格に関する

投資家の予想を反映して決まるのではないかという疑問を持つ人もいるであろう。確かに，(1)式は将来の現物価格の予想によって先物価格が決定されるということを明示的には示していない。

しかし，現在の現物価格の中に将来の現物価格の予想は反映されている。例えば，多くの投資家が将来の債券価格の上昇を予想しているときには，現在の債券価格 S にそれが織り込まれ，S の値は高くなり，それに見合って先物価格 F も高くなる。

(4)商品先物の先物価格

上の議論は，金融先物を念頭においた先物価格の決定の話であった。次に，商品先物の先物価格の決定について述べよう。

商品先物の原資産は，大豆，小麦などの農産物や，石油，ゴムなどの原料品である。そのような商品は，金融先物の原資産である株価指数，債券，金利，通貨などと違って消費することが可能である。また，商品先物の原資産を保有するには保管・貯蔵費用がかかるという特徴もある。

このことを考慮に入れると，商品先物に関しては(2)式が成り立つ。I は現物商品の保管・貯蔵費用である。[1]

$$F \leq Se^{rT} + I \tag{2}$$

(2)式が等号でなく不等号で成り立つこともあるのが，商品先物の特徴である。不等号の場合には，先物価格 F は現物価格 S に比べて相対的により低い価格になる。

これは，例えば，近い将来，現物商品が品不足になり，現物価格が上昇すると予想され，現物を保有するメリットが大きい場合に生ずる。たとえ保管・貯蔵費用が掛かっても，現物商品の実需者が，先物でなく現物で商品を確保しておきたいという状況である。このような状況では，現物価格が上昇する一方で，先物買い需要がなくなり，先物価格が現物価格の上昇ほどには高まらないのである。

3 ▶ スワップの仕組み

(1)金利スワップ

次に，先物と同様，よく使われるスワップについて説明しよう。スワップ

■図12-2　金利スワップ

```
          2.47%                    2.49%
企業C  ←────  スワップ仲介機関A  ←────  企業B
      ────→                  ────→
          LIBOR                    LIBOR
```

を最も広く定義すれば,「前もって決められた取り決めにしたがって,将来のキャッシュフローを交換する,2人の当事者間での契約」ということになる。特に,将来,交換されるキャッシュフローの大きさが金利によって決まり,受け払いが同一通貨であるスワップが**金利スワップ**(interest rate swaps)である。

この金利スワップにも各種のものが考え出されているが,金利スワップを理解する上で重要で最も基本になるのが,「プレーン・バニラ」(plain vanilla)と呼ばれているものである。プレーン・バニラでは,一方の当事者(カウンター・パーティー)Aが,もう一方の当事者Bから,ある期間,一定の間隔で,スワップの契約時に決められた**固定金利**を受け取る代わりに,同じ期間に渡ってBに**変動金利**を支払う。

通常は,スワップ仲介機関が一方の当事者になり,一般の事業会社や金融機関とスワップ契約を結ぶ。変動金利としてよく用いられるのは,**LIBOR**(ライボー,London Interbank Offered Rate,ロンドン銀行間貸し出し金利)である。図12-2のA,Bの間でのスワップでは,Aが固定金利の受け手,Bが固定金利の出し手である。それに対して,AとCの間でのスワップでは,Aが出し手,Cが受け手である。

スワップ取引で受け払いされる固定金利を**スワップ・レート**という。特に,スワップ仲介機関が受け取る固定金利をオファー・レート(offer rate),スワップ仲介機関が支払う固定金利をビッド・レート(bid rate)という。

(2) 具体例

ここで,プレーン・バニラ・スワップにおける金利の受け払いを具体例で示そう。例えば,今日の1年物円金利スワップのオファー・レートは2.49%(年率),ビッド・レートが2.47%(年率)とする。ただし,変動金利は,6

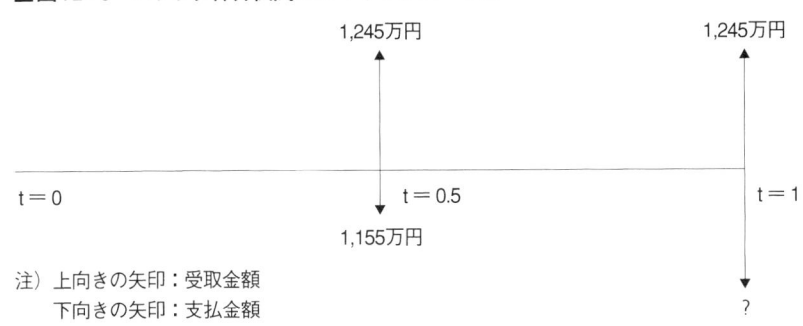

■図12-3 スワップ仲介機関Aのキャッシュ・フロー

```
            1,245万円              1,245万円
               ↑                      ↑
               │                      │
───────────────┼──────────────────────┼──────
  t＝0       t＝0.5                  t＝1
               │
               ↓
            1,155万円                  ?
```

注）上向きの矢印：受取金額
　　下向きの矢印：支払金額

か月円LIBORである。また，今日の6か月円LIBORは2.31％（年率）とする。

　今日，スワップ仲介機関AとB企業とが，変動金利が6か月円LIBORである1年物スワップ契約を結んだとする。Aを受け手，B企業を出し手とする。受け払いされる金額を計算するための**想定元本**（notional principal）を10億円とする。金利スワップでは，この想定元本はスワップの満期時点で交換されない。プレーン・バニラでは，想定元本はスワップの期間中，変化せず同一である。

　この例では，変動金利が6か月円LIBORなので，半年ごとに金利の交換が行われることになる。Aは6か月後と1年後にそれぞれ，0.0249×10億円÷2＝1,245万円の固定金利をBから受け取る。0.0249が年率なので，半年分の金利を計算するために2で割っている。

　それに対して，Aが6か月後にBに支払う変動金利は，その時点での6か月円LIBORではなく，それより6か月前の今日の6か月円LIBORをもとに計算される。つまり，0.0231×10億円÷2＝1155万円となる。ここで，2で割っているのも，0.0231が年率だからである。

　同様に，1年後に支払う変動金利は，それより6か月前，すなわち，今日から6か月後の6か月円LIBORである。この金利は今日時点では確定していないので，AがBに1年後に支払う金額は契約時点では不確実である（**図12-3**参照）。

　Aは6か月後に1245万円の固定金利を受け取り，1155万円の変動金利を支払うわけだが，実際は受取金額と支払金額との差額だけの受け払いで決済をすませる。これを**差額決済**（ネッティング）という。

今の例では，1245万円−1155万円＝90万円をAがBから受け取り，AからBへの支払いはない。Bからみれば，6か月後に90万円を支払わなければならないことが，スワップ契約時点で確定している。それゆえ，1年後には逆にAからのネットでの支払いを期待，予想してBはAとのスワップを結んだことになる。

(3)金利スワップ・レートの決定

次に，金利スワップ・レートがどのような水準に決まるのか，その基本的な考え方を述べよう。

スワップ・レートには，オファー・レートとビッド・レートがあることをすでに述べた。スワップ仲介機関が受け取るオファー・レートの中には，スワップの仲介手数料が含まれている。逆に，スワップ仲介機関が支払うビッド・レートは，仲介手数料分だけ低い固定金利がついている。そのため，オファー・レートとビッド・レートの中値がスワップの仲介手数料を考慮に入れない場合の固定金利ということになる。

スワップの締結時には，スワップの価値がゼロになるように，この中値レートが決定される。すなわち，スワップからの将来の受取金額の現在価値合計が，将来の支払い金額の現在価値合計に等しくなるように，スワップ・レートが決まる。

(4)通貨スワップ

金利スワップの他に代表的なスワップとして，異なる通貨で金利の交換を行う**通貨スワップ**（currency swaps）がある。タイプとしては，①ある通貨での固定金利と別の通貨での固定金利の交換，②ある通貨での固定金利と別の通貨での変動金利の交換，③ある通貨での変動金利と別の通貨での変動金利の交換がある。

金利スワップでは，想定元本の受け払いは行われれず，想定元本は金利の受け払い金額を計算するためだけに使われる。それに対して，通貨スワップでは，異なる通貨の元本をもとに金利の受け払い額が決まるので，満期に元本の受け取り，支払いが行われるのが一般的である。

(5)スワップの信用リスク

　先物やオプションのように主に取引所で売買が行われるデリバティブには値洗いや証拠金の仕組みがあるので，債務不履行によって生ずる信用リスクは非常に小さい。しかし，**店頭取引**で取引当事者間の**相対取引**を基本とするスワップでは，相手方の債務不履行によって生ずる**信用リスク**（credit risk）は重要な問題となってくる。

　今，カウンター・パーティーが倒産して債務を支払えなくなった状況を考えよう。そのようなときには，カウンター・パーティーと過去に締結したスワップにおいて，これから先，当方がネットで受け取りのポジションにある場合には，カウンター・パーティーからの支払いが行われず，将来の受取金額の回収が不可能になる。

　それに対して，当方がネットで支払いのポジションにある場合には，将来のネットの支払金額の現在価値合計を支払わなくてはならない。そのため，倒産時には，スワップの受け払いが非対称になるという特徴がある。このように，相手方の倒産による債務不履行によって損失を被るのは，現在価値合計でみてプラスのスワップ価値を持っている側である。

4 ▶ デリバティブを用いたリスク・ヘッジ例

(1)ヘッジとスペキュレーションの違い

　ヘッジ（hedge）は，企業活動によって生ずる収益や費用が変動するリスクを，デリバティブなどを使って低減させることを指す。それに対して，**スペキュレーション**（投機，speculation）は，リスクを低下させたい元になるものがないにもかかわらず，デリバティブ取引を行う場合である。デリバティブそのものから利益を上げる目的で取引が行われる。予想通りに上手くいけば利益を上げられるが，予想に反した場合には損失を被ることになる。

　このように，デリバティブ取引はリスクを伴うので，スペキュレーションは企業全体のリスクをさらに高める結果になる。

(2)先物によるヘッジ例

　ヘッジの基本は，ヘッジ対象資産からの損が発生するときには，デリバティブから益が出るようにすればよい。つまり，ヘッジをしようとする収益な

り費用から生ずるキャッシュフローと逆のキャッシュフローを，デリバティブを使ってつくり出せばよい。先物，スワップ，オプションを使ってリスク・ヘッジする基本例を，それぞれ順に紹介しよう。

(a) **買いヘッジ**

まず，先物の例を，石油を原料にして製品をつくっている化学会社で考えよう。製品市場は競争的なので，原料費の上昇を製品価格に転嫁できないとする。石油価格の上昇がみられ，将来的にもさらに上昇が予想される危険性があるとき，化学会社は今，石油先物を買っておくことによって，将来の石油価格の上昇による原料費増加リスクを回避することができる。

この会社は，石油を3か月後に1万バーレル必要としている。現在の現物価格は1バーレル当たり1,800円，石油の3か月先物価格が2,000円しているとする。今，3か月先物を1万バーレル分，買い建てる。

3か月後に現物価格が2,200円に急騰したとする。先物買いをしていなければ，この価格で石油の現物を手当てしなくてはならず，2,200万円のコストがかかってしまう。しかし，先物買いをしていれば，先物から1万バーレル×(2,200円−2,000円)＝200万円の利益を上げることができ，純コストは2,000万円になる。

逆に，予想に反して現物価格が急騰せず，現在の価格と同じ1,800円に留まってしまったとしよう。先物買いをしていなければ，3か月後の石油の現物買いによるコストは1,800万円ですむ。しかし，先物買いをしたために，先物から1万バーレル×(1,800円−2,000円)＝−200万円の損失が発生し，純コストは2,000万円になる。

このように，先物買いをすることによって，現物価格がどうなろうが，石油の現物を手に入れるためのコストを2,000万円に確定することができた。この例のように，先物買いによってヘッジを行うのを**買いヘッジ**（**ロング・ヘッジ**，long hedge）という。逆に，先物売りによってヘッジを行うのを**売りヘッジ**（**ショート・ヘッジ**，short hedge）という。

今の場合には，現物買いの時点と先物の最終決済日が同じなので，ネットでの石油購入金額を2,000万円に確定することができた。これを**完全ヘッジ**という。しかし，先物の最終決済日が現物買いの時点と丁度同じになるような先物がなく，先物の最終決済日が現物買いの時点より先になったり，後になってしまうケースが通常だろう。

例えば，先物の最終決済日が現物買いの時点より早い場合には，最初の先物を最終決済日に決済を済ませた後，新たな先物買いを行って，先物買いポジションをつないでいかなければならない。

逆に，先物の最終決済日が現物買いの時点より後になる場合には，先物買いのポジションを反対売買によって閉じなければならない。どちらの場合も，次に述べるベーシス・リスクが発生し，リスク・ヘッジが完全には行えない事態が発生する。

(b)ベーシス・リスク

ベーシス（basis）は次のように定義される。（逆に，現物価格から先物価格を引いたものをベーシスと定義することもある。）

ベーシス＝先物価格－現物価格 (3)

ここで，時点1における現物価格をS_1，先物価格をF_1，ベーシスをb_1とする。同様に，時点2における現物価格をS_2，先物価格をF_2，ベーシスをb_2とする。

時点2で，現物をそのときの現物価格S_2で購入する計画であるが，現物価格の変動リスクを回避するために，時点1で先物買いをしたとする。時点2はまだ先物の最終決済日でないとすれば，その時点で先物売りの反対売買をして先物を手じまわなければならない。先物からの損益は，F_2-F_1となる。現物買いの費用と先物からの損益を合計した，（1単位あたりの）ネットの費用は次のようになる。

$$S_2-(F_2-F_1)=F_1-b_2 \quad (4)$$

時点1ではF_1の値は既知であるが，b_2の値は既知ではない。そのため，もしも，b_2がマイナスの大きな値になると，(4)式の値はF_1より大きくなってしまうリスクが発生する。これが**ベーシス・リスク**（basis risk）である。

上の数値例で説明しよう。上の数値例では，$S_1=1,800$円，$F_1=2,000$円であった。これより，時点1でのベーシスは$b_1=200$円である。また，3か月後に現物価格S_2は2,200円になった。3か月後に先物がまだ最終決済にならず，先物価格F_2が2,100円になったとしよう。

ベーシスでみると，$b_2=2,100-2,200=-100$円になり，ベーシスの値が時点1に比べて，プラスからマイナスの値に大きく変化したことがわかる。このときには(4)式より，現物と先物を合計したネットでの費用は，$2,000-(-100)=2,100$円となり，完全ヘッジのときより，1単位あたり100円分費用が増加

してしまう。このように，ベーシス・リスクはベーシスの値が大きく変動するときに起きる。

(3) スワップによるヘッジ例
(a) 金利上昇リスクのヘッジ

図12-4に示されているように，A企業は銀行から100億円を変動金利で以前に借り入れているとする。ただし，長期の借り入れ期間とする。今，金融情勢の変化で，将来，金利が上昇に転ずると予想されるようになってきた。そこで，将来の金利上昇による借り入れ利息の負担増加を低減させるために，固定金利払い・変動金利（6か月LIBOR）受けのスワップを締結したとする。

ただし，A企業は，収入の方も金利上昇と共に増加するような企業ではないと仮定する。もしも，収入も金利とプラスの相関があるなら，スワップを組まず，銀行からの変動金利借り入れだけの方が金利変動リスクを回避できるからである。

将来，金利が上昇しそうなとき，もしも，今，銀行からの過去の変動金利借り入れをキャンセルして，長期固定金利借り入れに変更することができるなら，金利変動リスクを回避できる。しかし，このような変更には，キャンセル料を含んだ多大な取引コストがかかり，実際には不可能なのが一般的であろう。

ここで，現在のLIBORを次のように想定しよう。6か月LIBORを8％（年

■図12-4　スワップによる金利上昇リスクの回避

率),1年LIBORを10%(年率,半年複利)。このとき,1年物スワップ・レートは,9.95%(年率)となる。そして,今から6か月後から1年後の間のフォワード・インタレスト・レートは12.0%(年率)と計算されるが,6か月後の6か月LIBORの金利としてこの値が実現すると予想されている。

スワップの想定元本を100億円とすれば,1年物スワップの出し手になることによって,これから先,半年毎に4.975億円の固定金利を支払う代わりに,半年後に4億円(確定値),1年後に6億円(期待値)の変動金利を受け取ることになる。予想通り金利が上昇したときには,銀行に対する1年後の利子支払いは増加するが,スワップ取引によって受け取る変動金利も1年後に6億円に増加する。

銀行からの借り入れ利息支払い増加は,変動金利の受取増によって完全に,あるいは一部分相殺される。そして,A企業は半年毎に4.975億円の固定金利をスワップ業者に支払うという形で,**金利支払いを実質的に固定化**することができた。つまり,変動金利借り入れをスワップで固定金利借り入れに変換したことになる。

このように,スワップを組むことによって,将来の金利上昇リスクを回避できたことになる。もしも,スワップを組んでいなければ,1年後に高くなった変動金利を銀行に支払わなくてはならない(もしも,銀行からの変動借り入れ金利が6か月LIBORであるなら,12.0%(年率)を1年後に支払わなくてはならない)。それが,スワップによって,より安い9.95%(年率)の固定金利(スワップ・レート)を1年後に支払えばよいことになるからである。

(b)**スワップによるリスク・ヘッジのコスト**

しかし,これまでの議論で注意しなくてはならないのは,A企業にとってコストがゼロでこのようなメリットを享受できるわけではないことである。なぜなら,6か月後に9.95%(年率)の固定金利を支払うが,この金利は8%(年率)の変動金利より割高である。

このように,将来の金利上昇リスクを回避するために,その代償として,それ以前の時点で(今の場合,6か月後),割高な金利を支払うという形でコストを支払っているのである。

つまり,金利上昇期待のもとで,スワップの出し手の需要が増えれば,スワップ・レートは今まで以上に上昇してしまう。そのため,金利の固定化に対してより高い固定金利コストを支払わなければならない。

今までの議論とは逆に，将来，金利低下が予想されると判断するような状況になったときには，従来の固定金利借り入れを，固定金利受け・変動金利払いのスワップを組むことによって，実質的に変動金利借りの資金調達方法に変更できる。予想通りになれば，低い金利支払いですむことになる。

(4)オプションによるヘッジ例

次に，オプションによるヘッジとして，**通貨オプション**を使った例をあげておこう。話を簡単にするために，将来，輸出代金をドル建てで1ドル受け取る企業を考える。**図12-5**には，横軸に輸出代金受取時点での円・ドル・レートをとった場合の，円ベースでの受取額が傾き45度の直線で示されている。

■図12-5 輸出業者の受取額(円ベース)

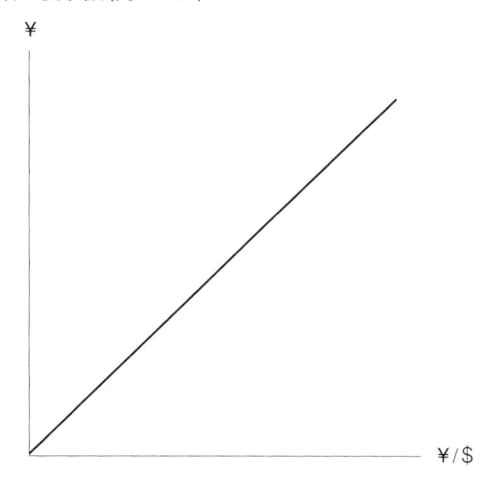

将来，**円高**になったときには，この輸出業者は円ベースでみた受取額が減少してしまうリスクにさらされている。このリスクをヘッジするために，今，**通貨プット・オプション**を買うことを決めた。通貨プット・オプションの現在の価格（オプション料）は10円で，権利行使価格は120円とする。

このオプションの買いからの将来の損益は**図12-6**のように表せる。将来，1ドル120円以上の円安になれば権利行使は行われず，損益はゼロになる。しかし，1ドル120円を越えて円が高くなれば，プットの権利行使が行われ，

■図12-6　プットの買いの損益

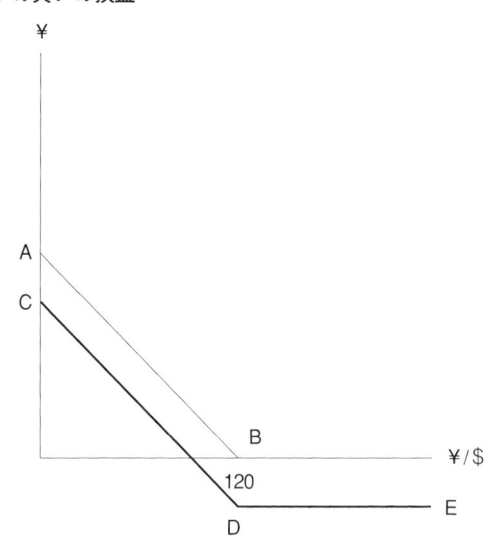

■図12-7　リスク・ヘッジ後の受取額(円ベース)

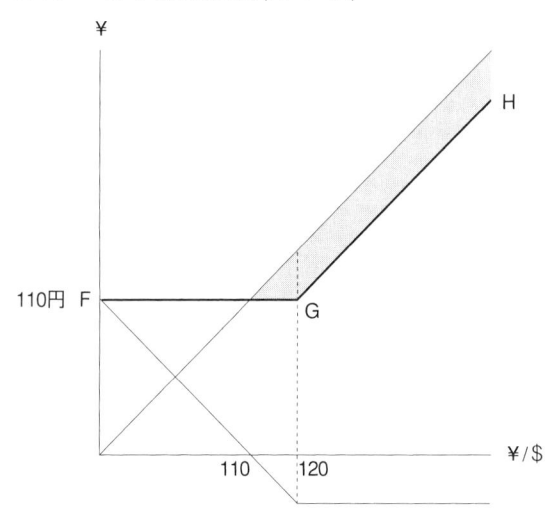

直線ABで表せる利益が得られる。折れ線CDEは，オプション料を差し引いたプット・オプションの買いからの純損益を示している。

図12-5の直線と図12-6の折れ線CDEを組み合わせたのが**図12-7**の折れ線

FGHで，ヘッジ後のペイオフになる。円が120円以上に高くなっても，円ベースでみて110円が確保される。しかし，そのようなヘッジはただで行えるわけではない。プット・オプションを手に入れるために，一種の保険料として当初，オプション料を10円支払わなくてはならなかった。

このようなヘッジ・コストは，図12-7の網かけの部分で表すこともできる。つまり，将来，120円以上の円安になれば，ヘッジをしていなかったときより，ヘッジを行ったためにネットでの受取金額が10円分低下してしまうという形で，輸出業者はヘッジのコストを負担していることになる。（なお，将来の直物レートが110円と120円の間のときは，直物レートと110円の差額分だけ，ヘッジをしていた場合の受取額が小さくなる。）

5▶財務リスク管理の基本的考え方

第4節で様々なデリバティブを用いたリスク・ヘッジの基本例を示した。次に，事業会社が財務政策の一環としてリスク管理を行うときの基本的考え方を述べよう。

(1)リスク・ヘッジによる企業価値増大効果

最初に重要なことは，いつでもリスク・ヘッジを行うことが望ましいかといえば，そうではない。なぜなら，デリバティブは，当初の契約時点では正味現在価値がゼロになるように価格が決められる。正味現在価値がゼロのものを付け加えるだけでは，企業価値は高まらないからである。

リスク・ヘッジによって，利益なりキャッシュフローの変動を抑えることによって，実質的な価値が創造されると期待されるときのみヘッジ活動は有効になる。

リスク・ヘッジを行うことによって企業価値が高まる最初の可能性は，リスク・ヘッジを行っているかいないかが，企業の投資政策に影響を及ぼす場合である。

リスク・ヘッジを行わず，キャッシュフローの変動が大きいときには，実物投資のための必要資金を内部資金で賄うことができない事態が発生する可能性が高くなる。もちろん，内部資金で賄いきれないときでも，外部資金が自由に調達可能ならば何ら問題はない。

しかし，経営者にとって，外部資金がコスト的に割高な資金調達と意識されているときには，内部資金が不足しても完全に外部資金で埋め合わせることをせず，投資案を絞ったり，投資規模を小さくしたりというふうに，投資額を削減して調整しようとする。

それが，リスク・ヘッジを行っていれば，キャッシュフローの変動は大きくならず，必要投資資金を内部資金で賄うことができない事態が発生する可能性を抑えることができる。それによって過少投資の危険性がなくなり，企業価値をより高めることができる。

2番目は，財務危機の増大が，売上げ，製造・金融コストにマイナスの影響を及ぼしそうな場合である。財務危機が予想されるようなときには，当該企業の製品の需要が急激に減少してしまう。これは，特に，耐久消費財や資本財に強くみられると思われるが，取替部品の供給，継続的な補修サービスなどが会社の消滅によって受けられなくなる可能性が高まるためである。

また，そのような企業に部品を供給している企業も，存続が危ぶまれる企業との継続的な取引関係を維持して行こうとする誘因が弱くなる。そのため，供給企業からその企業に特化した部品・サービスの供給が中止させられ，汎用部品で満足しなければならなくなり，製造コストの上昇を招く。

さらに，資金の貸し手も新たな融資を躊躇したり，貸し出し条件をきつくしてくる。また，企業間信用を受けられず，現金取引を要求されることもある。いずれにしろ，金融コストの上昇という形で大きな費用を負担しなければならない事態に発展する可能性が高くなる。

ヘッジ活動が収益変動を和らげることによって，このような財務危機の増大が，売上げ，製造・金融コストに及ぼすマイナスの影響を抑える効果を期待できる。

(2) 会社全体の収益・費用構造とのバランス

上で述べたように，将来の利益やキャッシュフローの変動を押さえることによって，企業の実物的側面が影響を受け，それによって企業価値が高まるのであれば，リスク・ヘッジを行うことは有効である。しかし，ヘッジをするにしても，会社全体の収益・費用構造とのバランスを考慮に入れて，**ヘッジ比率**を決定する必要がある。

また，会社全体の収益・費用構造からみると，逆にヘッジ比率を低めた方

が全体としての利益なりキャッシュフローの安定化につながるときがある。

　金利・為替・商品価格変動などで，キャッシュフローが低下するときに必要投資資金も減少するなら，キャッシュフローの変動をいたずらにヘッジする必要はない。そのため，為替・金利・商品価格変動によって，収入，費用，投資需要がどのように影響を受けるかを十分に考慮に入れて，ヘッジの量を決める必要がでてくる。

　例えば，事業活動から得られるキャッシュフローで油田の探索や開発のために必要な投資資金を賄う石油会社を想定してみよう。もしも，社内のキャッシュフローに関係なしに投資資金需要が一定なら，キャッシュフローが落ち込んでしまったときには，投資が行えない事態が発生する危険性がでてくるので，キャッシュフローの安定化を目指すリスク管理政策は有効であろう。

　しかし，この石油会社の場合，原油価格が低下すればキャッシュフローも低下するが，同時に，油田の探索や開発も採算に合わなくなり投資額も低下する。つまり，キャッシュフローが低下しても，資金需要も低下するので必要資金を社内で賄うことが可能となる。

　逆に，原油価格の高騰で資金需要が出てきたときには，増加したキャッシュフローで賄うことが可能である。このように，キャッシュフローと資金需要が同じように変動する企業では，キャッシュフローの安定化を目指すリスク・ヘッジの必要性は小さい。

日本航空の為替予約

　1985年に日本航空は，将来の円安に備えて，1996年度分までの毎年の航空機購入計画によって生ずるドル建て購入代金支払額の約3分の1に相当する36億ドルに対して，長期為替予約（ドル買い予約）を行った。為替予約の平均レートは185円/ドルであった。しかし，1985年9月のプラザ合意でドル安誘導が決定され，その後円高が進み，1992年までに約1,100億円の為替差損が生じ，また，それ以降の為替予約についても多額の含み損が発生してしまった。

　ここで，リスク・ヘッジ目的のためにデリバティブを用いて結果的に

■図12-8　日本航空の先物予約

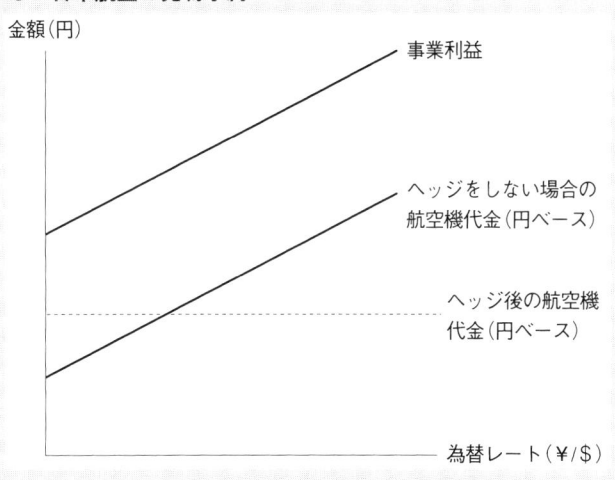

金額(円)

事業利益

ヘッジをしない場合の
航空機代金(円ベース)

ヘッジ後の航空機
代金(円ベース)

為替レート(¥/$)

　損失がでることは，それ自体では問題ではない。それは，一種の保険料である。当初，懸念されたように円安になっていたとしたら，ヘッジによって円ベースでみた支払金額がより少なくてすむ。そのようなメリットを先物予約によって，予約時点で何の対価も支払うことなく手に入れた。結局，円高になったために，より多くの支払金額という形で保険料相当額を支払ったことになる。

　しかし，このリスク・ヘッジは，そもそも正しい政策だったのだろうか。確かに，将来の航空機購入の支払い代金だけを考えれば，為替予約によって為替変動リスクを回避することは望ましいことかもしれない。しかし，日本航空の全体の事業活動を同時に考慮に入れると，必ずしも必要な政策ではなかった可能性が高くなる。

　国際線が中心だった同社にとって，外国の航空会社との競争上，航空運賃は国際価格に設定せざるをえず，しかも円建て運賃は円高になったとき引き下げざるを得ない（とはいえ，円高時には，海外への観光客が増大して全体の旅客収入はそれほど減少しない可能性もある）。逆に，円安になったときには，円ベースでの運賃収入は増加する構造にある。費用のうち多くを占める賃金，整備費は為替変動には大きく影響を受けない。ただ，ジェット燃料費用は，円高によって円ベースでの支払いが低下するのに対して，円安では逆に増加してしまうが，別途にヘッジを行っていれば費用面では全体として影響を受けない。

そのため，ヘッジをしなかった場合の航空機代金（円ベース）は，円高時より円安時の方が高くなる（**図12-8参照**）。しかし，収入から費用を差し引いた事業利益にも同じ傾向があるとすれば，円安時に増加する航空機代金は，事業利益でカバーすることが可能となる。それをいたずらにヘッジしてしまうと点線のように，円高で業績が悪化しているときに航空機代金も増加し，全社的にみてリスクを逆に増大させてしまう結果になる。そのため，事業利益が図のようなら，3分の1のヘッジ比率をもっと下げるべきであったことになる。

(3)財務構造とリスク管理の同時決定の重要性

　どのような財務リスク管理を行うことが望ましいかは，企業の財務構造の違いによっても異なってくる。そこで，財務構造の決定と財務リスク管理の決定は，両者を関連させるやり方で同時に行うことが必要になる。

　資本構成で負債のウエイトが小さい企業にとっては，営業利益が落ち込んでも財務危機に陥る危険性は小さい。そのような企業ではリスク・ヘッジの必要性は小さい。これに対して，負債に多くを依存している企業では，財務危機の危険性を回避するためのリスク・ヘッジ活動は有効になってくる。

　また，負債の法人税節減メリットを享受するために負債を増加させたい企業にとって，財務リスク管理を同時に行うことによって財務危機に陥る危険性が抑えられれば，従来より負債に依存するウエイトを高めることができる。

　このように，財務リスク管理によって**負債調達余力**(debt capacity) を高めることができ，企業のとりうる財務構造に幅ができる。この意味で，財務リスク管理は，株主資本の代替的役割を果たすことになる。

(4)企業戦略の一環としての財務リスク管理

　競争優位の経営戦略の実行は，一方で企業のリスク負担を高める危険性がある。そこで，経営戦略上の目的を達成するためにも，デリバティブなどを用いた財務リスク管理が有効になる。

　このように，財務リスク管理を企業戦略達成の一環として使う発想が，これからはますます必要になってくる。次に，マーケティング戦略と絡めて財

務リスク管理を用いて成功した例を紹介しておく。

　天然ガスは原油などと同じように製品差別化が難しく，ブランド・ネームを打ち立てるのが困難な製品である。しかし，80年代後半に天然ガス卸会社であるEnron Capital & Trade Resources（ECT）社は，需要者が自分の好みに合わせて取引契約を結べる選択権を付け加えた販売方法によって，他社の天然ガスとの違いを出すことに成功した。

　具体的には，ECT社は，価格・数量の決め方や契約期間などについて，需要者の要求に合った天然ガス供給契約の品揃えを整えた。例えば，一定数量を固定価格で供給する契約や，一定数量で，価格は天然ガス価格インデックスに連動するが，価格には前もって決められた上限があるような契約などである。

　天然ガス市場で，価格と供給量の不安定さが増大した状況の下では，このようなマーケティング戦略によって，他社製品との差別化が可能となり，ECT社はマーケット・シェアを高め，売上げを伸ばすことができた。需要者から見れば，価格と供給量の変動リスクをECT社に肩代わりしてもらったことになる。

　しかし，需要者とは長期固定価格で，生産者とはスポット価格で契約したとすると，天然ガス価格が急騰したようなときには，ECT社は大きな損失を被ってしまう。

　そのため，天然ガスの仕入れ契約と販売契約のギャップから生ずる価格変動リスクに対処するリスク管理が，マーケティング戦略と同時に必要になってくる。実際，ECT社はリスク管理に必要なハード・ソフト開発・人材投資のために数百万ドルの投資を行った。逆にいえば，全体としての利益の変動を抑えるリスク管理が可能になったために，上に述べたようなマーケティング戦略が取れたことになる。

問題12.1

　金採掘会社が1か月後に1000オンスの金を販売する計画を立てている。現在の金価格は1オンス3万円である。しかし，金価格の変動は大きく，1か月後には，2.8万円か3.2万円になることが予想される。現在の金の1か月物先物価格は3.01万円/オンスである。また，現在の金の1か月物コール・オプションの価格は200円/オンス，権利行使価格は3万円である。1か月物プッ

ト・オプションの現在価格は180円/オンス,権利行使価格は3万円である。

(1) 受取金額を安定化させるために,金先物でヘッジする場合には,1000オンス分の先物を買うべきか,あるいは売るべきか。将来の現物価格が2.8万円か3.2万円になったときの,現物取引と先物取引との合計の受取金額を求めよ。

(2) 金オプション1000オンス分でヘッジする場合には,コールあるいはプットを買うべきか,売るべきか。将来の現物価格が2.8万円か3.2万円になったときの,現物取引とオプション取引との合計の受取金額を求めよ。ただし,オプション料(金利分を含む)を差し引いた純受取額である。1か月分の金利は,1円当たり0.003円とする。コール,プットいずれかを用いてヘッジするとする。

問題12.2

上の問題で,1か月後の現物価格を横軸,現物取引とデリバティブ取引の合計受取額を縦軸に取り,先物とオプションでヘッジした場合の,それぞれの合計受取額を示しなさい。そして,先物でヘッジする場合と,オプションでヘッジする場合の特徴を述べなさい。ただし,将来の現物価格は,様々な値を取りうるとする。

[注]

1) (1)式とは違い,(2)式で I の前の符号がプラスになっているのは,金融先物の対象となる金融資産を保有する場合には,I で示されたクーポン,配当などの収入が手にはいるのに対して,商品先物の原資産を保有する場合にかかる保管・貯蔵費用は,マイナスの収入と考えられるからである。

第VI部

起業と企業変革

第13章
ベンチャー・ファイナンスと新規株式公開

1 ▶ はじめに

　本章から15章に渡って，企業の盛衰にともなって発生する財務の問題を取り上げる。まず本章では，生まれてからまだ日が浅い新興企業のファイナンスについて，14章でM&Aと企業再編，15章で企業再生と倒産処理について述べる。わが国では1990年代以降最近にいたるまで，それぞれの話題について法制面を中心にした制度改革が大幅に行われた。それらの要点についても解説する。

　ところで，中小企業の中でも特に，新しい技術や独創的なアイデアで市場を開拓していこうとする新興企業をベンチャー企業という。わが国経済の活性化のために，起業を促し，新興企業の育成・成長をはかることが喫緊の政策的課題として昨今よく議論される。

　そこで，本章では最初に会社の形態について説明した後で，非公開企業のファイナンスの中でも，特に特徴的であるベンチャー企業のファイナンスの問題を取り上げる。また，順調に事業を展開した新興企業が，さらなる発展のために株式市場に上場し公開会社になる，新規株式公開についても解説する。

2 ▶ 会社の形態

　会社とは営利を目的とした**法人**のことである。ここで，法人とは「自然人以外のもので法律上の権利義務の主体とされているもの」である。権利義務

が帰属する主体となることができる資格を「権利能力」という。権利義務の主体となることができるということは、法人自身がその名前で土地を買い、商品を売るなど、取引行為＝法律行為をなしうるということである。

営利を目的とした法人としての会社には、以下のような様々な形態がある。

①合名会社

無限責任社員だけで構成される会社である。社員（出資者）は、会社債権者に対して直接に、個人財産まで限度なしの責任（無限責任）を負わなければならない。会社の社員は、出資比率に応じて会社に対して権利を持ち、義務を負う。この会社に対する権利義務の総体、つまり社員としての地位を「持分」という。持分の譲渡には、他の社員全員の承諾を必要とする。

②合資会社

会社債権者に対して無限責任を負う社員と有限責任を負う社員とからなる。有限責任社員は経営に自らあたることはできない。無限責任社員の持分の譲渡には、他の社員全員の承諾が必要である。有限責任社員の持分の譲渡には、無限責任社員全員の承諾が必要となる。

合名・合資会社では、無限責任を負う出資者が必要なので、債務がそれほど大きくならない小規模の会社形態に適している。

ところで、合資会社に似たものに、**リミテッド・パートナーシップ**（有限責任組合, limited partnership）と呼ばれる組合組織がある。ベンチャーキャピタルで述べる、投資事業組合（ファンド）が代表例である。アメリカなどでは、会社形態より組合形態のリミテッド・パートナーシップが一般的である。

③株式会社

現代の会社形態の中で最も中心的役割を担っているのは、株式会社である。株式会社とは、①営利を目的とする法人で、②株主は有限責任しか負わず、③株式は自由に譲渡可能で、④資本と経営の分離が見られる、会社である。

全株主が出資範囲でしか責任を負わない**有限責任制**は、合名・合資会社に比べた株式会社の大きな特徴のひとつである。株式の譲渡可能性と相まって、多数の投資家から出資を仰ぐことを可能とし、大量の資金調達ができる。

他の特徴として、出資金額の多寡に比例して株主の権利が決まる点があ

る。つまり，出資比率（株式持分）に応じて，議決権や利益分配の大小が決まる。そのため，敵対的買収などで，発行済株式数の50％以上の株式を手に入れれば過半数の議決権を確保し，会社のコントロール権を握ることができる。このように，株式会社制度では，出資比率，コントロール権の割合，利益分配権の割合が1対1に対応しているのが特徴である。

ただ，ときには，この点が柔軟さを欠く要因にもなりうる。そこで，株式会社制度の利点をいかしながら，この問題を解決するための新しい会社形態の導入や，様々な工夫がわが国でも最近行われている。例えば，以下で述べるLLCの導入，ベンチャー・ファイナンスにおけるコントロール権配分と利益分配権配分の分離，あるいは，種類株式の導入，などがある。

④有限会社

株式会社の長所である全社員の有限責任制を認めながら，小資本で小人数の社員の企業に適するように，株式会社の複雑な機関（株主総会，取締役会等）の規定などを緩和，簡略化した有限会社制度がつくられている。持分の譲渡は，社員相互では自由にできる。社員以外への譲渡には社員総会の承認が必要となる。

ただし，2006年度中に新たに制定される「会社法」では，有限会社制度を廃止し，株式会社に一本化される予定である。一本化に伴い，中小の株式会社に課していた規制を緩和し，取締役会や監査役の設置義務を撤廃する。対象となるのは，「会社法」の施行後に新設される会社である。設立済みの有限会社については，これまで通り「有限会社」の商号が使用できる。

従来，株式会社や有限会社には最低資本金規制があった。しかし，新たに制定される「会社法」では最低資本金規制が撤廃され，資本金1円でも株式会社を設立できる。

わが国の現在の法人企業数はおおよそ250万社という膨大な数に達する。これを会社形態別，資本金別の会社数でみたのが**表13-1**である。

会社形態別で見ると，株式会社が41％，有限会社が56％で，両者で全体の95％以上を占め，株式会社かそれに近い形態が中心を占める。資本金規模別で見ると，全法人数のうち，資本金が1億円未満の企業が全体の98.5％を占め，ほぼ中小企業の範疇に属する企業が圧倒的大多数であることがわかる。

⑤新しい会社形態

以上が従来からある会社形態であるが，ベンチャー起業を促す狙いで新し

■表13-1　形態別・資本金規模別法人数

区　分	1,000万円未満	1,000万円以上1億円未満	1億円以上10億円未満	10億円以上	合計	構成比
（形態別）	社	社	社	社	社	％
株式会社	715	1,006,387	30,272	7,117	1,044,491	40.9
有限会社	1,341,911	85,290	963	52	1,428,216	55.9
合名会社	5,843	81	14	2	5,940	0.2
合資会社	29,811	2,919	15	1	32,746	1.3
その他	15,277	25,430	911	124	41,742	1.6
合　計	1,393,557	1,120,107	32,175	7,296	2,553,135	100
（構成比）	54.6	43.9	1.3	0.3	100	―

出所：国税庁：http://www.nta.go.jp/『税務統計から見た法人企業の実態－平成15年度』

い会社形態がわが国で認められる予定である。1990年代にアメリカで急速に発展した新しい会社形態の**LLC**（有限責任会社，limited liability company）をモデルにしている。株式会社と組合組織のメリットをいかした形態である。

合同会社と呼ばれるが，以下のような4つの特徴を持つ。

①権利義務の主体となる法人格を持つ。②すべての出資者が有限責任である。③課税対象は事業体ではなく構成員（出資者）で，事業体の損益を出資者の損益と通算できる（パススルー課税）。④出資形態，組織形態を出資者の合意でフレキシブルに決めることができる。

①，②は，株式会社の利点，③，④は組合組織の利点である。つまり，合同会社は，株式会社の利点を残しながら組合組織が持つ柔軟性を取り入れた会社形態といえる。

特に④の特徴があるため，出資比率に関係なく議決権や利益分配を決められる。例えば，資金力には乏しいが，ノウハウや技術力を持つ人がスポンサーと共同でベンチャー企業を興そうという場合などに向いている。出資比率に応じないで利益の分配を柔軟に決めることができるからだ。

アメリカのLLCでは，通常の金銭出資のほかに，人的資本の拠出（労務出資）が可能である。そのため，支配権と成果分配権が金銭出資者（株主）だけでなく，労務出資者にも与えられる。

3 ▶ 中小企業金融

　以上が会社の分類であるが，わが国では中小企業基本法によって**中小企業**の範囲が定められている。それによると，法人企業の場合には，製造業とその他業種（卸売業，小売業，サービス業を除く）の場合，資本金が3億円以下か，あるいは従業員数が300人以下，いずれかの基準を満たす企業が中小企業と定義される。

　以下に，中小企業金融の特徴をあげておく。

　①第一の特徴は，負債依存度が高いことである。その中でも特に，銀行からの借り入れに多くを頼っている。これは，資本市場からの資金調達が可能な大企業に比べると大きな違いである。

　②第二の特徴は，銀行借り入れの中で，地方銀行，第二地方銀行，信用金庫，信用組合といった中小企業金融に特化した地域金融機関からの借り入れが大きなウエイトを占めることである。

　従来の中小企業向け融資は，融資のリスクに応じた金利設定を行うよりは，むしろ，不動産担保や個人保証（経営者や連帯人が保証をつける個人保証制度）に過度に依存してきたことがよく指摘される。

　個人保証で特に問題になるのは，**包括根保証**（ねほしょう）である。これは，特定の債務だけの保証ではなく，継続して発生する債務に対する保証で，限度額，期間を定めないものである。わが国では，中小企業に対する銀行融資に際して慣行として使われてきたが，以下のような問題点が指摘され，法的に包括根保証を禁止する検討が行われている。

　第一の問題点は，早めに事業再生に取り組めば再建できる場合でも，いたずらに企業再生を遅らせてしまう点である。企業が経営不振に陥っても，個人保証をした経営者が保証の履行請求を受けることを恐れて，法的整理を遅らせてしまうケースが多いからである。

　第二の問題点は，個人に借金返済の無限責任を負わせる形になり，一度経営に失敗した経営者は全財産を失い，再起が困難になる。何度でも事業にチャレンジするということができなくなってしまう。また，このような環境では，リスキーな事業に挑もうとする起業家がなかなか育たない。

　これに関連して，わが国では近年「リレーションシップバンキング」の機能強化が叫ばれている。**リレーションシップバンキング**（地域密着型金融）

とは,「長期的に継続する取引関係によって,金融機関が借り手企業の経営者の資質や事業の将来性についての情報を得て融資を実行する」ことを指す。

中小・地域金融機関が,地域に密着した中小企業の信用情報を手に入れるためには,借り手企業との長期的関係を築くことが必要であり,リレーションシップバンキングの機能が強化されれば,貸し手,借り手双方のコストが軽減されるメリットがある。

③第三の特徴として,信用保証協会による公的保証や政府系中小企業金融機関(国民生活金融公庫,中小企業金融公庫,商工組合中央金庫)からの融資も中小企業金融を円滑に進めるために行われている。

4 ▶ ベンチャーキャピタル

(1) ベンチャー企業のファイナンス

新興企業の中でも特に,新しい技術や独創的なアイデアで市場を開拓していこうとする企業を**ベンチャー企業**(entrepreneurial venture)と呼ぶ。ベンチャー企業は,まだ規模が小さいという意味では中小企業だが,通常の中小企業とは違った面がある。

第一の違いは,非常にリスクが高いことである。成功すれば急速な成長が見込めるが,失敗の確率も非常に高い。第二の違いは,新しい技術やアイデアを開発しようとする企業なので,通常の中小企業よりも評価するのが困難である。

このようなベンチャー企業の性格から,銀行からの借り入れで十分な成長資金を調達するのが非常に難しい。また,未公開企業なので,上場企業のような株式市場を通じた資金調達も不可能である。代わりに,ベンチャー企業にリスクマネーを提供する役割を担っているのが,**ベンチャーキャピタル**(venture capital)である。

ベンチャー企業のファイナンスにはこの他,**エンジェル**(angel)からの資金提供がある。エンジェルとは,財産の一部をベンチャー企業に投資する裕福な個人を指す。アメリカでは,過去に経営者やベンチャーキャピタリストだった人がエンジェルになる場合が多い。エンジェルは,創業まもない企業に投資するケースが多く,自分の経験をいかして経営助言なども積極的に行う。

(2) ベンチャーキャピタルの特徴

リスクマネーを提供するという点からいえば，その規模からみてベンチャーキャピタルが最も重要である。そこで，本節でベンチャーキャピタルの特徴・仕組みを，第5節でベンチャーキャピタルがベンチャー企業に資金提供する際の様々な工夫について説明する。

ⓐ投資事業組合

通常，ベンチャーキャピタルは**投資事業組合**（ファンド）をつくり，自らも出資者になるが，多くの資金は一般の投資家から集める。アメリカでは投資事業組合は，リミテッド・パートナーシップ・ファンド（limited partnership fund）と呼ばれている（**図13-1**の左側）。組合自体には法人格がないので，法人税は非課税である。投資家段階で課税される。

投資事業組合（ファンド）は，無限責任組合員と有限責任組合員の2つのタイプの出資者からなる。**無限責任組合員**（general partner，ジェネラルパートナー）は，投資事業組合を実際に運営し，事業活動を行うもので，無限責任を負う。業務執行組合員ともいう。ベンチャーキャピタルがこの役割を担う。

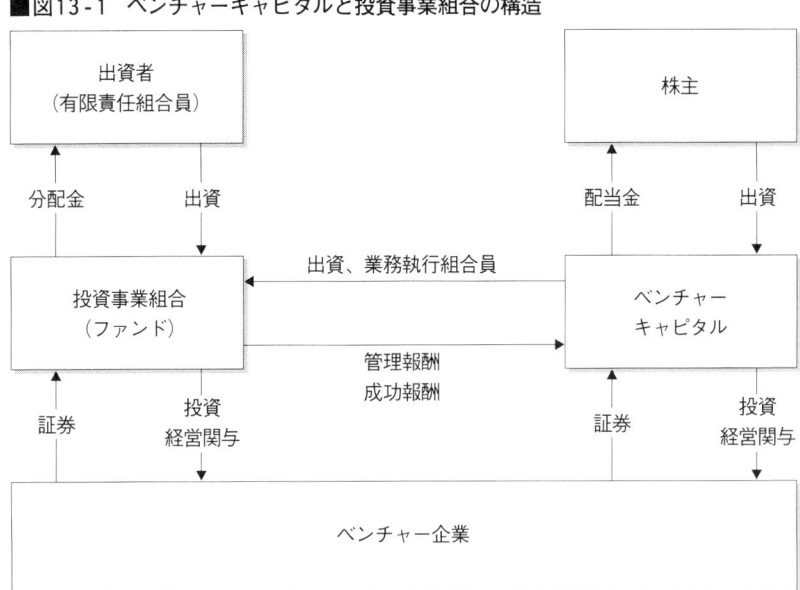

■図13-1　ベンチャーキャピタルと投資事業組合の構造

それに対して，**有限責任組合員**（limited partner，リミテッド・パートナー）は，出資をするだけで，実際の業務を担当しない。出資額を超えて責任を負わない有限責任である。一般の投資家や年金基金などの機関投資家がなる。

　従来，わが国では，ベンチャーキャピタル自体が株式会社形態で，会社として調達した資金を直接，ベンチャー企業に投資することが多かった（図13-1の右側）。これを「本体投資」と呼んでいる。

　しかし，わが国でも，1998年に有限責任組合員を認める「投資事業有限責任組合法」ができ，投資事業組合が多く設立されるようになってきた。そのため，投資事業組合（ファンド）をつくり，ファンドで調達した資金をベンチャー企業に投資する，いわゆる「組合投資」の割合が増加している。最近は，投資残高に占める「組合投資」の割合が70％を超えている。

(b)**ベンチャーキャピタルの報酬**

　ジェネラルパートナーとしてのベンチャーキャピタルは，管理報酬と成功報酬という性格の異なる2つのタイプの報酬を受け取る。

　管理報酬は，ファンドの管理・運用のための経費に対して支払われるもので，ファンドの純資産額の一定パーセントが定期的に支払われる。

　成功報酬は，株式公開による株式売却などの投資回収が行われた場合，投資利益の一定パーセントを受け取る。投資先のベンチャー企業を成功させてはじめて多額の報酬を受け取れるので，インセンティブ報酬としての性格が強い。

(c)**積極的経営関与（ハンズオン，hands-on）**

　ただ単にベンチャー企業に出資するだけでなく，役員の派遣，経営面での助言，人材のリクルート，取引先斡旋といった様々な形で積極的経営関与を行う。これによってベンチャー企業の成功を助け，かつ，監視なりチェックを行う。

　従来，わが国のベンチャーキャピタルは，ひとつのベンチャー企業に多額の投資をし，積極的な経営関与によってベンチャー企業を育てるといった，ベンチャーキャピタル本来の役割を十分に果たしてこなかった。

　しかし，複数の新興株式市場が生まれて上場しやすくなり，ベンチャーキャピタルの資金回収期間が短縮して，創業初期の「アーリー期」の企業への投資も行われるようになってきている。また，経営関与に関しても，積極的な経営関与によって企業を育成していこうとする傾向が現れてきている。創業

初期の企業は事業基盤が不安定なため、経営支援次第で成長が左右されるからである。

5 ▶ ベンチャーファイナンスの特徴

　ベンチャーキャピタルのベンチャー企業への資金提供の仕方は、公開企業のファイナンスとも通常の中小企業のファイナンスとも異なる特徴を持っている。

　ベンチャー企業の大きな特徴のひとつは、不確実性が非常に高い技術開発や事業を手掛けていることにある。成功すれば急速な成長が見込めるが、失敗の確率も非常に高い。ただ単に、不確実性が高いだけでなく、資金を提供しようとするベンチャーキャピタル側が、投資先企業に関する十分な情報を持ち合わせていないという意味で、情報の非対称性も高い。そのため、資金提供者とその資金を使って実際に経営を行うベンチャー企業との間でのエージェンシー問題が、通常の場合より深刻になる危険性が強い。[1]

　また、ベンチャー企業は未公開企業なので、ベンチャーキャピタルが投資資金の回収を図ろうとする場合、公開企業の株式に投資するときのように、保有株式の流通市場での売却によって容易に投資資金の回収を図ることができない。

　このような問題を解決するために、**ベンチャーファイナンス**（entrepreneurial finance）には、以下で述べるような様々な工夫、仕組みが考えられてきた。

(1)段階的投資

　ベンチャー企業は、スタートアップ期から株式公開にいたる各発展段階に応じて、成長のための資金を必要とする。**段階的投資**（stage finance）とは、各段階で必要な資金だけに限定してその都度提供することをいう。

　段階的投資のメリットは、失敗した事業を速やかに断念させることができる点にある。もしも、一度に余分な資金を提供してしまうと、ベンチャー企業は事業の継続が望ましくない状況でも、事業を継続してしまう誘因を持つからである。

　時間が経過し、新たな情報をもとにベンチャービジネスが成功する可能性

が小さいと判断されるなら，さらなる資金提供を拒むことによって，最悪の場合ベンチャービジネスを頓挫させてしまっても，初期投資の損失だけですむ。

逆に，成功する見込みが強いと判断されれば，一層の資金提供をすればよい。このように，資金提供を増やすか拒むかの選択権（オプション）をベンチャーキャピタルが持つことになる。ベンチャービジネスからの将来収益見通しの不確実性が強ければ強いほど，このようなオプションの価値がでてくる。

(2) 転換優先株と契約条項

転換優先株（convertible preferred stock）とは，普通株式への転換権が付いた優先株であり，投資先企業が新規公開した後に，優先株を普通株に転換し，それを市場で売却することによってベンチャーキャピタルが投下資本の回収を図るものである。アメリカでは，ベンチャーファイナンスで最も広く活用されている。

ベンチャーキャピタルとベンチャー企業との間の取り決めである**ベンチャー契約**には，様々な取り決めが締結されるが，ここでは，転換優先株に関連した取り決めを，アメリカでの契約を中心に述べる。

(a) 利益分配権

アメリカのベンチャーファイナンスでは，起業家が普通株式を，ベンチャーキャピタルが転換優先株を保有するのが一般的である。転換優先株は，新規株式公開（IPO）のとき，事前に決められた価格で自動的に普通株式に転換される。ベンチャーキャピタル側の利益分配権は，転換優先株が普通株に転換された後の普通株式の持分比率によって決まる。

早期の段階（ラウンド）で出資したベンチャーキャピタルの転換優先株の持分比率の低下を抑える**ラチェット**（rachet）**条項**が付いていたり，将来のラウンドでの新たな転換優先株を優先的に購入できる**新株引受権**も付与されるのが一般的である。また，ベンチャーキャピタルの投資資金回収を容易にするために，**清算優先権**及び**償還権**も契約条項に盛り込まれる。

(b) コントロール権

転換優先株にも株式持分に対応して1対1で議決権が与えられる。公開企業では，経営の最終的決定は株主総会で行われるので，株式の議決権持分の割合が重要になる。

しかし，ベンチャー企業のような非公開企業では，重要な経営事項の決定は取締役会で行われることが多いので，取締役会に占めるベンチャーキャピタル側の役員の割合が，企業のコントロール権の配分にとって決定的に重要になる。ベンチャーキャピタルが送り込む取締役の数は，ベンチャーキャピタルのベンチャー企業への持分に比例しないで，一定数の役員を派遣することができる契約が多い。

　特に，スタートアップ段階では，ベンチャーキャピタル側が取締役の数の上で多数を占め，コントロール権を掌握しているケースが多いようである。それは，スタートアップ期では，ベンチャー企業が成功するかどうか不確実性が高く，ベンチャーキャピタルの経営関与の重要性が高く，コントロール権をベンチャーキャピタル側が握ることが有効だと考えられているからである。

　それに対して，スタートアップ期以降では，起業家にコントロール権がシフトするのが一般的である。企業リスクが低下していくので，ベンチャーキャピタル側は，企業のコントロール権よりも利益分配権により関心を移すからである。このように，コントロール権の配分は固定的でなく，ベンチャー企業の成長段階に応じて異なったものになる。

(c) **コントロール権配分と利益分配権配分の分離**

　普通株式だと持分比率に応じて議決権が決まる。例えば，ベンチャーキャピタルが30％の出資をしたとすれば，それに見合って30％の議決権を持つことになる。もちろん，**利益分配権**も30％である。この例のように，普通株式の過半数以上を起業家側が保有する場合には，ベンチャーキャピタル側は有効な**コントロール権**を持てないことになる。

　これに対して，転換優先株では，一定数の役員を取締役会に派遣できたり，重要な経営判断について拒否権が与えられるといったように，出資比率に見合った以上のコントロール権が付与されるのが一般的である。ベンチャーキャピタルはただ単に資金を提供するだけでなく，積極的にベンチャー企業の経営にかかわることが望ましいが，普通株に比べてコントロール権の面で優遇される転換優先株を持つことによってこれが可能となるわけである。

　このように，コントロール権配分と利益分配権配分が1対1に対応しないで，起業家のインセンティブを高め，リスク分担が最適に行われるように，ベンチャー企業の発展段階に応じて，利益分配権とコントロール権の配分を

変える仕組みが工夫されている。

(3)わが国での種類株式の導入

わが国でも，2002年4月から施行された商法改正で，（議決権）種類株式の導入が認められた。**種類株式**とは，普通株式と異なる権利を持つ株式で，例えば，10人の取締役のうち3人については，議決権種類株式の株主だけで選任や解任が決められたり，大型の投資や株式公開の中止決定や合併・買収といった重要な経営問題について拒否権を発動できるものである。[2]

わが国では，創業者が過半の出資比率を持つベンチャー企業が多く，少数株主であるベンチャーキャピタルが，通常の普通株式保有では有効な経営監視権限を持てない場合が多い。

普通株式とは異なる権利を持つ株式によって，創業者の独断的な経営をチェックしやすくし，株式公開をめざし資金調達するベンチャー企業への投資が促されることを期待するもので，基本的には転換優先株と同じ役割を担うと考えられる。

ただ，種類株式が導入されたのは一歩前進だが，わが国ではまだ，アメリカで見られるような利益分配権とコントロール権に絡んだ，様々な条項を盛り込んだベンチャー契約を取り結ぶことはあまり行われていない。そのため，起業家とベンチャーキャピタル双方のインセンティブを高めたり，有効な経営監視を行えるベンチャーファイナンス契約をさらに工夫することが求められているといってよい。

6 ▶ 株式公開

(1)株式公開のメリット

株式公開されてない**非上場会社**（closed held corporation）では，株式が経営者や同族など特定の少数の株主だけに保有されている。それを，不特定多数の投資家に株式を保有してもらい，かつその株式が取引所で自由に売買されるようになることを**株式公開**（initial public offering），あるいは**新規上場**という。英語の頭文字をとって**IPO**とも呼ばれる。株式公開した会社は，**上場会社**（public corporation）という。[3]

非上場会社が順調にビジネスを成長させていくと，株式公開の判断を迫ら

れる段階がやってくる。株式公開のメリットとしては，次のような点がある。
①公開時の新株式の公募によって大量の資金調達ができる。また，上場後も，株式市場，社債市場で一般の投資家から公募の形で大量の資金調達が可能となり，銀行借り入れ以外の資金調達手段を獲得できる。
②創業者は，保有株の公開時の売出しや，公開後の株式市場での売却によって，創業者利得を実現できる。また，ベンチャーキャピタルも投資回収を図ることができる。さらに，公開以前に付与したストックオプション（自社株購入権）に換金の機会を与えることができる。
③業績悪化によって株価が低迷すると，買収や敵対的乗っ取りの脅威にさらされることになり，市場によるチェック機能が働く。これは経営者にとっては株式公開のマイナス面と意識されることもあるが，企業のガバナンスあるいは規律付けという面で大きなプラスの効果をもっている。
④知名度や信用力が向上する。優秀な人材も集めやすくなる。

(2) 株式公開のデメリット

しかし，株式公開することのデメリットもある。次のような点をあげることができる。
①株式の一部が一般の投資家によって保有されることによって，創業者や一族が持つ経営権が希薄化し，創業経営者の支配力が低下してしまう危険性がある。
②上の点と関連するが，外部投資家によって保有される株式割合が高まり，さらに，それらの株式が株式市場で自由に売買されることによって，企業が敵対的買収にあう危険性が増大する。
③企業内容の開示（ディスクロージャー）を，非上場のときより強く要求される。有価証券報告書などの企業内容の適時開示のために膨大な費用がかかってしまう。非上場会社のような，情報の機密性が保てない面もある。

(3) わが国の非上場会社

創業してから順調にビジネスが拡大してある規模以上になると，どの企業も株式市場に上場し上場会社になるかというと，必ずしもそうとは限らない。われわれが知っているような大企業でも非上場会社が結構ある。例え

ば，竹中工務店，サントリー，大塚製薬，出光興産（2006年上場予定），YKK，ニューオータニ，リクルート。創業者やその一族が大株主になっているケースがほとんどである。

　それ以外に，親会社の純粋子会社や，純粋持株会社の傘下企業などは非上場会社である。例えば，日立ビルシステム（親会社：日立製作所），松下電子部品（親会社：松下電器産業）などは，規模は大きいが完全子会社なので非上場である。また，東京三菱銀行，みずほ銀行，UFJ銀行，三井住友銀行などは，親会社の純粋持株会社が100％株式を保有していて，上場はしていない。[4]

7 ▶ 新規株式公開の仕組み

(1) 株式公開の手順

　株式公開時には新たに株式が発行され，一般の投資家がそれに応募する**公募**と，経営者や同族などがすでに保有している当該企業株式を一般の投資家向けに売り出す，**売出し**（secondary distribution）が行われる。

　通常の株式公開では，公募と売出しを併用することが多い。公募の場合には当該企業に資金が流入し，資金調達が行われるが，売出しでは売出し株を放出した株主が現金を受け取るので，当該企業にとっては資金調達にはならない。

　株式公開の手順は，おおよそ**表13-2**のようになっている。まず，株式公開を行う方針を決定した場合，いつ頃を公開時期とするかを決める。次に，主幹事証券会社を決めなければならない。

　主幹事証券会社は，株式公開にいたるまでの準備の助言を行う。また，実際に株式公開が決まったときには，公募・売出し株を引受け，一般の投資家に売り出す引受業務を行う。

　その後で，証券取引所への上場申請が行われる。形式基準である上場審査基準を満たしている企業に対して，取引所は経営基盤や経営管理組織面に問題はないかどうか，公開後適切な情報開示ができるかどうかなどについて審査を行い，上場が適当であると認められれば上場承認される。

　その後で，公募・売出しが行われ，株式上場によって最終目標である株式公開が達成される。なお，公募・売出しに際しての公開価格の決定について

は，後述する。

■表13-2　株式公開の手順

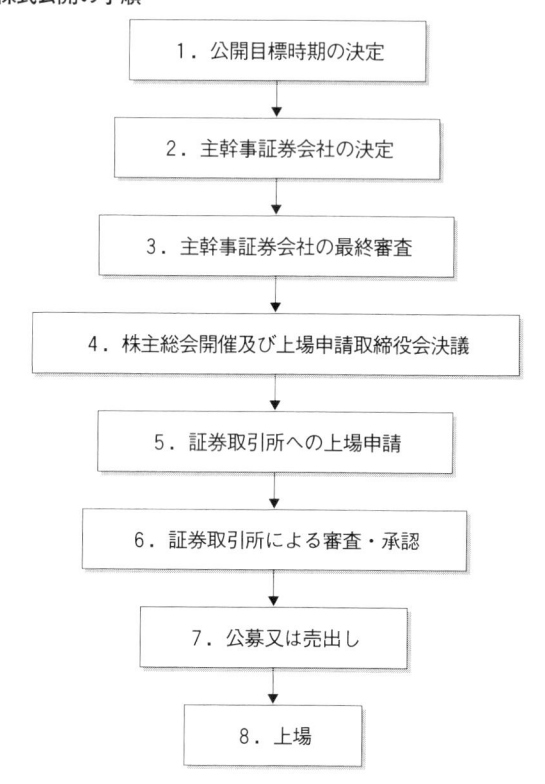

1．公開目標時期の決定
↓
2．主幹事証券会社の決定
↓
3．主幹事証券会社の最終審査
↓
4．株主総会開催及び上場申請取締役会決議
↓
5．証券取引所への上場申請
↓
6．証券取引所による審査・承認
↓
7．公募又は売出し
↓
8．上場

(2)新興企業向け株式市場

　新興企業が株式公開する市場として，現在わが国では主に3つの市場がある。(a)ジャスダック，(b)東証マザーズ，(b)大証ヘラクレス，である。それぞれの市場について簡単に説明する。

(a)ジャスダック

　新興市場で最も長い歴史を誇る。2004年12月に従来の店頭売買市場から取引所市場に転換した。現在，日本マクドナルド，楽天などが上場している。
　ジャスダック市場では，株式売買が**オークション方式**と，**マーケットメーク方式**の2種類の方法によって行われている。
　オークション方式は競争売買で，投資家同士の取引である。東京証券取引

所が採用している。それに対して，マーケットメーク（値付け）方式は，証券会社がマーケットメーカーとして間に入る取引である。マーケットメーカーが売り買いの気配値を常時提示して，投資家の注文に応じる。

マーケットメーク方式は，東京証券取引所などでは行われてない売買取引であり，流動性の低い銘柄でも売買が成立しやすいといわれている。アメリカのナスダック（NASDAQ）市場がこの方式である。ジャスダックでは，現在約3分の1の銘柄がマーケットメーク方式で取引されている。新興市場間の競争上からも，ジャスダックはマーケットメーク方式を市場の特色として打ち出している。

(b) **東証マザーズ**

1999年12月に東京証券取引所に新興企業向け市場として創設された。東証1，2部を目差す近道ともいわれる。WOWOW，ライブドア（2006年4月上場廃止）などが上場している。

(c) **大証ヘラクレス**

大阪証券取引所の旧ナスダック・ジャパン市場が名称変更されてできたものである。スターバックスコーヒージャパンなどが上場している。

これら3市場の上場会社数は次のようである（2005年3月時点）。ジャスダック：954社。東証マザーズ：124社。大証ヘラクレス：114社。また，3市場で新規公開した企業の推移は，**図13-2**のようになっている。2000年が159社，2001年が148社，2004年が146社と件数が多い。

上場基準はこれら新興株式三市場でやや異なる。ジャスダックの一号基準だと，最終損益が黒字で，かつ時価総額が10億円以上など，他の市場の基準より厳しい。東証マザーズや大証ヘラクレスでは利益に関して規定がなく，成長性があるなら赤字企業でも上場できる点に特徴がある。

(3) 公開価格の決定

公募・売出しの際の**公開価格**（offering price）の決定方法には大きく分けて，(1)入札（オークション）方式と(2)ブックビルディング方式がある。

(a) **入札方式**

入札（オークション）方式の中にもいくつかの方法がある。固定価格入札方法では，公開価格を入札前に決定しておき，投資家は注文数量だけを入札する。わが国で行われている入札制度は，コンベンショナル方式と呼ばれる

もので，入札価格の高いものから順次落札していく。

■図13-2 新興株式三市場の新規公開社数

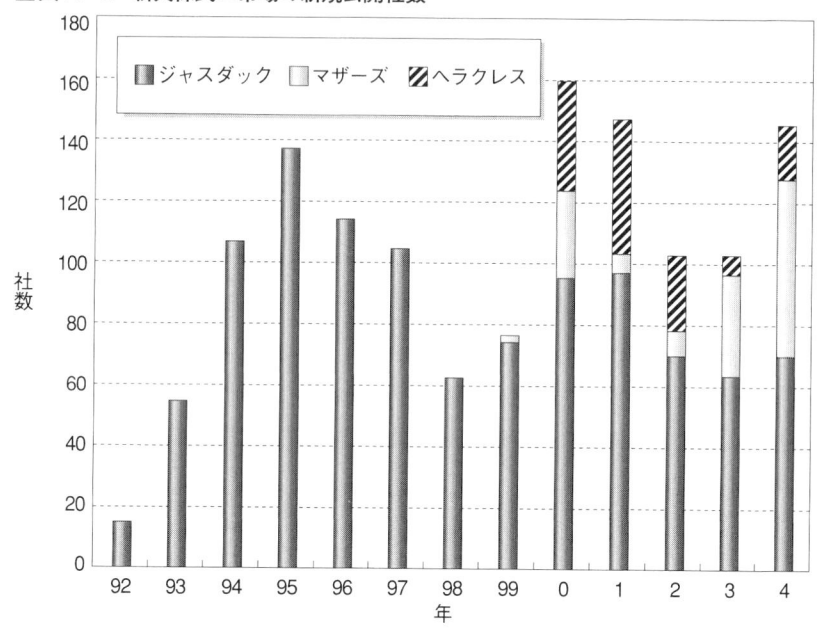

(b)ブックビルディング方式

これに対して，**ブックビルディング方式**（bookbuilding）は現在，世界的に主流な方法で，わが国でも1997年9月から導入された。入札方式とブックビルディング方式のどちらかが選択可能だが，現在では，すべての株式公開はブックビルディング方式で行われている。

ブックビルディング方式とは，公募や売出しに際し，仮の価格帯（仮条件）を投資家に提示し，投資家の需要状況を把握したうえで最終的な公開価格を決定するやり方である。

ブックビルディング期間中に機関投資家を中心に，引受証券会社に購入希望価格と株数の申告を行い，証券会社はこれらの注文をブックの中に積み増していくので，「ブックビルディング」と呼ばれる。需要積み上げ方式ともいう。わが国では暗黙のルールとして，公開価格は仮条件で決められた価格レンジ内に設定される。

楽天の新規株式公開とその後

インターネット上の仮想商店街「楽天市場」の運営を手掛ける，ネット系ベンチャー企業の楽天は，2000年4月19日にジャスダック市場に新規公開した。1997年2月の会社設立から3年余りの短期間での公開達成だった。

新たに発行された公募株式数は1,500株，公開価格が3,300万円，引受価額が3,120万円であった。公募増資による楽天の調達額は468億円で，ジャスダックを含む新興株式市場において過去最大規模である。株式公開で調達した豊富な資金の大部分は内部留保され，その後の買収資金として使われた。

引受手数料は総額ベースで27億円（＝(3,300万円－3,120万円)×1,500株）である。また，(3,300万円－3,120万円)/3,300万円＝0.0545より，公開価格の5.45％ということになる。引受証券会社にとってもIPO業務が重要な収入源であることがわかる。

公開初日の初値は1,990万円，終値は3,000万円であった。初期収益率は－39.7％で，初値は公開価格に比べて39.7％低い値段が付いた。しか

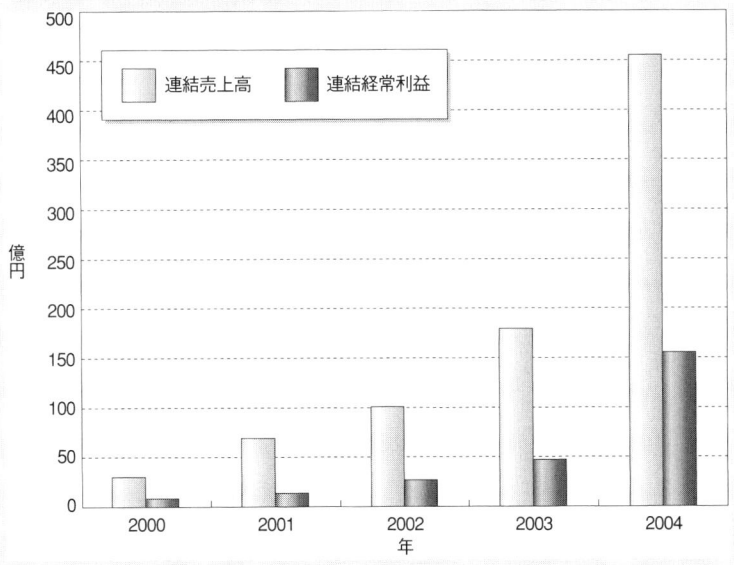

■図13-3　楽天の業績推移

し，初日の終値でみると公開価格に近い値に落ち着いている。

　公開後の事業展開は，積極的な企業買収による総合インターネットサービス（電子商取引，ポータル，旅行，金融）企業への脱皮を目差していることに特徴がある。買収先には次のような企業がある。ポータルのインフォシーク，宿泊予約サイト会社（現楽天トラベル），ネット証券会社（現楽天証券），中国最大の宿泊予約サイト運営会社，消費者カードローン会社（現楽天クレジット）。また，2004年秋には，プロ野球新球団「東北楽天ゴールデンイーグルス」の設立で話題になった。知名度の向上で，ユーザー拡大を狙う戦略である。

　公開前の1999年12月期の売上高は約6億300万円，経常利益は2億2700万円だった。インターネットの普及と，電子商取引（eコマース）の成長の波に乗り，公開後も順調に業績を伸ばし，買収会社の業績も貢献して，連結売上高，連結経常利益が急増している（**図13-3**参照）。2004年12月期の連結決算では，売上高が455億円，経常利益が154億円である。

　以上のように，2000年4月の新規公開が，楽天のその後の成長の足掛かりになったことがわかる。

8 ▶ 株式公開の費用

(1) 直接的コストと間接的コスト

　公開企業にとっての株式公開費用は，大きく直接的コストと間接的コストに分けることができる。

　直接的コストには，各種事務費用と**引受手数料**，監査法人に対する監査料が含まれる。事務費用の中には，上場審査料，上場手数料，株券印刷費用などが含まれる。

　引受手数料が直接的コストの中で大きなウエイトを占める。引受手数料は，株式の引受に関して引受証券会社に支払われる費用である。引受方法としては，公募株式全部を一括して幹事証券会社が引受ける「**買取引受**」が一般的である。そして，ブックビルディング方式の場合には，公開価格から引受手数料相当額を差し引いた金額が，証券会社の**引受価額**（買取価格）になる。つまり，引受手数料（1株当たり）＝公開価格－引受価額，である。

新規公開会社は引受価額分の金額を受け取るので，公開会社にとってみれば，実質的な発行価額は引受価額である。

それに対して，引受証券会社は，引受価額で買い取った新株を一般の投資家に公開価格で売り出すことによって，公開価格と引受価額との差額分を引受業務に対する報酬として受け取る。引受手数料は，公開価格の5％から8％が通常である。

一方，間接的コストは，公開価格の過小値付けによって生ずるものである。もしも，何らかの理由によって公開価格が適正な価格よりも低い価格に設定されてしまうと，新規公開企業が受け取る引受価額は，適正に公開価格が付いたときの引受価額よりも低くなってしまう。より高い引受価額を得られたところを，低い価格しか得られず，目に見えないコストが発生したと考えられる。現金支出を伴うものではなく，機会損失的な費用である。

(2) 公開価格の過小値付け

株式公開された株式が株式市場で公開初日に初めてつく値段（**初値**）と，公開価格を比べてみると，平均的に公開価格の方が低いことが多くの国のIPOの実証分析で明らかにされている。これは，**公開価格の過小値付け**（underpricing）と呼ばれる現象である。

具体的には，次式で初期収益率を計算すると，わが国では平均して初期収益率が28.4％，アメリカでは18.4％という実証結果が報告されている。

$$初期収益率 = \frac{公開初日の初値 - 公開価格}{公開価格} \qquad (1)$$

例えば，公開価格を1,000円としてみよう。そのとき，株式公開初日の初値は平均して1,284円ということである。つまり，投資家が公開価格で新規公開株を購入し，数日後の株式公開初日に市場で売却したとすれば，平均して投資家は数日間で非常に大きな投資収益率を上げることができる。

市場で形成される初値が公開株式を適正に評価しているとすれば，公開価格は過小評価されていたことになる。そのため，公開価格の過小値付けと呼ばれるわけである。

もちろん，公開価格が高すぎ，初値やその後の株価が公開価格を下回り，公開価格で公開株を手に入れた投資家が損失を被るといったこともおこる。公開価格の過小値付けとは，あくまで平均してみた場合の話である。

過小値付けは，ファイナンスのパズル（なぞ）のひとつとして考えられてきた。なぜなら，新規公開株を公募価格で手に入れることによって，平均的に非常に高いプラスの投資収益率を得ることができるのは，効率的市場に反すると考えられるからである。

(3) 過小値付けの理由

今までに，IPO時の過小値付けを説明する様々な理論が考え出されてきた。ここではRockのモデルを紹介しよう。[5]

投資家間での情報格差に焦点を当てており，固定価格入札方法が想定されている。つまり，公開価格が入札前に決定されており，投資家は注文数量だけを入札する。

今，情報優位な投資家と情報劣位な投資家という，2つのタイプの投資家グループがいるとする。情報優位な投資家は，公開価格が割安な新規公開株を知ることができ，そのような株式にしか投資しない。しかし，情報劣位な投資家は新規公開株の間の見分けができないので，すべての新規公開株に投資するとする。

すると，公開価格が割安な新規公開株には，情報優位な投資家と情報劣位な投資家両方の需要が集まり，需要超過で過剰応募になるので，比例割当で株式が両投資家に分売される。

それに対して，公開価格が割高な新規公開株には情報優位な投資家は応募せず，情報劣位な投資家だけが応募する。その結果，情報劣位な投資家が手に入れられるのは，公開価格の割高な新規公開株が相対的に多くなる。この現象は**勝者の災い**（winner's curse）と呼ばれている。

すべての新規公開株が完売されるためには，多くの情報劣位な投資家からの需要が必要だとすれば，応募を促すためにも，情報劣位な投資家にも相応の収益率を得ることができるように，公開価格を過小値付けして，平均的な初期収益率をプラスにする必要がある。以上がRockのモデルの概要である。

[注]
1) エージェンシー問題については，第7章の第5節と第8章の第5節を参照。
2) 特に，「**黄金株**」と呼ばれる種類株がある。株主総会での拒否権を持つ。事前に友好的株主に持ってもらえば，敵対的買収者が出した議案を株主総会で否決でき，公開企業の敵対的買収に対する防衛手段になる。譲渡制限付きにしておけば，他者に譲渡し

て濫用されるのを防げる。
3) いままでは，上場会社＝公開会社，非上場会社＝非公開会社という意味で使われてきた。しかし，新会社法（2006年5月施行）では，譲渡可能な株式を一部でも発行していたら公開会社に区分される。そのため，法律上は非上場会社でも公開会社がありうる。ただ，一般的には，（新規）株式公開といった場合，株式の新規上場のことをさす。
4) わが国に特徴的に見られる現象として，子会社も株式市場に同時に上場している「親子上場」がある。例えば，NTTとNTTドコモ，ソフトバンクとソフトバンクファイナンスなどがある（前者が親会社，後者が子会社）。イトーヨーカ堂とセブン-イレブン・ジャパンも親子関係にあった。しかし，2005年9月に新たに設立された共同持ち株会社「セブン＆アイ・ホールディングス」の傘下に入り，親子関係は解消し新たな企業グループとして生まれ変わった。両企業とも上場廃止となり，新たに持ち株会社が上場する。
5) Rock, Kevin, "Why New Issues are Underpriced", *Journal of Financial Economics*, Jan./Feb., 1986, pp.187-212.

第14章

M&Aと企業再編

1 ▶ 急増するM&A・企業再編

　近年，グローバル規模での競争激化の結果，企業再編の動きが顕著になり，企業グループ内，グループ外での組織再編が進んでいる。M&Aによって企業規模を拡大する動きがある一方で，経営資源の本業への集中のために本業と関係ない子会社，事業部門を切り捨てる動きも見られる。特に，景気低迷，業績悪化のため，1990年代中頃以降この動きが顕著になっている。

　これは，効率的なグループ経営体制への見直しを迫られている企業が多いことを示唆している。話し合いによる合意に基づく合併のほか，経営権の移転を伴う買収に，それほど違和感を覚えない環境が生まれてきたことも背景にある。

　このような動きを後押ししているのが企業再編法制の整備である。1997年に純粋持株会社が解禁され，1999年の商法改正で株式交換・株式移転制度が，2001年商法改正で会社分割制度が導入された。その結果，M&Aや会社分割による企業再編が行いやすくなってきている。また，連結会計制度の導入（1999年度）や，企業結合会計の新基準の適用（2006年4月から）など，会計面からも制度改革の動きが進みつつある。

　本章では前半で**企業統合・事業統合**について，企業や事業を付け加える側から主に検討する。後半で，本体企業や企業グループ内での事業の縮小に絡んだ企業再編を説明する。**事業分離**による企業再編についてである。

2 ▶ 統合の形態

　企業統合や事業統合によって企業なり企業グループを拡大するやり方には，主に**合併**と**買収**があり，両者をひっくるめて**M&A**（Mergers and Acquisitions）という。わが国企業に絡んだM&Aの件数の推移が，形態別に**図14-1**に示されている。これを見ると，M&Aの件数は1996年あたりから増え始め，2000年以降急増しているのがわかる。

■図14-1　M&Aの形態別推移

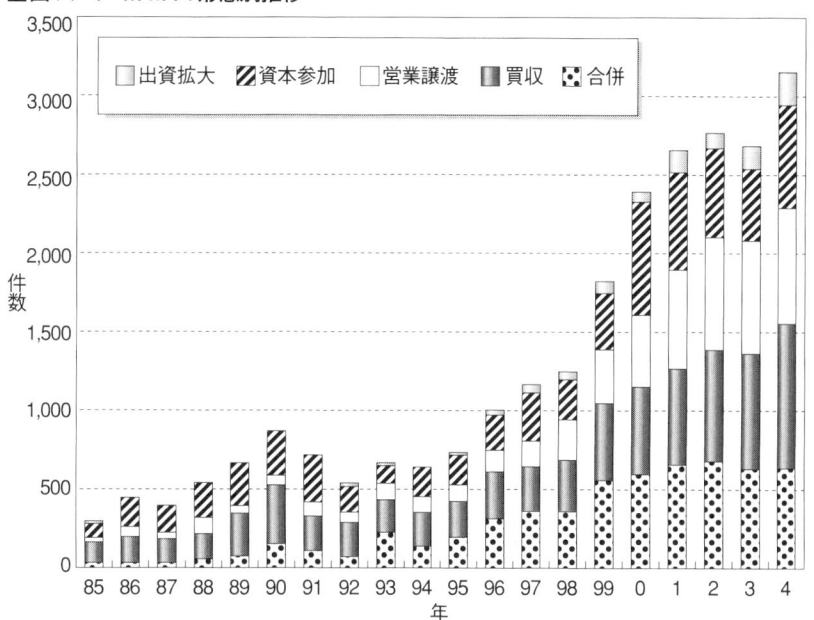

出所：株式会社レコフ『マール』2005年3月号より作成
(注) グループ外M&Aとグループ内M&Aの合計件数。ただし，1985年から1989年までは，グループ外M&Aのみ。

(1) 合併

　企業合併（merger）とは，2つ以上の会社が法人格の同じ1つの会社になり，経営統合することである。吸収合併と新設合併がある。**吸収合併**（absorption）は，合併する会社の中の一社が存続し，他の会社が解散して存続会社に吸収されるものである。消滅する会社の全財産は，負債を含めてすべて存

続会社に引き継がれる。**新設合併**（consolidation）は，当事会社の全部が解散すると同時に新会社が設立される場合である。新設合併は手続きが煩雑なため，実際には，吸収合併がほとんどである。

合併会社（存続会社）は，被合併会社（吸収会社）の株主に被合併会社株式と引換えに合併会社株式を交付する。ここで，合併会社が被合併会社の株主に対して発行する株式の割合，つまり，被合併会社の株式1株に対して交付される合併会社株式数を**合併比率**という。

例えば，合併比率が1対0.5のときには，被合併会社の株式1株に対して，存続会社の株式0.5株が割り当てられる。

1990年代以降の大型合併の事例としては，三菱金属と三菱鉱業セメントによる「三菱マテリアル」，日本石油と三菱石油の「日石三菱」，さくら銀行と住友銀行の「三井住友銀行」，東燃とゼネラル石油の「東燃ゼネラル石油」，明治生命と安田生命の「明治安田生命」，山之内製薬と藤沢薬品工業の「アステラス製薬」，三菱東京フィナンシャル・グループとUFJホールディングスの「三菱UFJフィナンシャル・グループ」などがある。

(2) 共同持株会社化による統合

合併に類似した統合の形態として，複数の会社が1つの持株会社の傘下に入る形での経営統合がある。共同持株会社形式と呼ばれる。**図14-2**で，独立会社のX，Y，Z社の株主がそれぞれ保有する株式すべてを現物出資して純粋持株会社A社を新規に設立し，それぞれの株主はその対価として新規に設立された持株会社A社の新株を取得する。X，Y，Z社の株式は100％A社に保有され，X，Y，Z社はA社の完全子会社になる。

その際，1999年の商法改正によって導入された**株式移転制度**が活用される。株式移転制度は，完全親子会社関係を円滑に創設するために新たに導入された制度である。完全子会社になる会社の株式すべてが新設される親会社に移転され，その見返りに親会社の新株が割り当てられる。

共同持株会社化の事例としては，例えば，日本製紙と大昭和製紙の「日本ユニパックホールディング」（2001年），NKKと川崎製鉄の「JFEホールディングス」（2002年），日本航空と日本エアシステムの「日本航空」（2002年），ニチメンと日商岩井の「双日ホールディングス」（2003年）などがある。

■図14-2　共同持株会社

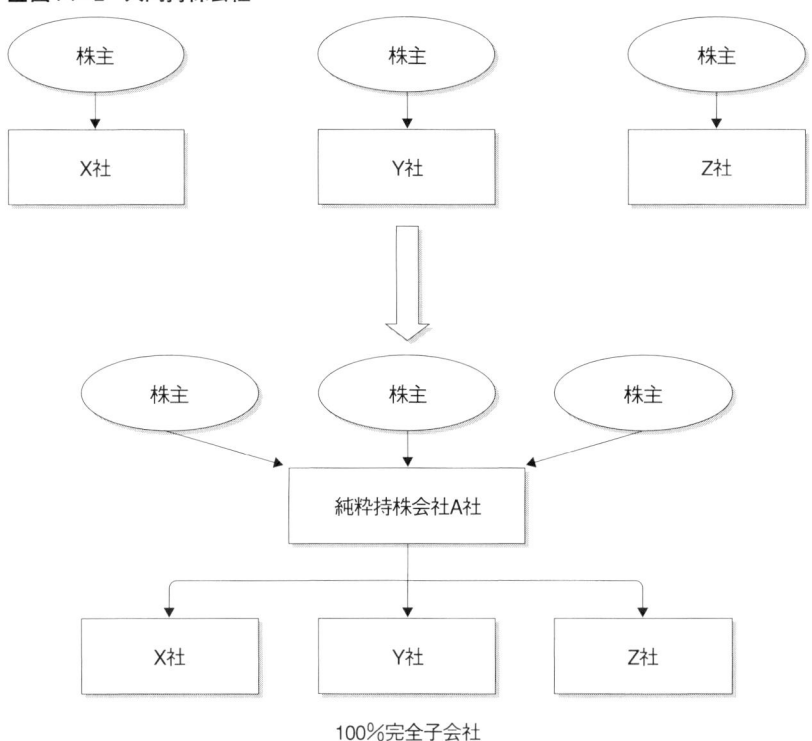

```
   株主            株主            株主
    ↓              ↓              ↓
  ┌───┐         ┌───┐         ┌───┐
  │X社│         │Y社│         │Z社│
  └───┘         └───┘         └───┘

              ⇓

     株主      株主      株主
       ↘      ↓      ↙
       ┌──────────────┐
       │ 純粋持株会社A社 │
       └──────────────┘
          ↓    ↓    ↓
       ┌───┐┌───┐┌───┐
       │X社││Y社││Z社│
       └───┘└───┘└───┘
           100%完全子会社
```

(3) 完全子会社化による統合

　子会社の株式を100%保有することによって完全子会社化し，完全な統合を図るやり方もある。その際，株式移転制度と同時に1999年の商法改正によって導入された**株式交換制度**が用いられる。

　株式移転制度と株式交換制度どちらも，完全親子会社関係を創設する制度である点では同じである。しかし，両制度の違いは，株式移転制度では完全親会社になる会社が新設されるのに対して，株式交換制度では完全親会社が既存会社であるという違いがある。完全子会社になる会社の株主が，保有する株式をすべて完全親会社になる企業に拠出し，それに見合う完全親会社の株式の割り当てを受ける。このように，両会社の株式が交換されることから株式交換と呼ばれる。

　具体例としては，2002年の松下電器産業による系列5社の完全子会社化が

ある。松下通信工業，九州松下電器，松下精工，松下寿電子工業の上場4社と，非上場の松下電送システムの計5社の株主が保有する株式が，松下電器株と交換された。完全子会社化によって，子会社に幅広い裁量権を与える経営手法を見直し，親会社（松下電器）主導によるグループ経営体制の確立を目指す。複数の企業が重複して手掛けてきた事業を整理・再編し，デジタル家電など成長分野に経営資源を集中するなど，本社主導の改革に取り組むことになった。

(4) 買収

　企業買収（acquisition）とは，買収企業が被買収企業の経営権を取得して買収企業の一部に取り込むことをいう。その際，買収対象企業の株式を一定パーセント以上取得して，買収するのが通常である。株式を100％取得すれば完全子会社化される。過半数の株式取得であれば，連結決算の対象になる子会社になる。50％以下，20％以上では，連結財務諸表における持分法適用の関連子会社になり，企業グループの一員となる。

　合併では合併する企業同士の合意が必要だが，買収では必ずしも被買収企業の合意を取り付ける必要はなく，経営権の確保に必要な株式を取得すれば企業統合が可能である。さらに，買収後も被買収企業は独立した企業として存続する。「友好的M&A」は，対象会社の経営者との合意に基づくM&Aである。他方，「敵対的M&A」は，対象会社の経営者の合意が得られないM&Aである。

　株式取得の方法としては，(1)株式交換による株式取得と，(2)現金による株式取得がある。**株式交換による株式取得**は，1999年の商法改正によってわが国でも利用可能となった制度である。上で述べた完全子会社化の場合だけでなく，一般の買収に際しても利用される。2007年には，外国企業との株式交換が可能となる予定。

　現金による株式取得には，相対取引，市場買付，株式公開買付（TOB），第三者割当増資の引受けがある。相対取引は，被買収会社の親会社や大株主から直接，株式を譲り受ける場合である。市場買付は，株式流通市場で株式を買い集めることによって対象企業を買収する場合である。

　株式公開買付（**TOB**（take over bid）あるいは tender offer と呼ばれる）は，(1)株式流通市場外で，(2)不特定かつ多数の株主に対し，(3)新聞紙上等での公

告により株式買付価格を提示し，株式買い取りの申し込みを行う方法で，株式を買い付けることである。おもに，敵対的買収に際して用いられる。

　従来，わが国では敵対的買収の手段としてTOBが用いられ，買収が成功した例はまれであったが，1990年代後半から見られるようになってきた。事例としては，1999年のケーブル・アンド・ワイヤレス（英国）による国際デジタル通信（IDC）の買収（その後，2004年にソフトバンクが同社を買収）や，失敗はしたが2004年のスティール・パートナーズによるユシロ化学工業とソトーに対するTOBがある。

　また，2005年初頭のライブドアとフジテレビジョンとの間でのニッポン放送を巡る争奪戦は，一般の人々にまで敵対的買収に対する関心を引き起こさせた有名な事例である（第17章コラム参照）。

　現金による株式取得の方法として，**第三者割当増資**の引受けもある。被買収会社が発行する増資新株の優先割当てを受ける場合である。事例としては，2001年のトヨタ自動車による日野自動車の増資引受がある。これにより，トヨタの出資比率は36.6％から50.1％に上昇し，日野自動車を子会社化し，提携を強化した。

　買収にはある企業全体を買収する以外に，特定の事業部門や営業部門を譲り受ける「営業譲渡」による買収もある（第7節参照）。

(5)業務提携・資本提携・合弁会社

　合併や買収に比べて弱い形での事業統合のやり方として，業務提携・資本提携や合弁会社設立がある。業務提携は，他社との業務上の協力関係を契約により結ぶことである。共同での研究開発などが一例である。業務提携がさらに進むと，出資によって資本関係を築く資本提携がある。

　合弁会社は複数企業が共同で出資し，新会社を設立し，新たな事業展開を図る場合に利用される。**ジョイントベンチャー**（joint venture）とも呼ばれる。

3 ▶ M&Aの動機・経済的効果

　M&Aによって他企業を合併，買収する側の動機なり経済的効果は，基本的には**シナジー効果**（synergy），あるいは**統合効果**にある。

例えば，2つの独立した企業A，Bの企業価値がそれぞれV_A，V_Bのとき，両企業が統合されてAB企業になったときの企業価値V_{AB}が，V_A+V_Bより高くなってはじめてM&Aの意味がある。統合後の企業価値が，統合前の企業価値のただ単なる合計にしかならないのであればM&Aをする意味はない。

$$シナジー効果 = V_{AB}-(V_A+V_B) > 0 \qquad (1)$$

シナジー効果の源泉としては，(1)水平的統合効果，(2)垂直的統合効果，(3)補完的な経営資源の結集，(4)非効率的経営者の交代，などが考えられる。

(1)水平的統合効果

同じビジネスを行っている企業同士の統合を**水平的統合**と呼ぶ。水平的統合によって**規模の経済**が働き，収入の増加，コストの削減がもたらされる効果である。

独立した企業のときの合計を上回る収入なり売上げが達成されるのは，例えば次のような理由による。独立した企業がそれぞれ単独でマーケティング活動を行うより，1つの会社として統合してマーケティング活動を行った方が効率的になり，売上げが伸びるといった場合である。あるいは，マーケットシェア拡大による競争優位の確立などがある。

水平的統合の費用面での規模の経済とは，財やサービスを生産するときの平均費用が，規模が増大するにつれ逓減することをいう。例えば，100単位の製品をつくるときには50万円の費用がかかるが，生産規模の拡大によって生産効率が高まり，300単位の製品を生産するのに総費用が120万円ですむとすると，平均費用を低下させることができる。

ただ，統合によって規模が大きくなりすぎ，組織内部の調整がうまくいかず，効率が低下し規模の不経済が生じてしまうこともある。

例えば，2002年4月のみずほファイナンシャルグループ（日本興業銀行，第一勧業銀行，富士銀行の三行統合）発足直後のコンピューター・システム障害は，社会的にも大問題になった。統合前の三行でまたまちだったコンピューター・システムを1つに統合するといった技術的問題と同時に，組織的問題が露呈したケースといえる。

(2) 垂直的統合効果

　垂直的統合によっても，コストの低減が可能となる場合がある。垂直的統合には，例えば製造会社が原料供給会社や部品会社を統合（後方統合）する場合と，製造会社が独立した販売会社を統合（前方統合）する場合などがある。独立企業だったときに比べて，自社内に統合することによって調整がよりスムーズになり，生産・販売がより効率的に行えるようになれば，コストの削減を図ることができる。

(3) 補完的な経営資源の結集

　お互いに自社には欠けているが相手企業はもっている経営資源がM&Aによって統合されることによって，補完的効果が発揮されることがある。欠けている経営資源を企業自ら蓄積するには時間がかかる。それが，M&Aによれば迅速に獲得することができる。例えば，ある技術を自社でこれから開発するよりも，すでに技術開発している企業を買収し，その技術を活用するようなケースである。

　また，今まで単一の事業を行ってきた企業が，密接に関連するが異なる事業を行っている企業を統合する場合には，範囲の経済と呼ばれるシナジー効果が生まれる可能性がある。

　範囲の経済とは，複数の事業を行う場合の費用の方が，単独で事業を行っている場合の総費用より安くすみ，経済的であることをさす。範囲の経済が生ずるのは，複数の事業で共通の技術が活用できる場合や，様々な経営資源を事業間で相互に補完できるような場合である。

(4) 非効率的な経営者の交代

　非効率的経営を行っていて業績が悪く，市場で評価されず企業価値が低い企業を買収し，旧経営陣を交代させ，新経営陣の下で経営のやり方を変えて企業価値を高めることもM&Aの理由の1つになる。

　M&Aがなくとも経営の刷新が行えればよいが，なかなか企業内部からはそのような動きが起こせないときには，外部の力によるドラスチックな経営刷新が有効になる。特に，敵対的買収の場合によく見られる。敵対的買収については，第6節で詳しく述べる。

日本電産のM&A戦略

わが国企業の中で，M&Aに積極的なことで有名な企業に日本電産がある。1973年に設立されたが，現在ではハードディスクドライブ（HDD）用モーターなどの小型超精密モーター分野でトップ企業に成長した。その間，M&Aで多数の企業・部門を傘下におさめている。1995年以降だけでも10社を買収している（**表14-1** 参照）。

■表14-1　日本電産のM&Aの動き

時期		社名	買取先企業	買収金額（億円）	主な生産品目	社名変更
1995年2月		共立マシナリ	独立系	0.25	FA機器	98年1月，日本電産マシナリーに
		シンポ工業	独立系	18	各種変速機，電子計測器，FA機器	97年10月，日本電産シンポに
1997年3月		トーソク	日産自動車	20	自動車部品，計測機器	99年10月，日本電産トーソクに
	4月	リードエレクトロニクス	独立系		プリント基板などの検査装置	97年10月，日本電産リードに
	5月	京利工業	兼松		自動プレス機	98年10月，日本電産キョーリに
1998年2月		コパル	富士通	80	光学機器，電子機器	99年10月，日本電産コパルに
		コパル電子	富士通		電子部品，圧力センサー	99年10月，日本電産コパル電子に
	10月	芝浦製作所モーター事業	東芝，芝浦メカトロニクス		家電・自動車用などの小型モーター	芝浦製作所からモーター事業を分離。東芝，芝浦メカも出資。芝浦電産として新社設立。2000年9月，100％子会社化し，2001年4月に日本電産シバウラに
2000年3月		ワイ・イー・ドライブ	安川電機	20	産業用中型モーター	2001年1月，日本電産パワーモーターに
2003年10月		三協精機製作所	独立系	125	精密モーターなど電子機器部品	2005年10月，日本電産サンキョーに

出所：『日経ビジネス』2003年8月18日号に加筆修正

■図14-3　日本電産の連結業績

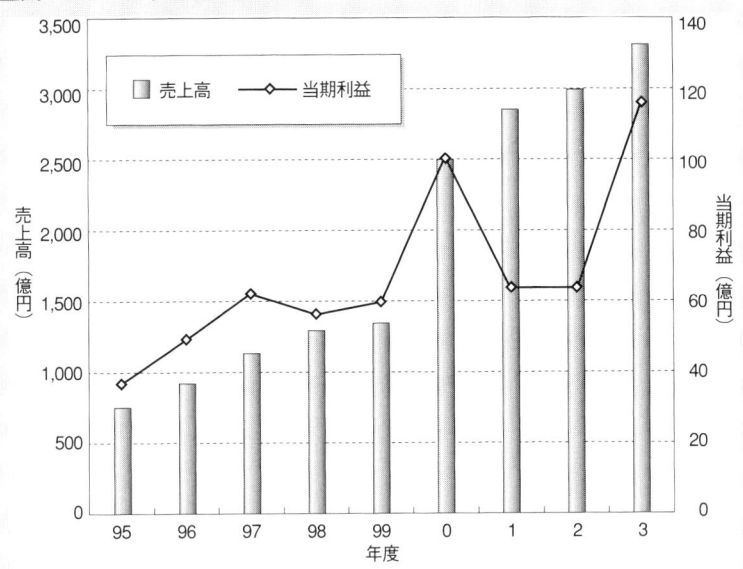

出所：日本電産「有価証券報告書」より作成

　日本電産のM&Aの特徴として，4つあげることができる。
　第一は，本業を強化・補完するようなM&Aが中心で，関連のない事業への多角化を狙ったものはない。例えば，カメラシャッターや携帯電話用振動モーターの大手である富士通系列の「コパル」の買収は，主力の精密小型モーターで，従来の情報機器用に加えて家電用への本格進出を急ぐために，コパルの持つ精密加工技術や回路技術を活用するのが目的であった。また，日産自動車からの「トーソク」の買収も，FDBモーターの開発に必要な超精密測定技術を取得するためと報道された。
　2点目は，買収対象企業を，技術力と人材は持っているが，業績が不振な企業に絞っている点である。例えば，2003年秋に筆頭株主になった「三協精機製作所」への資本参加は，業績は不振だが，モーターやカードリーダーなど電子機器の部品を手掛け，高い精密技術を持っている企業の買収である。
　3点目は，買収先企業の経営陣の入れ替えや，従業員の人減らしといった手段で経営を立て直すのではなく，買った会社の経営のやり方の徹底改善により，競争力のある技術をいかして，不振企業の再建を図って

第14章●M&Aと企業再編　289

いることである。

最後の特徴としては，経営権を最初から100%取得するというより，最初は出資比率を50%以下に抑え，業績改善後に完全子会社にするという買収戦略が挙げられる。最初のうちから連結対象子会社にすると，連結業績への影響が大きい。そのため，出資比率を50%以下に抑えて，持分法適用会社として買収するのである。

図14-3を見てもわかるように，連結ベースでみた売上高，純利益は着実に拡大している。売上高で見た連単倍率（＝連結売上高/個別売上高）は最近では2倍以上に上昇している。特に，2004年3月期は2.77倍だった。これには過去に買収した子会社が大きく貢献している。日本電産のケースは，わが国でのM&A戦略の成功例といえる。

4 ▶ M&Aの評価

(1) 現金による買収の場合

次に，M&Aを行う企業側から見たM&Aの評価の基本的考え方を，買収の場合を想定して説明しよう。買収方法には，現金による場合と株式交換があるが，最初に現金の場合を考える。

A社がB社の株主に現金を支払って，B社を買収する。買収前のA社とB社の企業価値をそれぞれ，V_A，V_Bとする。ただし，両企業とも株主資本のみとする。また，A社とB社の統合後の企業価値をV_{AB}とする。[1]

現金による買収のときには，買収金額に相当する現金が支払われるので，買収後のA社の株式総市場価値は，V_{AB}から買収金額（買収価格）を差し引いた金額になる。つまり，V_{AB}は買収金額の現金支払いを差し引く前の金額である。[2]

　　　　買収後のA社の株式総市場価値＝V_{AB}－買収金額　　　　(2)

すると，A社にとっての買収の純利益は，買収前に比べた買収後の株式総市場価値の増加分で表すことができる。

　　　買収の純利益＝買収後の株式総市場価値－買収前の株式総市場価値
　　　　　　　　＝(V_{AB}－買収金額)－V_A　　　　　　　　　　(3)

ここで，買収金額として，V_Bの金額を上回る現金が支払われたとする。そ

のとき，買収金額と買収前の被買収企業の株式総市場価値の差額を**買収プレミアム**と呼ぶ。

$$買収プレミアム＝買収金額－被買収企業の買収前株式総市場価値$$
$$＝買収金額－V_B \qquad (4)$$

(3)式は，(1)式と(4)式を用いて(5)式のように表すこともできる。

$$買収の純利益＝[V_{AB}－(V_A＋V_B)]－(買収金額－V_B)$$
$$＝シナジー効果－買収プレミアム \qquad (5)$$

買収プレミアムを上回るシナジー効果があれば，買収の純利益はプラスになり，買収は望ましい。ところで，V_Bの価値のあるものを，買収プレミアムを上乗せした金額を支払って買収したので，買収プレミアムが買収の純コストになる。(5)式は，買収の粗利益であるシナジー効果が買収の純コストを上回れば，買収から純利益が発生することを示している。

買収を投資のひとつと考えれば，(5)式は実物投資評価のときの正味現在価値に相当し，正味現在価値がプラスかマイナスかで買収の判断を行うことになる。

数値例

数値例で考えてみよう。買収前のA社とB社の状態は，**表14-2**の左側に示されている。今，A社が600億円の現金を支払ってB社を買収したとする。B社を買収した後のA社の株式総市場価値は7,000億円になると予想されている。ただし，7,000億円は，買収代金を差し引く前の金額である。この場合には，買収のシナジー効果は，

$$シナジー効果＝7,000－(6,000＋500)$$
$$＝500億円$$

となる。

それに対して，買収プレミアムは，

■表14-2　M&Aの評価－数値例

	買収前		買収後	
	A社	B社	現金による買収	株式交換による買収
株式総市場価値	6,000億円	500億円	6,400億円	7,000億円
発行済株式数	6億株	1億株	6億株	6.5625億株
株価	1,000円	500円	1,067円	1,067円

$$\text{買収プレミアム} = 600 - 500$$
$$= 100 \text{億円}$$

である。

そのため，買収の純利益は，(5)式より400億円になる。

$$\text{買収の純利益} = 500 - 100$$
$$= 400 \text{億円}$$

買収の純利益は次のように考えても求めることができる。買収後のA社の実際の株式総市場価値は，買収金額600億円分の現金の流出があるので，それを考慮に入れると6,400億円である。

$$\text{買収後のA社の株式総市場価値} = 7,000 - 600$$
$$= 6,400 \text{億円}$$

A社の株主全体から見れば，買収前の株式総市場価値6,000億円が6,400億円に増加するわけであるから，増加分400億円が買収の純利益になる。

$$\text{買収の純利益} = \text{買収後のA社の株式総市場価値} - \text{買収前の株式総市場価値}$$
$$= 6,400 - 6,000$$
$$= 400 \text{億円}$$

買収金額支払い後のA社の株式総市場価値は6,400億円で，発行済株式数は6億株なので，買収後の株価は1,067円に上昇する。

ところで，買収プレミアムは，友好的買収の場合には両企業の話し合いによる交渉で決まる。敵対的買収の場合には，株式公開買付に際しての株式買付価格のうち，買収対象企業のその時点での株価を上回る金額が買収プレミアムになる。

そして，買収によるシナジー効果の一部が，被買収企業の株主に買収プレミアムとして分配され，残りを買収企業の株主が得ることになる。数値例では，500億円のシナジー効果のうち，100億円を買収プレミアムとしてB社の株主が受け取る。残りの400億円を買収純利益としてA社の株主が受け取る。

ときとして，買収プレミアムを過小評価してしまうことがおこるので，注意が必要である。例えば上の数値例で，B社の買収前株価は500円であるが，買収の可能性が株式市場に知れ渡って株価が550円に上昇したとしよう。買収金額を上と同じ600億円としても，(4)式より買収プレミアムを50億円（＝600億円－550円×1億株）と過小に計算してしまう危険性がある。

過小評価された買収プレミアムをもとに買収の純利益を計算すると，
　　　買収の純利益＝500億円－50億円
　　　　　　　　　＝450億円
となり，正しい金額より50億円過大に評価してしまうことになり，注意が必要である。

(2) 株式交換の場合

買収には現金による場合の他に，株式交換による方法もある。この場合には，**株式交換比率**が問題になる。株式交換では，買収企業が新たに新株を発行し，それを被買収企業の株式と交換する。

上と同じ数値例で考えよう。買収金額は，現金による場合と同じ600億円とする。B社の株式1億株と交換にA社株式を何株，B社株主に与えればよいだろうか。

正しい交換比率は次のように求めることができる。A社がB社株主に与える株式数をx億株とする。発行済株式総数は$(6+x)$億株になり，株式総市場価値は7,000億円なので，買収後の株価は$7,000/(6+x)$となる[3]。そのため，次式を満たすxであれば，B社の株主は600億円の価値のある株式を受け取ることになる。

$$600億円 = x億株 \times \frac{7,000億円}{(6+x)億株}$$

$x=0.5625$億株になる。買収後のA企業の株価は1,067円（＝7,000億円/6.5625億株）で，現金による買収のときと同じになる。

株式交換による買収では，A社からB社の株主への現金の支払いがない代わりに，A社株を与えることになるが，買収金額が同じなら，A社株主にとっての買収の純利益はどちらの買収方法でも同じになる。なぜなら，株式交換の場合，A社株主の株式持分は，買収後には$6/(6+0.5625)$となり，A社株主にとっての買収の純利益は次式より400億円になるからである。

$$株式交換による買収の純利益 = V_{AB}のうちA社株主の持分価値 - V_A$$
$$= \frac{6}{6+0.5625} \times 7,000億円 - 6,000億円$$
$$= 400億円$$

現金による買収と株式交換による買収の違いは，もちろん現金支出を伴う

第14章●M&Aと企業再編　293

か否かである。買収金額が多額になり，現金を手当てするのが難しいときには株式交換の方が望ましい。

　両者のもう1つの違いは，現金による買収では，確定した買収金額を被買収企業の株主は受け取り，買収企業とは縁が切れる。しかし，株式交換では，新たに買収企業の株主になるため，買収企業の将来の成長の果実を獲得する機会を得ると同時に，買収後の企業の事業リスクを一部負担することになる。

　また，被買収企業の株主が買収対価を現金で受け取ったときには，株式の譲渡益税がかかる。しかし，株式交換では，株式の譲渡益税を繰り延べられるといった税制上の違いもある。

5 ▶ M&Aの会計

　企業結合の会計処理方法には，**持分プーリング法**と**パーチェス法**がある。持分プーリング法（pooling of interests method）は，結合後消滅企業の資産・負債を帳簿価格（簿価）のまま，結合後存続企業が引く継ぐ会計処理である。簿価引き継ぎ方式とも呼ばれる。

　パーチェス法（purchase method）では，被買収企業の資産・負債を時価評価し直し，時価評価した資産から負債を差し引いて企業の正味価値である純資産の時価を求める。買収金額（価格）と純資産（時価）の差額を**のれん代**（goodwill）として，買収企業のバランスシートに資産計上する。[4]

　　　　のれん代＝買収金額－純資産（時価）　　　　　　　　　　　(6)

　わが国では，従来，持分プーリング法も多用されてきた。しかし，国際的な会計基準の動向に対応して，わが国でも2006年4月から，株式交換による厳密な対等合併と認められる場合に限って持分プーリング法が認められるのを除き，原則としてパーチェス法が適用されることになる。

　パーチェス法によって発生するのれん代は一定年数に渡って償却される。わが国で2006年4月から適用される会計基準では，最長20年である。毎年の償却分は，その期の費用となる。[5]

　また，パーチェス法では，被買収企業の資産の時価が簿価を上回っている限り，その評価増分が買収企業の資産に付け加わるので，資産の減価償却費が増加してしまう。これら2点からパーチェス法では，持分プーリング法を

適用した場合に比べて，結合時以降の期間利益が低下する影響が出てくる。

6 ▶ 敵対的買収の功罪

　M&Aについては，積極的に評価する考え方と，批判的にとらえる考え方とがある。特に，アメリカで顕著に見られる敵対的買収に関しては，意見がわかれている。それぞれを紹介しよう。

(1) 敵対的買収に対する擁護

　敵対的買収を積極的に擁護する考え方では，買収者による経営改革により被買収企業の経営の効率が高まり，その結果，経済全体にとっても望ましいことが強調される。[6]

　特に1980年代，アメリカの石油，食品産業などでは，大量のフリーキャッシュフローが発生したにもかかわらず，それを株主に分配しないで企業内部に抱え込み，余剰資金を採算に合わない事業へ投資するなど，無駄な投資につぎ込んで非効率的な経営を行っていた企業が多く見られた。[7]そのような企業が敵対的買収の対象となり，買収後は以下に述べるような理由から，経営の改善が行われるケースが見られた。

　敵対的買収では，**LBO**（レバレッジド・バイアウト，Leveraged Buyout）と呼ばれる買収方法がとられることが多い。LBOとは，被買収企業の資産を担保にした借り入れによる買収のことである。

　LBOによる敵対的買収の利点として，2つのことが指摘されている。第一点は，買収資金調達方法に絡んでいる。LBOによる買収では，多額の買収資金を借り入れを含めた負債によって調達するため，買収後の企業の負債比率は非常に高くなる。

　そのため，利子や元本の返済に多くのキャッシュフローが使われ，フリーキャッシュフローが発生する余地が小さくなる。つまり，強制的にキャッシュフローが投資家に分配されるので，負債の利払い・元本の返済がある意味では配当の代替的役割を果たすことになる。

　さらに，負債比率が非常に高いので，高い収益を上げなければ倒産の危険に容易に直面してしまう。この点からも，買収に成功した新経営陣は，効率的経営に対する強いインセンティブを持つことになる。このように負債に

は，経営者が無駄に使える余裕資金を押さえたり，インセンティブ効果があり，「**負債の規律付け効果**」と呼ばれている。LBOでは，負債のこのプラスの効果が有効に発揮されると考えられている。

LBOによる敵対的買収の2番目の利点は，株式所有構造の大幅な変更に関連している。LBOでは，被買収企業の株式が少数の大株主によって保有されることが多い。つまり，今までは多数の株主からなる分散化された株式所有構造だったのが，少数の大株主からなる株式所有構造に変わることになる。LBOを専門に手掛ける投資家グループや前経営陣・従業員が新たな株主になるのが通常である。

経営者，従業員が大株主になることによって，自社の経営を効率的に行おうとする強い誘因が働く可能性がでてくる。これがLBOのもう1つのメリットと考えられる。そして，大株主や，大口の債権者が"active investor"として直接，経営にタッチしたり，経営者を監視する。そのため，経営と所有の分離から生ずる，株主と経営者の利害の対立が解消されると主張される。

(2)敵対的買収に対する批判

しかし，敵対的買収については批判的意見もある。代表的なのが，ShleiferとSummersの主張である[8]。

敵対的買収は，被買収企業の利害関係者，特に，従業員や供給業者から株主への富の再分配の側面があり，敵対的買収による株価上昇をすべて社会的価値の上昇と考えることはできないと，彼らは主張している。

従業員に自社に特化した技能を身につけてもらったり，供給業者に自社への部品供給のために特化した設備導入といった関係特殊的投資を促すためにも，企業としては利害関係者と**暗黙の長期契約**を結ぶことが重要になる。その際，現経営者が長期契約を遵守するという信頼なり評判を利害関係者から得ることが必要になる。

しかし，敵対的買収を企てる者は，暗黙の長期契約を守ることにコミットしていない。そのため，買収後，被買収企業の従業員の賃金カット・レイオフや，供給業者との取引停止等の手段によって暗黙の長期契約を反故にして，**従業員・供給業者から株主へ富の移転**を起こす誘因を持つ。

敵対的買収が一般的となり，買収者によるこのような行動が危惧されると，暗黙の契約が結べなくなり，従業員の忠誠心が低下したり，従業員・取

引先企業による関係特殊的投資が行われない危険性がでてきて，社会全体にも望ましくない影響を及ぼすことになる。[9]

7 ▶ 事業分離の方法

　企業統合や事業統合によって事業を拡大する方向で企業再編を図るのとは逆に，事業分離によって企業再編を行うこともある。これには，ある事業分野を売却して完全に切り捨て，グループ外に移すケース以外に，資本関係は維持しながら子会社化するといったケースも含まれる。いずれにしろ，本体企業や企業グループ内での事業の縮小に絡んだ企業再編であり，ダイベスティチュアー（divestiture）とも呼ばれる。事業分離の方法としては，(1)営業譲渡，(2)会社分割，(3)MBOなどがある。

(1)営業譲渡

　企業再建に際しての不採算な非中核事業の切り捨てなどのために，特定の事業部門や営業部門を他の企業に譲渡する方法として営業譲渡があり，従来から用いられてきた。

　しかし，営業譲渡では，(1)権利の移転が個別的移転であり，権利義務関係の個別の継承手続きが必要である，(2)譲り受け企業が譲り受けの対価として現金を準備しなくてはならない，等の問題があった。そのため，商法改正によって会社の分割を容易にするため，次に述べる会社分割制度が導入された。

(2)会社分割

　会社分割は，企業再編制度の一環として，商法改正によって2001年4月より施行された。会社の分割とは，会社の営業の全部あるいは一部を，新設する会社または既存の会社に継承させることにより，1つの会社が2つ以上の会社になることである。

　会社分割制度では，(1)権利義務が包括的に継承され，権利義務関係の個別の継承手続きが不要である，(2)株式の発行によって対価が支払われるため，現金の支払いを必要としないといった点で，営業譲渡より便利な会社の分離方法といえる。

(a)会社分割制度の仕組み

　会社分割には多様な形態があるが，新設分割と吸収分割に大別される。**新設分割**は，分割される会社（分割会社）の営業の全部または一部を，新設する会社（新設会社）が継承する形態の分割である。これに対して，**吸収分割**は，分割会社の営業の全部または一部を，既存の他の会社（継承会社）に継承させる形態の分割である。

　どちらの分割であっても，継承した営業に見合う株式が発行されるが，その際，株式が分割会社に割り当てられる「**分社型**」と，分割会社の株主に割り当てられる「**分割型**」がある。

　図14-4は新設分割の概念図である。X会社のB部門が新たに新設されるY会社（新設会社）に譲り渡される。分社型では，Y会社が発行する新株式をX会社が取得することになる。X会社から見れば，Y会社の経営権を100％

■図14-4　新設分割の概念図

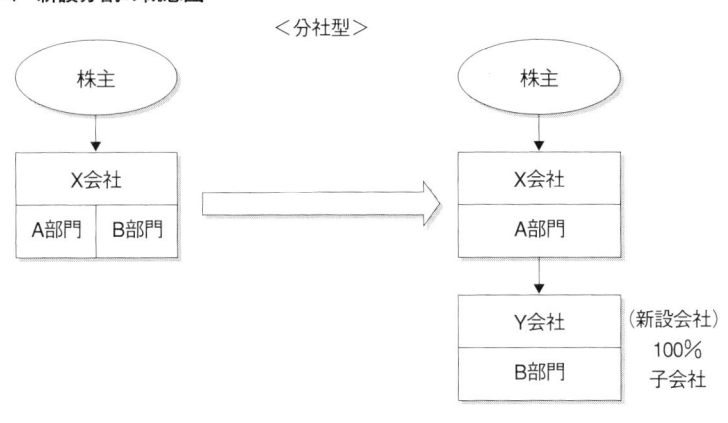

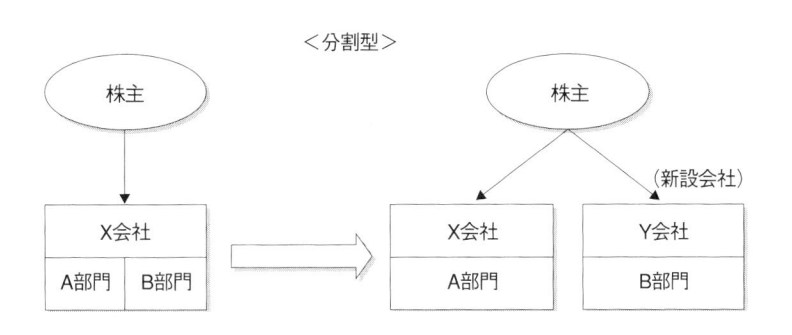

保有しており，Y会社を**完全子会社化**し，親子会社関係が生まれたことになる。

分社型新設分割の事例としては，例えば，NECが2002年に半導体部門を本体から切り離し，システムLSIなどを主力とする半導体専業会社「NECエレクトロニクス」を設立したケースがある。

それに対して，分割型では，X会社の株主にY会社株式が割り当てられる。X会社自身はY会社の株式を保有せず，両会社の間での資本関係はない。

なお，アメリカでは分割型新設分割に類似した「**スピンオフ**（spinoff）」という手法を利用して成長事業部門などを分離・独立させるケースが多い。有名な例として，1996年のゼネラル・モーターズ（GM）によるエレクトロニック・データ・システム（EDS）のスピンオフがある。

図14-5は吸収分割の概念図である。X会社が自社のB部門を既存のZ社（継承会社）に譲り渡す。分社型では，Z会社の発行する新株式がX会社に割り当てられる。そのため，Z会社の株式の一部をX会社が保有することになり，X会社とZ会社の間で資本関係が生まれる。

■図14-5　吸収分割の概念図

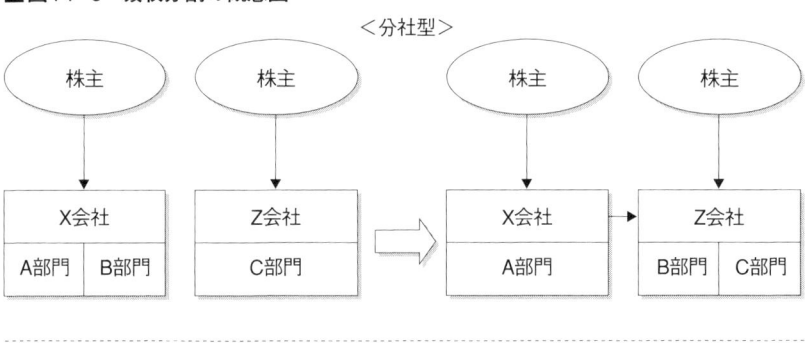

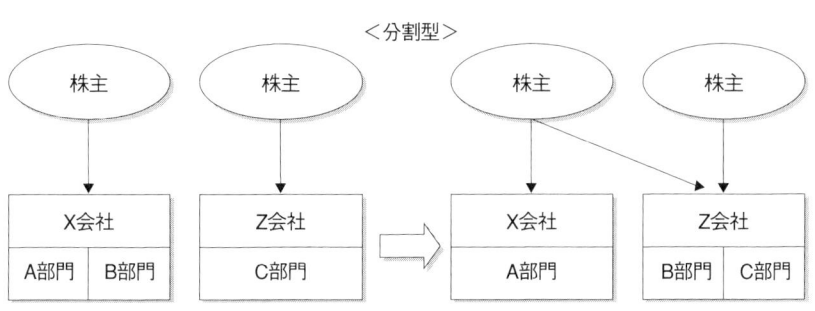

分割型では，X会社の株主に直接，新株式が割り当てられる。Z会社の既存株主の他に，X会社の株主がZ会社の株主に付け加わることになるが，X会社とZ会社の間には直接的な資本関係はない。なお，図14-5ではB部門とC部門を別の事業部門としたが，両部門が同じ事業を行っており，Z会社のC部門にX会社のB部門が吸収される場合もある。

　ところで，新設分割，吸収分割いずれであっても，「分社型」では，企業グループとして見た場合，親子関係や資本関係が存続する。しかし，「分割型」では，資本関係はなく，企業グループから切り離され，企業グループの外に完全に分離されることになる。

　また，複数の会社が共同で会社分割を行う**共同分割**によって，各社の事業部を分離・統合することが可能となる。この場合も，新設分割と吸収分割とがあり，それぞれ「分社型」と「分割型」にわかれる。

　図14-6には，共同新設分割が示されている。X会社がB部門を，Y会社がD部門を分離し，新設のZ会社に譲り渡される。分社型では，X会社とY会社がZ会社の株主になり，一種の**合弁会社**が設立されたことになる。通常の合弁会社設立では，複数企業が共同で出資し，新しい事業を立ち上げる場合が多い。

　分社型の共同新設分割による場合では，それぞれの企業が既存の事業部門

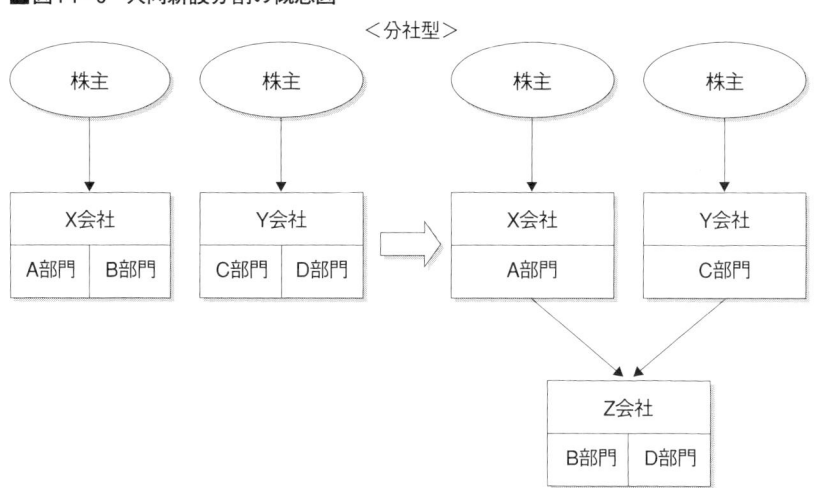

■図14-6　共同新設分割の概念図

を提供するかたちで合弁会社がつくられる。一方，分割型では，X会社とY会社の株主がともにZ会社の株式を保有する。したがって，X会社とY会社は，Z会社との間で直接の資本関係はない。

B部門とD部門が同じ事業部門なら，共同新設分割によって複数企業の同一部門が統合され，新会社ができる。この仕組みを活用して，日立製作所と三菱電機のシステムLSIなどの半導体事業が統合され，2003年4月に半導体メーカー「ルネサステクノロジ」が生まれた。

(b) **会社分割制度のメリット**

事業の選択と集中

多種多様な事業を持つ総合型企業では，各事業の独立採算を徹底するため，本体から切り離す**分社化**で市場変化に合った戦略を速やかに展開できる。また，成長事業の独立を目的に事業分離が行われることもある。企業は成長部門を切り離して競争力を高めたり，不採算部門を他社に吸収させるなど「選択と集中」を加速できる。従来の資本系列にしばられずに業界地図を変える事業再編が可能となる。

また，分社化によって，それぞれの事業の収益力に見合った人事制度や賃金体系を各社ごとに決めることが可能となる。

税制上の優遇措置と連結納税制度

土地や工場など資産を移転すると通常，資産譲渡益に対し課税される。しかし，実際に利益が出ていないのに課税すると事業再編が進まないため，会社分割では資産の帳簿価格での移転を認め，譲渡益課税を実際の売却時まで繰り延べることが認められている。

また，2002年度からスタートした**連結納税制度**を選択すれば，税制面から会社分割が行いやすくなる。例えば，A会社の甲事業部の利益が300億円の黒字，乙事業部は100億円の赤字とする。乙事業部を本体から切り離し，100％子会社Bをつくったとする。今までだと，個別に法人税がかかり，親会社A社は法人税を120億円支払わなくてはならなかった（法人税率を40％と仮定）。

それが連結納税の下では，両企業の利益が合算され200億円（＝300億円－100億円）の利益に対して，80億円の法人税が課せられ，グループ全体で見れば40億円分だけ法人税が少なくてすむ。

純粋持株会社設立の後押し

事業部門をすべて分社化し，純粋持株会社をつくることによって，持株会

社方式による分社経営が容易になる。

持株会社制度のメリットとしては，次のような点がある。
(1) 持株会社では，事業と経営が分離される。持株会社は個別事業の判断業務から解放され，グループ戦略の立案に集中できるので，グループ全体の事業ポートフォリオを管理したり，グループ全体としての資源配分の最適化を図ることができる。一方，個別事業責任者はより強い権限と責任の下，自律的な展開が可能となる。
(2) 賃金体系や人事制度，勤務形態を全社的に統一・統合する必要がなく，傘下の子会社の実情にあった制度をつくることができる。

(3) MBO

MBOとは management buyout（**マネジメント・バイアウト**）の略で，企業の子会社や特定の事業部門の責任者が，親会社から事業を買収して独立することである。つまり，**経営陣による企業買収**である。独立する経営陣が，ベンチャーキャピタルに代表される投資ファンドと共同で出資し，銀行からの融資を合わせて経営権を買い取るのが一般的である。

親会社から見れば，子会社やある事業部門を売却して切り離したことになり，事業分離のひとつの方法であり，「のれん分け」の一形態でもある。最近，わが国でも，企業がリストラで子会社や事業部門の売却を加速しているため，件数が増加している。

後継者に悩む中小企業の創業者オーナーが，所有株を処分する手段としても用いられる。また，技術系のベンチャー企業の創業者が，成長途中で外部からスカウトした経営者に会社を譲り，再び技術開発に戻る例もある。

経営陣が残留し，事業内容と従業員も継承されるため，事業を継続しやすい。一から企業を育てるより事業成功や株式公開の可能性が高まる。独立する側は経営の自由度が格段に増すほか，経営陣が自社の株式を保有して大株主になるので，所有と経営が一致し，経営に対する意欲が高まる。また，一種の創業であるため，起業家精神が発揮されやすくなる利点もある。

事例としては，2003年秋の超硬工具大手の東芝タンガロイのケースがある。野村ホールディング傘下の投資会社，野村プリンシパル・ファイナンスを中心にして，東芝タンガロイの現取締役と従業員の出資による買収が行われた。買収額は約400億円で，上場企業を対象としたMBOでは国内最大規模で

ある。東芝タンガロイの筆頭株主だった東芝は，非中核部門を分離したことで，経営資源を得意分野に集中できるようになった。

(4) 業務委託（アウトソーシング）

ある事業部門全体の分離ではないが，業務の一部を外部委託し，サービスの提供を受けるアウトソーシング（outsourcing）も活発に利用されている。コスト削減効果と同時に，外部委託によって捻出された経営資源を中核業務に投入できるメリットがある。その他に，企業にとっては周辺業務に位置づけられるものでも，外部の委託者にとっては本業であることから，優れた経営資源を活用できる利点もある。

最近では，中核業務でもアウトソーシングされるケースがみられる。理由のひとつに，情報技術（IT）の急速な進展があげられる。情報システム業務などを専門の業者に外部委託し，任せることによって，情報技術の変化に対応することが可能となる。

8 ▶ 様々な事業部門を抱えることの問題点

以上みてきたように，わが国でも1990年代後半から，グループ経営を効率化し収益力を高めるために，事業が重複する会社の統合や，不採算会社・非中核事業会社の撤退・売却など，グループ会社の再編・リストラによるグループ再編が進んでいる。連結決算ベースで企業を評価する傾向もこのような動きを後押ししている。

これは，グループとして最適な組織をいかに構築するかという問題である。従来であれば，様々な事業に手を出し，多角化することのメリットが強調されてきた。

しかし，近年，「**選択と集中**」という言葉に集約されるように，中核事業と非中核事業を選別し，グループ内のコアビジネス（中核事業）へ経営資源を集中し，非コアビジネス（非中核事業）を切り捨てることの重要性が指摘されている。

様々な事業部門を抱えているような企業では，各部門が必要とする経営資源は，本社中枢によって部門間に配分される。特に，投資資金を含めたカネの配分に焦点を当てれば，**内部資本市場**と呼ばれるように，企業全体として

上げた利益の内部留保分と，企業全体として調達した資金が企業内部で各部門間に再配分される。

従来は，この内部資本市場のメリットが強調されることが多かった。それは，成熟部門から上がった利益を，将来的に有望であるがまだ利益を上げていない事業部門へ再配分することが，内部資本市場ではスムーズに行えるからだと主張されてきた。

しかし，内部資本市場もデメリットを抱えている。それは，事業部門間での縄張り争いや，将来性のない事業部門が部門の存続・維持を図るために様々な行動を起こし，その結果，将来性のない部門に必要以上のカネが流れ，逆に，将来性のある部門には十分なカネが流れないといった形で，本社中枢が行う資金配分が歪められ，内部資本市場が有効に機能しなくなる危険性が出てくるからである。

そのため，多数の事業部門を抱えた企業は評価されないという結果になる。多数の事業部門を抱える企業が，得意な専業部門に特化した専業企業に比べて株式市場で低く評価されてしまう現象を，「diversification discount」とか「**コングロマリット・ディスカウント**」と呼んでいる。この現象の大きな理由は，内部資本市場が有効に機能しないことによると考えられる。

様々な事業部門を抱えることの他の問題点として，事業部門責任者へのインセンティブの問題もある。どのような業績尺度に基づいて事業部門責任者に報酬を与えるかが，成長段階やリスクが異なる部門が多くなればなるほど困難になるからである。

[注]
1) 合併であれば合併後にひとつの会社AB社になるが，買収だとB社は独立会社として存続し続ける。しかし，B社はA社の完全子会社になるので，買収後のA社の連結ベースのバランスシートをもとにした企業価値を，統合後の企業価値 V_{AB} と考えればよい。
2) 株式交換によるM&Aの場合には現金の支払いがないので，買収後のA社の株式総市場価値はV_{AB}に等しい。
3) 株式交換の場合には，現金による買収のときとは違い，600億円の現金の流出がないので，買収後の株式総市場価値は7,000億円である。
4) のれん代と買収プレミアムは異なる概念なので注意しよう。のれん代の計算では，被買収企業の個々の資産と負債の時価評価合計をもとに純資産の時価評価額を求める。それに対して，買収プレミアムは，(4)式のように被買収企業の買収前株式総市場価値

を用いて計算される。のれん代の計算のときの純資産評価額は，必ずしも株式市場で評価される株式総市場価値と等しくなるとは限らない。

5) 逆に，買収金額が純資産（時価）を下回ったときには，差額は「**逆のれん代**」あるいは，「負ののれん代」として負債に計上し，一定期間中，償却を行う。逆のれん代の償却金額は営業外収益となるため，経常利益をかさ上げする効果がある。

6) M. Jensen, "Takeovers : Their Causes and Consequences," *Journal of Economic Perspectives*, Winter, 1988, pp.21-48.

7) フリーキャッシュフローの理論については第8章の第7節を参照。

8) Shleifer and Summers, "Breach of Trust in Hostile Takeovers," in A. Auerbach ed., *Corporate Takeovers : Causes and Consequences*, University of Chicago Press, 1988, pp.33-56.

9) これは，**ホールドアップ問題**（hold-up problem）と呼ばれる問題の一例である。なお，敵対的買収の防衛策については，第17章の第7節を参照。

第15章

企業再生と倒産処理

1 ▶ はじめに

　現代の企業社会では，絶え間なく新しい企業が興り，逆に，競争に敗れた企業が市場から退出していくという栄枯盛衰がダイナミックに繰り返されている。業績が悪化した企業は最悪の場合，倒産に追い込まれる。倒産というと暗いイメージがつきまとい，**倒産処理**は後ろ向きの仕事と見なされがちである。

　しかし，経営が悪化した際に，最後の最後まで破綻処理を先送りすることなく，もっと早い段階で破綻処理をしていれば，資産や事業も劣化しておらず，再建も可能となる企業は多い。その意味で，経営に行き詰まった企業がスムーズに清算され，**企業再生**を図る企業が再建を迅速に行えるような仕組みが，現在のわが国経済・産業の建て直しのために強く求められている。

　従来わが国では，メインバンクなどの銀行が，経営危機に陥った企業の再建支援も含めて，倒産処理の中心的役割を担ってきた。しかし，銀行そのものが問題を抱え，従来のようなやり方が行えなくなっているのが現状である。

　このような状況を反映して，2000年4月から施行された民事再生法を始めとして**倒産関連法の改正**が行われ，倒産処理がスムーズに行われるような法制度の整備が進んだ。また，企業再生ファンドのように，従来の銀行に替わる倒産処理にかかわる主体も登場している。また，債務の株式化に代表される，様々な企業再生手法も実際に活用され注目を集めている。

　本章では，倒産処理と企業再建の仕組み，及び，様々な企業再生手法について説明する。

2 ▶ 倒産のタイプ

(1) 倒産とは

倒産の厳密な定義は難しいが、通常は、(1)返済期限がきた借金を返済することができない**支払い不能**の状態、あるいは、(2)**債務超過**の状態を倒産という。いずれにしろ、事業活動をそのまま続けることが不可能になった状態である。

支払い不能のひとつの現象として、**銀行取引停止処分**がある。これは、手形などの不渡りを6か月間に2回出せば、預金を持つことや融資を受けることなど、銀行とのすべての取引が2年間できなくなることをさす。企業として活動を続けることが事実上不可能になり、倒産したと判断される。

債務超過とは、企業のバランスシート上の負債総額が資産総額を上回る状態をいう。

図15-1は、負債総額1,000万円以上のわが国の企業倒産の推移を、各年ご

■図15-1　わが国の企業倒産の推移

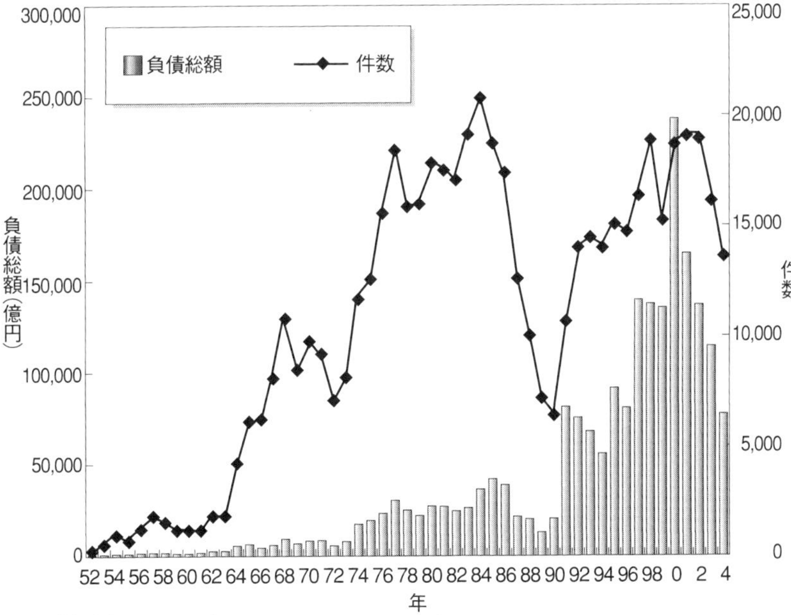

出所:「東京商工リサーチ」: http://www.tsr-net.co.jp/

とに件数と負債総額を集計して示したものである。倒産件数で見ると，1970年代後半から80年代前半までと，90年代後半が多い。負債総額で見ると，90年代後半から急増し，特に，2000年は大型倒産が多かったこともあり24兆円にも達している。

(2)経営悪化企業の経営の立て直し

倒産にはいたっていないが経営が悪化している企業は，バランスシートの資産サイドと負債・資本サイド，両面から経営の立て直しを図る。いわゆる，バランスシート調整である。

資産サイドの立て直しは，**資産再編**あるいは**事業再編**（asset restructuring）と呼ばれる。これには，(1)不採算部門の閉鎖や一部資産・事業部門の売却，(2)他企業による合併・買収，(3)設備投資・研究開発投資などの予算削減，(4)過剰人員のリストラ，などが含まれる。

それに対して，負債・資本サイドの立て直しが**財務再編**（financial restructuring）である。これには，(1)第三者割当増資などによる資本増強，(2)銀行による債務免除，債務返済猶予，金利の減免，(3)債務の株式化，などがある。

(3)倒産処理の類型

しかし，このような努力にもかかわらず倒産という事態にいたってしまうと，倒産処理が行われなくてはならない。倒産処理は大きく2つのタイプに分けられる。(1)法的手続きによる倒産処理と，(2)私的手続きによる倒産処理である。

法的手続き（法的整理） は，裁判所の倒産手続きによるものである。それに対して，**私的手続き**は裁判所に頼らず，債権者との話し合いで，借金の減免，債権放棄や事業継続を行うか否かを決める方法で，「**私的整理**」（private workout）とも呼ばれる。[1]

倒産にはいたっていないが財務危機にあるような企業が，債権者との話し合いで債権放棄を含めた財務リストラを行い，再建計画案に基づいて再生をはかるのも，広くいえば，私的手続きの一種と考えられる。

もうひとつの分け方として，(1)清算型か，(2)再建型かで分けることができる。

清算型（liquidation）は，倒産会社の全財産を清算し，現金化して債権者に分配し，会社を消滅させるものである。**破産**と呼ばれるのがこれに当たる。

■図15-2　倒産処理の類型

```
倒産 ─┬─ 法的手続き ─┬─ 清算型 ─┬─ 破産　　　（破産法）
　　　│　　　　　　　│　　　　　└─ 特別清算　（商法）
　　　│　　　　　　　└─ 再建型 ─┬─ 民事再生　（民事再生法）
　　　│　　　　　　　　　　　　　└─ 会社更生　（会社更生法）
　　　└─ 私的手続き ─── 私的整理 ─┬─ 清算
　　　　　　　　　　　　　　　　　　└─ 再建
```

法的手続きでは，破産法による破産や，商法の特別清算がある。私的整理でも清算がある。

再建型（reorganization）は，事業の再建を図ることを目的とする倒産処理である。法的手続きでは，民事再生法や会社更生法による企業再建がある。

3 ▶ 清算型処理

本節では，大企業の清算に適用される「破産法」を念頭に，清算型処理について説明する。破産の場合には，破産宣告の申し立ての後に裁判所による破産宣告がなされ，会社は解散し，旧経営者の経営権は失われ，裁判所によって選任された**破産管財人**がこれにとって替わる。

破産管財人の職務は，破産宣告時に企業が有する財産（**破産財団**）を管理及び処分することと，同時に，破産手続き開始前に発生した債権（破産債権）を確定し，その弁済を処分した破産財団に属する財産から行う等の破産

手続きの遂行を担うことにある。

破産財団に属するすべての財産を換価して得た金銭を，破産債権者にその優先順位にしたがって弁済し終わると清算が終了し，会社は消滅することになる。

破産の場合，次のような優先順位にしたがって債務の返済が行われる。
(1) 担保権者への返済
(2) 財団債権
(3) 優先的破産債権
(4) 無担保の一般債権
(5) 劣後的債権

上の(2)の**財団債権**とは，債権者全員のための共益的費用であり，具体的には，①債権者及び株主の共同の利益のために支出された裁判上の費用，②倒産会社の財産（破産財団）の管理・換価等に要する費用，③破産管財人，保全管理人その他に対する報酬・報償金等である。これらの費用は，破産手続きに際して全債権者のためになされる支出なので，破産債権に優先し，破産手続きによらないで随時弁済される。

破産の場合には，倒産企業の特定の財産を担保に取っている**担保権者**は，破産手続きとは関係なく担保権を実行でき，担保財産から優先的に弁済を受けられる。この担保権者の権利を「別除権」と呼んでいる。別除権は財団債権よりも原則として優先する。

このように，破産財団を処分した処分代金から，まず別除権者，次に財団債権が優先的に弁済された後で，次の順序で破産財団が枯渇するまで破産手続きにしたがって弁済が行われる。①優先的破産債権（破産宣告前の従業員の給料で未払いのもの，など），②無担保の一般債権，③劣後的債権，の順である。

破産法に代表される清算型倒産手続きでは，倒産企業の資産の処分代金が上述した優先順位にしたがって債権者に分配されるが，その際，優先する債権者が十分，かつ完全な補償，弁済を得た後ではじめて，劣後する債権者が弁済を受けられるという意味で，**絶対的優先権**が認められているのが特徴である。

大型破産の事例としては，クラウンリーシング（総合リース業）（1997年），末野興産（不動産業）（1996年），日本トータルファイナンス（金融業）（1997年），山一證券（証券業）（1999年）などがある。

4 ▶ 再建型処理

　従来の倒産関連法は倒産に伴う関係者の利害調整が主な目的で，企業再編が効率的に進むような法体系ではなかった。そのため，企業再建がよりスムーズに行われるような法制度面での改革の一環として，2000年4月から和議法に代って「民事再生法」が施行された。また，2003年4月から会社更生法の全面改正が施行された。最初に，民事再生法の概略を述べる。

(1)民事再生法

　民事再生法は，再建型の法的手続きであるアメリカの連邦倒産法「第11章」（**チャプター・イレブン**）を参考にして，企業再建のために利用しやすい制度設計になっている。

　まず，民事再生法では，申し立て事由が，「破産原因の生ずる恐れ」あるいは「事業の継続に著しい支障をきたすこと無く弁済期にある債務を弁済できないこと」というように，申し立て条件が緩和された。これは，再建の実効性を高め，資産内容があまり劣化しないうちに再建手続きを行えるようにするためである。

　また，再建計画可決の条件が緩和された。具体的には，集会に出席した債権者の2分の1，総債権額の2分の1以上の同意があれば，再建計画が可決される。

　後述する会社更生法と比べた民事再生法の特徴は，手続きが迅速な点にある。再建計画が裁判所に認められるまでの期間が，会社更生法（改正前）では約2年かかったのに対し，民事再生法では約6か月と大幅に短縮された。

　また，会社更生法では，旧経営陣が退陣し事業管財人が再建計画や事業の継続を担当するが，民事再生法では旧経営陣がそのまま居座り，企業再建の陣頭指揮をとることが可能である。これは，中小企業などのように，事業に精通した経営者の存在が円滑な会社再建に重要な役割を果たすような状況では重要な点になる。ただ，「経営者の居残り」に対しては，経営責任の追及が弱まるとの指摘もある。

　使いやすさもあって，施行以来，申し立て件数は多い。事例としては，大手百貨店「そごう」による2000年7月の民事再生法の適用申し立てがある（グループ全体の債務超過額5800億円，負債額1兆8700億円）。2001年1月に

再生計画案が認可され，その後，2003年1月末に民事再生手続きを終結した。経営破綻から2年7か月で法的管理を脱したことになる。その後，「そごう」は「西武百貨店」と事業会社としては独立した百貨店事業を担いながら，同じ持株会社「ミレニアムリテイリング」の傘下に入り，グループ統合された。

(2)会社更生法

　会社更生法についても全面改正が行われ，2003年4月から施行された。経営破綻企業の再建手続きを迅速化し，手続きの開始から終了までに要する時間の大幅短縮を目指すために，以下のような改正が行われた。

　(1)手続き開始に必要だった裁判所による「再建の見込み」の判断を削除するなど申し立ての条件を緩和，(2)裁判所に提出する再建計画案を1年以内に策定することを義務づける，(3)営業力の低下を防ぐため，裁判所の許可を得て，一部事業部門の営業譲渡を再建計画決定前に実施できる，(4)経営破綻に直接責任のない取締役が「管財人」に就任することを認める，(5)計画案の可決条件は，一般無担保債権額の2分の1以上の同意に緩和，(6)計画策定後の債務の弁済期間を最長15年に短縮。

　改正会社更生法では，資金調達面での改善も行われた。従来の会社更生法では，会社更生法適用を申し立てた後に銀行が運転資金を新規融資した場合，裁判所が更生手続き開始決定を出さずに破産すると，融資したお金の返済順位は低かった。銀行などがつなぎ融資に二の足を踏む一因になっていた。

　改正会社更正法では，破産手続きに移行しても，融資の債権を税金と同レベルで保護し，銀行などが再建可能性の高い企業に運転資金を融資しやすくしている。[2]

　また，債務を超長期社債に転換することも認められた。企業側は返済期限が延び，一年あたりの返済負担が軽くなる。債権者側は期限前に社債を売却して資金を回収できるようになる。

　事例としては，2001年9月に経営破綻し，11月に会社更生法の適用申し立てをした，大手スーパー「マイカル」がある。2003年9月末に裁判所に更正計画案を提出し，認可を受けた。

　マイカルの更生計画では，総額1兆9千億円の債務は2千億円に圧縮され，個人投資家など小口債権者の弁済率は平均30％，銀行など大口債権者は5％以下に設定されている。弁済率に差を設けるのは異例だが，3万人を超

す個人向け社債の保有者の同意を取り付け，早期再生を目指すためといわれている。その後，「マイカル」は「イオン」の100％子会社となり，再建を進めている。

(3)民事再生法と会社更生法の違い

　民事再生法と会社更生法の大きな違いは，(1)経営陣の残留が認められるか否かと，(2)担保の取り扱いにある。

　上で述べたように改正会社更生法では，経営陣の一部残留も認められるが，民事再生法では全面的にそれが認められている。中小企業では経営者と企業が一体であることが多く，経営陣が居残って企業再建にあたるメリットは大きい。また，経営陣が居残っても債権者の拒否反応は小さい。

　しかし，大企業が破綻した場合は，明確な経営責任をとるように求めることが多く，民事再生法のもとでの企業再建を債権者が支援しないケースが多い。経営陣の残留を債権者が認めない場合には，会社更生法による再建手続きに頼らざるを得ない。会社更生法申し立て後は原則，現経営陣は退陣し，「**更正管財人**」が選ばれ，再建計画が練られる。

　担保の取り扱いに関しては，会社更生法では手続きに入ると担保権の行使が全面的に禁止されている。それは，企業資産の流出を防ぎ，企業再建を容易にするためである。それに対して，民事再生法では，担保権の行使は原則自由である。

　もともと民事再生法は，中小企業向けの再建を想定して制定されたのに対して，会社更生法は大企業向けの再建法制である。そのため，企業の規模や業態に合った再建法制を選ぶ必要がある。

5▶多様化する企業再建手法

　近年，財務危機に陥った企業の再建・再生のための様々な仕組み・手法が取り入れられ，企業再建手法も多様化している。ここでは，代表的なものを紹介しよう。[3]

(1)ディップ・ファイナンス

　ディップ・ファイナンスとは，法的整理を申請した企業に対し，再生計画

認可までの最も不安定な期間を破産しないで乗り切れるよう，**つなぎ融資**を供給することを指す。再生支援融資，倒産企業向け運転資金融資とも呼ばれる。

　ここで，ディップ（DIP）とは，アメリカ連邦倒産法の「第11章」（**チャプター・イレブン**）に出てくる言葉で，「debtor in possession」の頭文字を取ったものである。日本語の適訳はないが，「占有を継続する債務者」と呼ばれる。

　「チャプター・イレブン」は，企業再建を目指す法的手続きを規定したものだが，破産手続きと違い管財人を選出する必要がなく，再建手続き申し立て後も現経営者が経営に当たることができる。それをディップ（DIP）と呼んでいる。現経営者が更迭されると，再建手続きを躊躇し，再建が手遅れになってしまう危険性があるので，経営者が地位を失わないことを原則としたと考えられる。

　ディップ・ファイナンスという言葉は，「チャプター・イレブン」申し立て後に，銀行が事業の継続に必要な資金を融資する用語としてアメリカで用いられてきたが，わが国でも一般的に，再建中の企業に対する融資を指す言葉として用いられている。

　銀行があえてディップ・ファイナンスを融資しようとするのは，再建手続き後の新融資が「共益債権」として，倒産前の旧債権に優先して弁済が行われる債権として保護されているからである。金利も通常より高く，回収が比較的確実なので，銀行側の新ビジネスとして注目を集めている。

　2002年に日本政策投資銀行や商工組合中央金庫などが中心になって発足した「事業再生融資制度」は，日本型のディップ・ファイナンスの一例といわれている。

(2)デット・エクイティ・スワップ

　デット・エクイティ・スワップ（debts for equity swaps）とは，有利子負債を株式に転換することで，**債務の株式化**とも呼ばれる。

　経営が悪化している企業を支援するため，金融機関が大口の貸し出し債権をその企業の株式に転換して保有することが，わが国でも多く行われるようになってきた。

　デット・エクイティ・スワップが単独で行われることもあるが，債権放棄（債務者企業からみれば債務免除）とデット・エクイティ・スワップが組み合わされて行われることもある。いずれにしろ，過剰債務が大幅に削減さ

れ，債務超過の状態が解消されるので，財務再編の主要な手段となる。

債務超過が解消され事業再編も行われ，収益力が回復し，将来，利益が生まれるような状況になれば，大口債権者であった金融機関は，株式保有によって利益の分配にあずかれる権利が確保されることになる。

わが国で今まで行われたデット・エクイティ・スワップでは，債務を優先株に交換するケースが多い。普通株式でなく優先株に交換されるのは，主に次のような理由による。[4]

銀行などの金融機関が一般事業会社の発行済（普通）株式総数の5％以上を取得することが，銀行法と独占禁止法によって禁じられている。やむをえず5％超の株式を取得する場合には，原則として1年以内に手放さなければならない。1年以内では，まだ再建途上で収益力が回復しておらず，普通株式を安い価格で手放さなければならない危険性がでてくる。そのため，わが国のデット・エクイティ・スワップでは債務を普通株式でなく優先株に交換し，ある程度の期間保有することが選ばれる。

(3) 企業再生ファンド

投資組合（パートナーシップ）形態で投資家から資金を集め，主に未公開会社に出資するファンドを**プライベート・エクイティ・ファンド**（private equity funds，未公開株ファンド）と呼ぶ。[5]

その中で，特に，経営不振企業や破綻企業に資金や人材を供給して再建を目指す投資ファンドが，**企業再生ファンド**である。「禿鷹（はげたか）ファンド」などとも呼ばれる。銀行に替わる新たな「リスクマネー」供給者として注目されている。

資金の投資形態は，投資先企業の株式を買収したり，増資新株を引き受ける他に，デット・エクイティ・スワップによって株式化された債権を銀行から買い取る方法などがある。多額の金額を出資し，投資先企業の経営権を取得するのが通常である。また，わが国では銀行が保有する不良債権を買い取って，対象企業の再建を目指すことも多い。

企業再生ファンドが中心となり，事業再編や財務再編を盛り込んだ再建計画を立て，リストラを断行し，企業再生が順調に進み企業価値が高まったところで株式を売却して，高いリターンを獲得するのが狙いである。

ところで，企業再生ファンドやM&Aとの関連でよくでてくるのが，**デュー**

デリジェンス（due diligence）という言葉である。一般的には，投資対象のリスクとリターンを適正に評価するために事前に行う，一連の調査・審査のことをさす。企業再生ファンドが適正な買収価格や買取価格を決める際に，事前に行う資産査定のことをいう。

企業再生ファンドの例としては例えば，金融系の「日本エンデバーファンド」，「ベーシック・キャピタル・マネジメント」や，独立系の「フェニックス・キャピタル」，「ユニゾン・キャピタル」，「MKSパートナーズ」，「アドバンテッジパートナーズ」などがある。外資系としては，経営破綻した旧日本長期信用銀行（現新生銀行）を買収した「リップルウッド」や，「カーライル」，「ローンスター」，「サーベラス」などがある。

(4)企業再建専門業者

わが国でも企業倒産の増大と共に，近年，企業再建に特化した専門ビジネスが登場してきた。そのひとつが，**再生アドバイザー**（ワークアウト・アドバイザー）である。過剰債務を抱えた企業の再建を助言することを専門とする業務であり，銀行や証券会社が専門の部署を設けたり，子会社を設立する動きが見られる。

さらに，アメリカなどでは，企業再建の助言に留まらず，直接，倒産した企業の倒産処理に経営者として入り，再建を陣頭指導する，**ターンアラウンド・マネジャー**（再生請負人）と呼ばれるプロの「外部の助っ人」が活躍しているとのことである。

多種多様な債権者の利害が錯綜し，倒産処理を円滑に進めるのが困難である場合，このような企業再建の専門家集団がプロの立場から調停役を果たし，中立的立場から迅速な倒産処理が行われることが，わが国でも望まれる。

ところで，アメリカで企業再建を専門とする独立したビジネスが活発なのは，従来のわが国のような銀行主導による企業再建が中心でないことが理由の1つと考えられる。

アメリカで銀行主導の企業救済が多くない理由を2つあげておく。第一は，企業と銀行の結びつきが弱いことによる。銀行が取引先企業に役員を派遣することは稀であり，株式の保有関係も弱い。

米国でも銀行は持株会社を通じて，金融機関以外の会社の議決権付株式を5％まで保有することが認められている。しかし，銀行が貸し出し先の株式

を保有していると，その会社が倒産したとき，その銀行の貸し出しは他の債権者の貸し出しよりも劣後させられる可能性があるので，銀行は積極的に株式を保有しようとはしない。

銀行主導による企業救済が行われない第二の理由は，企業の再建が失敗に帰したときには，再建に関与した銀行の債権が全額，他の債権に劣後させられてしまうためである。

(5)産業再生機構

2003年4月に半官半民の産業再生機構が創設された。金融と産業の一体再生を図るため，メインバンクに代わって再生可能な経営不振企業を支援し，金融機関からの債権買い取りや，再生のための出資もする。

ただ，産業再生機構による債権買い取りは2005年3月末で終了した。事例としては，2004年5月のカネボウの再建計画支援がある。再建策のひとつとして，カネボウ本体から化粧品事業を分離されてカネボウ化粧品が発足した。また，次のコラムで述べるダイエーへの支援がある。

ダイエーの財務リストラ

売上げが低迷する中で，多額の過剰債務で経営危機に陥っていた大手スーパー「ダイエー」は，過去に何回か経営再建計画がつくられ，実行されてきた。その一環として2001年，2002年に渡り，金融機関による計5,200億円に及ぶ金融支援も行われた。

それでも，ダイエーは自力での再建は困難と判断し，2004年10月に産業再生機構に支援を要請した。それを受けて2004年末に産業再生機構はダイエー支援を決定。また，同機構は2005年3月にダイエー再建の支援企業（スポンサー）に，丸紅と企業再生ファンドのアドバンテッジパートナーズを指名した。

産業再生機構の下で再建を図るダイエーの事業再生計画では，総合スーパーから決別し食品中心のスーパーへの転換を狙っている。事業再生計画の中には財務リストラクチャリングも盛り込まれている。その概要を紹介しよう。

■ 表15-1　ダイエーの業績推移

連結ベース（単位：億円）

年度	売上高	経常利益	当期利益	有利子負債額
1983	13,941	77	－119	5,135
1984	14,436	120	－88	4,814
1985	15,344	137	11	4,825
1986	16,310	170	29	4,669
1987	17,645	216	48	5,076
1988	19,397	255	80	5,666
1989	21,929	303	95	5,917
1990	22,837	320	96	6,108
1991	25,010	333	100	7,590
1992	25,151	322	72	9,206
1993	26,537	286	54	9,640
1994	32,239	76	－507	13,033
1995	31,570	373	51	13,808
1996	31,461	102	－119	14,305
1997	31,633	－98	12	13,060
1998	30,320	111	－413	12,264
1999	28,471	－332	－219	11,623
2000	29,141	10	459	25,641
2001	24,989	15	－3,325	21,394
2002	21,975	128	1,354	16,444
2003	19,936	315	181	16,384
2004	18,338	73	－5,112	14,966

出所：ダイエー「有価証券報告書」より作成
(注) 有利子負債額はカード事業を含む。

　まず，金融機関による金融支援がある。主力取引銀行のUFJ銀行，みずほコーポレート銀行，三井住友銀行，3行を中心に総額5,924億円の金融支援が行われる。中身は，債権放棄が4,004億円，金融機関が保有する優先株の消却が1,920億円。前回の支援を含め計1兆円を上回る金融支援を受けることになる。

　次が，産業再生機構，丸紅，アドバンテッジパートナーズによる資本の増強である。資本金の99.6％にあたる1,190億円の減資をしたうえで，2005年5月にこれら3社に総額1,120億円の第三者割当増資が行われた。発行された株式は普通株式と種類株式の2種類ある。

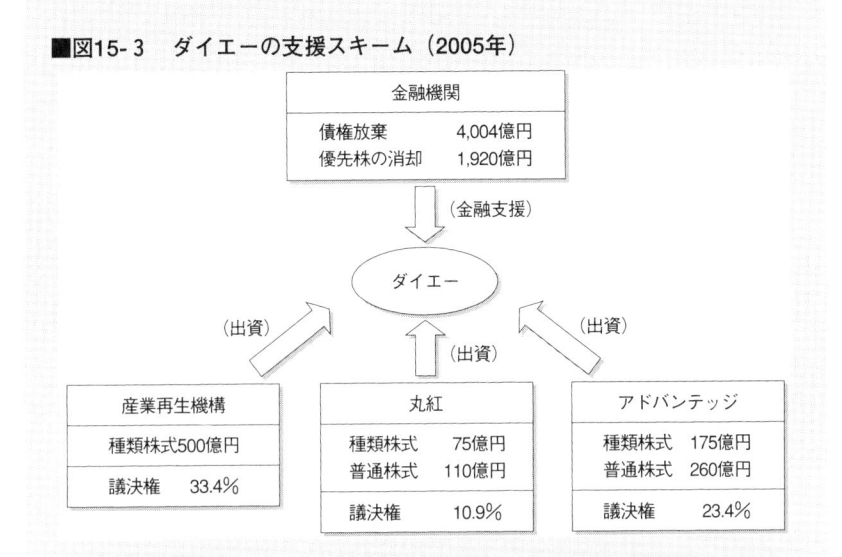

■図15-3　ダイエーの支援スキーム（2005年）

```
                    ┌─────────────────────┐
                    │      金融機関        │
                    ├─────────────────────┤
                    │ 債権放棄    4,004億円│
                    │ 優先株の消却 1,920億円│
                    └─────────────────────┘
                              │ （金融支援）
                              ▼
                          ┌──────┐
                          │ダイエー│
                          └──────┘
              （出資）↗      ↑     ↖（出資）
                            （出資）
┌──────────────┐   ┌──────────────┐   ┌──────────────┐
│ 産業再生機構   │   │   丸紅        │   │アドバンテッジ  │
├──────────────┤   ├──────────────┤   ├──────────────┤
│種類株式500億円 │   │種類株式 75億円│   │種類株式 175億円│
├──────────────┤   │普通株式110億円│   │普通株式 260億円│
│議決権 33.4%    │   ├──────────────┤   ├──────────────┤
│                │   │議決権 10.9%   │   │議決権 23.4%    │
└──────────────┘   └──────────────┘   └──────────────┘
```

　産業再生機構が受け取った種類株式500億円のうち400億円分は，同機構が金融機関から買い取ったダイエー向け債権の現物出資による。つまり，400億円分のデット・エクイティ・スワップが行われたことになる。残りの100億円が払い込みによる。

　このような資本増強の結果，産業再生機構は全株式の議決権の33.4%，アドバンテッジパートナーズが23.4%，丸紅が10.9%を保有することになる。大株主となったこれら3社の経営関与のもと，今後，ダイエーが再建されるかどうかは，非中核事業の処理と本業の収益力向上がどれだけ達成されるかにかかっている。

6 ▶ 清算か再建か？

　一般には，債務支払い不能か，純資産（＝総資産－総負債）がマイナス（債務超過）になると，企業は倒産すると考えられている。しかし，企業がこのような財務危機の状態になったからといって，ただちに，破産して清算ということにはならない。

　例えば，銀行が追加融資・一部債権放棄・債務の株式化などの形で金融支援してくれるなら，財務危機を回避できる。そして，事業分野の見直し，人

員の削減などのリストラによって経営再建に成功すれば，企業が存続していくことが可能となる．

以下では，どのような条件の下で，銀行が財務危機にある企業を救済するか，あるいは，救済をせず清算を黙認してしまうかを簡単なモデルで示してみよう．記号を次のように定める．

P＝企業が存続した場合に，工場からもたらされる将来収益の期待現在価値

L＝工場の清算価値

C＝手元現金あるいは流動資産価値

B_c＝企業を救済し存続させることができた場合の，銀行の貸し出し債権の期待現在価値

B_b＝今清算した場合の，銀行の貸し出し債権の価値

D_c＝企業が存続する場合の，社債保有者の請求権の期待現在価値

D_b＝今清算した場合の，社債保有者の請求権の価値

E_c＝企業が存続する場合の，全株主の請求権の期待現在価値

E_b＝今清算した場合の，既存株主の請求権の価値

企業には，株主，銀行，一般の社債保有者という3つのタイプの企業資産及び収益に対する請求権者がいるとする．また，企業はすでに財務危機に陥っているとする．

すぐに破産し企業資産を清算した場合，清算金額$C+L$はこれらの請求権者に分配される．

$$C+L = B_b + D_b + E_b \tag{1}$$

それに対して，銀行から何らかの救済を受けて企業が存続した場合には，企業価値は$C+P$になり，3者の請求権の期待現在価値合計に等しくなる．

$$C+P = B_c + D_c + E_c \tag{2}$$

ここで，PとLの差額をBCとする．PとLの大小関係は状況に応じて異なってくるので，BCはプラスにもマイナスにもなりうる．

$$BC = P - L \tag{3}$$

$P>L$となるのは，採算に合わない事業を切り捨て，有望な事業だけを残し，かつ，不必要な費用の削減を図るなどの経営改革によって企業再生が期待される場合である．

逆に，$P<L$となる状況もあり得る．清算価値の方が継続価値より高い場合

である。清算価値を他企業への事業売却金額と考えてもよい。現有資産や事業があまり劣化しておらず，ブランドイメージもそれほど傷ついていない早期の段階なら，他企業に高い金額で譲渡できる。

銀行による金融支援の条件

財務危機にある企業が債務額の一部カットのために，債権放棄と債務の株式化（総株式持分の α パーセントを取得）の形で金融支援してもらうことを取引銀行に提案するとする。

このとき，銀行側からみれば，金融支援によって将来受け取る債権者としての請求権の期待現在価値 B_c と，株式持分 α（$0<\alpha<1$）からの期待現在価値 αE_c の合計金額が，企業がすぐ清算してしまうときに受け取る金額 B_b を上回れば，そのような救済提案を受け入れるだろう。

$$B_b < B_c + \alpha E_c \tag{4}$$

(4)式は，(1)，(2)，(3)式を用いると，(5)式のように表すこともできる。ただし，$E_b=0$ と仮定する。

$$BC > D_c - D_b + (1-\alpha)E_c \tag{5}$$

(5)式が成り立てば銀行は金融支援を行い，清算の事態が避けられる。しかし，そのためには前提として，$D_c - D_b > 0$ でなければならない。企業が存続したときの社債保有者の請求権の期待現在価値 D_c が，清算した場合の社債保有者の受取額 D_b を上回らなければ，社債保有者は企業継続に合意しないからである。

(5)式の右辺の第3項もゼロ以上の値である。これより，(5)式が成り立つためには，$BC>0$ でなければならないことがわかる。

このとき，(5)式は次のように解釈できる。会社再建によって生じる企業価値の増加分（左辺）が，銀行以外の利害関係者（社債権者と既存株主）に流れてしまう金額（右辺）を上回れば，両者の差額は企業を救済したことによる純受取額の増加の形で銀行に帰属することになる。

早期清算の危険性

これに対して，(5)式とは逆向きの不等号のときには，銀行にとってメリットがないので企業救済に応じないだろう。このときでも，$BC>0$（つまり，$P>L$）である限り，社会的にみて企業の存続が望ましい。それにもかかわらず銀行からの救済が得られず，企業が清算されてしまう事態が発生してしまう。

不採算企業の延命の危険性

逆に，企業が存続するよりは，企業財産を処分して清算金額を債権者の間で分配してしまった方が社会的にみて望ましいにもかかわらず（$BC<0$ の場合），銀行が救済してしまう事態は起こりうるであろうか。

少なくとも，このモデルではそのようなことは起こらない。なぜなら，上で述べたように，銀行が救済するのは $BC>0$，つまり，存続価値の方が清算価値を上回るときに限定されていたからである。

しかし，実際にはそのようなことが起こりうる可能性がある。銀行が当面の決算上の利益を重視し，破綻処理が先送りされるようなときである。清算処理した場合には，貸し出し債権の最終的損失が確定してしまい，銀行側のその期の会計利益にマイナスの影響を与えるからである。

ところが，破綻処理を先送りすれば，表面上は，会計上の損失として現れてこないので，先送り行動が取られやすくなる。もちろん，銀行が貸し出し債権の経済価値を適切に評価し，かつ，経済価値の減価が適切に会計上引き当てられれば，先延ばししても当期利益に反映されるので，このような誘因は弱くなる。

7 ▶ 安全性分析

企業の**財務的安全性**は，債務を約束通り返済できるかどうかに大きく依存している。企業の**支払能力**の程度を示す代表的な指標をいくつか紹介しておく。**流動性指標**ともいう。

$$\text{流動比率} = \frac{\text{流動資産}}{\text{流動負債}} \quad (6)$$

1年以内に現金化される流動資産と，1年以内に支払わなくてはならない流動負債の比率である。流動比率が高いほど，短期的な支払能力が高いと判断される。

$$\text{インタレスト・カバレッジ・レシオ} = \frac{\text{事業利益}}{\text{支払利息及び割引料}} \quad (7)$$

インタレスト・カバレッジ・レシオは，社債格付けや銀行の融資判断などで重視される指標である。インタレスト（支払利息）の何倍の事業利益を稼いでいるかを示し，この比率が高いほど利息の返済能力が高い。

$$\text{有利子負債キャッシュフロー倍率} = \frac{\text{有利子負債}}{\text{営業キャッシュフロー}} \quad (8)$$

利益でなくキャッシュベースで支払能力を見る指標である。営業キャッシュフローを有利子負債の償還に充てると何年で返済できるかを見る指標で，債務返済能力を示す。

$$\text{手元流動性比率} = \frac{\text{現金及び預金＋短期運用の有価証券}}{1\text{か月当たりの売上高}} \quad (9)$$

現金及び預金に短期運用の有価証券を加えたものを**手元流動性**という。企業がすぐに使えるお金を指す。手元流動性比率は売上規模に対して手元流動性がどれくらいあるかを示す指標である。この比率が低すぎると支払が滞ってしまう危険性がでてくる。しかし，逆にこの比率が高すぎると資金を有効に活用できていない可能性がある。

$$\text{固定比率} = \frac{\text{固定資産}}{\text{株主資本}} \quad (10)$$

固定資産に投下された資金の回収には長期を要しリスクも伴う。そこで，固定資産への投資は，返済期限がなくリスクを受け入れる株主資本で調達するのが望ましいという考えに基づく比率である。**長期的返済能力**を見る指標である。また，分母の株主資本に，長期に渡って返済すればよい長期負債を加えたものを，固定長期適合率という。

$$\text{負債比率} = \frac{\text{負債}}{\text{株主資本}} \quad (11)$$

負債比率も長期に渡る返済能力をみる指標として用いられる。極端に高い負債比率は財務危機や倒産の可能性を高め，財務安全性を低下させる。

8 ▶ 格付け

(1) 格付けとは

企業が債務の返済や利子の支払いができなくなる危険性を**信用リスク**（credit risk），あるいは**債務不履行リスク**（default risk，デフォルトリスク）という。特に，企業が発行する債券の信用リスクの程度を示すのが**格付け**（rating）である。

債券の格付けでは，債券の元本や利子の支払いの確実性の程度が記号で表

される。つまり，債券の質的安全性の程度を示すものであり，記号にはAとかBといった文字が用いられる。

現在わが国で格付けを行っている機関には次のものがある。格付投資情報センター（R&I），日本格付研究所，スタンダード・アンド・プアーズ，ムーディーズ。格付けは債券発行体の財務状況や経営見通しなどに基づいて，**格付け機関**が判断する。

例えば，格付投資情報センター（R&I）が行っている格付けでは，9つの「格」にわかれている。「ＡＡＡ」（トリプルA）格が最も格付けが高く，信用リスクが最も小さい。順次，「ＡＡ」（ダブルA），「Ａ」（シングルA），「ＢＢＢ」（トリプルB）といった順に「Ｃ」（シングルC）まである。一般的に「投資適格」とされるのは「ＢＢＢ」格以上である。「ＢＢ」格以下は「投機的」と見なされる。

債券を発行するのは，事業会社のほか，国・地方自治体や公益・特殊法人など多岐に渡るが，格付け会社は発行体の種類に応じて評価基準を設けている。特に，事業会社が発行する債券で格付けの対象となるものには，普通社債，劣後債，転換社債，コマーシャルペーパー（ＣＰ），資産担保証券（ＡＢＳ）などがある。

同じ企業が発行する債券でも，債務返済の優先順位，財務上の特約や担保の有無などによって，元利払いの確実性に差が出てくる。そのため，同一企業の債券の間でも，異なる格付けがつくのが通常である。

(2) 格付けの意義

格付けの大きな役割は，信用リスク情報を投資家に知らせることにある。例えば，自分では安全性を十分に評価できない個人投資家でも格付けを投資の目安に用いることができる。

債券を発行する企業から見れば，格付けの違いが資金調達コストに大きな影響を及ぼすことになる。それは，格付けの高低が債券の発行利回りと流通利回りに影響を与えるからである。

一般に格付けが低くなるほど債券の信用力が低いため，利回りは高くなる。投資家は高い利回りでなければ投資をしないからである。逆に，格付けが高くなれば債券の信用力が高いため，利回りは低くなる。

企業がデフォルトになる確率が，格付けの違いによって大きく異なるのを

■図15-4　格付け別デフォルト率

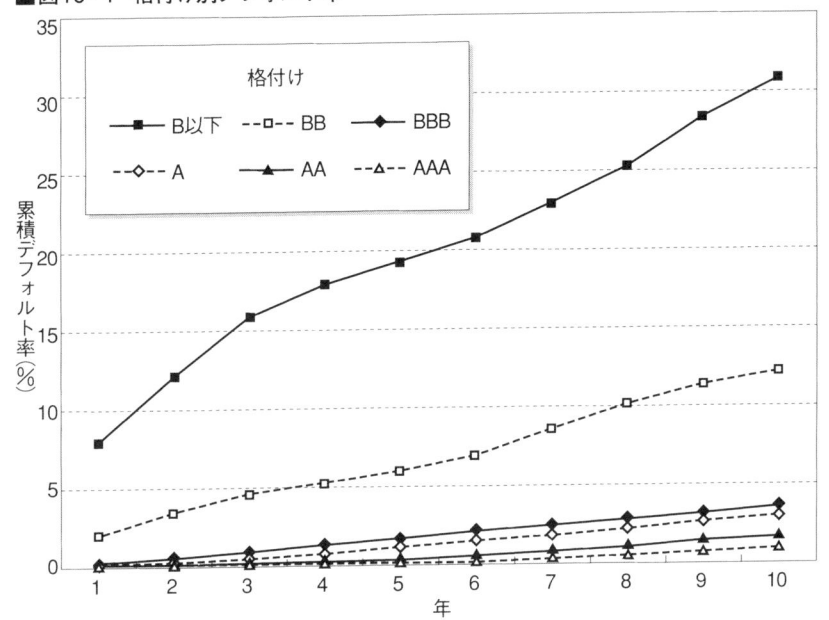

出所:「格付投資情報センター」：http://www.r-i.co.jp/jpnより作成

示したのが**図15-4**である。ここでのデフォルトの定義は，社債のデフォルトだけでなく，もっと広く「企業の債務が実質的に支払い不能に陥った状態」を差している。

また，累積デフォルト率とは，ある格付けグループ企業が，一定年数までにデフォルトになった割合を過去のデータから求めたものである。例えば，B格以下の企業全体のうち，3年後までにデフォルトになる割合は15.79%であった（図15-4の■印の線）。ただし，1年目や2年目といったように3年目以前にデフォルトになった企業も含む。

図15-4を見てわかるように，格付けが低くなるほどデフォルト率が高くなっている。また，同じ格付けであれば，年数が経つにつれ累積デフォルト率は増加している。このように，格付けの違いが実際にも信用リスクの違いをよく反映しているのが理解できる。

[注]
1) なお，2001年9月に，金融界・産業界の代表，弁護士・公認会計士，学識経験者が中心になって，「私的整理に関するガイドライン」がつくられた。このガイドラインは法的拘束力を持つものではないが，公明正大で透明性のある私的整理を行うためのルールを定めたものである。
2) つなぎ融資については，第5節の(1)ディップ・ファイナンスで詳しく説明する。
3) 企業再建手法を含めて，わが国の倒産処理の最近の動きをわかりやすく解説したものに，高木新二郎，『企業再生の基礎知識』，岩波書店，2003がある。本節の記述でも参考にした。
4) **優先株**とは，普通株に優先して一定率の配当を受けられる株式である。普通株とは違い，通常は議決権がない。定められた期間が過ぎると普通株に転換される場合もある。
5) 広くとらえれば，ベンチャーキャピタルもプライベート・エクイティ（未公開株への投資）に含められるが，通常は投資対象企業や投資手法が異なるので両者を分けて考える。狭義のプライベート・エクイティの投資対象企業は，すでに確立した事業基盤を持っている企業で，かつ，買収という投資形態が取られることが多い点でベンチャーキャピタルと異なる。

第VII部

その他

第16章
運転資本管理

1 ▶ はじめに

　資本の運用と調達について本書でこれまで取り上げてきたのは，設備投資・研究開発投資のような長期投資と，そのための長期資金調達の問題であった。

　しかし，実務的には，日々の支払いに必要なお金をどう手当てするかといった資金繰りや，適切な流動資産の規模の決定，及び，そのための資金の調達方法といった短期の**運転資本管理**（working capital management）も財務の重要な問題である。

　スムーズに営業活動を行っていくためには，日々のお金の入と出を把握し，支払いのための現金資金を不足させることなく，また逆に，過剰に抱え込むこともなく適切に運転資本を管理することが必要だからである。

　本章では，このような運転資本管理に関する事項を概説する。ところで，短期資金を中心とした調達先として，銀行からの借り入れが大きなウエイトを占めている。そこで，最近の話題であるシンジケートローンを含めた，銀行借り入れについて本章でまとめて説明しておく。さらに，わが国で定着した感のある資産担保証券についても説明する。

2 ▶ 資金管理

(1) 現金資金

　1年以内に現金化される資産を流動資産という。現金そのものはもちろん

流動資産である。現金以外の流動資産には，預金，受取手形，売掛金，前払い費用，商品などがある。流動資産を運転資本（運転資金）と呼ぶこともある。

それに対して，1年以内に現金で支払わなくてはならない債務を流動負債という。支払手形，買掛金，短期借り入れ金，未払い費用などがある。

流動資産合計から流動負債合計を差し引くと**正味運転資本**（net working capital，正味運転資金）になる。

$$\text{正味運転資本} = \text{流動資産} - \text{流動負債}$$
$$= \text{現金} + \text{現金以外の流動資産} - \text{流動負債} \quad (1)$$

ところで，「現金ならびに当座預金，普通預金などの要求払預金」のことを**現金資金**という。以下では，省略して現金といえば現金だけでなく当座預金，普通預金などの要求払預金などを含むものとする。

貸借対照表の借方（左側）と貸方（右側）の等式は次のように表せる。

$$\text{流動資産} + \text{固定資産} = \text{流動負債} + \text{固定負債} + \text{株主資本} \quad (2)$$

(1)式と(2)式より(3)式が得られる。

$$\text{現金} = \text{流動負債} + \text{固定負債} + \text{株主資本} - \text{現金以外の流動資産} - \text{固定資産}$$
$$= \text{固定負債} + \text{株主資本} - \text{現金を除く正味運転資本} - \text{固定資産}$$
$$(3)$$

(3)式より，現金資金の増減の要因がわかる。まず，**現金の増加**は次のいずれかによって生ずる。

- 負債の増加（例えば，銀行借り入れによる現金の増加。原料や部品を掛で買った場合，支払手形や買掛金という流動負債が増加し，現金の支払いが猶予されるので現金の増加要因となる）
- 株主資本の増加（増資払い込みによる現金の増加）
- 現金以外の流動資産の減少（例えば，売掛金を現金で回収した場合，売掛金という流動資産が減少し，その分，現金が増加する）
- 固定資産の減少（固定資産の売却に伴う現金受け取り）

逆に，**現金の減少**は，次のいずれかによって生ずる。

- 負債や株主資本の減少（例えば，支払手形の期日に現金を支払い，決済をすませたときには，支払手形と現金が減少する）
- 現金以外の流動資産や固定資産の増加（商品を掛で売った場合，売掛金が増加し，現金の受け取りが先に延びるので現金の減少要因となる）

(2)資金繰り

資金とは一般的に現金資金のことを指す。**資金繰り**とは，(現金)資金の動きを把握し，支払いに必要なお金を手当てすることをいう。そのために使われるのが**資金繰り表**である。決まったフォームがあるわけではないが，一例を示したのが**表16-1**である[1]。

上で述べたような要因によって現金資金は増減するが，表16-1では資金の入(いり)と出(で)が3つの部分にわかれて記入されている。経常収支，設備収支，財務収支である。

■表16-1　資金繰り表

			××年××月	××年××月
経常収支	経常収入(a)	現金売上		
		売掛金回収		
		受取手形期日回収		
		受取利息		
	経常支出(b)	現金仕入		
		買掛金支払		
		支払手形決済		
		人件費		
		地代家賃		
		その他経費		
		支払利息		
	(c)	経常収支過不足(c=a−b)		
設備収支		設備売却収入		
		設備購入		
	(d)	設備収支過不足		
財務収支		手形割引		
		借入金		
		借入金返済		
		配当金支払		
	(e)	財務収支過不足		
当月資金過不足(f=c+d+e)				
月初資金残高(g)				
月末資金残高(h=f+g)				

「**経常収支**」は通常の営業活動から発生する資金の流入と流出である。経常収入には，現金売上，売掛金回収，受取手形期日回収，受取利息などがある。経常支出には，現金仕入，買掛金支払，支払手形決済，人件費，地代家賃，その他経費，支払利息などがある。

次が「**設備収支**」で，有形固定資産などの設備等の売却，購入にともなって生ずる資金の動きである。設備売却収入と設備購入のための支出である。

最後が「**財務収支**」で，「設備収支」以外の経常外収支で，手形割引，借り入れ金による収入と，借り入れ金返済，配当金支払いなどの支出がある。資金調達や利益分配に絡んだ資金の動きを表す。

一般に資金繰りが良い会社とは，資金繰り表の経常収支が常時プラスの会社をいう。逆に資金繰りが悪くなると経常収支がマイナスになり，何らかの形で資金調達し穴埋めしなくてはならない。

3 ▶ 流動資産の規模の決定

(1) 流動資産保有に関連する2つの費用

運転資本管理のひとつとして，どれくらいの流動資産を保有するかを決めなければならない。流動資産の規模の決定である。ところで，流動資産といっても，現金，売掛金，在庫等いろいろあるが，どの流動資産の規模決定にも適用できる基本的考え方がある。最初にそれを説明し，次の(2)で現金資金管理にその考えを具体的に当てはめた場合を述べる。

売上げの大きさに応じて必要となる流動資産の規模はおおよそ決まってくるが，それでも売上げに比較してそれほど流動資産を保有しない政策もあれば，かなりの流動資産を保有する政策もありうる。

基本的には，流動資産を保有することの**保持費用**と，流動資産が不足することによって生ずる**不足費用**とのかね合いで最適な保有量を決めるべきである。**図16-1**を使って説明しよう。

流動資産の保持費用と不足費用は，流動資産の規模に対して逆の動きをする。保持費用は流動資産の規模が大きくなれば増加する。保持費用には2つのタイプがある。

第一のタイプの費用は，流動資産を保有することによって実際に生ずる費用である。例えば，原材料在庫を抱えれば倉庫の保管費用がかかる。

■図16-1 流動資産の規模の決定

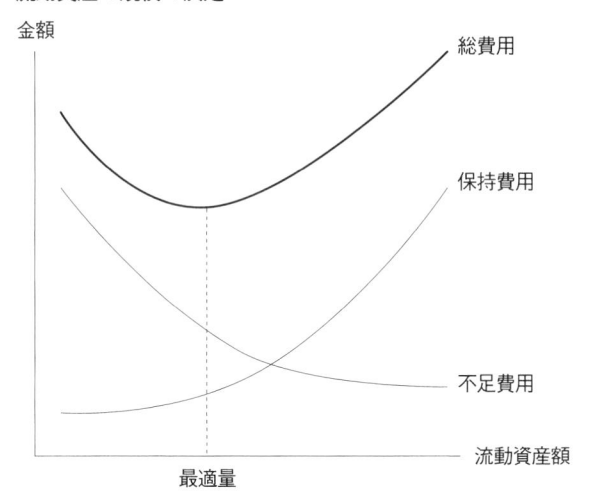

（金額／総費用／保持費用／不足費用／流動資産額／最適量）

　第二のタイプの費用は機会費用である。例えば，余分な現金を保有しているときに発生する機会費用がある。もしその現金を収益率が高い他の投資機会に振り向けていれば得られたであろう利益が失われたことによる，目に見えない損失である。

　一方，流動資産の不足費用は，流動資産の規模が小さくなると増大する。実際に発生する費用と機会費用的なものと，2つのタイプに分けることができる。

　実際に発生する費用としては，例えば，原材料在庫をあまり抱えない政策だと，すぐに原材料在庫が枯渇し，発注を頻繁に繰り返さなければならず，全体の発注コストが上昇してしまうケースがある。

　不足費用の第二のタイプは，売上げ機会を逃してしまう損失や，在庫不足による生産の中断に絡んだコストである。例えば，製品在庫をあまり保有しない政策だと，急な需要があったときに応じられず顧客を逃がしてしまう危険性がある。また，掛け売り販売を抑えて現金販売に限定した場合も，顧客を失う損失が発生する。原材料在庫を抑えたときには，発注に手間取り原材料が間に合わず生産を中断せざるを得ないといった危険性も発生する。

　このように，流動資産を多く保有することによって増大するコスト（保持費用）と，逆に低下するコスト（不足費用）の総和として総費用が求められる。そして，総費用を最小にする点が最適な流動資産額となる。

　不足費用に比べて保持費用が相対的に多くかかる場合には，保持費用の曲

線がより左上方にシフトし，最適流動資産額はより小さくなる。逆に，不足費用の方が多くかかる場合には，不足費用曲線がより右上方にシフトし，最適流動資産額はより大きくなる。

(2) 現金資金管理

次に，流動資産の中でも特に現金資金に焦点を当て，**現金資金管理**について説明する。

上で述べたと同様に，現金資金管理にも2つの費用がかかる。ひとつは，現金資金を保有することの費用である。現金資産の場合には，在庫と違い物理的な保管費用はかからない。しかし，機会費用がかかる。もしも現金を有価証券に投資したとすれば，なにがしかのリターンを得ることができる。その利益が現金で保有することによって失われてしまう損失である。この費用は現金資産が増えれば増大する費用である。

それに対して第二の費用は，現金資産が減ると逆に増大する費用である。現金資産をあまり抱えない政策だと，現金が足りなくなる頻度が多くなり，投資していた証券を売却して現金化したり，銀行からの借り入れを頻繁にするために現金調達の取引費用がかさむ。

この2つの費用の兼ね合いで目標現金残高を決めなければならない。以下では，在庫管理の考え方を現金資金管理に最初に応用した**ボーモル・モデル**（Baumol Model）を紹介する。

図16-2のように，当初，ある額の現金資金を手当てする。一定の速さで現金が使われ減少していくとする。そして，ゼロになった時点で当初と同額の現金を改めて手当てする。このようなことが繰り返されていくのを示したのが図16-2である。

問題は手当てする現金の大きさを決めることである。1回あたりの現金調達額が多ければ機会費用は増大するが，現金調達の取引費用の総額を減らすことができる。

逆に，**1回あたりの現金調達額**が少なければ機会費用は減少するが，現金調達の総取引費用が増大してしまう。両費用の合計額が最小になる点で，最適な1回あたりの現金調達額が決まる。

次のように，記号を定義する。

C：1回あたりの現金調達額

■図16-2 現金残高の推移

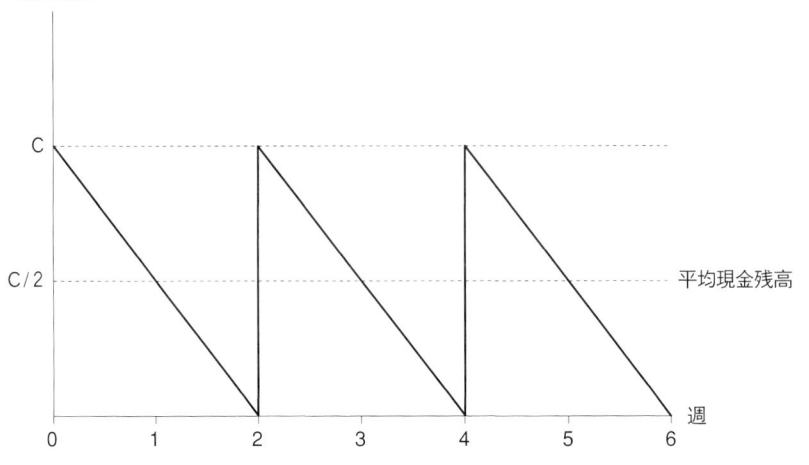

F：現金調達に要する1回あたりの取引費用
T：一定期間の間に必要な現金総額
K：現金保有に伴う単位あたり機会費用

図16-2では，当初C円だけ現金を手当てすると2週間後に使い切り，またあらためてC円を手当てする。今から4週間後にはまたC円を調達しなければならない。

平均現金残高は$C/2$円である。1円当たりの現金保有に伴う機会費用をK円とすれば，総機会費用は$(C/2) \times K$となる。

一定期間（例えば1年間）の間に必要な現金総額がT円で，1回あたりの現金調達額がC円なら，T/C回現金を手当てしなければならない。そのため，総調達取引費用は$(T/C) \times F$となる。

現金保有に伴う総費用は，両費用の合計で(4)式のように表せる。

現金保有の総費用＝総機会費用＋総調達取引費用

$$= \frac{C}{2} \times K + \frac{T}{C} \times F \tag{4}$$

総費用を最小にする1回あたりの現金調達額Cは，次式を満たすC^*である。[2]

$$C^* = \sqrt{\frac{2TF}{K}} \tag{5}$$

ひとつ注意しなくてならないのは，このモデルでは，現金は日々のビジネ

スを円滑に行うための**取引需要**のために保有されることを前提としている。しかし，現金あるいはそれに近い短期投資目的の有価証券（いわゆる手元流動性）は，それ以外の目的でも保有されることがあることに注意しよう。

例えば，実物投資需要が旺盛であるような企業では，上がった利益を株主に分配せず内部留保し，次の**投資需要**に迅速に対応できるように一時的に現金あるいはそれに近い資産で保有することが行われる。

4 ▶ 流動資産と流動負債の対応関係

前節のようにして流動資産規模が決まったとして，次の問題は必要資金の調達である。その場合，必要資金をすべて流動負債で賄う調達方法もあれば，流動負債だけでなく一部を長期負債で賄う方法も考えられる。つまり，流動資産とその**調達資金の期間の長さ**との関係が問題になる。

今，売上高が継続的に増加しているような成長企業を考えてみよう。このような企業では，売上高の増大にともなって生産能力の拡大を図らなければならない。そのため，固定資産は**図16-3**のように毎年増加し，固定資産の拡大のために必要な資金は，長期負債と株主資本とによって賄われる。

売上高の増加にともなって，固定資産だけでなく流動資産も拡大しなくてはならない。それは，売上高の増加にともなって売上債権が増大すること

■図16-3 流動資産と調達資金の長さ

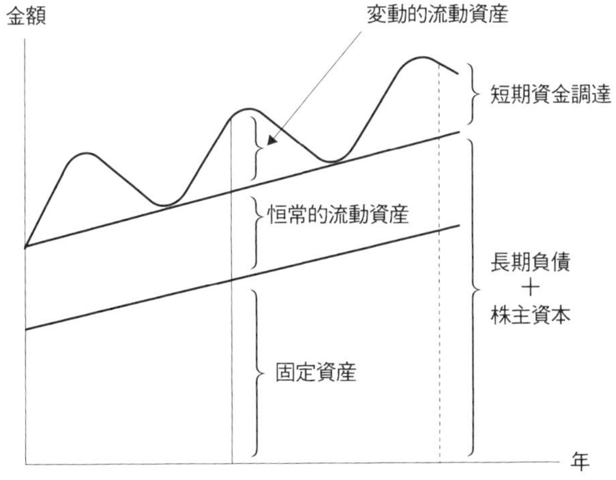

や，在庫量も増やさなければならず，棚卸資産も増加することなどの理由による。

このように，流動資産も趨勢的には毎年増加するが，売上高の短期的，季節的変動に見合って，短期的には変動を繰り返す。そして，流動資産は，売上高の変動に見合って短期的に変動する部分（**変動的流動資産**）と，売上高の短期的な変動には影響されず恒常的に保有される部分（**恒常的流動資産**）とに分けることができる。

恒常的流動資産は必要現金残高，安全在庫などの確保のために必要とされる流動資産部分である。変動的流動資産と恒常的流動資産を合計したものが総流動資産となる。

通常はこの総流動資産すべてが短期資金で賄われることはなく，図16-3のように変動的流動資産だけが短期資金調達によって賄われ，恒常的流動資産は長期負債または株主資本によって賄われるのが最も標準的なやり方である。

その理由は，変動的流動資産は一時的に保有される資産なので短期資金で賄えば十分だからである。一方，恒常的流動資産は常にそれだけの量を保有していなければならない資産であり，固定資産的性格が強い。

もし，恒常的流動資産を短期資金で賄うと，何回も短期資金調達を継続して繰り返し行わなければならず，資金の借り換えに伴うリスクを避けることができなくなる。そのため，流動資産であってもこのような恒常的流動資産は長期資金で調達されるのが普通である。

それに対して，変動的流動資産は必要なときに随時短期資金で賄われるのが普通である。もしも，恒常的流動資産のように長期資金を利用したとすると，変動的流動資産がゼロの期間中はその長期資金は使われないで無駄になるか，短期資金運用せざるを得ない。

また，通常は長期資金のほうが，短期資金より調達コストが高い。これらのことから，短期資金で十分なのをわざわざ長期資金で調達するのは望ましくない。

グループ資金の一元管理

多数の子会社・関連会社を含めたグループ企業の資金を一括管理する資金集中管理を進める企業が増えている。**キャッシュ・マネジメント・サービス**（cash management service，略称**CMS**）と呼ばれ，コンピューターを使ってグループ内の資金を集中管理するシステムである。

グループ内でばらばらに行われていた資金管理を一元化することによって，グループ内の余剰資金を有効に活用でき，グループ全体の有利子負債の圧縮や財務機能の集約による経費削減によって資金効率を高めることができる。

具体的には，プーリングとネッティングによる。プーリングとは，グループの各企業，各拠点の手元資金を1つの口座（親会社あるいは，統括会社である金融子会社の銀行口座）に集めて資金の過不足を調整すること。グループ内の余裕資金を集約すると同時に，運転資金などが不足しているグループ企業に貸し出す。

ネッティングとは，グループ企業内で製品や部品，サービスなどを売買すると債権と債務が発生するが，それらを特定の期日に一括して帳簿上で相殺し，差額分だけを決済する仕組み。相殺決済や差額決済とも呼ばれる。グループ内で相殺できる取引を実際に資金移動させないことで，金融機関に支払う決済手数料を圧縮できる。

また，グループ企業の必要資金を一括して親会社や金融子会社が資本市場や金融機関から低コストで調達したり，グループ内の余裕資金をまとめて効率運用することも行われる。

わが国の有力企業の中には，全世界をカバーする資金の一元管理を行

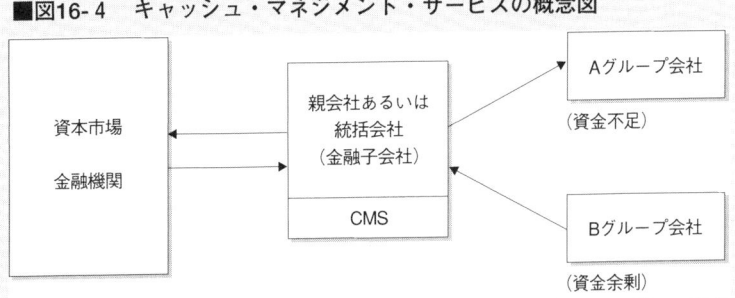

■図16-4　キャッシュ・マネジメント・サービスの概念図

う企業も増えている。ソニーの例を紹介しよう。[3]

ソニーは，2000年に資金決済などを統括管理する金融子会社「ソニー・グローバル・トレジャリー・サービシーズ（SGTS）」をロンドンに設立した。全世界のグループ主要企業100社以上が対象になる。一日一回ロンドンで全体の資金データをまとめ，グループ内で資金を融通し合う。

SGTSは次のような役割を担っている（『日経ビジネス』，2003年5月19日号，p.52より引用）。
- グループ会社の為替予約を代行
- グループ内でのネッティング
- グループ会社への資金の貸し付けや運用
- グループ会社間での自動決済
- グループ会社の外部に対する支払い代行
- クレジットカードでの購入客を審査
- グループ会社の資金管理における不祥事のリスクヘッジ

このようなグローバルな財務機能の一元管理によって，銀行に支払う振込手数料，通貨の両替手数料や金利負担などのコスト削減効果は，年間で30億円から40億円にのぼるといわれている。

5 ▶ 銀行借り入れ

すでに述べてきたように，企業の資金調達には大きく分けて，株主資本（自己資本）調達と負債調達がある。負債調達手段にもいろいろあるが，個々の中身については今まで説明してこなかったので，本節で制度や仕組みをまとめて説明しておきたい。ただし，社債については格付けが重要だが，第15章で述べたので，社債は省略する。[4]

最初に，最も代表的な負債調達手段である**銀行借り入れ**について説明する。借り手企業と銀行との間での**相対取引**で，借り入れ額，金利，その他の借り入れ条件が決定される。

(1) 借り入れ金利

銀行が最優良企業に対する1年以下融資に適用する最優遇貸し出し金利を**短期プライムレート**（短プラ）という。信用リスクが高くなればそれに見合

って，短期プライムレートに上乗せされた金利が適用されるので，短期プライムレートは短期貸し出し（借り入れ）の基準金利の役割を持つ。短期プライムレートは銀行の資金調達金利に，経費率・目標収益率分を上乗せして決められる。

　1年以上の長期融資に対しても，短期プライムレートを基準にして貸し出し金利（借り入れ金利）が決められる。例えば，1年超3年以内なら，短期プライムレートに0.2パーセントの上乗せ，3年超から6年以内であれば0.4パーセントの上乗せというように決められる。そして，貸し出し期間中に短期プライムレートが変動すれば，それに合わせて貸し出し金利が変化する変動金利型である。

　その他に，TIBOR（東京銀行間取引金利）という，銀行間で資金を融通し合うときの金利を基準とする短期融資を**スプレッド貸し出し**という。例えば，6か月TIBORにスプレッドとして0.75％がついて，短期融資金利が決まる。

(2) 借り入れの形態

　銀行からの借り入れの形態には，次のようなものがある。

① **証書借り入れ**（証書貸し付け）では，借り入れ金額，元本の返済期限，金利，元本・利子の返済方法，担保などが記載されている借り入れ証書を差し入れて資金の提供を受ける。

② **手形借り入れ**（手形貸し付け）は，企業が借り入れを目的として振り出した約束手形を銀行に差し入れて，資金の提供を受ける。主に，1年以内の短期資金を借り入れるときに利用される。

③ **当座借り越し**（当座貸し越し）とは，取引先銀行に当座預金を持つ企業が，当座預金の残高を越えて振り出した小切手や約束手形または引き受けた為替手形などを銀行が支払うものである。前もって当座貸し越し契約で貸し越し限度額が決められており，企業はその限度内で借り入れることができる。一般に，当座借り越しは小口かつ短期の借り入れである。

④ **手形割引**とは，企業が保有する満期前の手形（多くは商業手形）を銀行に買い取ってもらうもので，手形の額面金額から満期日までの利息相当額（割引料）を差し引いた金額を企業は受け取る。

以上が銀行からの借り入れ形態だが，現在は，証書借り入れ（証書貸し付

け）が主流である。手形貸し付けでは手形管理などの事務手続きが必要なことや，当座貸し越しでは資金需要が読みにくく，現金を余分に手当てする必要があるなど，貸し出しのコストがかさむので，銀行は証書貸し付けのウエイトを高めている。

　また，企業の手形取引自体が減少していることもあって，手形割引は急減している。現在では，証書貸し付けが都市銀行，地方銀行など国内銀行の融資残高の70％を占める。

(3)シンジケートローン

　従来の企業への銀行融資では，メインバンクに代表される１つの銀行が取引先企業に多額の融資を行うのが一般的だった。そのために，貸し出しリスクを分散できず，銀行が不良債権に苦しむ原因にもなった。

　このような経験を踏まえて，最近では新しい融資形態として**シンジケートローン**（syndicated loans）が拡大している。次のような特徴がある。

①複数の銀行や金融機関が共同で融資するため，全体の融資額は大きくても１銀行あたりの融資額は圧縮できる。貸し出しリスクを多数の参加者が分担することになるので，リスク分散が可能になる。その結果，多額の資金を集めることができる。

②主幹事銀行は，協調融資案件の条件決定・契約書作成・参加金融機関招聘などのとりまとめによって手数料収入を得る。貸し出しを増やし金利収入を稼ぐ従来の融資形態から，貸し出しを増やさず手数料収入で利益を上げる経営体質の一助になる。

③参加金融機関がすべて同一の契約書，同一の貸し出し条件で，かつ，参加金融機関が多いので融資条件の透明性が図られる。

④シンジケートローンに参加する金融機関（例えば，地域金融機関）にとっても，シンジケートローンを通じて地元以外の企業に融資でき，融資先の分散化，運用先の拡大を図ることができる。

⑤また，企業側も一度に複数の金融機関からまとまった資金を調達できる利点がある。設備資金調達などに使われる。交渉窓口を一本化でき，何回も融資契約を取り結ぶ必要もなくなる。さらに，積極的な情報公開や，コベナンツ（covenants）という財務制限条項など契約上の工夫により，従来の相対融資に比し，自らの信用力に見合った調達コストが実現

可能で，金利面でより有利な条件で借りられることが多いなどのメリットがある。

ところで，金融の形態は，銀行などの金融仲介機関が介在するか否かで，**直接金融**と**間接金融**に分けられる。公募社債や株式発行のように，不特定多数の投資家を対象に資金調達するのが直接金融である。それに対して，銀行融資では，最終的な資金の供給者（預金者など）と企業との間に金融機関が介在するので間接金融と呼ばれる。

1銀行からの相対融資という特徴がある従来型間接金融に対して，シンジケートローンを**市場型間接金融**と呼ぶことがある。「間接金融の市場化」，あるいは，直接金融と従来型間接金融の中間に位置する金融というイメージからである。

メインバンクと取引先企業との間の密接な関係が重視される従来型の相対融資から，市場型間接金融へ移行すると，シンジケートローン，貸し出し債権の転売に見られるように，今後，企業と銀行の関係がより「冷めた」，新しい関係に移るといわれている。

(4) 融資枠契約

銀行と事前に合意した期間と融資限度額の範囲で，企業がいつでも必要額を借りられる制度。**コミットメントライン**（committed line of credit）という。手数料（commitment fee）がとられる。1年契約が一般的。単独の銀行との契約もあれば，シンジケーション方式で融資枠を設定することもある。

通常の融資のようにその都度交渉し，契約を結ぶ手間が省ける。融資枠の範囲内の金額ならば審査などの手続きなしで運転資金の借り入れができ，企業にとって機動的な資金調達手段である。緊急時の資金調達手段でもある。

また，不要不急の資金を持たずにすみ，バランスシートのスリム化をはかれる。さらに，通常融資の金利に比べて融資枠の手数料の方が低いので，いざというときに備えた緊急性の薄い借り入れを抑え，代わりに融資枠を設定することによって，企業は資金コストを削減することができる。

6 ▶ 資産担保証券

　資産担保証券（asset backed securities，略称**ABS**）とは，「企業が持つ流動性のない営業資産（貸し出し債権，売掛債権，リース料債権，クレジットカード債権，不動産など）を本体から切り離してプールし，その資産が生み出すキャッシュフローを裏付けとして発行される証券」のことをいう。このような資産担保証券を発行することを**資産証券化**（asset securitization）と呼ぶ。

(1) 資産担保証券の仕組み

　最初に，**図16-5**を用いて証券化の仕組みを説明しよう。まず，事業会社なり金融機関が保有する同質的な債権がプールされ，それが一括して，証券化のために新たに設立された**特別目的会社**（special purpose company，略称**SPC**）に譲渡される。

　ここで，証券化の対象となるプールされた債権を原債権と呼び，原債権の当初の保有者である事業会社や金融機関を，このような債権をつくり出した者という意味で**オリジネーター**（originator）という。オリジネーターは，SPCから債権譲渡の見返りに譲渡代金を受け取る。一定の条件を満たせば，譲渡によって売却されたと見なされ，原債権はオリジネーターのバランスシート

■図16-5　資産証券化の仕組み

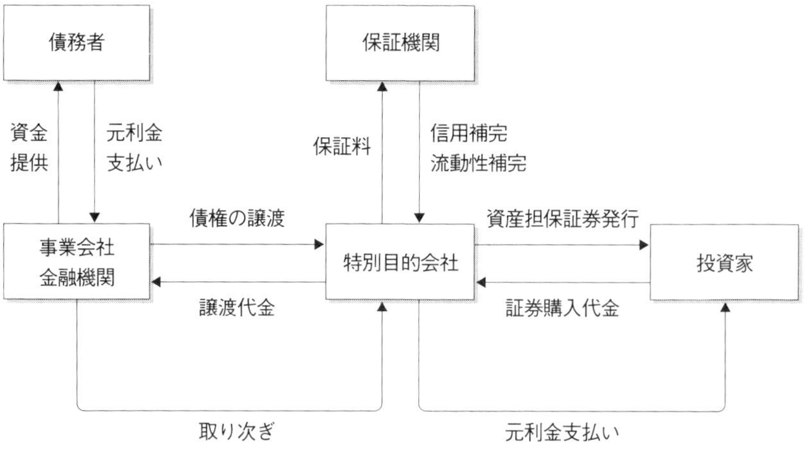

から消え，オフバランス化される。

　原債務者からの元利金の回収・取り次ぎ・管理業務をサービシング（servicing）と呼び，サービシングを行う主体を**サービサー**（servicer）という。サービサーはサービシング業務に対して手数料を受け取る。オリジネーターがサービサーを兼ねることが多い。

　SPCは譲渡された債権を裏付けにして，機関投資家などの投資家に証券を発行する。投資家から証券購入代金として払い込まれた金額は，SPCがオリジネーターに支払う譲渡代金の支払いに充てられる。証券化商品の投資家は，原債権から発生するキャッシュフローを原資にした金額を定期的に受け取る。

　なお，証券化には，株式会社形態をとる特別目的会社（SPC）が証券を発行する方法の他に，信託方式，組合方式などもある。信託方式では，原債権者（オリジネーター）が信託銀行に債権を信託し，信託銀行がその債権をベースにした**信託受益権証書**を発行し，投資家に販売する。

　特別目的会社が発行する証券（社債，コマーシャルペーパー）や信託方式で発行される受益権証書などは，特定の債権なり資産を裏付けにした証券という意味で，資産担保証券と呼ばれる。

　金融機関や事業会社が自らSPCを設立して資産証券化を行う以外に，金融機関が事業企業の保有する債権の証券化を仲介する場合もある。その際，仲介業者はアレンジャーとして資産担保証券組成の仕組みつくりも担当する。

　これは，金融機関が自分とは連結対象にならないSPCを設立し，一般の事業会社が保有する売掛債権などを購入しプールして，資産担保証券を投資家に販売する方法である。本体の金融機関は，売掛債権等の購入事務や，資産担保証券発行事務を代行したり，信用補填を行うが，その見返りとして手数料を得る。

(2)資産担保証券の種類

　資産証券化の対象となる資産としては，代表的なものに金融機関の貸し出し債権や，事業会社の売掛金，自動車ローン債権，クレジットカード債権，リース料債権などがある。

　しかし，対象資産は様々なものが可能であり，実際にも，資産担保証券の種類の多様化が進んでいる。最近では，映画配給権やブランド・特許といった知的財産なども資産証券化の対象になっている。

また，銀行などの金融機関が保有する住宅ローン債権を裏付けにする**住宅ローン担保証券**（residential mortgage backed securities，略称RMBS）や，ホテルやオフィスビルを担保にした商業用不動産ローン担保証券（commercial mortgage backed securities，略称CMBS）もある。

発行の形態は，短期のコマーシャル・ペーパー形態の**資産担保コマーシャル・ペーパー**（asset backed commercial paper，略称ABCP）や，社債形態の**資産担保社債**（asset backed bond，略称ABB）がある。

わが国では1994年頃から資産担保証券が発行されるようになった。その後急速に拡大し，年間発行額で普通社債に匹敵する規模になっている。

(3) 資産証券化のメリット

①資産証券化のメリットは，資産証券化が資産金融であることから生ずる。企業が将来の企業収益全体をベースにして行う通常のファイナンスが**企業金融**（corporate finance）なのに対し，資産証券化によるファイナンスは，ある特定の資産をベースにするファイナンスであり**資産金融**（asset finance）と呼ばれる。特定事業そのものに融資するプロジェクトファイナンスも資産金融のひとつである。

格付けが低く，企業金融である通常の社債や銀行借り入れが難しい企業でも，資産証券化対象資産を裏付けにしたキャッシュフローが確実なら資産担保証券を投資家に発行し，資金調達することが可能になる。つまり，企業全体の信用力や収益力に左右されにくい。

また，事業会社にしてみれば，本来流動化が難しかった金銭債権（例えば売掛債権）が流動化可能となり，資金が早期に回収できるメリットがある。

②仕組み債であり商品設計が柔軟であることもメリットのひとつである。つまり，原債権からのキャッシュフローを様々に切り分けることによって，投資家のニーズにあった複数の証券を新たにつくり出すことができる。

③万が一，オリジネーターである原債権者が倒産しても，資産の切り離しによって資産担保証券の元利払いが保証されている。これを**倒産隔離**という。

④特に銀行では，自行の貸し出し債権の証券化によってリスク資産を切り離し，資産を圧縮できる効果もある。また，貸し出し債権の信用リスクを投資家に転嫁できる。つまり，銀行が過度に信用リスクを抱え込まず，投資家の間に分散させることが可能になるというメリットもある。

7 ▶ その他の負債調達手段

(1) コマーシャル・ペーパー

コマーシャル・ペーパー（commercial paper，略称**CP**）は，企業が短期の資金を調達するために発行する有価証券である。国内では1987年に解禁された。期間は1年未満で，発行額は1億円以上。CPは担保の裏付けのない無担保で発行されるため，一定以上の格付けを持つ優良企業しか発行できない。

発行企業とディーラー（銀行，証券会社）との間で発行価額，期間，金利等の発行条件が市場環境を勘案して決められ，ディーラーが機関投資家などに販売する。CPレートは，短期金融市場の代表的商品である譲渡性預金（CD）金利などを参考に決められ，額面から利子相当額を差し引いた割引方式で発行される。

(2) リース

リース（lease）とは，リース会社が機械や設備を企業に代わって購入し，リース料を徴収してその物件を使用企業に長期間賃貸するものである。

リースにはいくつかの種類があるが，代表的なのは**ファイナンス・リース**である。ファイナンス・リースでは，契約期間が長く，契約の途中解約が原則禁止されており，借り主が契約期間中に毎期支払うリース料によって，リース会社のリース物件購入資金，その資金に対する金利，固定資産税，保険料及びリース会社の手数料の合計額が回収される。

借り主であるユーザー企業からみれば，ファイナンス・リースは所有権こそないものの，耐用年数いっぱいリース物件を使用できるので，効率的な設備調達手段であり，設備金融の一手段になっている。

一方，契約期間が短く，途中解約も認められており，1回のリース契約でリース会社の投下資金の全額回収が予定されていないものを，**オペレーティング・リース**という。レンタルがこれに相当する。

ユーザー企業からみたリース（特に，ファイナンス・リース）のメリットとしては次のような点がある。

まず，設備や機械を購入する場合と比べて，一時に多額の資金を必要としないことがあげられる。それによって資金繰りが楽になる。

2点目は法人税節減メリットである。設備を購入した場合には，設備購入

金額は法定耐用年数の期間に渡って，決められた方法で償却が行われ損金処理される。

これに対して，リースの場合には，法定耐用年数より短い期間をリース期間にでき，物件の価額をこのリース期間内で全額償却できる。毎月支払うリース料にはこの償却金額が含まれるが，ユーザー側はリース料を損金処理できるので，購入に比べて早期に減価償却が行われたのと同じ効果があり，法人税節減メリットを早く得られることになる。

[注]
1) 資金繰り表は，週単位や月単位でつくられるが，事業年度単位でつくられる有価証券報告書の**キャッシュフロー計算書**と本質的に同じものである。
2) (4)式をCで微分した値がゼロに等しくなるようなCが最適値になる。
$$\frac{K}{2} - \frac{TF}{C^2} = 0$$
3) 『日経ビジネス』「ソニー・グローバル・トレジャリー・サービシーズ－本業支える"最強の金庫番"」，2003年5月19日号，pp.50-52。および，『日経金融新聞』，2004年6月11日を参考にした。
4) 期間の長さについていうと，コマーシャル・ペーパーは1年以内なので短期資金調達とはっきりしている。しかし，他の負債については，銀行借り入れが3か月から最大10年，社債が1年から30年というように入り組んでいる。ただ，比較すれば社債は長期資金調達，銀行借り入れは短期資金調達といえる。

第17章
コーポレート・ガバナンス

1 ▶ 関心の高まり

　コーポレート・ガバナンス（corporate governance）とは，経営者への規律付けのことである。**企業統治**ともいう。株式が分散して保有され，所有と経営の分離した企業において，実質的に企業経営を担っている経営者をどのようにチェックし，企業の効率性を維持あるいは高めていくかという問題である。

　近年わが国でコーポレート・ガバナンスが注目されているのは，たび重なる企業不祥事や，日本企業の収益率の低下などの背景には，わが国企業のガバナンスに問題があるのではないのかという危機感から，どのようにガバナンスを改革していったらよいのかに大きな関心が払われているからである。

　また，コーポレート・ガバナンスの問題は，日本だけでなく世界的にも大きな関心を集めている。アメリカでは1990年代に経済の好調さを背景にして，アメリカ型コーポレート・ガバナンスの優位性が主張された。

　しかし，アメリカでも2000年代初頭に企業がかかわる不祥事が多発した。有名なのは，特別目的会社による簿外取引を利用した不正会計操作が発覚したエネルギー大手のエンロン（Enron）や，110億ドルにのぼる粉飾決算を行った通信大手ワールドコム（WorldCom）のケースである。

　このような不祥事を受けて，2002年にガバナンス強化を狙った**米企業改革法**（**サーベンス・オクスレー法**，Sarbanes-Oxley Act）が成立し，アメリカでもガバナンスへの関心が高まっている。

　本章では，コーポレート・ガバナンス関連の最近の動きを中心に紹介す

る。

2 ▶ 誰のためのガバナンスか

　コーポレート・ガバナンスの議論を始めるにあたって，まず，誰の利益のために経営者の規律付けを行うべきかという問題を考えなくてはならない。ただこの問題は，「誰が企業の主権を持っているか？」という大問題と絡んでくる難しい問題である。

　企業の主権者は誰かに関しては，大きく分けて(1)**株主主権**，(2)**従業員主権**，(3)**ステークホルダー（利害関係者）重視**，の３つの考え方がある。

(1)株主重視経営の有効性

　わが国企業は，従来，株主より従業員重視の経営を行ってきたといわれる。ただ最近は，株主重視の経営の必要性が叫ばれている。本書でも条件つきながら株主重視の経営の有効性を主張したい。

　株主重視の経営が望ましい第一の理由は，次のようなものである。

　環境の変化に応じて大胆かつ迅速に経営改革や事業再編を断行するには，社内の人間関係に縛られず，株主利益の立場から思い切った判断を下す米国型のシステムが有効である。需要や技術の大きな変化に対応して自社の事業分野の見直しや，不採算事業からの撤退など，人の削減を伴うようなリストラの断行が，従業員重視の経営の中ではなかなか行われにくい。

　1990年代以降のアメリカ経済の好調さは，アメリカ企業の高いパフォーマンスによる。ちょうど1990年代は，グローバリゼーションの進展やIT（情報通信技術）に代表される技術革新の時代だった。環境変化に対応して，企業は人材を含めた資産や資源を迅速に再配置する必要に迫られた。このような迅速な資源の再配置は，アメリカ型の株主重視型ガバナンスが適していた時期であったといえる。

　わが国でも現在，グローバリゼーションや技術の急速な変化が進行しており，大胆かつ迅速な経営改革が必要で，株主重視型経営のメリットをいかす時期だといえるのではないか。

　第二の理由は，今まで以上に株主を重視した経営を行わざるを得ないような経済環境に日本企業が直面していることである。

　従来は，株式の相互持ち合い，メインバンク・システムに守られ，外部の

株主を意識せずに経営を行うことができた。しかし，本章第6節で詳しく述べるように，メインバンク・システムや株式持ち合いが1990年代後半以降急速に崩れだし，それに代わって外部の株主の発言力が増している。特に，機関投資家や外国人投資家の持株比率が急増しており，企業もこのような投資家を意識せざるを得ない状況になっている。

さらに，株主重視経営の有効性のもうひとつの理由がある。

企業価値なり株価という尺度はある意味では誰の目にも明確であるという利点である。

企業は様々な利害関係者の利益の調整を図るように経営を行うべきだという，ステークホルダー重視の考え方がある。しかし，この考え方は企業目標を曖昧なものにしかねない。あるときはある利害関係者，別のときは別の利害関係者というように，経営者は自己利益追求のために都合のよいように利害関係者の利益追求を利用する危険性がある。

ところで，株主重視のガバナンスに対する強い反対意見は，株主重視の経営では短期的な株価の上昇で利益をあげようとする株主によって，企業が食い物にされてしまい，長期的な視野に立った企業の発展が望めなくなるのではないかという点にある。

しかし本書で主張しているのは，**長期的な株価・企業価値の上昇**である。従業員，債権者など他の利害関係者の利益を踏みにじってでも株主利益を追求せよと主張しているわけではない。第1章で述べたように，株主価値を高めるためには企業価値を高めなくてはならない。そして，企業価値を高めることはすべての利害関係者の利益になる。

(2) 人的資本の重要性

ここで，従業員の利益をないがしろにしては，株主利益を高めることはできないことに注意する必要がある。それは，**人的資本**の重要性による。

カネという資本を提供するのが株主だとすれば，人的資本という資本を提供・蓄積するのが，その企業で働くヒトとしての従業員である。特に最近では企業にとって，ヒトに蓄積された知識という目に見えない資産の重要性が増している。[1]

会社側が従業員の教育・訓練のために投資を行うだけでなく，従業員自らが会社で役立つ技能やノウハウの蓄積を熱心に行う努力をつぎ込むことが重

要になってくる。

　従業員の利益を守ることを企業側が確約することによって，従業員からその企業特有の人的資本の蓄積に対する誘因を引き出すことができる。また，利益の一定割合を従業員に与える利益分配や，重要な意思決定に従業員を参加させるといった形で，従業員の利益を反映させる経営も従業員の**人的投資**に対するインセンティブを高めるだろう。

　このような人的資本の重要性から，むしろ，従業員の利益を重視し守ることが，企業価値増加につながり，巡りめぐって株主の利益にもなる。[2)]

(3) 従業員重視の行き過ぎ

　ただ，従業員重視の経営は，それが行き過ぎるとマイナス面が強く出てきてしまう。

　例えば，アメリカ2位のユナイテッド航空の持株会社UALは，労組が株式全体の55％を保有する大株主で，取締役会にも役員を派遣するなど発言力が強い。世界的な需要減退などのため，このUALが2002年の暮れに，米連邦破産法11条の適用を申請した。

　人件費や人員削減をめぐって労組からの譲歩を引き出すことが難しく，思い切ったリストラができない状況に陥ると，企業再建が迷走してしまう。株主重視の国アメリカでは，従業員が巨大な力を持ってしまうと従業員エゴが前面に出てしまい，大きな問題を起こすのかもしれない。

　このように，従業員重視の経営は，経営環境が大きく変化し経営改革の必要性が高まったときなど，それに対応できない危険性が高くなる。

(4) 株主重視経営の前提条件

　ここで重要なのは，わが国企業が株主重視の経営に移行して高いパフォーマンスをあげるためには，経済全体の制度のより一層の改革が必要になることである。

　上で述べたように，今まで以上に株主重視の経営を行おうとすれば，他の資産と同様に，人材に関しても企業間にまたがる再配分が必要になる。ただその場合，従業員の再雇用・転職が容易であるような，流動的な労働市場や，ベンチャー企業などの新興企業が続々誕生し，新たな雇用が生まれるような環境なり条件が必要である。つまり，企業のガバナンス改革と並行し

て，経済システムの改革も同時並行的に進めなければならない。

アメリカで株主重視型経営が行われてもあまり問題でないのは，流動性の高い労働市場や新興企業による新規雇用の機会が存在するからである。雇用の流動化が進み，ある企業から別の企業への労働の移動がスムーズに行われやすい環境があるからである。

3 ▶ コーポレート・ガバナンスの手段

コーポレート・ガバナンスの手段は，大きく(1)内部コントロール・メカニズムと，(2)外部コントロール・メカニズム，に分けることができる。

内部コントロール・メカニズムには，直接的コントロールと間接的コントロールの2つのタイプがある。直接的コントロールは，(1)**取締役会**，(2)**株主総会**，(3)**株主代表訴訟**，などの制度的機構による経営者への直接モニタリングを使ったコントロールである。

■図17-1　コーポレート・ガバナンスの概念図

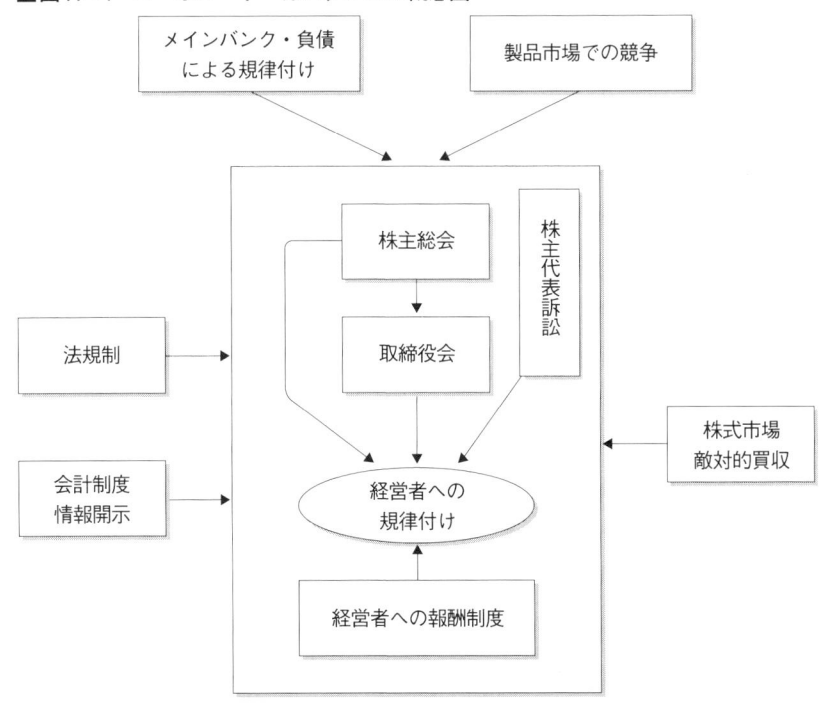

それに対して，間接的コントロールは，ボーナスやストックオプションなどの**経営者報酬**を通じて，経営者のインセンティブを高めたり，誘因付けを行う方法である（第10章第8節・第9節参照）。

外部コントロール・メカニズムとしては，(1)敵対的買収の脅威による経営者への規律付け（第14章第6節），(2)メインバンク及び負債による規律付け（第7章第5節），(3)市場競争圧力による規律付け，などがある。

近年のわが国企業の株式所有構造の大きな変化が，内部コントロール・メカニズムと外部コントロール・メカニズム双方に大きな変化をもたらしている。1990年代半ば以降，わが国の株式所有構造の特徴といわれてきた「株式の相互持ち合い」が崩れ，同時にメインバンク・システムも縮小しつつあるからだ（本章第6節参照）。

コーポレート・ガバナンスが有効に機能するためには，コーポレート・ガバナンスに関連するインフラ整備も必要である。これには，投資家保護を含めた法規制や，株主総会招集通知の内容充実，役員報酬の開示を含めた情報開示の充実などがある。また，会計情報の充実も含められるだろう。経営の透明性の向上，説明責任の明確化のためにも積極的な情報公開が必要である。

4 ▶ 取締役会の役割

(1) 経営機構のタイプ

会社の経営機構は，会社の業務執行に関する意思決定を行う**業務執行機関**と，業務執行の監督を行う**監督機関**が分離しているか否かで大きく2つのタイプに分けることができる。[3]

第一のタイプは，監督機関としての監査役会と業務執行機関である取締役会が分離している**ドイツ型**である。ドイツ型では，株主代表の監査役以外に，従業員代表の監査役が選ばれるのも特徴のひとつである。監査役会が取締役メンバーを選び，取締役会が行う業務執行を監督する。

第二のタイプは，業務執行とその監督をひとつの機関（取締役会）が担当するシステムで，米国，英国の株式会社でみられる。ただ，実際の業務執行は，取締役会によって選任された会社の役員（officer）が業務執行を担当し，なかでも**最高経営責任者**（chief executive officer，**CEO**）が強大な権限を持っ

■図17-2　経営機構のタイプ

<ドイツ型>

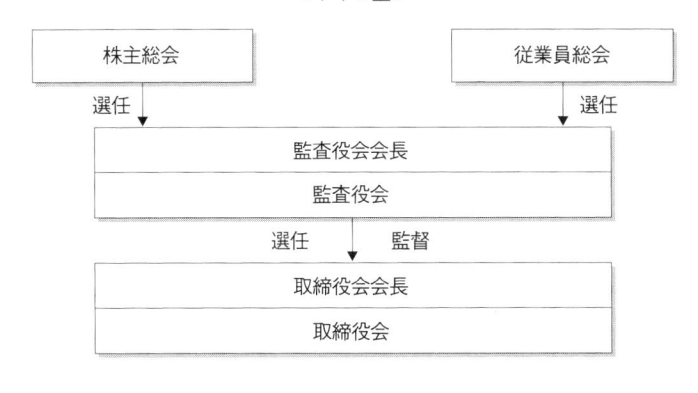

```
株主総会                            従業員総会
   │選任                               │選任
   ▼                                  ▼
┌─────────────────────────────────────┐
│           監査役会会長                │
├─────────────────────────────────────┤
│            監査役会                   │
└─────────────────────────────────────┘
        │選任        監督
        ▼
┌─────────────────────────────────────┐
│           取締役会会長                │
├─────────────────────────────────────┤
│            取締役会                   │
└─────────────────────────────────────┘
```

<英米型>（わが国の委員会等設置会社はこの形態）

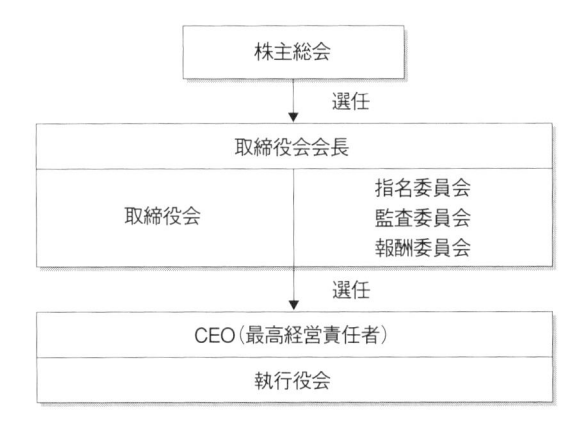

```
          株主総会
            │選任
            ▼
┌─────────────────────────────────────┐
│           取締役会会長                │
├──────────────┬──────────────────────┤
│              │      指名委員会       │
│   取締役会    │      監査委員会       │
│              │      報酬委員会       │
└──────────────┴──────────────────────┘
            │選任
            ▼
┌─────────────────────────────────────┐
│      CEO（最高経営責任者）            │
├─────────────────────────────────────┤
│            執行役会                   │
└─────────────────────────────────────┘
```

<日本（従来）型>

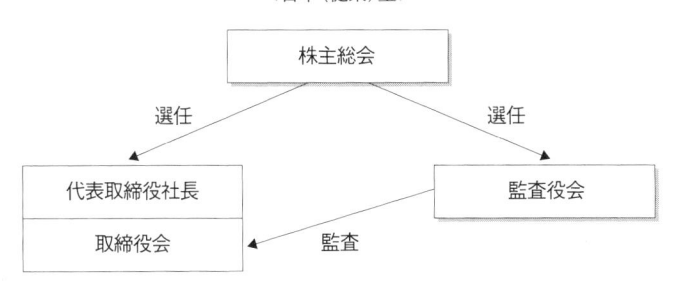

```
          株主総会
        ／      ＼
      選任        選任
      ↙            ↘
┌──────────────┐    ┌──────────────┐
│代表取締役社長 │    │   監査役会    │
├──────────────┤◀───┤              │
│  取締役会     │ 監査│              │
└──────────────┘    └──────────────┘
```

第17章 ● コーポレート・ガバナンス　353

ている。従来は，CEOが取締役会会長を兼ねるケースが多かったが，別の人物が務める企業が近年増えている。

　日本の株式会社の従来の経営機構は両タイプの中間にあり，**取締役会**が業務執行と経営監督の機能を担うという点では**米国・英国型**だが，その他に業務の監督を行う機関として**監査役会**が設けられている。

(2)わが国の実態

　法律上は，取締役・監査役は株主総会で選ばれ，選ばれた取締役が取締役会で代表取締役社長を選任する。しかし，わが国の実態としては，事実上の取締役・監査役の任免権を代表取締役が握っている。その理由は，株主総会に提案される取締役・監査役の候補者は取締役会で決められるが，実質的には代表取締役社長によって選定されるためである。取締役になるのは社内で昇進を続け，社長に認められた社内出身者がほとんどだった。

　法律上は取締役会及び監査役会が代表取締役等の業務執行を監督することが予定されているが，現実にはこれらの権限が十分に機能しているとはいいがたい。

　それは，上で述べたように，自分たちを選んだ代表取締役に強い反対をすることが難しいことによる。そのため，取締役会がトップ経営者の暴走を防ぐという役割を果たしていないことが問題視されてきた。監査役についても，社内出身者がなる例が多く，監督機能が形骸化しやすいという問題点があった。

(3)取締役会改革の動き

　取締役会が機能していないということから，わが国でも取締役会の改革が叫ばれ，従来の制度の中で改革が試行されてきた。例えば，**執行役員制**の導入である。これは，経営戦略を立案・監督する取締役と，各事業部門の執行責任者である執行役員とを明確に分離する仕組みである。

　また，取締役の人数を削減し，実質的な議論ができるようにすることや，社外取締役の導入も多くの企業で進められた。取締役会の人数に関しては，東京証券取引所の東証上場企業対象の調査（「コーポレート・ガバナンスに関するアンケート調査結果」，2003年1月）で，取締役の人数が10人未満の会社が回答数の過半数を占め，取締役会のスリム化が進んでいることが明らか

になった。
(4) 委員会等設置会社

　また，2003年4月施行の改正商法で，「**委員会等設置会社**」と呼ばれる新しい企業統治形態を選択することが可能となった。従来型の形態では，取締役会が経営の基本方針の決定から業務の実行や監督まで担ってきた。それを「委員会等設置会社」では，執行と監督の役割を分けて，それぞれの機能を高め，責任を明確にするのが狙いである。つまり，経営監視は取締役会が担い，業務執行は執行役が担うことになる。また，社外取締役の積極活用が特徴である。仕組みの概要は以下のようである。

　従来の監査役制度を廃止し，取締役会の中に指名，監査，報酬の3委員会を設置する。各委員会は3人以上の取締役で構成し，メンバーの過半数を社外取締役が占めなければならない。各委員会の役割は次のようになっている。**指名委員会**（取締役候補を決める），**監査委員会**（取締役と執行役の職務執行を監査。従来の監査役の役割を果たす），**報酬委員会**（取締役や執行役の報酬を決める）。

　新たに執行役制度が導入され，日々の業務執行は取締役会が選ぶ「**執行役**」が担う。一方，取締役会は経営の監督が中心となる。このように，「取締役」が戦略の決定と経営の監督に注力する一方，「執行役」が業務執行を担当する。米国では監督と執行の役割分担を明確にした統治手法が定着しているが，これに近い形態なので**米国型統治形態**と呼ばれる。

　従来わが国でも執行役員制度に基づいて「執行役員」を設ける企業があったが，「執行役」はこの「執行役員」とは異なる。執行役員制度はあくまで社内の独自制度で商法上の根拠はない。委員会等設置会社では，会社を代表するのは「代表執行役」で，代表執行役社長になるのが通常である。

　この新しい企業統治形態では，**社外取締役**という外部の目の影響力が大きくなるが，社外取締役が本来の役割をどこまで果たせるかについては議論が分かれている。つまり，独立性の高い社外取締役をどれだけ確保できるのか，また，社外取締役が必要な情報を得て，十分な監視機能を発揮できるのかという問題である。

　社外取締役の独立性については，そもそも社外取締役を選ぶのは，チェックされる側の経営者であるという問題がある。また，独立性が高く，社外取締役に適した人材がはたして何人いるかという問題もある。

社内情報に疎く，業務に精通していないため，経営判断や業務執行の妥当性をチェックするような経営の監視を社外取締役が行うことには限界があるという見方もある。例えば，2001年に不祥事を起こして話題になったエンロンでは，取締役会内の監査委員会のメンバー全員が社外取締役だった。それにもかかわらず，経営トップに対するチェック機能が有効に働かず，CEOの暴走を許してしまうことになった。

アメリカでは1990年代半ば以降，多くの大企業で社外取締役の数が社内取締役の数を上回ったといわれる。ただアメリカの実証研究では，社外取締役の存在が経営パフォーマンスに好影響を及ぼしているかどうかについて，はっきりとした結果は得られていない。

現在のところ委員会等設置会社に移行した会社は，ソニー，三菱電機，東芝，日立製作所，HOYA，イオン，野村ホールディングス，オリックス，コニカミノルタホールディングスなど100社ほどで，それほど多くはない（2005年2月現在）。移行を検討中の企業もあるが，まだ現行の監査役制度を維持する企業が大多数を占めている。

5 ▶ 株主総会と株主代表訴訟制度

(1) 株主総会

法律上は，株主総会は会社の最高意思決定機関として，取締役の選任や会社の重要事項を審議・決定する場である。しかし，実際には「株主総会の形骸化」といわれるように，単なるセレモニーの場になっているのが現状であった。

ところが，この株主総会も徐々に変わりつつある。その理由のひとつとして，機関投資家が株主総会での**議決権行使**に積極的になってきていることがあげられる。

代表的な機関投資家である年金基金が，深刻な運用難を背景に「物言う株主」として企業経営への監視を強めようとしている。例えば，約1400ある厚生年金基金の上部組織である厚生年金基金連合会は2003年2月に株主総会議案に対する独自の議決権行使基準を設定した。

これに基づき，2004年6月開催の株主総会に上程された議案の約3割に反対したことが報道された。特に，役員報酬・退職慰労金や，取締役・監査役

の選任，利益処分案などの議案に反対・棄権したケースが多かった（日本経済新聞，2004年6月26日付け）。

株主総会で会社提案に賛成票を入れるか反対票を入れるかを判断するためにも，議決権行使の情報源として，総会前に株主に配られる**株主総会招集通知**に盛られる内容をより充実させる必要がある。

特に株主総会が注目を集めるのは，**委任状争奪戦**（proxy fight）が繰り広げられたときである。委任状争奪戦とは，株主総会で経営陣が提出した議案に反対する株主が，自分の意見を経営に反映させるために企業側と争って，他の株主から議決権行使に関する委任状を集めることを指す。

(2) 株主代表訴訟

株主代表訴訟とは，企業の取締役や監査役などが放漫経営や無責任な監視のため会社に損害を与えた場合，会社に代わって株主が責任のある取締役を相手取り，会社に損害を賠償するよう求める裁判のことである。商法で定められた株主の権利の1つである。

1993年の商法改正で裁判手数料が一律わずか8,200円に引き下げられ，訴訟件数が増えた。ただ，予期できない巨額賠償のリスクを恐れて取締役の経営判断が委縮してしまう弊害もあるので，賠償責任額を限定する制度も取り入れられている。このように，賠償責任が軽減されていれば社外取締役も起用しやすくなる。

取締役の経営責任に関しては，特にアメリカで判例上認められた原則として，**経営判断の原則**（business judgement rule）がある。会社の取締役の経営判断が結果として会社に損害を生じさせた場合においても，その判断が誠実性と合理性を有する一定の要件のもとで行われたときは，取締役の責任を問うべきではない，という考え方である。

6 ▶ 株式所有構造の変化

次に，わが国企業の株式所有構造がどのように変化してきたかを概観しておこう。株主構成が変われば，株主から企業を規律付けるガバナンスにも大きな変化が予想されるからである。**図17-3**は，わが国上場企業全体の株式所有構造の変化を見たものである。投資主体別に見た持株比率の推移が示さ

れている。

(1)金融機関－80年代末まで上昇・90年代以降低下

　最初に，金融機関の持株比率を見てみよう。ここでの金融機関とは，普通銀行の他に信託銀行，生損保，その他金融機関を含む。ただし，投資信託・年金信託は除く。1960年代半ばまでは，20％を若干超える程度だったが，その後一貫して上昇し続け，1980年代後半には40％を超えた。その後，90年代に入り逆に低下し続け，2003年度には24％までに落ち込んでいる。

　1960年代後半からの金融機関持株比率上昇のきっかけは，**資本の自由化**だったといわれている。第二次大戦後，財閥解体が行われ，財閥の持株会社が保有していた大量の株式が一般に放出された。そのため，1950年代までは，個人が保有する割合が高かった。

■図17-3　所有者別持株比率の推移

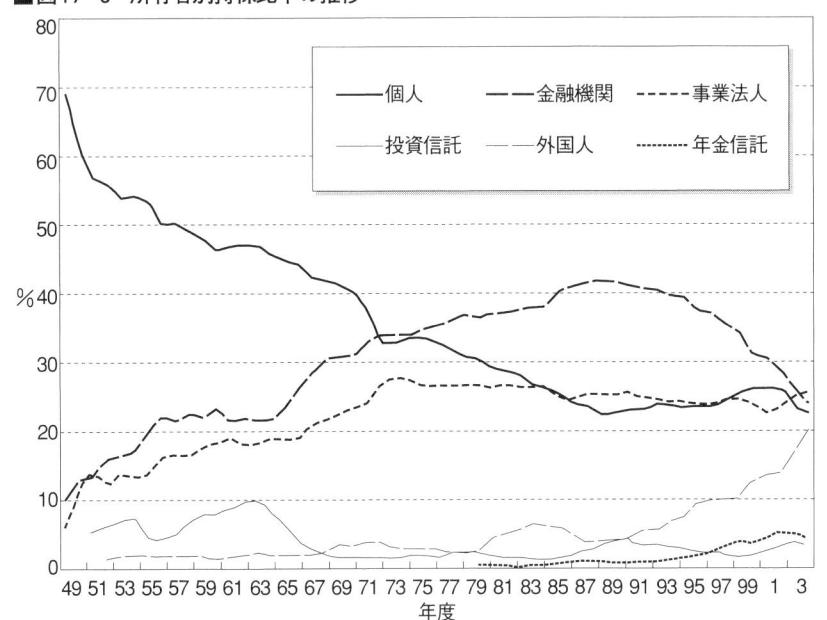

出所：全国証券取引所，『株式分布状況調査』より作成
　　　東京証券取引所：http://www.tse.or.jp/data/examination/distribute.html
(注)　1．1985年度以降は，単位数ベース。2001年から単元数ベース。
　　　2．金融機関には，普通銀行・信託銀行の他に生命保険・損害保険会社，その他金融機関も含む。
　　　　ただし，投資信託，年金信託を除く(ただし，1978年度以前については年金信託を含む)。

その後，60年代半ばに資本の自由化が行われ，わが国企業が外国企業や外国投資家に乗っ取られる可能性が危惧され，**安定株主**として銀行や取引先企業に株式を保有してもらう動きが強まった。

また，1965年の株式市場での株価の値下りを契機に，それまで増加していた投資信託が壊滅的打撃を受け，投資信託が保有していた株式を銀行，取引先企業が肩代わりして保有する動きが強まった。

さらに，企業が新株発行によって資金を調達する場合，当時の株式市場には厚みがなく，一般投資家だけでは消化できず，取引先銀行・企業に多くの部分をはめ込むことが行われた。

以上のような理由から，金融機関（銀行，保険会社）の持株比率は，60年代半ばから80年代の終わりまでほぼ一貫して上昇し続け，40％を超える水準にまで達した。

ところが，逆に90年代以降，金融機関持株比率は一貫して低下し続けている。大きな要因は，長銀・都銀・地銀といった普通銀行の持株比率が大きく低下したためである。長銀・都銀・地銀合計で1985年度に20％の持株比率だったのが，2003年度には5.7％と大幅に減少している。

これは次のような理由による。バブルが崩壊した1990年以降，銀行は大量の不良債権を抱えながら自己資本比率を維持し，ROE（株主資本利益率）などを引き上げるには，低採算資産を圧縮する以外に道がなくなってきた。そのため，利回り採算の低い持合株式を売却の対象とし，持ち合いを解消する動きが強まったためである。

(2) 外国人投資家－90年代後半から急増

それに対して，外国人持株比率は80年代までは5％前後だったのが，90年代に入って増加した。特に，90年代後半から急上昇し，2003年度には19.7％に達している。米国の年金基金や買収ファンド・再生ファンドなどの投資ファンドを中心に日本株を買い越す動きが続いたためである。

新興市場や外資系企業，資本提携で外国人大株主がいる企業を除くと，外国人持株比率がトップの上場企業はオリックスで54.6％にのぼる。以下，HOYA，ヤマダ電気，キヤノン，クレディセゾンと続き，これらの企業でも外国人が発行済株式数の過半を持つ（日本経済新聞，2004年12月23日朝刊）。

(3) 個人株主－90年代に入って下げ止まり

80年代末までは，一貫して個人株主の持株比率は低下し続けたが，90年代以降はようやく下げ止まり，20％半ばを維持している。株式持ち合いが崩れ，長期安定株主として個人株主の開拓に取り組む企業も増えてきた。

業績を良くし，配当を増やすことで個人投資家重視の姿勢を強めたり，個人が少額資金で投資できるように，株式分割や売買単位の引き下げに踏み切ったり，あるいはＩＲ（投資家向け広報）活動によって個人株主数を増やそうとする企業も多くなっている。

(4) 株式持ち合いの低下

上で述べたように，1960年代半ばの資本の自由化を契機として，事業会社が金融機関（銀行，保険会社）や取引先企業と相互に相手の株式を保有し合う**株式の相互持ち合い**（cross-shareholdings）という，戦後わが国の特徴とみなされる株式所有構造が形成されていった。

株式持ち合いの目的は，相互に安定株主になることによって，(1)敵対的買収の阻止，(2)長期的取引関係の維持，(3)相互信認を図ることにあるとされている。

1980年代までは，株価が上昇していたので，長期に保有している手持株から含み益の形で評価益が生まれた。そして，本業からの利益が低下したようなときには，益出しの形で一部保有株を売却し，利益を埋め合わせることも行われた。その後で，また，売却株式を買い戻すことによって長期に渡って持合株式を保有し続ける政策が取られた。

しかし，バブルが崩壊した1990年以降，株価下落によって株式の投資効率が低下した。また，時価会計の導入で株式評価損の計上を迫られる企業が増えた。特に銀行を含めた金融機関では，すでに述べたように大量の持ち合い株の売却が90年代後半から2000年初めにかけて行われた。

図17-4は上場企業全体の株式持合比率と安定保有比率の推移を示している。この調査では，2社の間で相互に保有されている株式を持合株式と定義している。持ち合い比率（金額ベース）は，全上場企業の株式時価総額に対する持合株式の割合である。

安定保有比率（金額ベース）は，株式時価総額に対する安定保有株式の割合である。安定保有株式の定義は図17-4の（注）を参照。ただし，この調

■図17-4　安定保有比率と持合比率

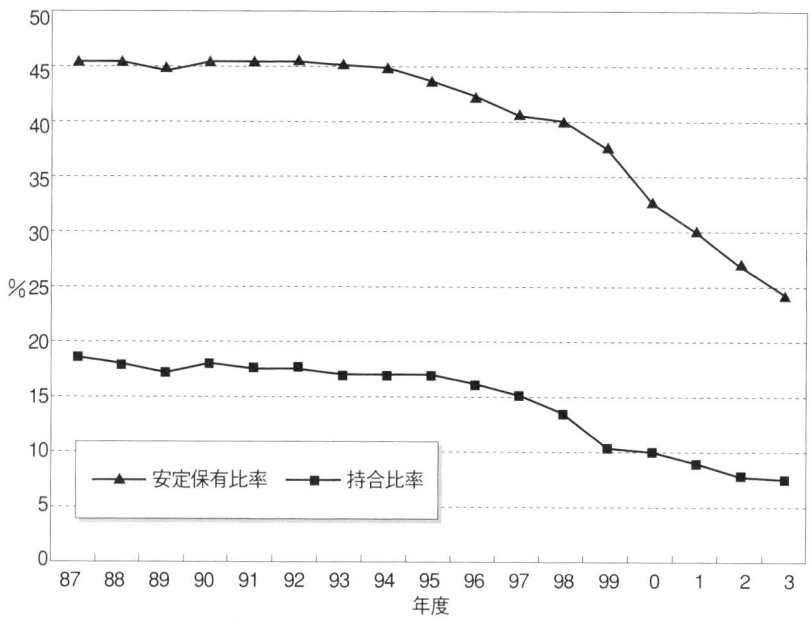

出所：ニッセイ基礎研究所，『株式持ち合い状況調査』：http://www.nli-research.co.jp/
(注)　対象企業は全国証券取引所の上場会社。
　　　持合比率(金額ベース) ＝ 株式時価総額に対する持合株式の割合
　　　安定保有比率(金額ベース) ＝ 株式時価総額に対する安定保有株式の割合
　　　安定保有株式＝「持合株式」，「金融機関が保有する株式」，「事業会社が保有する金融機関株式」，
　　　及び「親会社などに関係会社として保有されている株式」の合計

査での金融機関とは，信託銀行を除いた銀行，生命保険会社，損害保険会社を含む。

　持ち合い比率について見ると，1987年度から1995年度までは17〜18％台で推移したが，その後低下傾向が続き2003年度には7.6％と，ピーク時の半分以下にまで減少してしまった。**持ち合い解消**が進んでいることが読み取れる。安定保有比率についても，ほぼ同じ傾向が見られる。45％前後だったのが2003年度には24％まで低下している。

　株式持ち合いの大きな目的は，会社乗っ取りの防止だったが，持ち合いが崩れることによって，従来以上に乗っ取りの危険性に晒されることになった。そのため，持ち合い株の流動化が進み，外国人株主，個人株主などの比率が上昇した企業を中心に，乗っ取り防止のためにも，業績や資産効率の改善を強く意識せざるを得なくなってきている。

ただ，2004年3月末で，調査対象企業全体の83％で持ち合い関係が確認されており，依然としてわが国企業の間で広範に株式持ち合いが行われていることに変わりはない。

ライブドアとフジテレビ，ニッポン放送との経営支配権を巡る攻防

2005年2月，ライブドアによるニッポン放送株の大量取得を契機に始まった，ライブドアとフジテレビ，ニッポン放送との間での経営支配権を巡る攻防は，その後繰り広げられた両陣営による様々な応酬合戦と共に，茶の間でも話題になるほど大きな関心を呼んだ。

以下，その概要をまとめておく。

ニッポン放送は昭和29年（1954）設立のラジオ放送事業会社。フジテレビジョンはニッポン放送の子会社としてスタートし，ニッポン放送が22.51％（2004年末時点）の株式を保有する筆頭株主で親子関係にある。しかし，フジテレビは現在では総合メディア企業をめざし，株式時価総額でみてもニッポン放送の4倍弱あり，親子関係は逆転している。

フジサンケイグループの中核企業になったフジテレビは，ニッポン放送を子会社化し，この親子関係のねじれを解消するために，ニッポン放送株のTOB（株式公開買付）を2005年1月17日に発表した。買付期間は1月18日から最終的には3月7日までとなった。

その最中の2月8日，新興のインターネット関連企業ライブドアが，立ち会い外取引などでニッポン放送の株式を35％取得したと発表した[4]。これを契機に，ニッポン放送の経営支配権を巡り，フジテレビとライブドアの争奪戦が繰り広げられることになった。

そして，フジテレビは，TOBで最終的にニッポン放送株の36.47％を取得した（3月7日）。しかし，一方のライブドア側も買い増しを続け，ニッポン放送株の50％強を取得し，実質的な支配権を手中にした（3月末現在）。

この過程で，ライブドアの敵対的買収攻勢に対して，フジテレビ，ニッポン放送側は，以下のような様々な買収防衛策を試みた（①～⑥）。

①ニッポン放送の取締役会は，フジテレビを引受先とする新株予約権の発行を決議（2月23日）。予約権の行使でフジテレビは，最大60％の議

■ 図17-5　ニッポン放送，フジテレビの株式所有構造（2005年3月末時点）

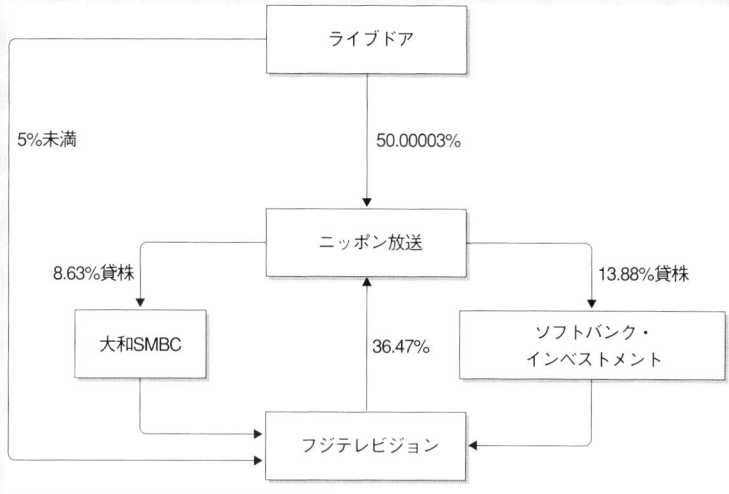

```
                    ┌─────────┐
                    │ ライブドア │
                    └─────────┘
           5%未満    ↓ 50.00003%
              │     │
              │  ┌─────────┐
              │  │ ニッポン放送 │
              │  └─────────┘
      8.63%貸株 ↓     ↓ 36.47%   ↑ 13.88%貸株
    ┌────────┐              ┌──────────────┐
    │ 大和SMBC │              │ ソフトバンク・ │
    └────────┘              │ インベストメント │
         │                  └──────────────┘
         ↓     ┌──────────┐     ↓
         └───→ │ フジテレビジョン │ ←───┘
               └──────────┘
```

出所：2005年3月末日までの新聞報道より作成
（注）比率は発行済株数ベース。

決権を上積みできることになる。しかし，ライブドアはこれを差し止める仮処分を申請。3月23日に東京高等裁判所は発行を認めない判断を下した。今回の新株予約権発行がフジテレビの経営支配権の確保を主な目的としており，株主一般の利益を害する，という理由からである。この司法判断を受け，ニッポン放送は新株予約権の発行中止を表明。

②フジテレビは，2005年3月期の年間配当を前期の5倍にする大幅増配を発表（3月15日）。増配で株価を上げ，ライブドアがフジ株を買いにくくすると同時に，一般株主の支持を集める狙いがある。

③また，フジテレビは500億円分の新株発行枠を発表（3月22日）。仮に，フジテレビがTOBをかけられても，買収者がTOBで株式の買い集めを終了する前に，新株を発行して発行済み株式数を増やし，TOBを一時的に阻止する効果が期待できる。

④ニッポン放送が保有するフジテレビ株が，ソフトバンク系のベンチャーキャピタル，ソフトバンク・インベストメント（SBI）に貸株され，SBIはフジテレビの議決権の13.88%を握る筆頭株主になった（3月24日発表）。すでに2月に8.63%分を大和SMBCに貸し出しており，ニッポン放送はフジテレビの株主ではなくなった。ニッポン放送の経営権を握っ

たライブドアの影響力が，フジテレビに及ぶのを防ぐ狙いがある。そもそも，ライブドアが最終的にほしいのはフジテレビで，そのためにはニッポン放送を買収したほうが手っ取り早かったという事情があるからだ。

⑤さらに，ニッポン放送は有力子会社などの資産を売却してしまう「焦土作戦」で，ニッポン放送の資産価値を大幅に低下させ，ライブドアのニッポン放送買収メリットをなくす作戦を検討していることが報道された。

⑥また，ライブドアによる買収の防衛策のひとつとして，フジテレビは取引先企業約50社にフジテレビ株の購入を要請し安定株主工作を進めている。

その後，事態は急展開し，4月18日にフジテレビとライブドアは和解することで合意した。合意内容は，①ライブドアの保有するニッポン放送株全株（発行済株式の50.00003%）をフジテレビが買い取る，②ライブドアが実施する第三者割当増資（発行済株式の12.75%）をフジテレビが引き受ける。これにより，フジテレビはニッポン放送の子会社化を実現する。最終的には，ニッポン放送はフジテレビの100%子会社になる。また，第三者割当増資の引き受けで，フジテレビは堀江社長に次ぐライブドアの第二位株主となる。

こうして，二カ月半に渡ったライブドアとフジテレビ・ニッポン放送の攻防は決着した。

7 ▶ 敵対的買収の防衛策

株式持ち合い関係が崩れて，よい意味での安定株主に頼れなくなったわが国で最近，敵対的買収に備えた防衛策の議論が盛んである。これに拍車をかけたのが，コラムで解説したライブドアとフジテレビ・ニッポン放送との間で繰りひろげられた買収攻防戦だった。敵対的買収についてはすでに第14章第6節で述べたが，敵対的買収の防衛策について補足しておく。

(1) 企業価値の向上――経営の効率化

買収者は自分が経営を行えばより企業価値を高められると思う企業を買収しようとする。逆にいえば，企業価値を最大限高めているような企業は買収

の対象にされにくい。つまり，普段から企業価値を高める経営を行っているのが最善の買収防衛策になる。

　特に狙われやすい企業は，業績や財務内容からみて割安銘柄が多い。また，設備投資など事業に投じない手元資金を多額に抱え，資産が有効活用されず株価が割安に放置されている企業も狙われやすい。そのため，利益を配当にまわし，資本効率を高めることが敵対的TOBにさらされない有効な手段となる。

(2) ポイズンピル

　「最強の予防策」としてアメリカで幅広く普及しているのが**ポイズンピル**（poison pill，毒薬条項）だ。毒薬の意味だが，この仕組みは次のようである。

　ある条件が起これば，自社の株式を時価より非常に安い価格で買うことができる**新株予約権**を事前に株主に与えておく。ただし，敵対的買収者に対しては，この新株予約権が無効となる。ある条件とは，敵対的買収者が株式の一定割合を取得したときや，TOBを発表したときなどである。

　敵対的買収合戦が始まるとこの新株予約権が発動し，買収者以外の株主が自社株を安い値段で購入する。そのため，買収者の持株比率が下がり（株式持分の希薄化），より多くの株式を市場価格で購入しなくてはならず，買収コストが上昇してしまう（いわば，毒薬が体内に回った状態になる）。このような事態が予想されるため，最初から買収を断念させる効果がある。[5]

　敵対的買収者が所有する新株予約権は行使不能になるので，一部の株主（＝買収者）を差別的に扱い，「株主平等の原則」に反するのではないかという問題が出てくるが，会社全体の利益や株主全体の価値を高めるためであれば，株主平等の原則の違反には問われないというのが法解釈である。

　なお，過剰防衛や経営者の保身目的の乱用を避けるため，「平時」に前もってポイズンピルを導入する際，株主総会の承認を得て，かつ，ピルの発動条件を定款に明記しておくことが最も合理的とされる。

(3) その他の防衛手段

　その他の買収防衛手段に，**ゴールデン・パラシュート**（golden parachutes）がある。被買収企業の取締役や役員が解任された場合，大幅に割り増しされた退職金が支給されることを前もって取締役や役員との報酬契約で結んでお

く。買収コストを高める効果がある。しかし，買収防止手段としてのゴールデン・パラシュートが買収に対する現経営陣の抵抗を弱め，むしろ買収が増加する効果があるといわれたりする。

また，取締役の改選期をずらし一度に支配権を握られるのを防ぐ，**任期別取締役制度**（staggered board of directors）や，買収には株主総会で3分の2あるいはそれ以上の議決が必要とする定款変更する**絶対多数規定**（supermajority amendment）もある。

(4) 買収防衛策の是非

敵対的買収に対する防衛策については賛否両論ある。そもそも敵対的買収をどのように考えるかによって意見がわかれる。敵対的買収を望ましくないと考える論者は，買収防衛策は必要と主張する。それに対して，敵対的買収を肯定的にとらえる論者は，過度な買収防衛策は望ましくないと考える。

まず，防衛策に賛成する意見は，次のような理由に基づく。(1)株式持ち合い解消などに伴う安定株主の減少，(2)経済のグローバル化の進展，(3)外国企業による株式交換でのM&Aの容認，などから，わが国企業にとって敵対的買収の脅威が現実のものになりつつある。

敵対的買収に無防備な状態のままだと，企業を食いものにする買収者によって乗っ取られ，短期的利益の追求のために従業員の解雇を含むリストラが行われると，企業の長期的利益の基礎となる人的資産の毀損が起こってしまい，企業の長期的存続があやしくなる。

これに対して，防衛策に反対する人たちの理由は，次のようなものである。過剰な防衛策は経営陣の保身につながり，企業改革にマイナスになってしまう。敵対的買収の潜在的脅威が経営規律を高め，経営効率化による企業価値増大を促す効果がある。そのため，企業価値を高め，株主の利益になるような買収提案が妨げられないことが必要だと主張する。

8 ▶ 市場競争圧力による規律付け

(1) 製品・サービス市場での競争

通常のコーポレート・ガバナンスの議論では，資金の提供者である株主による規律付けや，メインバンクを含んだ負債の規律付けが議論の中心にな

る。しかし，経営者への規律付けとしてはそれ以外に，市場競争圧力による規律付けも忘れてはならない。

言うまでもなく，自社が生産・販売する製品やサービスが市場での競争に敗れれば，企業の業績は悪化し，最悪の場合には企業の消滅につながりかねない。そのため，製品市場が競争的であれば，より低コストでより高品質の製品やサービスを提供しようとするインセンティブが生まれる。それが経営者への大きな規律付け効果を持つ。逆に，参入規制などによって市場が非競争的なら，安逸な経営が行われる可能性が高くなる。

この点に関しては，堀内昭義・花崎正晴によるわが国企業に関する興味深い一連の実証分析があるので，それを紹介しよう[6]。

まず，**企業の経営効率性**を全要素生産性の成長率で測る。つまり，企業が生み出す付加価値の成長のうち，資本と労働という基本的な生産要素の増加によっては説明できない部分を企業の経営効率性によるものと考える。

そして，経営効率がメインバンク関係の有無，株式保有構造の違い，あるいはどの程度厳しい市場競争にさらされているか，などの要因によって影響を受けるかどうか調べた。1970年度から2000年度までの31年間を4つの時期に分けて計測した。

その結果，高度成長期を含むどの期間をとって，メインバンク関係を持つ企業と，持たない企業とを比べてみても，経営効率に違いがないことがわかった。この実証結果は，メインバンクがわが国企業の規律付けに重要な役割を果たしてきたという通説の下で予想される結果と大きく異なる。

彼らは，銀行のモニタリング機能などよりも，**市場圧力**があるか否かが企業の経営効率性に大きな影響を及ぼしていることを明らかにした。市場の競争度を示す尺度としては，それぞれの業種の売上高上位5社集中度や，外資系企業の市場参入の程度を示す外資比率などが用いられている。また，製造業だけに限定した分析では，海外からの競争にさらされている程度を示す輸出入比率が用いられている。

市場の競争度を測るいずれの尺度でも，市場の競争度が高いほど，どの期間をとっても経営効率性が高くなる結果が得られた。

堀内・花崎の実証分析では，アングロ・サクソン型の株主による規律付けメカニズムも，わが国では長期的にみて有効に機能してきたとはいいがたいとしている。

(2)銀行の監視機能

　1980年代末のバブル崩壊以前，特に，高度成長期（1960年代から1970年代）にはメインバンク・システムは有効に機能し，銀行が企業の規律付けの役割を果たしてきたというのが通説である。

　もしも，この説が正しいとすると，以前は正しく企業をチェックしていた銀行が，なぜ80年代末以降チェック機能を有効に果たせず，大量の不良債権を抱え込むことになってしまったのかという疑問が生まれる。もちろん，通説を支持する人々もこれに対する回答を用意している。[7]

　しかし，堀内・花崎は市場競争圧力仮説から次のような説明をしている。まず，1980年代以前，特に高度成長期の銀行の主要な貸し出し先は製造業であった。製造業に属する企業は比較的早い段階から海外との競争の圧力にさらされており，市場競争を通じて厳しく経営規律を与えられてきた。これらの企業が主な融資先である限り，銀行の監視機能が十分に働いていなくても，貸し出し先債権の回収に問題が発生することはなかった。

　それが，80年代に入って，銀行の主要な融資先が製造業から建設，不動産，サービス，金融などの「非交易財産業」に移っていった。これらの産業は製造業に比較して，海外からの競争圧力から自由であり，市場競争圧力による規律付けが働かない産業である。本来であれば，銀行による監視機能が発揮され，規律付けの役割を果たすべきときに，銀行自身による監視機能が十分でなかったために深刻な不良債権問題が発生してしまった。

　80年代以降，中小零細企業向け融資の割合も増大した。ここでも本来であれば，大企業向け融資以上に監視機能が要求されるのだが，この点でも銀行による監視機能は十分に発揮されなかったと堀内・花崎は主張している。

[注]
1) 伊丹敬之，『日本型コーポレートガバナンス』，日本経済新聞社，2000では，企業の主権者は従業員であるとし，従業員が直接的に経営のチェックを行う制度化を提案している。
2) John Roberts and Eric Van den Steen, "Shareholder Interests, Human Capital Investment and Corporate Governance", April, 2000, Working Paper, Social Science Research Network: http://www.ssrn.com/よりダウンロード可能。
3) 深尾光洋・森田泰子，『企業ガバナンス構造の国際比較』，日本経済新聞社，1997，pp.61-63参照。

4) 三分の一を超える株式保有あるいは議決権保有が重要なのは，次の理由による。株主総会での決議事項の中で，特に重要な問題（例えば，合併・買収，第三者に対する新株の有利発行，定款の変更）については，**特別決議**が要求される。発行済株式総数の過半数にあたる株式を有する株主が出席して，その議決権の三分の二以上にあたる多数決で決議が成立する。逆にいえば，三分の一以上の株式を保有すれば，特別決議を覆すことができ，会社の重要な決定事項に影響力を及ぼすことができる。
5) ポイズンピルが発動すると，時価より非常に低い価格で新株が発行されるので株価が下落し，買収者はより安い価格で残りの株式を買い占めることができる。しかし，それでもすべての残りの株式を購入するために必要となる金額は，ポイズンピルが導入されていない場合に比べて高くなる。つまり，買収コストが上昇してしまう。
6) 例えば，堀内昭義・花崎正晴，「日本企業のガバナンス構造－所有構造，メインバンク，市場競争－」，日本政策投資銀行設備投資研究所『経済経営研究』，Vol.24-1，2004。
7) 通説からの説明は，次のようなものである。80年代以降に進められた**金融自由化**が日本の金融システムにおける競争状態を高め，銀行を含めた金融機関の収益性の見通しを低下させ，期待利益確保のため金融機関が過大なリスク拡大のインセンティブを持つようになり，融資審査も甘くなった。その結果，不良債権が拡大した。

●より進んだ学習のために

　企業財務に関してさらに勉強したい人のために有益と思われる本を，主な分野ごとにいくつか紹介する。

企業財務全般（難易度が低いもの順）

井手正介・高橋文郎『ビジネス・ゼミナール　経営財務入門』第2版，日本経済新聞社，2003．

Brealey, R., S. Myers and F. Allen, *Principles of Corporate Finance*, McGraw-Hill/Irwin, 8th ed., 2005.（藤井眞理子・国枝繁樹監訳，『コーポレート・ファイナンス　第6版』上巻，下巻，日経BP社，2002）

Ross, S., R. Westerfield and J. Jaffe, *Corporate Finance*, 7th ed., McGraw-Hill/Irwin, 2005.（大野薫訳，『コーポレートファイナンスの原理』金融財政事情研究会，2004）

Chew, D., *The New Corporate Finance – Where Theory Meets Practice*, 3rd ed., McGraw-Hill/Irwin, 2001.

Copeland, T., J. Weston and K. Shastri, *Financial Theory and Corporate Policy*, 4th ed., Addison-Wesley, 2004.

Constantinides, G., M. Harris and R. Stulz eds., *Handbook of the Economics of Finance*, Volume 1A Corporate Finance, Elsevier, 2003.

Smith, C. ed., *The Modern Theory of Corporate Finance*, 2nd ed., McGraw-Hill, 1990.

Brennan, M. ed., *The Theory of Corporate Finance*, Volume Ⅰ&Ⅱ, Edward Elgar Publishing Limited, 1996.

企業価値評価

McKinsey & Company, Inc., *Valuation: Measuring and Managing the Value of Companies*, 4th ed., Wiley, 2005.（マッキンゼー・コーポレート・ファイナンス・グループ訳，『企業価値評価』ダイヤモンド社，2002）

鈴木一功編著『企業価値評価－実践編』ダイヤモンド社，2004．

デリバティブ・財務リスク管理・実物オプション

Hull, J., *Options, Futures and Other Derivatives*, 6th ed., 2005, Prentice Hall.（三菱証券商品開発本部訳『フィナンシャルエンジニアリング　第5版』金融財政事情研究会，2005）

Stulz, R., *Risk Management and Derivatives*, South-Western, 2003.

Brown, G. and D. Chew eds., *Corporate Risk: Strategies and Management*, Risk Books, 1999.

Smit, H. and L. Trigeorgis, *Strategic Investment：Real Options and Games*，Princeton University Press, 2004.

ベンチャーファイナンス

Smith, R. and J. Smith, *Entrepreneurial Finance*, 2nd ed., Wiley, 2004.（コーポレート・キャピタル・コンサルティング訳『アントレプレナー・ファイナンス』中央経済社，2004）

Lerner, J. and F. Hardymon, *Venture Capital and Private Equity：A Casebook*, Volume Two, John Wiley & Sons, 2002.（前田俊一訳『プライベート・エクイティ』東洋経済新報社，2004）

M&A・企業再編・企業再生

Arzac, E., *Valuation for Mergers, Buyouts, and Restructuring*, John Wiley & Sons, 2004.

Bruner, R., *Applied Mergers and Acquisitions*, John Wiley & Sons, 2004.

Gaughan, P., *Mergers, Acquisitions, and Corporate Restructurings*, 3rd ed., John Wiley & Sons, 2002.

Gilson, S., *Creating Value through Corporate Restructuring―Case Studies in Bankruptcies, Buyouts, and Breakups*, John Wiley & Sons, 2001.

Weston, F., M. Mitchell and H. Mulherin, *Takeovers, Restructuring, and Corporate Governance*, 4th ed., Prentice Hall, 2004.

コーポレート・ガバナンス

伊丹敬之『日本型コーポレートガバナンス』日本経済新聞社，2000.

伊藤秀史編著『日本企業　変革期の選択』3章，4章，5章，東洋経済新報社，2002.

小佐野広『コーポレートガバナンスの経済学』日本経済新聞社，2001.

花崎正晴・寺西重郎編『コーポレートガバナンスの経済分析』東京大学出版会，2003.

深尾光洋・森田泰子『企業ガバナンス構造の国際比較』日本経済新聞社，1997.

Chew, D. and S. Gillan eds., *Corporate Governance at the Crossroads：A Book of Readings*, McGraw-Hill/Irwin, 2004.

Jensen, M., *A Theory of the Firm：Governance, Residual Claims, and Organizational Forms*, Harvard University Press, 2000.

Hart, O., *Firms, Contracts and Financial Structure*, Oxford University Press, 1995.

　また，私のホームページの「ファイナンス関連リンク集」に有用なウエップサイトが記載されている。各サイト名の箇所をクリックするだけで接続可能。
花枝英樹ホームページ：http://obata.misc.hit-u.ac.jp/~hanaeda/

□索引

あ行

アウト・オブ・ザ・マネー ……… 219
アウトソーシング ……………… 303
アット・ザ・マネー …………… 219
アナウンスメント効果 ………… 161
アメリカ型オプション ………… 212
安全性分析 ……………………… 322
安定株主 ………………………… 358
委員会等設置会社 ……………… 355
一定配当成長モデル ……………… 39
委任状争奪戦 …………………… 357
イン・ザ・マネー ……………… 219
インタレスト・カバレッジ・レシオ 322
インセンティブ効果 …………… 202
インフレーション ……………… 23
インベスター・リレーションズ … 105
迂回的増資 ……………………… 232
売上高事業利益率 ……………… 191
売上高利益率 …………………… 188
売出し …………………………… 271
売りヘッジ ……………………… 244
運転資本管理 …………………… 328
永久年金の現在価値 ……………… 19
営業キャッシュフロー ……… 86,167
営業譲渡 ………………………… 297
営業利益 ………………………… 112,115
営業リスク ……………………… 116
営業レバレッジ ……………… 98,194
エージェンシー関係 …………… 202
エージェンシー費用 …………… 133
エージェンシー問題 ……… 126,202
エンジェル ……………………… 263

オークション方式 ……………… 272
オプション ……………………… 212
オプション価格 ………………… 214
オプション価格決定モデル …… 221
オプション価格の決定要因 …… 217
オプションによるヘッジ ……… 248
オプションの時間価値 ………… 219
オプション・プレミアム ……… 214
オプション料 …………………… 214
オペレーティング・リース …… 345
オペレーティング・レバレッジ … 98
オリジネーター ………………… 342

か行

会社更生法 ……………………… 312
会社の形態 ……………………… 258
会社分割 ………………………… 297
会社分割制度のメリット ……… 301
回収期間 ………………………… 79
回収期間法 ……………………… 79
回収期間法の問題点 …………… 79
外国人投資家 …………………… 359
買取引受 ………………………… 276
外部金融 ………………………… 135
外部コントロール・メカニズム … 352
買いヘッジ ……………………… 244
格付け …………………………… 323
格付け機関 ……………………… 324
過小投資の問題 ………………… 128
株価収益率 …………………… 42,200
株価純資産倍率 ………………… 201
株価の決定 ……………………… 36

372

株価の変動性 …………………… 219	株主資本の希薄化 ……………… 150
株式移転制度 …………………… 282	株主資本比率 …………………… 111
株式会社 ………………………… 259	株主資本利益率 ………… 115, 189, 192
株式公開 ………………………… 269	株主重視経営 …………………… 348
株式公開買付 …………………… 284	株主主権 ………………………… 348
株式公開の手順 ………………… 271	株主総会 ………………………… 356
株式公開のデメリット ………… 270	株主総会招集通知 ……………… 357
株式公開のメリット …………… 269	株主代表訴訟 …………………… 357
株式公開費用 …………………… 276	株主と債権者の利害の不一致 …… 126
株式交換制度 …………………… 283	貨幣の時間的価値 ……………… 14
株式交換による株式取得 ……… 284	カラ売り ………………………… 50
株式交換による買収 …………… 293	借り入れ金利 …………………… 338
株式交換比率 …………………… 293	借り入れの形態 ………………… 339
株式購入権 ……………………… 207	監査委員会 ……………………… 355
株式所有構造 …………………… 357	監視費用 ………………………… 130
株式相互持ち合い ………… 133, 360	監査役会 ………………………… 352
株式のエージェンシー費用 …… 130	間接金融 ………………………… 341
株式の投資収益率 ……………… 34	完全子会社化による統合 ……… 283
株式の投資単位 ………………… 43	完全市場 ………………………… 112
株式の評価 ……………………… 26	完全ヘッジ ……………………… 244
株式のベータ …………………… 58	元利均等返済 …………………… 21
株式の有限責任制 ………… 124, 228	機会費用 …………………… 71, 81
株式のリスク・プレミアム …… 63	企業価値 …………………… 110, 112
株式のリターンとリスク ……… 46	企業価値の最大化 ……………… 5
株式の流動性 …………………… 104	企業価値評価 …………………… 166
株式の理論価格 ………………… 36	企業金融 ………………………… 344
株式分割 ………………………… 43	企業再建手法 …………………… 313
株式ベータの計測 ……………… 95	企業再建専門業者 ……………… 316
株式ベータの決定要因 ………… 97	企業再生 ………………………… 306
株式持合比率 …………………… 360	企業再生ファンド ……………… 315
株主価値 ………………………… 169	企業再編 ………………………… 280
株主価値の最大化 ……………… 6	企業財務の目的 ………………… 5
株主資本 ………………………… 110	企業財務の役割 ………………… 2
株主資本コスト ………………… 93	企業資産ベータ ………………… 102
株主資本による調達 …………… 2	企業成果依存型報酬 …………… 202

企業統合	280
企業統治	9, 347
企業と外部投資家との間での情報の非対称性	135
企業による分散投資	64
企業年金債務	22
企業の財務活動	4
企業買収	284
企業ベータ	102
企業を取り巻く利害関係者	5
議決権行使	356
期待株主資本利益率	117
期待投資収益率	34, 47
規模が異なる投資の選択	77
規模の経済	286
逆選択の問題	135
逆のれん代	305
キャッシュフロー	70
キャッシュ・マネジメント・サービス	337
キャピタルゲイン	34, 144
キャピタルゲイン課税	145
吸収合併	281
吸収分割	298
供給効果	146
業績と報酬の関係	203
業績に連動した現金報酬	203
業績評価	187, 197
業績評価尺度	198
共同分割	300
共同持株会社化による統合	282
業務執行機関	352
切り捨て率	74
均衡株価	36
銀行借り入れ	338
銀行取引停止処分	307
均衡におけるリターンとリスク	61
銀行の監視機能	368
金庫株	155
金融・資本市場の機能	7
金融自由化	369
金融派生商品	234
金利スワップ	240
クーポン・レート	28
グループ資金の一元管理	337
経営機構のタイプ	352
経営資源の提供者	6
経営者と株主の利害の不一致	130, 153
経営者に対する規律付け	10
経営者報酬	187, 203
経営陣による企業買収	302
経営判断の原則	357
経常収支	331
経済的利益	179
経済付加価値	179, 199
継続価値	171
減価償却費	91
研究開発投資	68
現金資金	329
現金資金管理	333
現金による株式取得	284
現金による買収	290
現在価値	17
権利行使価格	212
公開会社	279
公開価格	273
公開価格の過小値付け	277
公開価格の決定	273
合資会社	259
恒常的流動資産	336
更正管財人	313

合同会社·····················261
合併························281
合併比率·····················282
公募························271
合名会社·····················259
コーポレート・ガバナンス······9,347
コール・オプション··············212
ゴールデン・パラシュート·········365
小型株効果····················64
顧客効果····················146
個人保証····················262
固定金利····················240
固定的報酬···················202
固定費····················98,193
固定比率····················323
個別株式のリスク···············58
個別リスク····················57
コマーシャル・ペーパー··········345
コミットメントライン············341
コングロマリット・ディスカウント 304
コントロール権················268

さ行

サービサー···················343
サーベンス・オクスレー法········347
債券························26
債券価格の変動性···············29
債券価格リスク·················30
債権放棄····················314
最高経営責任者················352
最終利回り····················28
最小分散ポートフォリオ···········52
再生アドバイザー··············316
財団債権····················310
裁定機会··············112,223,238

最適資本構成·················134
最適配当政策·················153
最適ポートフォリオ選択···········55
財務再編····················308
財務収支····················331
財務制限条項·················130
債務超過····················307
財務的安全性·················322
債務の株式化·················314
財務リスク···················116
財務リスク管理················234
財務レバレッジ················101
先物価格····················235
先物価格の決定················237
先物取引····················235
先物によるヘッジ···············243
先渡し······················236
差金決済····················236
産業再生機構·················317
サンクコスト···················81
残余請求権·····················3
残余利益······················7
ジェネラルパートナー···········264
事業再編····················308
事業資産以外の価値············169
事業資産の価値················168
事業統合····················280
事業分離····················280
事業分離の方法···············297
事業利益····················188
資金管理····················328
資金繰り····················330
資金繰り表··················330
資金調達決定···················2
資金調達の優先順位············136

資金提供者による監視活動 ……… 153	指名委員会 …………………… 355
シグナリング効果 …………… 161	社外取締役 …………………… 355
自己株取得 …………………… 155	ジャスダック ………………… 272
資産金融 ……………………… 344	収益性分析 …………………… 187
資産証券化 …………………… 342	従業員・供給業者から株主への富の移転・296
資産担保コマーシャル・ペーパー … 344	従業員主権 …………………… 348
資産担保社債 ………………… 344	従業員と株主との間での配当に絡む利
資産担保証券 ………………… 342	害対立 ……………………… 151
自社株買い ……………… 140, 155	修正現在価値法 ……………… 174
自社株買いの効果 …………… 161	修正デュレーション ………… 30
市場型間接金融 ……………… 341	住宅ローン担保証券 ………… 344
市場競争圧力による規律付け … 366	種類株式 ……………………… 269
市場均衡 ……………………… 56	純現在価値法 ………………… 69
市場付加価値 ………………… 180	純粋期待仮説 ………………… 32
市場ポートフォリオ ………… 56	純粋持株会社 ………………… 301
市場リスク …………………… 57	純利益 ………………………… 140
実効税率 ……………………… 139	ジョイントベンチャー ……… 285
執行役 ………………………… 355	証券市場線 …………………… 62
執行役員制 …………………… 354	証券特性線 ………………… 59, 96
実質価値 ……………………… 23	証拠金 ………………………… 237
実質的負債コスト …………… 104	勝者の災い …………………… 278
実質利子率 …………………… 23	上場会社 ……………………… 269
実物投資決定 ………………… 2	証書借り入れ ………………… 339
実物投資の意思決定 ………… 68	商品先物 ……………………… 239
私的整理 ……………………… 308	情報伝達効果 ………………… 161
私的手続きによる倒産処理 … 308	情報に関して効率的市場 …… 87
シナジー効果 ………………… 285	情報の非対称性 ……………… 148
支払能力 ……………………… 322	正味運転資本 ………………… 329
支払い不能 …………………… 307	正味現在価値法 …………… 69, 73
資本構成 ……………………… 110	将来価値 ……………………… 14
資本構成と企業価値の関係 … 112	ショート・ヘッジ …………… 244
資本コスト ………………… 71, 92	初期収益率 …………………… 277
資本資産評価モデル ………… 61	所有と経営の分離 …………… 10
資本市場線 …………………… 55	新株予約権 ………………… 209, 365
資本の自由化 ………………… 358	新株予約権付社債 …………… 233

新規上場	269
シングルファクター・モデル	63
新興企業向け株式市場	272
シンジケートローン	340
新設合併	282
新設分割	298
信託受益権証書	343
人的資本	349
人的投資	350
信用リスク	323
垂直的統合	287
水平的統合	286
ステークホルダー	5
ストック・オプション	207
スピンオフ	299
スプレッド貸し出し	339
スペキュレーション	243
スポット・レート	26
スワップ	239
スワップによるヘッジ	246
スワップの信用リスク	243
スワップ・レート	240, 242
清算型処理	309
生産性分析	195
税制の影響	145
成長性指標	200
絶対的優先権	310
設備収支	331
設備生産性	195
設備投資	68
設備の更新時期の決定	88
選択と集中	303
増資	148
総資本営業利益率	115
総資本回転率	188, 191
総資本事業利益率	190
総資本利益率	187
想定元本	241
組織的リスク	57
租税公課	195
損益分岐点	193
損益分岐点比率	194
損益分岐分析	193

た行

ターンアラウンド・マネジャー	316
第三者割当増資	285, 318
大証ヘラクレス	273
退職給付債務	22
代表取締役	354
ただ乗りの問題	153
多段階配当割引モデル	42
達成可能集合	53
段階的投資	266
短期金利	31
短期プライムレート	338
単元	43
担保権者	310
単利	15
チャプター・イレブン	311
中小企業	262
中小企業金融	262
長期金利	31
長期的雇用関係	151
長期的返済能力	323
直接金融	341
通貨オプション	248
通貨スワップ	242
通貨の先物予約	236
つなぎ融資	314

ディップ・ファイナンス……………313
手形借り入れ……………………339
手形割引…………………………339
敵対的買収………………………295
敵対的買収に対する批判………296
敵対的買収に対する擁護………295
敵対的買収の防衛策……………364
デット・エクイティ・スワップ……314
デフレーション……………………23
手元流動性………………………323
手元流動性比率…………………323
デューデリジェンス………………315
デュレーション……………………29
テリバティブ………………………212
デルタ・ヘッジング………………224
転換価格…………………………231
転換価値…………………………230
転換社債…………………………230
転換社債・ワラント債の役割……232
転換優先株………………………267
等価年間費用……………………89
統合効果…………………………285
当座借り越し……………………339
倒産隔離…………………………344
倒産処理…………………………306
倒産処理の類型…………………308
倒産のタイプ……………………307
倒産費用…………………………124
投資キャッシュフロー……………86
投資事業組合……………………264
投資収益率の共分散……………48
投資収益率の標準偏差…………47
同質的期待………………………56
投資のキャッシュアウトフロー…167
投資評価方法……………………68

東証マザーズ……………………273
当初証拠金………………………237
トービンのq………………………201
特別決議…………………………369
特別目的会社……………………342
取締役会の役割…………………352
トレードオフ理論…………………133

な行

内在的価値………………………219
内部金融…………………………135
内部金融モデル……………………40
内部コントロール・メカニズム……351
内部資本市場……………………303
内部利益率………………………73
内部利益率法……………………73
内部利益率法の問題点…………75
日経平均株価オプション………212
入札方式…………………………273
任期別取締役制度………………366
値洗い……………………………237
ネットキャッシュフロー………87, 168
年金現価係数……………………20
年金の現在価値…………………20
のれん代…………………………294

は行

パーチェス法……………………294
買収………………………………281
買収プレミアム…………………291
買収防衛策………………………362
配当課税…………………………145
配当性向…………………………141
配当政策…………………………140
配当政策に関するモジリアーニ・ミラー

理論	143
配当成長率	39
配当にかかわるエージェンシー問題	147
配当利回り	39, 142
配当割引モデル	38
売買単位	43
破産	309
破産管財人	309
破産債権	309
破産財団	309, 310
破産法	309
バブル	37
バリュー株効果	64
範囲の経済	287
引受価額	276
引受手数料	276
非公開会社	269
非効率的な経営者の交代	287
非組織的リスク	57
ビックバス	209
ファイナンス・リース	345
ファンダメンタルズ・バリュー	37
フォワード・レート	33
付加価値	7, 195
付加価値生産性	195
複利	15
負債	110
負債による調達	2
負債のエージェンシー費用	126, 128
負債の規律付け	131, 296
負債の資本コスト	103
負債のてこ作用	114, 116
負債の法人税節減効果	121
負債のレバレッジ効果	116
負債比率	117
ブックビルディング方式	274
プット・オプション	212
プット・コール・パリティ	217
プライベート・エクイティ・ファンド	315
ブラック・ショールズ・モデル	227
フリーキャッシュフロー	131, 168
フリーキャッシュフローの理論	152
不良債権問題	132
プロジェクトからのキャッシュフロー	86
分割型新設分割	299
分散投資	46, 57
分社化	301
分社型新設分割	299
分離定理	56
米企業改革法	347
平均資本コスト	105
米国型統治形態	355
ベーシス	245
ベーシス・リスク	245
ベータ値	59
ペッキングオーダー理論	135
ヘッジ	243
ヘッジ比率	251
別除権	310
ベンチャー企業	263
ベンチャーキャピタル	263
ベンチャーキャピタルの報酬	265
ベンチャー契約	267
ベンチャーファイナンス	266
変動金利	240
変動的流動資産	336
変動費	98, 193
ポイズンピル	365
包括根保証	262
報酬委員会	355

報酬契約 ････････････････････ 202
法人 ･･････････････････････････ 258
法人税の影響 ･････････････････ 120
法人税率 ･････････････････････ 120
法人税を考慮に入れた場合のモジリアーニ・ミラー理論 ････････････ 121
法的整理 ･････････････････････ 308
法的手続きによる倒産処理 ･･････ 308
ポートフォリオの期待投資収益率 ･･ 50
ポートフォリオの投資収益率の標準偏差 ･･････････････････････････ 50
ポートフォリオの分散化効果 ･････ 51
ポートフォリオのリターンとリスク･ 52
ボーモル・モデル ･･･････････ 333
ホールドアップ問題 ･････････ 305
保証費用 ･････････････････････ 130
本源的価値 ･･･････････････････ 219

ま行

マーケットメーク方式 ･･････ 272
埋没費用 ･･････････････････････ 81
マネジメント・バイアウト ･･･ 302
マルチファクター・モデル ････ 63
民事再生法 ･･･････････････････ 311
無限責任組合員 ･･････････････ 264
名目価値 ･･････････････････････ 23
名目利子率 ････････････････････ 23
メインバンク ･････････････････ 132
メインバンク・システム ････ 10, 132
モジリアーニ・ミラー命題 ･･･ 112
持株会社制度のメリット ･････ 302
持分プーリング法 ･･･････････ 294
持分法適用会社 ･･････････････ 290
モニタリングコスト ･････････ 130

や行

役員賞与 ･････････････････････ 203
有限会社 ･････････････････････ 260
有限責任会社 ････････････････ 261
有限責任組合 ････････････････ 259
有限責任組合員 ･･････････････ 265
有限責任制 ･･･････････････････ 259
有効フロンティア ･････････････ 53
融資枠契約 ･･･････････････････ 341
優先株 ･･･････････････････････ 326
有利子負債キャッシュフロー倍率･･ 323
要求投資収益率 ･･･････････････ 35
ヨーロッパ型オプション ････ 212
余剰資金 ･････････････････････ 131
余剰資金の分配 ･･････････････ 161

ら行

リース ･･･････････････････････ 345
利益還元率 ･･･････････････････ 160
利益分配 ･････････････････････ 140
利益分配決定 ･･･････････････････ 3
利益分配権 ･･･････････････････ 268
リスク中立確率 ･･････････････ 225
リスク中立的評価法 ･････････ 225
リスクの高い投資の選択 ････ 126
リスク・プレミアム ･･････････ 36
リスク分担 ･･･････････････････ 202
リスク・ヘッジ ･･････････････ 234
リスク・ヘッジによる企業価値増大効果 ･････････････････････････ 250
利付債 ････････････････････････ 27
利回り曲線 ････････････････････ 32
利回りの期間構造 ･････････････ 31
リミテッド・パートナーシップ ･･ 259
リミテッド・パートナー ････ 265

流動資産	328
流動資産と流動負債の対応関係	335
流動資産の規模の決定	331
流動性指標	322
流動性プレミアム	105
流動比率	322
流動負債	329
リレーションシップバンキング	262
レバレッジド・バイアウト	295
連結対象子会社	290
連結納税制度	301
連続複利	17
連単倍率	290
労働生産性	195
労働装備率	195
労働分配率	196
ロング・ヘッジ	244

EVA	179
IPO	269
LBO	295
LIBOR	240
LLC	261
M&A	280
M&Aの会計	294
M&Aの評価	290
MBO	302
MVA	180
NOPAT	179
PER	42
ROA	115, 187
ROE	115, 189
SPC	342
TOB	284
WACC	105

わ行

ワラント債	230
割引キャッシュフロー法	166
割引債	26
割引率	17

数字・アルファベット

1株当たり配当金	141
2項モデル	221
ABS	342
APV法	174
CEO	352
CMS	337
CP	345
DCF法	167
EBIT	85, 98, 167
EBITDA	169

著者紹介

花枝英樹（はなえだ・ひでき）

1947年　東京都に生まれる
1970年　一橋大学商学部卒業
1976年　一橋大学大学院商学研究科博士課程単位修得退学
　　　　一橋大学大学院商学研究科教授，中央大学総合政策学部教授を経て
現　在　一橋大学名誉教授

<著書>

『経営財務の理論と戦略』東洋経済新報社，1989年
『企業金融』（共著）東洋経済新報社，1992年
『金融デリバティブの研究－スワップを中心に－』（共著）同文舘出版，1996年
『株価指数入門』（共編著）東洋経済新報社，2002年
『戦略的企業財務論』東洋経済新報社，2002年
『資本調達・ペイアウト政策』（共編著）中央経済社，2009年
『現代経営入門』（共著）有斐閣，2011年

■ 企業財務入門（きぎょうざいむにゅうもん）

■ 発行日──2005年 9月26日　初 版 発 行　　〈検印省略〉
　　　　　　2019年 4月 6日　第9刷発行

■ 著　者──花枝　英樹（はなえだ　ひでき）

■ 発行者──大矢栄一郎

■ 発行所──株式会社 白桃書房（はくとうしょぼう）
　　　　　　〒101-0021　東京都千代田区外神田5-1-15
　　　　　　☎ 03-3836-4781　📠 03-3836-9370　振替00100-4-20192
　　　　　　http://www.hakutou.co.jp/

■ 印刷・製本──藤原印刷

Ⓒ Hideki Hanaeda 2005　Printed in Japan　ISBN978-4-561-25443-0 C3034
本書のコピー，スキャン，デジタル化等の無断複製は著作権法上での例外を除き禁じられています。本書を代行業者等の第三者に依頼してスキャンやデジタル化することは，たとえ個人や家庭内の利用であっても著作権法上認められておりません。

JCOPY <(社)出版者著作権管理機構 委託出版物>
本書の無断複写は著作権法上での例外を除き禁じられています。複写される場合は，そのつど事前に，(社)出版者著作権管理機構（電話 03-5244-5088，FAX 03-5244-5089，e-mail : info@jcopy.or.jp）の許諾を得てください。
落丁本・乱丁本はおとりかえいたします。

好評書

平野秀輔【著】
財務管理の基礎知識（第2版増補版）　　　　　　　本体 2,000 円
――財務諸表の見方から経営分析，管理会計まで

八田進二【編】
21世紀会計・監査・ガバナンス事典　　　　　　　本体 2,381 円

永野則雄【著】
ケースでまなぶ財務会計（第7版）　　　　　　　本体 2,800 円

田中弘【著】
会社を読む技法　　　　　　　　　　　　　　　　本体 1,905 円
――現代会計学入門

石井康之【著】
知的財産の経済・経営分析入門　　　　　　　　　本体 3,800 円
――特許技術・研究開発の経済的・経営的価値評価

中村竜哉【著】
コーポレート・ファイナンス　　　　　　　　　　本体 2,800 円
――理論と現実

熊倉修一【著】
日本銀行のプルーデンス政策と金融機関経営　　　本体 3,200 円
――金融機関のリスク管理と日銀考査

上田和勇【編著】岩坂健志【著】
現代金融サービス入門（第2版）　　　　　　　　本体 2,000 円
――ゼロから学ぶ金融の役割

石原裕也【著】
企業会計原則の論理　　　　　　　　　　　　　　本体 2,800 円

――――――― 東京 **白桃書房** 神田 ―――――――

本広告の価格は本体価格です。別途消費税が加算されます。